本书由陕西师范大学出版基金资助出版

陕西师范大学国家重点学科建设项目

张懋镕　主编

# 中国古代青铜器整理与研究

## 青铜方彝卷

吴　伟　著

科学出版社

北京

# 内 容 简 介

本书是第一部关于青铜方彝的学术专著。书中全面搜集了传世和出土方彝，梳理了自宋代以来著录和研究方彝的历史，探讨了定名和功用问题，通过细致地考古类型学分析，揭示出方彝发展演变的历史脉络，推定了各期年代，归纳了随葬方彝墓葬的特征，分析了方彝在墓中的摆放位置，从出土地点的分布出发，观察方彝的使用地域、人群及其变迁，研究了方彝和其他青铜器类的组合关系，探索了方彝出现和消亡的原因。

本书可供考古学、历史学、艺术学及相关专业的专家学者参考阅读。

**图书在版编目（CIP）数据**

中国古代青铜器整理与研究. 青铜方彝卷 / 张懋镕主编；吴伟著. —北京：科学出版社，2023.9

陕西师范大学国家重点学科建设项目

ISBN 978-7-03-076442-3

Ⅰ.①中… Ⅱ.①张… ②吴… Ⅲ.①青铜器（考古）–研究–中国 Ⅳ.①K876.414

中国国家版本馆CIP数据核字（2023）第185113号

责任编辑：郝莎莎 / 责任校对：邹慧卿

责任印制：肖 兴 / 封面设计：北京美光设计有限公司

科 学 出 版 社 出版

北京东黄城根北街 16 号
邮政编码：100717
http://www.sciencep.com

**北京中科印刷有限公司** 印刷

科学出版社发行 各地新华书店经销

*

2023年9月第 一 版 开本：787×1092 1/16
2023年9月第一次印刷 印张：21 1/2
字数：500 000

**定价：228.00元**

（如有印装质量问题，我社负责调换）

# 多卷本《中国古代青铜器整理与研究》编写缘起

经过十几年的准备工作，多卷本的《中国古代青铜器整理与研究》即将出版。回顾往事，真是百感交集。

30年前，我的处女作《释"东"及与"东"有关之字》发表，从那时候起，青铜器的学习与研究注定成为我一生的追求。

29年前，我开始师从李学勤先生研习古文字。中国古文字有很多分支，如甲骨文、金文、战国文字、简牍帛书文字。先生告诉我："你在陕西，陕西有很多青铜器，你就做金文研究吧。"在先生的指导下，我受到严格的学术训练，这令我终生受益。我的硕士学位论文是《周原出土西周有铭青铜器综合研究》。所谓综合研究，就是从青铜器、古文字、历史文献三方面来研究。从此综合研究成为我研究青铜器遵循的准则与方法。

1989年，西北大学文博学院成立新的专业——博物馆专业，大概考虑到我本科学的是考古，于是把我从文献专业调到博物馆专业。除了继续讲古文字，又开了一门新课"青铜器鉴定"。自此之后，我开始系统研习青铜器，包括没有铭文的青铜器。

在长期的教学与研究工作中，我渐渐对中国古代青铜器有了新的认识。

概而言之，中国古代青铜器的研究，自两宋以来，已有一千多年的历史，取得了丰硕的成果。尤其是近百年来的研究，在青铜器的分期、分区系、分国别、分器类诸方面卓有成效，为世人所瞩目。

回顾历史，也毋庸讳言，我认为就青铜器基础性工作而言，其资料的整理还远远不够。且提一个最基本也是最简单的问题：迄今为止究竟有多少件中国古代青铜容器（尚且没有涉及兵器、工具、车马器、钱币、铜镜等）？几万还是十几万？恐怕连一个非常粗略的估计都没有，专家也说不清楚。家底不清，研究对象模糊，研究很难继续深入。由于中国古代青铜器资料十分庞杂，其收集、整理并非易事，所以这一部分的工作非常重要。说到研究，比如青铜器的定名，鼎、鬲、簋等各类器物的分类研究，它们之间的相互关系，各类纹饰的分类研究，纹饰和器物之间的相互关系，各个阶段铭文的特点，器物、纹饰、铭文三者之间的互动关系以及对断代的作用等，其研究或不够系统，或不够深入，有些方面甚至是空白。

20多年来，我一直在进行这方面的研究工作，写了《西周方座簋研究》《两周青铜盨研究》《西周青铜器断代两系说刍议》《试论中国古代青铜器器类之间的关系》《青铜器自名现象的另类价值》等文章，希望从器类、断代、地域、定名等多个角度和层面对青铜器进行探索。

同时我也十分关注国内外青铜器研究专家的成果，他们的论著是我案头的必备书籍，我经常反复阅读，受益无穷。

在研究中，我深感个人力量的有限。从1999年招收青铜器方向研究生起，就逐渐形成了一个构想：如果研究生本人没有更好的研究题目，我就请他（她）来做青铜器中的某一部分，整理、研究某一类青铜器，或某一类纹饰，或某一时段的铭文，等等。经过十多年的积累，已经完成了20多篇硕士和博士学位论文。其中分器类的整理与研究完成多半，某一地区、某一时段的铜器的整理与研究正在进行，纹饰与铭文的分类、分时段研究也做了一部分。这些为多卷本《中国古代青铜器整理与研究》的编撰奠定了基础。同时，我注意到其他先生也在指导研究生做类似的学位论文，对我们也很有启发与帮助。

前几年，在编写《青铜器论文索引》的过程中，与北京线装书局的刘聪建先生多有接触。他听了我的上述介绍后，很感兴趣，遂与我商定，在原有研究生论文的基础上，由我主编，各专题作者分别著述，形成一套多卷本《中国古代青铜器整理与研究》。但由于种种原因，在线装书局只出了三卷。如今，在科学出版社的大力支持下，计划得以重新实现，拟在今后的若干年里，陆续完成和出版20卷以上的著作。

写作多卷本《中国古代青铜器整理与研究》的目的拟在全面、系统整理青铜器资料，在充分吸取古今中外研究成果的基础上，对青铜器的形制、纹饰、铭文、组合关系等方面做全方位考察和研究，并试图总结出关于中国古代青铜器产生、发展、消亡的基本途径、规律、特点及其原因。这是一个遥远的目标，但我们有信心一步一步地走近它。

由于这套多卷本《中国古代青铜器整理与研究》的作者都是毕业不久的研究生，眼界有限、文字青涩也在所难免。我的指导也很有限，很多问题我也不懂或知之甚少。当时做学位论文时，我希望他（她）们放大胆子去写，因此他（她）们的观点与我也不尽一致。但无论如何，在阅读他（她）们的学位论文时，在与他（她）们的反复讨论、交流中，我也有很多的收获，这是最令人快乐的事情。我将阅读后的感想写出来，作为序言放在书前，就是希望继续与大家讨论，将《中国古代青铜器整理与研究》延续下去。而随着一本本书稿的出版，这一批年轻的作者也正在走向成熟，这或许是比书稿的出版更有意义的事情。

最后要感谢参加我的研究生学位论文答辩以及审阅论文的诸位先生，并希望今后继续得到你们的批评与帮助。感谢陕西师范大学暨历史文化学院给予的大力支持，感谢科学出版社郝莎莎和胡文俊两位编辑的辛勤工作，让我们十几年来的梦想终于得以实现。

乙未年立冬后二日张懋镕写于

陕西师范大学中国青铜文化研究中心

# 目　　录

# 第一章　绪　　论

　　方彝，是一种有四坡屋顶形子口盖、大口、圈足，常见满花装饰的方形盛酒器，专门用于盛鬯酒。出现于殷墟一期晚段，是殷商贵族钟爱的酒器，在宴飨场合中使用较多。西周早、中期，姬周贵族将直壁改造为曲壁，且往往铸有较长的铭文，将之作为宗庙祭器使用，以追孝祖考。西周晚期至春秋早期，方彝作为明器专门用于随葬。此后，方彝彻底退出历史舞台。

　　我们称为方彝的器物，在使用时代的名称已不可考，既无文献记载，铭文中亦无自名。

　　北宋时期，方彝之名始见于文献。在现存最早的金石学著作《考古图》中，吕大临将彝列为一种器类，将方形的彝称作方彝，实则是一件方鼎。之后，王黼的《宣和博古图》也将彝作为一种器类，卷八著录了一件周己酉方彝，正是我们今天称为方彝的器物，用方彝来命名这种方形酒器由此而始。此后，一直到20世纪30年代，金石学著录中都将彝作为器类，实际包含了今天所称的簋和方彝两种器物。

　　18世纪末，钱坫提出，金文中的段不应释为敦，而应释为簋。后来，黄绍箕又从字形、声训、器形和文献记载的用簋制度等角度考证出段是簋而非敦。1927年，容庚在《殷周礼乐器考略》一文中，将以往金石学著录中彝目下的圆形侈口圈足器（即今之簋）与敦（即今之簋）合并置入簋目，但仍保留了彝目，将"不能名者"属之，方彝仍在彝目下，彝目下的簋和方彝得以分离。1941年，容庚在《商周彝器通考》中将方彝"别为一类"，因为"以彝属之于簋，而此方彝无所系属"[1]。从此，方彝成为一种器类。

　　在青铜器大家庭中，方彝虽然是比较小众的成员，总数并不多，目前仅发现177件，存在的时间跨度也不是特别长，但其"上层"属性特别突出，方形的器身，繁缛的装饰，不少有较长的铭文，专门盛鬯酒，使用者的地位较高，都表明方彝是一种高级酒器，因此具有较高的研究价值。

　　关于方彝的研究成果已有不少。一方面，是在综合性论著中，将方彝作为青铜酒器的一类，探讨其定名、功用、来源等，通过类型学分析，梳理方彝发展演变的历史脉络，此类研究往往是依据部分典型器物，并不是建立在全面搜集方彝的基础之上，研究不够深入、系统；另一方面，是对某件方彝或某些方彝的年代、铭文内容、纹

---

　　① 容庚：《商周彝器通考》，上海人民出版社，2008年，第310页。

饰、族属等具体问题的探讨，如围绕令方彝年代的争论就较多，这类研究往往将研究对象从方彝整体中割裂出来，研究不够全面，结论有失偏颇。

目前，方彝的搜集不够系统，类型学分析不够准确、细致，发展演变的脉络梳理比较粗疏，来源探索较少，消亡原因分析不够，对于功用的探讨还停留在一概而论的阶段，使用人群或阶层未进行探讨，缺少透物见人的研究，且在研究过程中，未将方彝置于相应的历史时期和历史背景中进行考察。因此，方彝还有很大的研究余地。对方彝进行全面搜罗，在此基础上，进行深入、系统地研究，是非常有意义的，本书正是在这一方面所做的努力与探索。

# 第二章 方彝的著录

商周时期，方彝是一种非常重要的青铜酒器，有关方彝的著录可以上溯到北宋时期。

历史上，人们在生产、生活中"往往于山川得鼎彝"①，自汉代以来，正史中就不乏出土青铜器的记载，刘正在《金文学术史》中对此曾进行过很好的梳理，但其中并未发现有方彝出土的记录。北宋哲宗元祐年间，《考古图》著录1件父癸方彝，这是将方彝用作器名之始，揆度吕氏本意，方彝即方形的彝，实际上是方鼎。宋徽宗大观初年，王黼在《宣和博古图》中著录了1件周己酉方彝，这是目前所见关于方彝最早的记载。

自北宋迄今，著录方彝的历史可以划分为四个阶段，即宋代、清代、中华民国和中华人民共和国成立以来。秦汉至隋唐，青铜器虽偶有出土，但多被视作祥瑞，"学者对于金石，固已有近于研究之事；然偶得一器，偶见一石，偶然而得之，亦偶然而述之，一鳞半爪，未足为专门之学"②。元明时期，金石学衰微，未见有著作著录方彝。

包含方彝信息的著作大致包括四种类型：①图录类，所收录器物有无铭文不论；②金文类，仅收录有铭文的器物；③目录类，只收录器名、著录、铭文字数与内容等相关信息，无图像，亦无铭文；④考古报告。

## 第一节 宋 代

北宋时期，青铜器出土渐多，有学者根据《宋书》及其他史料统计，涉及青铜器出土和收藏的记录达二十六条③。由于皇帝注重文治、崇尚古器，自士大夫至民间，好古、悦古之风盛行，青铜器摇身一变，从祥瑞变成了赏玩之物，不但内府、秘阁庋藏颇丰，士大夫家也多有收藏。在搜集鉴赏青铜器的基础上，释读文字，追溯历史，成为文人之雅好，在刘敞、欧阳修等的倡导下，金石学逐渐发展起来，诚如王国维所

---

① （汉）许慎撰，（宋）徐铉校定：《说文解字》，中华书局，1963年，第315页。
② 朱剑心：《金石学》，浙江人民美术出版社，2015年，第22页。
③ 刘正：《金文学术史》，上海书店出版社，2014年，第393页。

言："有赵宋古器出，而后有宋以来古器物、古文字之学。"①

内府、秘阁及士大夫所藏青铜器，均被著录成书，金石学著作纷纷面世，为后世保留了宋代所能见到的青铜器资料，这其中就包括方彝。

# 一、图　录　类

吕大临作《考古图》10卷，成书于元祐七年（1092），著录当时宫廷及私家收藏的铜器、玉器精品234件，按器形分类编排。吕氏遵循名从主人的定名原则，将铭文中自名为彝的器物设为一类，命名为彝，下列21器，实际包含多种器类，如鼎、簋、甗、壶、尊、卣、觚、觯等。方彝之名最早即见于该书，卷四中著录1件父癸方彝，有6字铭文，"□作父癸尊彝"②。从器物图片来看，该器为方鼎无疑。吕氏所言方彝，乃铭文自名为彝的方形青铜器，并非今天所说的方彝。

王黼作《宣和博古图》30卷，成书于北宋大观年间，著录陈设于宣和殿内的青铜器共839件。清代《四库全书总目》评价该书："考证虽疏，而形模未失；音释虽谬，而字画具存。读者尚可因其所绘，以识三代鼎彝之制、款识之文，以重为之核订。当时搜集之功，亦不可没。"③卷八著录1件周己酉方彝，今名戍铃方彝，内壁有38字铭文。卷二七收录汉凤奁、汉兽奁各1件，是书认为乃"古人贮物之器"，但从器物图片来看，应当为方彝④。

# 二、金　文　类

王俅作《啸堂集古录》2卷，成书年代应在绍兴年间。该书积作者三十余年之功，著录商周秦汉以来青铜器、玺印、铜镜铭文345器，铭文摹刻较精，后附考释。卷上收录1件周己酉方彝，并对铭文进行了释读，"己酉，戍命尊宜于招戡，庚，□九律，□商贝朋，方□用室围宗彝，在九月，惟王一祀，世昌，五。惟□束"，不确之处较多⑤。

---

①　王国维：《最近二三十年中中国新发见之学问》，《王国维遗书五·静庵文集续编》，上海古籍书店，1983年，第65页。
②　（宋）吕大临等著，廖莲婷整理校点：《考古图》（外五种），上海书店出版社，2016年，第70页。
③　（清）永瑢等：《四库全书总目》，中华书局，1965年，第983页。
④　（宋）王黼著，诸莉君整理校点：《宣和博古图》，上海书店出版社，2017年，第134、493、494页。
⑤　（宋）王俅：《啸堂集古录》，中华书局，1985年。

薛尚功作《历代钟鼎彝器款识法帖》20卷，成书于绍兴十四年（1144），收录商周青铜器496件及石鼓、秦玺、石磬、玉琥等15件，是宋代收录彝器款识最多的一部著作，原器现多已不存，独见于此书。卷二彝目下，著录有2件名彝之器，一器有铭文"🐅子"，薛氏认为"铭上一字象虎皮之形，乃虎字也，铭曰虎方"，铭文释为虎方，器类是彝，因此得名虎方彝。宋代，彝绝大多数实际上是簋，故该器很可能不是方彝。另一器名己酉戍命彝，断为商器[①]。

张抡撰《绍兴内府古器评》2卷，不图器形，不摹款识，不记尺寸，仅考释说明，品评形色，兼及断代，收录商周秦汉青铜器165件。每器说明铭文有多少字，附有考释，并进行断代。卷上著录1件己酉方彝，定为周器，且认为"形模方正，文镂华好，而中藏简古意，尚有商之遗风，岂去商未远"[②]。

两宋时期，著录的方彝数量不多，仅有3器，即戍铃方彝和2件兽面纹方彝（详见表2-1）。戍铃方彝因铭文较长，为各家所重，见于数种著述。宋代以后，此三器均下落不明。

**表2-1　宋代著录方彝一览表**

| 器名 | 图录类著作 | 铭文类著作 | 现藏地点 |
| --- | --- | --- | --- |
| 戍铃方彝 | 博古8.15 | 啸堂28，薛氏2.22 | 下落不明 |
| 兽面纹方彝 | 博古27.16 | | 下落不明 |
| 兽面纹方彝 | 博古27.17 | | 下落不明 |

# 第二节　清　　代

乾隆皇帝钦定编纂"西清四鉴"，文人士大夫闻风承流，收藏逐渐形成了科层样态，他们纷纷搜求古器、购置拓本，并汇集成书，元明一度衰微的金石学得到了复兴。乾嘉时期的金石研究已经专门化、系统化，同治末年以后，从事金石研究的学者数量越来越多[③]，道咸以后更盛，名家有刘喜海、吴式芬、陈介祺、王懿荣、潘祖荫、吴大澂、罗振玉等[④]。

光绪以后，西方印刷工艺陆续传入中国，石印、铜版、珂罗版、铅印等逐渐普及，不但提高了印刷质量和效率，还降低了印刷成本，从而大大促进了金石学著录的传播与流布。

清代金石学著作中保留了众多方彝资料。

① （宋）薛尚功：《历代钟鼎彝器款识法帖》，中华书局，1986年，第9、11页。
② （宋）张抡：《绍兴内府古器评》，中华书局，1986年，第22页。
③ 程仲霖：《晚清金石文化研究：以潘祖荫为纽带的群体分析》，社会科学文献出版社，2018年，第14页。
④ 梁启超：《清代学术概论》，上海古籍出版社，1998年，第59页。

# 一、图　录　类

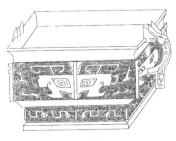

图2-1　周饕餮方彝一

梁诗正等纂修《西清古鉴》40卷，共收录名方彝之器9件，有铭文的8件。周召夫方彝一（13.6）和周召夫方彝二（13.7）形制、纹饰相近，后者无盖。前者不见于其他著录，后者为《陶斋吉金续录》《吉金文录》《双剑誃吉金文选》《金文著录简目》《金文总集》（下文简称《总集》）（《总集》误为13.6）等著录，但不见于《殷周金文集成》（下文简称《集成》）《商周青铜器铭文暨图像集成》（下文简称《铭图》），从铭文内容、字形书体分析，我们认为两器器真而铭伪。周饕餮方彝一（图2-1），容庚称为周作尊方簋，并认为是伪器①，任雪莉也认为该器是方簋②。该器形制并非个例，纹饰比较粗糙，但不知是否是摹绘失真造成的，无疑增加了辨伪的难度。此器圈足上装饰的蛇纹，于方彝上一例未见，我们认同该器是伪器。周饕餮方彝三（图2-2），形制、纹饰与商周方彝均有较大差别，当系伪器。因此，该书实际著录方彝7件。

梁诗正等纂《宁寿鉴古》16卷，体例与《西清古鉴》同，编选藏于宁寿宫之商周至唐代铜器600件、铜镜101件。各卷按器类编排，逐器绘出图形，并对铭文加以解说。卷六彝目下著录1件周宗宝方彝（图2-3）③，容庚称此器为周作宗宝方簋，并断定为真器④。然该器形制、装饰风格与方彝一致，应是方彝，体侧有两兽首半环耳，亦见于仲追父方彝，有可能是后补的。不知什么原因，《总集》《集成》《铭图》等均未收录此方彝铭文⑤。

王杰等编撰《西清续鉴》甲编20卷，附录1卷，乾隆四十六年（1781）始编，乾隆五十八年（1793）成书，收录商周青铜器844件，编次原则与《西清古鉴》相同。卷六之彝目一著录方彝2件⑥，其中，商言彝（图2-4）被容庚、刘雨定为伪器，但该器与久何方彝、车方彝（图2-5）形制、纹饰一致，故我们认为该器不伪。卷七之彝目二著录1件"周亚方彝"（图2-6，1），《商周彝器通考》（下文简称《通考》）251、《集成》03098亦曾著录，现藏于台北"故宫博物院"，整器为方体状，侈口，方唇，

---

① 容庚：《西清金文真伪存佚表》，《燕京学报》（第五期），1929年，第842页。

② 任雪莉：《小议方簋》，《考古与文物》2011年第5期，第38页。

③ （清）梁诗正等：《宁寿鉴古》，商务印书馆，1913年。

④ 容庚：《西清金文真伪存佚表》，《燕京学报》（第五期），1929年，第838页。

⑤ 〔日〕崎川隆：《关于西周时期饰有"上卷角兽面纹"的青铜器》，《青铜器与金文》（第一辑），上海古籍出版社，2017年，第396页。

⑥ （清）王杰等：《西清续鉴》（甲编），宣统二年涵芬楼依宁寿宫写本影印。

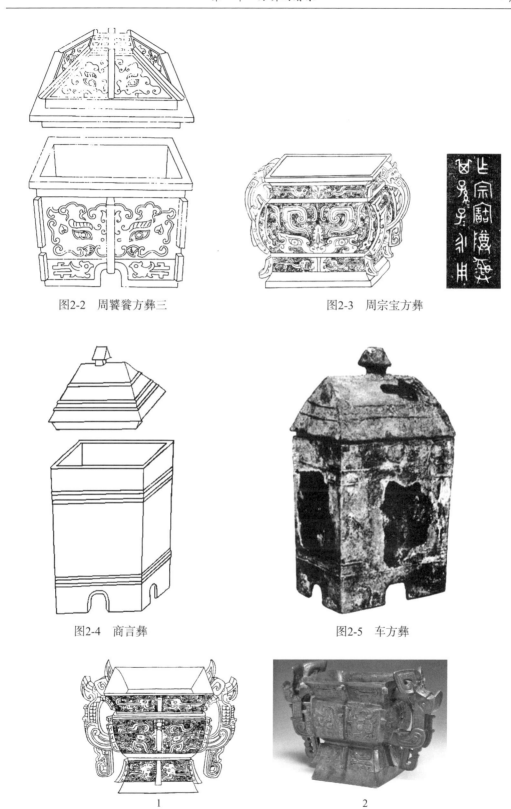

图2-2　周饕餮方彝三　　　　　　　　　图2-3　周宗宝方彝

图2-4　商言彝　　　　　　　　　　　　图2-5　车方彝

1　　　　　　　　　　　　　2

图2-6　亚醜方篡

束颈,窄平折肩,腹部弧收成平底,高圈足,体侧有两兽形耳,内底有2字铭文,"亚醜"。从整体形制来看,其窄平折肩,腹部弧收,特别是圈足四面无缺口,与方彝有区别,容庚认为是方簋[1],可从,故应名亚醜方簋(图2-6,2)。

刘喜海著《长安获古编》,刘氏著书未竟而卒,刘鹗于光绪三十一年(1905)补刻而成,收器121件。卷一收录父辛彝1件,今名甌方彝,传长安出土,器、盖同铭,各8字。原为刘喜海所藏,后归丁彦臣,现藏日本泉屋博古馆[2]。另有1件父舟彝(图2-7),容庚认为铭文系伪刻[3],从器形来看,近于本书所划分的Cb型方彝,体侧有双耳,顶端有兽首,殊为怪异,器身饰窃曲纹,从形制、纹饰特征分析,当为西周晚期器,但此时方彝均为明器,铸造粗糙,该器风格与方彝的时代特征明显抵牾,铭文也比较可疑,故我们认为是伪器。近人著作中,仅《总集》收录该器,但也指出铭文可疑[4]。

图2-7　父舟彝及铭文[5]

吴大澂著《愙斋集古图》2卷,吴湖帆旧藏。卷前绘有吴大澂肖像及所藏器物,卷内为铜器全形拓及铭文拓片,部分铜器拓本旁有吴氏所题器名并作考释,于1892年装裱成长卷,现藏于上海博物馆。下卷著录1件王之母黎方尊,从器形来看,实为方彝,原藏吴秀源,现藏故宫博物院,今名王屮女叔方彝,器盖4字同铭[6]。

端方作《陶斋吉金续录》2卷,刊行于清宣统元年(1909),著录商周青铜器59件,秦汉至宋代青铜器21件,补遗8件,共88器。每器描绘图像,摹写铭文,记录尺寸。卷一收录1件无盖召夫方彝,摹写了铭文,无考释,记录了通高、深、口径、底径

---

① 容庚:《商周彝器通考》,上海人民出版社,2008年,第261页。

② (清)刘喜海:《长安获古编》,《金文文献集成》(第七册),线装书局,2005年,第481页。

③ 容庚:《商周彝器通考》,上海人民出版社,2008年,第312页。

④ 严一萍:《金文总集》,艺文印书馆,1983年,第2719页。

⑤ (清)刘喜海:《长安获古编》,《金文文献集成》(第七册),线装书局,2005年,第481页。

⑥ 周亚:《〈愙斋集古图〉笺注》,上海古籍出版社,2012年,第94页。

等尺寸信息①。该器原为清宫所藏,即《西清古鉴》卷十三所著录的周召夫方彝二。

见于图录类著作的方彝共12件,即故宫博物院收藏的王业女叔方彝,台北"故宫博物院"收藏的亚醜方彝、叔方彝,美国旧金山亚洲艺术博物馆收藏的亚若癸方彝,美国弗利尔美术馆收藏的亚醜方彝,日本泉屋博古馆收藏的鼄方彝,另外的周召夫方彝一、周召夫方彝二、麦方彝、庽辰方彝、作宗宝方彝、商言方彝等6器下落不明。

# 二、金 文 类

阮元著《积古斋钟鼎彝器款识》10卷,嘉庆九年(1804)刻本。是书著录商器173、周器273、秦器5、汉晋器100,共551器。先按时代分卷,卷内再按器类编次。书前有《商周铜器说》上、下两篇,他所认为的器铭和九经同等重要的观点,值得重视。每器摹写铭文,加以隶定,考释较为详细。在卷五周彝目下著录1件吴彝(图2-8),即作册吴方彝盖,"为赵太常(赵秉冲)所藏"②,盖内铸铭文102字,后由李荫轩、邱辉捐赠给上海博物馆。

图2-8 吴彝铭文

吴荣光撰《筠清馆金文》5卷,道光二十二年(1842)南海吴氏校刊,欲以补正阮氏《积古斋钟鼎彝器款识》。该书收商器67、周器172、秦器4、汉器21、唐器3件,共计267器。卷二著录2件周母宝尊,吴子苾拓本,器盖同铭,其中1器(2.23)应为母宰𤔲帚方彝,另1器(2.24)应为尊,两器铭文相同,考释认为"此诸妇为母作主而制器以祭之"③。该器原藏香港赵不波处,现藏不明。

吴式芬撰《攈古录金文》3卷,初稿成于咸丰六年(1856),光绪二十一年(1895)刊行,收录商周铜器铭文共计1334器,当时新出铜器大半收录书中。此书先以器物分类编排,复按铭文字数多少为序,此属创例,便于检索,孙诒让称赞该书,"搜录尤闳博,新出诸器,大半著录,释文亦殊精彩"④。书内共著录方彝4器,卷一

① (清)端方:《陶斋吉金续录》,宣统元年石印本,第三十页。

② (清)阮元:《积古斋钟鼎彝器款识》,嘉庆九年(1804)刻本,第三十五页。

③ (清)吴荣光:《筠清馆金文》,道光二十二年刻本,第23、24页。

④ (清)孙诒让:《古籀余论》,《金文文献集成》(第十三册),线装书局,2005年,第69页。

之二著录2器，即女康丁彝，今名母康丁方彝，又诸妇卣，实即母𡧮𠀉帚方彝，器后有说明；卷二之一著录2件父辛尊，第1器是�̄方尊，第2器应为�̄方彝，下有释文；卷三之二著录吴彝盖，即作册吴方彝盖，下有释文①。

方濬益撰《缀遗斋彝器款识考释》30卷，1935年商务印书馆石印本，共收器1383件，按器类编排，每器摹写铭文，然后加以隶定、考释。卷十六著录1件亚形若癸瓿，今名亚若癸方彝，后有释文及说明，"器见京师"。卷十七著录3件，女巢妇尊，即母𡧮𠀉帚方彝，"叶东乡兵部（叶志铣）所藏"；女康丁尊，即母康丁方彝，"叶东乡兵部所藏，据拓本摹入"；�̄父辛尊，即�̄方彝，"丁小农观察（丁彦臣）所藏，据拓本摹入"。卷十八著录2件，师遽尊，即师遽方彝，"项城袁小午侍郎（袁保恒）所藏器，今归潘伯寅尚书（潘祖荫）"，对铭文内容有较详细的考释，该器系首次见于著录；吴尊盖，即作册吴方彝盖，"赵谦士侍郎（赵秉冲）旧藏器，今佚，据赵素门、张叔未、韩小亭三家拓本参审摹入"②。

盛昱编《郁华阁金文》47册，搜藏金文拓本宏富、精良，按器类分装，每器或有释文，或有题识，见解或有超越前人之处。第十八册尊目下，实际著录有4件方彝，即子蝠方彝、亚疑方彝、亚若癸方彝、母𡧮𠀉帚方彝，第十九册尊目下，实际著录方彝2件，即师遽方彝和吴方彝盖，拓片右下角或钤有叔言、郑盦得来印，均误为方尊③。其中，子蝠方彝和亚疑方彝铭文系首次著录。

刘心源撰《奇觚室吉金文述》20卷，前15卷为正编，后5卷为补编，全书瑕瑜互见，光绪二十八年（1902）自写刻本。该书以拓本影印，共录器2203件，按器类编次，每器影印铭文并加以详细考释。卷五著录7件名彝之器，其中，吴彝即今吴方彝盖，拓本上钤有"心原所收金文"印，有释文和考释。卷一七吴彝重出，所收为另一拓本④。

朱善旂编《敬吾心室彝器款识》，光绪三十四年（1908）朱之榛石印刊行。此书是朱氏在道光、咸丰年间所辑金文拓本，共计364器，按器类编次，间有释文、各家题识。彝目下著录2件方彝，即母康丁方彝和母𡧮𠀉帚方彝，无考释及说明文字⑤。

吴大澂《愙斋集古录》26册，乃吴氏所辑金文拓本，共1144器，按器类编次，1918年商务印书馆影印出版。共著录方彝8件，第八册敦目下女康敦，即母康丁方彝，隶定为女康丁皿，"潘文勤公所藏敦，康为女之名，父庙之第四器，故志以丁也，皿为器形"。第十三册尊目下著录母癸方尊，即亚若癸方彝，"亚形中母癸以两手捧

① （清）吴式芬：《攈古录金文》，光绪二十一年吴氏家刻本。
② （清）方濬益：《缀遗斋彝器款识考释》，商务印书馆，1935年。
③ （清）盛昱：《郁华阁金文》，《金文文献集成》（第十五册），线装书局，2005年，第178~180、192~194页。
④ （清）刘心源：《奇觚室吉金文述》，朝华出版社，2018年，第360~367、1195页。
⑤ （清）朱善旂：《敬吾心室彝器款识》，清光绪三十四年朱之榛石印本。

舟形，子执旂形，乙足迹形"。此外，还有吴尊盖、师遽方尊、母辛诸妇方尊、子蝠尊，均是方彝。第十四册罍壶盉鉼目下著录亚燕壶，即亚疑方彝。第十九册卣目下著录箙作父辛卣，即甌方彝[①]。须指出的是，第十三册著录有1件御方簋盖，后世多称趞方彝盖，但该器应是方罍盖。该书是清代著录方彝最多的一种著作。

金文类著作共收录了8件方彝的铭文，即上海博物馆收藏的吴方彝盖、师遽方彝，日本泉屋博古馆收藏的甌方彝，美国旧金山亚洲艺术博物馆收藏的亚若癸方彝，美国哈佛大学福格美术馆收藏的子蝠方彝，加拿大皇家安大略博物馆收藏的亚疑方彝，母康丁方彝和母辛帚方彝则为私人收藏家所有，甌方彝和亚若癸方彝又见于图像类著作。

有清一代，共著录方彝18器，有图像的12器，仅有铭文的6器。有10件收藏于国内外各大博物馆，有2件为私人所藏，另有6件不知所踪（见表2-2）。

表2-2　清代著录方彝一览表[②]

| 器名 | 图录类著作 | 金文类著作 | 现藏地点 |
|---|---|---|---|
| 亚若癸方彝 | 西清13.4 | 缀遗16.8，郁华阁179.4、180.1，愙斋13.3.1 | 旧金山亚洲艺术博物馆 |
| 周召夫方彝一 | 西清13.6 | | 下落不明 |
| 周召夫方彝二 | 西清13.7 | | 下落不明 |
| 麦方彝 | 西清13.10 | | 下落不明 |
| 亚醜方彝 | 西清14.2 | | 台北故宫博物院 |
| 亚醜方彝 | 西清14.3 | | 华盛顿弗利尔美术馆 |
| 庶辰方彝 | 西清14.19 | | 下落不明 |
| 作宗宝方彝 | 宁寿6.11 | | 下落不明 |
| 商言方彝 | 西甲6.20 | | 下落不明 |
| 叔方彝 | 西甲6.31 | | 台北故宫博物院 |
| 甌方彝 | 长安1.13 | 捃古2之1.25.4-26.1，愙斋19.16.2-3，缀遗17.24.2-3 | 日本泉屋博古馆 |
| 王卑女叔方彝 | 愙斋集古图 | | 故宫博物院 |
| 吴方彝盖 | | 积古5.34，捃古3之2.20，缀遗18.29，郁华阁194，愙斋13.8，奇觚5.19.1 | 上海博物馆 |
| 母辛帚方彝 | | 筠清2.23.1-2，捃古1之2.77.1，缀遗17.20.2-3，郁华阁179.2-3，愙斋13.15.1-2，敬吾下38 | 私人藏家 |
| 母康丁方彝 | | 捃古1之2.57.1，缀遗17.23.2，愙斋8.8.3，敬吾下38.4 | 私人藏家 |
| 师遽方彝 | | 缀遗18.24，郁华阁192.2-3，愙斋13.9 | 上海博物馆 |
| 子蝠方彝 | | 郁华阁178.2-3，愙斋13.19.4 | 哈佛大学福格美术馆 |
| 亚疑方彝 | | 郁华阁178.4、179.1，愙斋14.7.3 | 多伦多皇家安大略博物馆 |

① （清）吴大澂：《愙斋集古录》，商务印书馆影印本，1918年。

② 引书全称请参照本书附录中的《著录简称对照表》。

# 第三节　中华民国时期

中华民国时期，一方面，海内外私人收藏家仍热衷于搜购、收藏青铜器，另一方面，博物馆日渐增多，青铜器成为博物馆的重要馆藏门类。

20世纪20年代，考古学的理论、方法与技术被引入中国，田野考古发掘工作在山西省夏县西阴村和河南省安阳市殷墟等地相继展开，遗迹和出土器物信息被全面保存于考古报告之中。

传统金石学著作在编纂体例和内容等方面出现新特点，出现了金文著录表，将散见于各家著作中的金文整理、汇集于一表之中，注意去伪存真，省却翻检、比对之苦，为金文研究提供了很大便利。青铜器的图像采用摄影技术来呈现，有效避免了摹绘图像走样失真的情况，制版也更加便捷、省力，1916年，邹安的《双王𬭤斋金石图录》开金石学著作摄影印行之先河。以往的著作，重文字而轻纹饰，容庚意识到这种弊端，1933年，在《颂斋吉金图录》中，他最先将摹拓花纹与文字并列，从此，纹饰成为青铜器的重要研究内容。

除了刊布国内青铜器资料以外，梅原末治、罗振玉、容庚、袁同礼、陈梦家等还注意搜罗流失到欧洲、美国和日本等地的青铜器资料。

# 一、国　　内

### 1. 图录类

北京琉璃厂通古斋商人黄濬将经手售出及所藏、所见青铜器和陶玉甲骨之属辑成《邺中片羽》三集，分别于1935年、1937年和1942年刊行。初集收器32件，二集收器40件，三集收器61件，仅有器物照片和铭文拓片，不记大小尺寸，无考释。初集收录亚又方彝，二集著录珥日父乙方彝和亚壱方彝，三集著录冉癸方彝和郷宁方彝，以上5器均流失到国外[①]。

容庚著《海外吉金图录》3册，考古学社专集第三种，1935年4月印行。从七种日人著作中选取收藏于日本的青铜器158件，按烹饪器及食器、酒器、用器、乐器、汉以后器、附录等编排。书内第二部分酒器共著录68器，包括3件名方彝之器，图九六为甗方彝、图九七为云雷纹方彝和图九八为饕餮蝉纹方彝，前两器采自滨田耕作、梅原末治编《订泉屋清赏》，藏于泉屋博古馆，后者采自原田淑人编《周汉遗宝》，藏

① 黄濬：《邺中片羽初集》，北平尊古斋，民国二十四年；《邺中片羽二集》，北平尊古斋，民国二十六年；《邺中片羽三集》，北京琉璃厂通古斋，民国三十一年。

于东京国立博物馆。书内所收录的云雷纹方彝和饕餮蝉纹方彝从形制分析，并不是方彝①。

黄濬作《尊古斋所见吉金图》4卷，1936年影印本行世，著录商周青铜器116件，秦汉以来器物75件，共收191件，全书按器类排列。每器皆有器物照片和铭文拓本，不记大小尺寸，也无铭文考释。卷一收录6件彝，5件为簋，所谓象纹彝，因圈足上饰象纹而得名，象鼻高举，栩栩如生，未著录铭文，该器实即鄉宁方彝，内壁有2字铭文，"鄉宁"，后来流失到美国，归皮思柏氏，现藏于明尼阿波利斯美术馆②。

古斯塔夫·艾克编《使华访古录》（*Frühe chinesische Bronzen aus der Sammlung Oskar Trautmann*），辅仁大学于1939年印行。收录曾任德国驻华大使陶德曼收藏的20件中国青铜器精品，每件均有整版插图和中文名称，珂罗版印刷，极精美，并有纹饰拓片。其中，著录亚㠱方彝1器，该器传出于安阳③。

孙海波编《河南吉金图志賸稿》，1939年考古学社影印出版，博采广收河南所出精美彝器凡50件，每器有器影照片、纹饰和铭文拓片，书末有各器说明，记录大小尺寸、铭文、形制纹饰、著录、出土地、藏地、铭文考释及时代等信息。收录名彝之器6件，其中方彝3件，1器为四出戟方彝，该器出土于宝鸡而非河南，另2器为丐甫方彝和令方彝④。

容庚著《商周彝器通考》，是研究中国古代青铜器的综合性专著，出版于1941年。下编设有方彝目，最早将方彝设为了器类，收录散见于海内外的16件方彝，10器属商代，5件属西周前期，1件为西周后期，均有图版，记录尺寸、纹饰、铭文、出土地点、藏处、著录等信息⑤。其中，第九器鸱鸮纹方彝并非方彝，第一五器扁耳窃曲纹方彝即《长安获古编》中的父舟彝，上文已论证为伪器；第一六器雷纹方彝，从形制上看，不是方彝，应是方壶。是故，实际著录方彝13器。

陈梦家著《海外中国铜器图录》2集，将袁同礼20世纪30年代在欧美搜集到的310件青铜器资料编成图录，成书于1940年，由国立北平图书馆在1946年出版。第一集在盛食器（四）彝目下著录方彝3件，图二四为收藏于荷兰亚洲艺术博物馆的兽面纹方彝，图二五为英国伦敦客尔（笔者按：柯尔）氏收藏的兽面纹方彝，盖上有铭文"亚又"二字，图二六为收藏于美国芝加哥美术馆的荣子方彝，铭文情况未予说明，实际器、盖有6字同铭，"荣子作宝隣彝"。作者认为，前两器属第一期上，即商代，荣子方彝属第一期。第二集著录方彝2件，图一八〇为收藏于美国弗利尔美术馆的令方彝，

① 容庚：《颂斋吉金图录 颂斋吉金续录 海外吉金图录》，中华书局，2012年，第637~641页。
② 黄濬：《尊古斋所见吉金图》，台联国风出版社，1976年，第107页。
③ 〔德〕古斯塔夫·艾克：《使华访古录》，辅仁大学出版社，1939年。
④ 孙海波：《河南吉金图志賸稿》，台联国风出版社，1978年。
⑤ 容庚：《商周彝器通考》，上海人民出版社，2008年，第311页。

记录了出土地点、同出之器和体量等信息，对铭文字词进行了详细考释；图一八一为原藏于德国欧德夫人、后归瑞士玫茵堂的夆旅方彝，无其他信息，该器内底实际上有铭文"夆旅"二字①。

王献唐编《国史金石志稿》20卷，初成于1943年，后王文耀整理配图，出版于2004年10月，系统搜集清末至20世纪40年代未曾著录的铜器资料，共收录器物4854件。书内有5件方彝。第十卷食器之属下有彝目，著录了方彝2件，即亚又方彝和令方彝。第九卷食器之属簋目下的第四四器商竝簋应为竝方彝，第二九五器周荣子簋应为荣子方彝，王氏认为此器"字稍可疑，疑从艾子旅簋改变而出"。第二十卷不知名器下第二五器应为王虫女叙方彝②。

旅顺博物馆编《旅顺博物馆陈列品图录》1册，1945年刊行。第69器为夔凤饕餮纹彝，是1件商代晚期的兽面纹方彝，有器物照片，无其他说明③。

民国时期的图录类著作总共收录方彝19件，其中，𦥑方彝、亚醜方彝、师遽方彝和吴方彝已见于清代相关著作，其余15器均为新著录，有铭文的12件，无铭文的3件。

**2. 金文类**

邹安辑《周金文存》6卷、《补遗》1卷，1916年石印刊行。该书以拓本影印，共收1545器，先按器类、再按字数多少编次，目下记字数多少及藏家，卷后有附说，无考释。著录方彝共3件，卷3著录方彝2件，即师遽方彝和吴方彝盖，《补遗》著录母宰𫂁帚方彝④。

罗振玉编《殷文存》2卷，收录755件青铜器铭文拓片，按器类编次，无考释，这是最早关于商代金文的专门著录书，1917年石印刊行。上卷著录方彝5件，即亚疑方彝、子蝠方彝、母宰𫂁帚方彝、康丁方彝和𦥑方彝，均误识为尊⑤。

罗振玉编纂《贞松堂集古遗文》16卷，搜集《捃古录金文》《愙斋集古录》等前代诸书所未著录的青铜器铭文而成，共1525器，先按器类分卷，再按铭文字数多少编次，有考释、说明，1930年石印刊行。卷四彝目下著录方彝3件，亚中奉尊形彝，"内府藏此器，文阳识"；仲追父彝，"此方彝失盖，往岁见之津沽"；矢方彝，"此彝近年出洛阳，闻已入市舶矣，同出土之器不少，惜不能备知也"。三器即亚醜方彝、仲追父方彝和令方彝⑥。

王辰编次《续殷文存》2卷，专门集录商代铜器铭文拓本，以补充罗氏《殷文

---

① 陈梦家：《海外中国铜器图录》，中华书局，2017年。
② 王献唐：《国史金石志稿》，青岛出版社，2004年。
③ 旅顺博物馆：《旅顺博物馆陈列品图录》，1945年，第69页。
④ 邹安：《周金文存》，台联国风出版社，1978年。
⑤ 罗振玉：《殷文存》，民国六年（1917）石印本。
⑥ 罗振玉：《贞松堂集古遗文》，北京图书馆出版社，2003年，第322、354、371页。

存》一书，1935年作为考古学社专集由大业书局石印刊行。全书共收1587器，数量远超《殷文存》，但由于断代不严，取舍不够精当，混入了不少西周乃至战国时期的器物。书内著录方彝6件，即亚醜方彝2件、亚若癸方彝、母宰𧖠帚方彝（以上4器误识为尊）、王屮女叔方彝和亚又方彝（以上2器误识为簋）[①]。

刘体智编《小校经阁金文拓本》18册，辑录6500余件，从三代钟鼎到晋唐元明铜镜、造像等，均有收录，按原器、原拓、原大影印，每器皆有释文，1935年石印刊行。书内著录方彝9器，第5册著录亚疑方彝、子蝠方彝、亚若癸方彝、母宰𧖠帚方彝、匜方彝和师遽方彝，皆误识为尊；第7册彝目下著录康丁方彝、令方彝和吴方彝盖[②]。

罗振玉编《三代吉金文存》20卷，收录商周青铜器4835件，以收罗宏富、印刷精良而闻名于世，拓本多精品，鉴别亦较严，印刷精美，铭文均以原大拓本付印，1937年影印刊行。先按器类分卷，再按铭文字数编次，各器无释文，亦无说明。书内著录方彝15器，卷6彝目下著录竝方彝、亚醜方彝2件、亚又方彝、荣子方彝、匜方彝、令方彝、戈方彝、仲追父方彝和吴方彝盖，卷11著录亚疑方彝、子蝠方彝、亚若癸方彝、母宰𧖠帚方彝和师遽方彝，均误为方尊[③]。

民国时期的金文类著作共著录方彝17件，其中11件已见于清代著录，竝方彝、亚又方彝、荣子方彝、戈方彝、仲追父方彝和令方彝等6件为本时期新著录的器物，而竝方彝、亚又方彝、荣子方彝和令方彝等4件又见于本期图录类著作，戈方彝、仲追父方彝仅有铭文而无图像。

### 3. 目录类

宋代以来，金石学著作中保留了大量金文，但零落分散、真伪杂糅，存在同名异器、同器异名的情况，不便于使用和研究。自王国维开始，通过编目的形式对宋代以来金石学著作中的金文资料进行整理、辨伪，取得了不小的成果。

王国维编《宋代金文著录表》6卷，成文于1914年6月，次年刊于雪堂丛刻，是宋代金石著作的索引，"错综诸书，列为一表"，分上、中、下三栏，上栏为器名，中栏为诸家著录，下栏为杂记，按器类编次。表内列器29种496件，附录140器，共636器。彝目下有2件名方彝之器，己酉方彝即戍铃方彝，所谓的虎方彝并非方彝[④]。1928年，因王文"书下不注卷叶，以为犹有憾也"，容庚重编了《宋代金文著录表》，"敦彝之为簋，簋之为盨，匜之为觥，此皆酌为釐订。原书各器不列朝代及字数，各

① 王辰：《续殷文存》，大业书局，1935年。
② 刘体智：《小校经阁金文拓本》，中华书局，2016年。
③ 罗振玉：《三代吉金文存》，中华书局，1983年。
④ 谢维扬、房鑫亮主编：《王国维全集》（第四卷），浙江教育出版社、广东教育出版社，2010年，第269～273页。

书不注卷叶，此为补入"①。

王国维编《国朝金文著录表》6卷，1914年9月成文，增加字数一栏，按器类编次，器目下按字数多少编排。卷二彝目下，名方彝的仅1件召夫方彝，王氏认为此器可疑。另有吴彝盖，即作册吴方彝盖②。

罗福颐校补《三代秦汉金文著录表》8卷、补遗1卷，1933年墨缘堂石印。该书对《国朝金文著录表》加以校订补遗，增加魏晋、隋唐、元时期出土的青铜器，共著录青铜器5780件。体例更加详备，表分七栏，包含器名、字数、行款、诸家著录、藏器家、出土地和杂记等信息，先按器类、再按字数编排。彝目下著录匜方彝、令方彝、作册吴方彝盖等多器，附录中认为召夫方彝可疑③。

福开森编《历代著录吉金目》，将1935年冬之前出版的80种著作中所见铜器汇编成册，出版于1939年。编排体例上，先分乐器、酒器、水器、食器等大类，大类下列器类，每器下列出器名、铭文字数、释文和著录等信息。各器没有编号，不便使用。食器下有彝目，收录名方彝之器16件，其中，饕餮方彝（《西清》14.20）、饕餮方彝（《西清》14.18）应是伪器，云雷纹方彝（《海外吉》九七）、饕餮蝉纹方彝（《海外吉》九八）从形制看不是方彝，虎方彝（《薛氏》2.7）不是方彝，父癸方彝（《考古》4.28）是方鼎。另有3件名彝之器，分别为己酉戌命彝、师遽彝和吴彝，即戌铃方彝、师遽方彝和作册吴方彝盖。因此，此书实际著录方彝13器④。

上述目录类著作将某一时期散见于各种著述的青铜器按器类汇集到一处，为使用和研究提供了便利。

### 4. 考古报告

1948年，李济在《中国考古学报》上发表《记小屯出土之青铜器》，公布了殷墟考古发掘出土青铜器的资料，这是第一篇涉及方彝的田野考古报告。小屯M238出土了2件方彝，作者将其归入圈足器目，从图片、形制纹饰、容积等方面进行了详尽的介绍⑤。

---

① 容庚：《宋代金文著录表》，《北平北海图书馆月刊》（第一卷第五号），1928年，第259页。

② 谢维扬、房鑫亮主编：《王国维全集》（第四卷），浙江教育出版社、广东教育出版社，2010年，第385～409页。

③ 王国维编撰，罗福颐校补：《三代秦汉两宋（隋唐元附）金文著录表》，北京图书馆出版社，2003年，第137页。

④ 〔美〕福开森：《历代著录吉金目》，商务印书馆，1939年，第90页。

⑤ 李济：《记小屯出土之青铜器》，《中国考古学报》（第三册），1948年，第4～12页。

# 二、海　外

晚清民国时期，青铜器以其独特魅力，受到海外藏家的追捧，纷纷被高价搜购，大量流失海外。

住友春翠、秦藏六编《泉屋清赏》，图录部分分为三卷，1911～1915年刊行，系统收录了住友家族收藏的百余件中国古代青铜器，现收藏于泉屋博古馆的厪方彝就在其中，此器原为刘喜海所藏，后归于丁彦臣，20世纪初流失到日本[①]。

叶慈编撰《猷氏集古录》（*The George Eumorfopoulos Collection*）六集，系统收录了英国犹太收藏家乔治·尤摩弗帕勒斯的藏品，第一集主要著录礼器、兵器等青铜器，于1929年3月在伦敦出版。每器有图像，对于铭文叙述极为详细，不足之处在于，器物断代往往过晚，文字鉴别也不够精审。书内著录了冉方彝[②]。

嘉纳治兵卫编《白鹤吉金集》，印行于1934年，收录白鹤山庄主人收藏的周朝至唐代的青铜彝器50件，装帧精美，书内著录了收藏于该馆的竝方彝[③]。

叶慈编著《柯尔藏中国青铜器》（*The Cull Chinese Bronzes*），1939年由英国伦敦大学考陶德艺术学院出版，收录英国人柯尔收藏的古代中国青铜器，书内著录1件亚又方彝[④]。

《白金汉所藏中国铜器图录》（*Chinese Bronzes from the Buckingham Collection*），芝加哥美术馆东方艺术部主任查尔斯·凯莱和陈梦家合作编著，1946年在芝加哥出版，2015年，田率将该书翻译为中文。凯特·白金汉是美国著名的中国青铜器收藏家，为了纪念她的妹妹露西·莫德·白金汉，将捐赠给芝加哥美术馆的中国青铜器命名为"露西·莫德·白金汉纪念收藏"，该书著录的就是这部分青铜器，荣子方彝中的1件就收藏于芝加哥美术馆[⑤]。

《弗利尔美术馆藏中国青铜器图录》（*A Descriptive and Illustrative Catalogue of Chinese Bronzes*）1册，1946年，史密森博物院出版。书中著录了弗利尔美术馆收藏的64件青铜器，多为首任馆长约翰·罗吉在任期间征集，使用高清珂罗图版，且每器都

①　〔日〕住友春翠、秦藏六：《泉屋清赏》，1911～1915年。

②　Walter Perceval Yetts. The George Eumorfopoulos Collection, London: Ernest Benn, 1929.

③　〔日〕嘉纳治兵卫：《白鹤吉金集》，白鹤美术馆，1934年。

④　Walter Perceval Yetts. The Cull Chinese Bronzes, Courtauld Institute of Art, University of London, 1939.

⑤　〔美〕查尔斯·法本斯·凯莱、陈梦家著，田率译：《白金汉所藏中国铜器图录》，金城出版社，2015年。

有不同角度的照片。书内著录1件令方彝，图后附有详细的考释①。

陈梦家编《美帝国主义劫掠的我国殷周铜器集录》，收录流散美国的青铜器845件，内有17件方彝，有16个器号。第A637器未著录铭文，实即鄉宁方彝。第A644器，本书认为不是方彝②。纽约伏克氏（笔者按：福格）收藏的伯丰方彝（A634）有一对，1937年，于北京购自德国古董商普劳特。2001年10月，两器曾现身于纽约佳士得拍卖场。2019年3月，再度出现于纽约春季亚洲艺术周暨中国艺术珍品拍卖会。书内收录两器照片和拓片，由于体量相差不大，装饰高度一致，《集成》《铭图》误认为是同一器，把两器铭文当成了同一器的器铭和盖铭。因此，书中实际著录方彝16件，有铭文的12件，8件已见于之前的其他著录，另有伯丰方彝2件、聿方彝和頯方彝系首次著录；无铭文的有3件兽面纹方彝和1件四出戟方彝，3件兽面纹方彝也是首次著录。

民国时期，共著录方彝37件，除去清代已著录过的11件③，新见方彝26件。在传统金石学著作中，著录新见方彝共24件，有铭文的18件，无铭文的6件；有图像的22件，仅有铭文的2件（详见表2-3）。另外，考古报告中还著录了2件出土于殷墟小屯M238的方彝。

表2-3　民国著录中新见方彝一览表

| 器名 | 图录类著作 | 金文类著作 | 现藏地点 |
|---|---|---|---|
| 亚又方彝 | 邺初上15，柯尔42页，海外铜1.25，通考·图593 | 续殷上36.4，三代6.9.6 | 不详 |
| 聅日父乙 | 邺二上11，通考·图594 | | 不详 |
| 亚芦方彝 | 邺二上12，使华8，通考·图592 | | 不详 |
| 鄉宁方彝 | 邺三上21，美集录A637 | | 美国旧金山亚洲艺术博物馆 |
| 冉癸方彝 | 邺三上22 | | 不详 |
| 鄉宁方彝 | 尊古1.43，通考·图598，美集录A636 | | 美国明尼阿波利斯美术馆 |
| 四出戟方彝 | 賸稿33，通考·图601，美集录A643 | | 美国赛克勒美术馆 |
| 丂甫方彝 | 賸稿34，通考·图599，美集录A647 | | 美国纽约大都会艺术博物馆 |
| 令方彝 | 賸稿36甲乙，海外铜2.180，通考图·603，美集录A646 | 贞松4.49，小校7.53.1，三代6.56.2-57 | 美国华盛顿弗利尔美术馆 |
| 立方彝 | 白鹤吉20，通考·图595 | 三代6.1.1 | 日本神户白鹤美术馆 |
| 冉方彝 | 歊氏21，通考·图597 | | 不详 |

①　The Staff of The Freer Gallery of Art. A Descriptive and Illustrative Catalogue of Chinese Bronzes, Acquired During the Administration of John Ellerton Lodge, Washington, 1946.

②　中国科学院考古研究所：《美帝国主义劫掠的我国殷周铜器集录》，科学出版社，1962年，铭文第120~123页，图象第897~919页。

③　这11件方彝为亚若癸方彝、2件亚醜方彝、酘方彝、王屮女叙方彝、吴方彝盖、母辛帚方彝、母康丁方彝、师遽方彝、子蝠方彝和亚疑方彝。

续表

| 器名 | 图录类著作 | 金文类著作 | 现藏地点 |
|---|---|---|---|
| 兽面纹方彝 | 海外铜1.24 | | 荷兰阿姆斯特丹皇家博物馆 |
| 荣子方彝 | 海外铜1.26，柏景寒151.2，美集录A648 | 三代6.36.4 | 美国芝加哥艺术博物馆 |
| 夆旅方彝 | 海外铜2.181 | | 瑞士玫茵堂 |
| 伯豐方彝（2件） | 美集录A634 | | 私人藏家 |
| 丰方彝 | 美集录A640 | | 不详 |
| 頪方彝 | 美集录A645 | | 美国波士顿美术馆 |
| 兽面纹方彝 | 旅顺69 | | 旅顺博物馆 |
| 兽面纹方彝（3件） | 美集录A633、A635、A638 | | 不详 |
| 戈方彝 | | 三代6.2.10 | 旅顺博物馆 |
| 仲追父方彝 | | 贞松4.42.4，三代6.35.8 | 美国克利夫兰美术馆 |
| 兽面纹方彝（R2067） | 中国考古学报1948.3 | | 台北"中研院"历史语言研究所 |
| 兽面纹方彝（R2068） | 中国考古学报1948.3 | | 台北"中研院"历史语言研究所 |

# 第四节　中华人民共和国成立以来

中华人民共和国建立以后，青铜器多为博物馆、考古所等机构所收藏，各单位纷纷出版馆藏、展览图录，公布所收藏的青铜器。学者对流失到海外的青铜器不断进行访查，出版了一系列著作。

国家高度重视考古工作，新出土了大量青铜器，仅方彝就有51件。不但有考古报告，一些出土青铜器较多的遗址、墓地还专门编有图录，有些学者还将某一区域甚至全国范围内出土的青铜器汇编成图录。

20世纪80年代以来，一批部头大、收器多、信息全、体例佳的青铜器著录先后出版，如《殷周金文集成》《中国青铜器全集》《商周青铜器铭文暨图像集成》等，将散见的青铜器汇集于一书，省却了不少资料搜集之苦、遗漏之弊，给学术研究提供了极大便利。

# 一、国　　内

　　这一时期，不但有完整公布发掘信息的考古报告，青铜器著录类型也越来越丰富，有图录类、目录类和金文类等。著录的体例越来越成熟，器类、时代、铭文字数多少成为编次的主要线索。摄影、墨拓、摹写、X光技术、成分分析等多种技术手段用于青铜器资料的发表，为学术研究提供了更多角度和线索。

## 1. 考古报告

　　中华人民共和国成立以后，田野考古工作大规模展开，青铜器大量出土，发掘资料整理和考古报告发表日渐规范，不断推动着学术研究的进步，涉及方彝的考古报告和简报①主要有以下内容。

　　考古报告：《殷墟妇好墓》（亚启方彝、3件妇好方彝）、《张家坡西周墓地》（井叔方彝）、《三门峡虢国墓地》（第一卷）（M2012出土5件方彝、M2001出土3件方彝）、《安阳殷墟花园庄东地商代墓葬》（M42出土马子方彝、M54出土亚长方彝）、《梁带村芮国墓地——二〇〇七年度发掘报告》（M502出土2件方彝）、《安阳殷墟徐家桥郭家庄商代墓葬》（宜家苑M33出土1件兽面纹方彝）、《殷墟新出土青铜器》（M793出土亚弜方彝）。

　　简报：《祖国历史文物的又一次重要发现——陕西郿县发掘出四件周代铜器》（盠方彝甲乙）、《洛阳市在文物普查中收集到西周珍贵铜器》（叔牝方彝）、《陕西长安、扶风出土西周铜器》（日己方彝）、《山东惠民县发现商代青铜器》（戎方彝）、《胶县西菴遗址调查试掘简报》（举女方彝）、《陕西扶风庄白一号西周青铜器窖藏发掘简报》（折方彝）、《岐山县博物馆近几年来征集的商周青铜器》（齐生鲁方彝盖）、《平顶山市北滍村两周墓地一号墓发掘简报》（鳞纹方彝）、《安阳大司空村东南的一座殷墓》（兽面纹方彝）、《殷墟戚家庄东269号墓》（爰方彝）、《安徽枞阳出土一件青铜方彝》（兽面纹方彝）、《三门峡上村岭虢国墓地M2001发掘简报》（3件方彝）、《定州北庄子商墓发掘简报》（M61出土1件兽面纹方彝）、《1991年安阳后冈殷墓的发掘》（M9出土1件云雷纹方彝）、《山东省济宁市出土一批西周青铜器》（素面方彝）、《天马——曲村遗址北赵晋侯墓地第四次发掘》（M62出土1件素面方彝、M63出土1件云纹方彝）、《1976年闻喜上郭村周代墓葬清理记》（75上郭M1出土1件素面方彝）、《天马——曲村遗址北赵晋侯墓地第五次发掘》（M93出土1件双耳方彝、M102出土1件方彝）、《上村岭虢国墓地M2006的清理》（素面方彝）、《河南安阳市郭家庄东南26号墓》（旅止冉方彝）、《河南安阳市花园庄54号

---

　　①　为避免行文繁复，正文中只列出考古报告和简报的名称，具体出处见参考文献。

商代墓葬》（亚长方彝）、《安阳殷墟刘家庄北1046号墓》（亚盙斝方彝）、《河南平顶山应国墓地八号墓发掘简报》（素面方彝、窃曲纹方彝）、《河南三门峡虢国墓地M2008发掘简报》（2件素面方彝）、《陕西韩城梁带村墓地北区2007年发掘简报》（2件素面方彝）、《河南洛阳市润阳广场东周墓C1M9934发掘简报》（素面方彝）、《陕西省宝鸡市石鼓山西周墓》（户方彝）、《河南南阳夏饷铺鄂国墓地M5、M6发掘简报》（M6出土1件窃曲纹方彝）、《山西垣曲北白鹅墓地M2、M3发掘简报》（M2出土1件窃曲纹方彝、M3出土1件素面方彝）等。

**2. 图录类**

这一时期，伴随着考古学的勃兴和博物馆事业的发展，青铜器图录如雨后春笋般问世，体例大致分两种，既因循前人旧例，也有创新，一种按器物类别排序，同类器物再以时代为序，或先按时代、再按器类排序；另一种以器物原有组合（出土单位）排列，同一组合（单位）器物再按器类为序——重要、常见者在先，次要、少见者居后。前者主要沿袭宋代以来的传统，后者则是考古学兴起之后的新创——宋代文物图录也有注意器物“成组”关系者，但没有形成专门体例①。

台北故宫博物院联合管理处编《故宫铜器图录》上、下2册，出版于1958年。书内收录北平故宫博物院、南京中央博物院迁存台湾之全部青铜器，贵重精品选附照片，有铭文者附拓本，普通器物或疑伪之作，仅列简目。将全部器物分为八大类，再按器类编次。书中著录方彝3器，即亚醜方彝、叔方彝和子甗图方彝②。

文物出版社编著《中国古青铜器选》，选取北京、上海等二十个省、市的博物馆、文物考古单位所藏的96件（组）青铜器珍品，时代从商代到东汉，多数是1966年以后的考古发掘品，1976年2月出版。其中，著录方彝2件，分别为鼎方彝和师遽方彝③。

陕西省考古研究所等编《陕西出土商周青铜器》4册，选录陕西省自中华人民共和国成立以来至20世纪70年代末出土的商代至战国青铜器，陆续出版于1979～1984年。第二册著录方彝两器，1件是折方彝，1976年冬出土于扶风县庄白一号青铜器窖藏；另一件是日己方彝，1963年出土于扶风县齐家村窖藏。第三册著录西周中期盠方彝甲乙2件，1955年3月，眉县李家村西周青铜器窖藏出土，同窖藏出土的还有盠驹尊、驹尊盖

① 杜金鹏：《鼎彝震河峡》，《虢国墓地出土青铜器》（一），科学出版社，2018年，第ii、iii页。
② 台北故宫博物院联合管理处：《故宫铜器图录》（上、下），台北中华丛书委员会，1958年。
③ 《中国古青铜器选》，文物出版社，1976年。

各1件，并推测盉应为孝夷时期人①。

《河南出土商周青铜器》（一）收录中华人民共和国成立以来河南出土的商代青铜器，1981年9月出版。书前有《河南出土商代青铜器概述》一文，介绍该书所收商代器物的发现、分期以及铸铜遗址等问题。书内著录小屯M5出土的方彝3件，第144器应为偶方尊，第145器为亚启方彝，第146器为妇好无盖方彝②。

郑振香等编《殷墟青铜器》，中华人民共和国成立三十多年来，殷墟出土青铜礼器近600件，该书所收录的就是自1958年安阳考古队建立至1982年所发掘的200多件青铜器，出土地点包括洹河北岸的武官村、三家庄、大司空村，洹河南岸的小屯村、苗圃北地以及孝民屯周围的殷墟西区墓葬，以小屯村和殷墟西区墓葬所出为数最多。书中著录了小屯M5出土的有盖方彝（M5：825）、无盖方彝（M5：849）和偶方彝（M5：791）③。

孟宪武、刘顺主编的《安阳殷墟青铜器》，收录殷墟南区出土青铜器，以及安阳市博物馆旧藏珍品，共计146件，1993年4月出版。其中出土于戚家庄M269的爰方彝亦收录在内④。

李学勤、艾兰编《欧洲所藏中国青铜器遗珠》，将在欧洲各国博物馆、私人藏家及伦敦古物行所见青铜器汇集成册，共收录商代至汉代各种青铜器210件，另附录有7件。书中著录商代晚期方彝5件，现藏于瑞典斯德哥尔摩远东古物馆的鸢方彝，内底一侧铸有栩栩如生的浮雕蝉纹。秭冉方彝，1970年11月在英国伦敦苏富比拍卖行出现，铭文写法类于自组卜辞。夆方彝，1989年12月出现于伦敦苏富比拍卖行。祈方彝，现藏于瑞士苏黎世利特堡博物馆。鸮纹方彝造型独特，现藏于德国科隆市东亚艺术博物馆，该器曾被《殷周青铜器综览》所著录，我们认为该器不是方彝。因此，实际著录4件方彝，均有铭文。除鸢方彝外，其余3件图像和铭文均未见著录，是首次刊布的新资料⑤。

马承源主编《中国青铜器全集》16卷，从国内外190家文博机构现存的数万件青铜器中，遴选出3000多件精品，全景式展现了中国青铜器发展的历史面貌，1993~1998年陆续出版。卷3著录出土于殷墟的商代晚期方彝8件，有铭文的7件，第68器立方彝漏收铭文，第60器应为偶方尊。卷4著录商代晚期方彝5件，均为传世方彝，有铭文的4

① 陕西省考古研究所、陕西省文物管理委员会、陕西省博物馆：《陕西出土商周青铜器》（一、二、三、四），文物出版社，1979~1984年。

② 《河南出土商周青铜器》编辑组：《河南出土商周青铜器》（一），文物出版社，1981年，第121、122页。

③ 中国社会科学院考古研究所：《殷墟青铜器》，文物出版社，1985年。

④ 安阳市文物工作队、安阳市博物馆：《安阳殷墟青铜器》，中州古籍出版社，1993年，第36页。

⑤ 李学勤、艾兰：《欧洲所藏中国青铜器遗珠》，文物出版社，1995年。

件。卷5著录西周早期至中期方彝6件，全部有铭文。全书实际共著录方彝18件，科学发掘出土7件，传世11件，有铭文的17件，无铭文的仅1件兽面纹方彝①。

陈芳妹著《"故宫"商代青铜礼器图录》，从台北"故宫博物院"庋藏商代青铜器中优中选粹，得一百件。除器影照片外，还有铭刻、纹饰拓片，以及内部结构的X光透视照片，并附有时代、体量、形制、纹饰和铭文描述等信息。书中收录叔方彝和亚醜方彝各1件②。

刘雨、丁孟等编《故宫青铜器》，选辑故宫所藏有代表性的青铜器348件，每器都有彩色照片和铭文拓片，并记录时代、体量、来源等信息，有详细的形制描述。该书著录商代晚期方彝2件，分别为亚義方彝和王屮女叔方彝③。

马承源主编《中国文物精华大辞典·青铜卷》，收录自新石器时代至明代的珍贵青铜器1342件。书中有商代晚期方彝5器，包括妇好长方彝、亚启方彝、鼎方彝、夔龙纹方彝、皿天全方彝盖，妇好长方彝应为偶方尊，夔龙纹方彝应为方觯，皿天全方彝盖实际是皿方罍盖；西周方彝6件，包括叔牝方彝、折方彝、师遽方彝、盠方彝、日己方彝和吴方彝盖。因此，全书实际著录方彝8件④。

上海博物馆编《中国青铜器展览图录》，精选馆藏夏代至唐代铜器100件，出版于2004年8月。每器下包括时代、体量和形制描述等信息，收录商代晚期衛册方彝1件⑤。

陈佩芬著《夏商周青铜器研究》6册，收录上海博物馆馆藏青铜器共600余件（组），绝大部分是传世品。《夏商篇》上著录商代晚期方彝5件，书内为4个编号，分别为竹宝父戊方彝2件、鼎方彝、兽面纹方彝、龏父庚方彝；《西周篇》下著录方彝2件，即丁燮柔女士捐赠的恭王时期的师遽方彝，李荫轩、邱辉先生捐赠的懿王时期的吴方彝盖，全书共著录方彝7件⑥。

曹玮主编《周原出土青铜器》10卷，收录1949～1998年周原出土的所有青铜器，按青铜窖藏、墓葬和零散征集青铜器三部分排列，以发掘时间先后为序，每件器物从图片、线图、拓片、文字四部分进行表述，器物描述按器名、编号、尺寸、重量、容积、器物形制与纹饰、铭文字数等，逐项进行说明。卷2著录日己方彝，1963年出土于扶风县齐家村窖藏。卷3著录折方彝，1976年出土于扶风县庄白一号青铜器窖藏⑦。

洛阳师范学院、洛阳市文物局编《洛阳出土青铜器》，收录自商代至唐代洛阳地

①　中国青铜器全集编辑委员会：《中国青铜器全集》，文物出版社，1993～1998年。

②　陈芳妹：《"故宫"商代青铜礼器图录》，"故宫博物院"，1998年，第424、548页。

③　故宫博物院：《故宫青铜器》，紫禁城出版社，1999年，第95、96页。

④　马承源：《中国文物精华大辞典·青铜卷》，上海辞书出版社、商务印书馆（香港），1995年，第42、43、148～150页。

⑤　上海博物馆：《中国青铜器展览图录》，五洲传播出版社，2004年，第38页。

⑥　陈佩芬：《夏商周青铜器研究》，上海古籍出版社，2004年。

⑦　曹玮：《周原出土青铜器》，巴蜀书社，2005年。

区出土青铜器321件，先按器类、再按时代编排，每器有器物图片、铭文照片，记录时代、体量和形制等信息。书内著录西周时期的叔牝方彝①。

岳洪彬主编《殷墟新出土青铜器》，收录1982年以后殷墟新出土的青铜礼器和以前没有收录的部分形制特殊的铜器，共计200余件青铜器精品，时代包括殷墟一至四期。在图版编排方面，重视同一墓葬出土铜器群的组合关系，尽可能多地附上铜器主要部位的纹饰拓片。书中著录出土于郭家庄东南M26的旅止冉方彝、大司空东南M663的兽面纹方彝、花园庄东地M54的亚长方彝、刘家庄北地M793的亚弜方彝和M1046出土的亚臯肼方彝，共计5件，其中4器有铭文②。

吕章申主编《中国国家博物馆百年收藏集粹》，汇集国家博物馆所藏文物精品，出版于2014年12月，商代后期的冉方彝和西周中期的盠方彝甲收录其中③。

李伯谦主编《中国出土青铜器全集》20册，收录近三十年新出土的夏代至汉代青铜器5000余件，全面体现了中国青铜器的主要特点及时代特征。书中共著录12件出土方彝，第2册著录河北省出土的1件商代晚期方彝，即第38器兽面纹方彝；第5册著录山东省出土的2件商代晚期方彝，即第93器戎方彝和第94器举女方彝；第8册著录安徽省出土的1件商代晚期方彝，即第31器兽面纹方彝；第9、10册著录河南省出土的4件方彝，即第184器亚长方彝、第185器亚弜方彝、第314器叔牝方彝和第315器令方彝；第16、17册著录陕西省出土的4件方彝，即西周早期的第330器折方彝、第331器户方彝和西周中期的第477器日己方彝、第478器盠方彝乙④。

### 3. 金文类

清代、民国时期的金文类著作，多是各家将自藏拓片汇集成书，很难有一部著作将当时所能见到的所有金文网罗殆尽。20世纪80年代以来，著者放眼海内外，力求将当时所能见到的所有金文聚于一书之中，取得了显著成绩。体例多是先按器类、复按字数多少编次。2000年之后，著录铭文的同时，亦收录器物图像、著录、流传等，著录信息越来越全面。

于省吾著《商周金文录遗》，专搜《三代吉金文存》以外的墨本，三分之一借自海内著名考古学家、吉林大学图书馆，其余为自藏，总计616器，按器类编排，无考释。书中收录有铭文方彝8件，即宁方彝、髳方彝、车方彝、马天冢父丁方彝、2件告永方彝、彊方彝和頵方彝，各器均曾被著录⑤。

---

①　洛阳师范学院、洛阳市文物局：《洛阳出土青铜器》，紫禁城出版社，2006年。

②　中国社会科学院、安阳市文物考古研究所：《殷墟新出土青铜器》，云南人民出版社，2008年。

③　吕章申主编：《中国国家博物馆百年收藏集粹》，安徽美术出版社，2014年。

④　李伯谦主编：《中国出土青铜器全集》，科学出版社、龙门书局，2018年。

⑤　于省吾：《商周金文录遗》，科学出版社，1957年。

周法高编《三代吉金文存补》，是《三代吉金文存》的补充续编之作。全书影印金文拓本，先按器类、复按字数多少编次，书内著录20件方彝之铭文①。

严一萍编《金文总集》，在《金文著录简目》的基础上增删而成，收器时间截至1983年6月，以收录三代铭拓为主，有描摹器形和题跋的一并收入，共录器8023件。书中著录有铭文方彝53器，剔除伪器、伪铭、误收、重收之器，实收45篇方彝铭文，具体来看，第4948器应为偶方尊，第4954器为伪器，第4955器并非方彝，第4959器系重出，第4966器应为甒方尊，第4970器器真而铭伪，第4971器应为方罍盖，第4972器过从父彝并非方彝②。

徐中舒主编《殷周金文集录》，收集自中华人民共和国成立至1980年底国内出版的书刊中已著录的殷周有铭铜器及部分未著录的有铭青铜器共973件，绝大多数为新出土的，铭文利用原拓或清晰影印件摹写，铭文下有隶定。书中著录9篇方彝铭文，第7器应为偶方尊，第115、460器为误收，并非方彝，实际著录6篇方彝铭文③。

马承源编《商周青铜器铭文选》4册，选录能反映在某时代政治、经济和文化等方面具有一定史料研究价值的青铜器铭文共925篇，主要是流传有序及科学发掘所得青铜器，商和西周部分以时代前后编次，东周则先以列国、复按时代先后编次。每器铭文参阅各家意见，皆撰写释文或必要注释。各家有不同见解又言之成理可备一说者，则予以说明。书中著录方彝铭文4篇，第九五器为昭王时期的作册令方彝，第一四四器为西周早期的颊方彝，第一九七器为穆王时期的师遽方彝，第二四六器为懿王时期的吴方彝盖④。

吴镇烽编《陕西金文汇编》，保存了陕西历代出土的商周金文资料，收录商至秦统一之前的1037件青铜器上的铭文拓本1274幅，目录表中详列每件铜器的分期、出土时间、出土地点和收藏单位等资料。第一部分为新出土与新征集品，著录5件方彝，分别为康王时期的折方彝，西周中期前段的日己方彝、齐生鲁方彝，恭王时期的盠方彝甲、乙2器。第二部分为传世品，著录甒方彝1件⑤。

中国社会科学院考古研究所编《殷周金文集成》18册，收集宋代以来著录、中外博物馆收藏及历年各地出土的商周铜器铭文，收器总数近12000件。书中著录有铭文方彝74件，另外，第10537器所谓康丁器者，也应是方彝，共75器，有数器为误收，具体来看，第9860器角丂方彝不能确定为方彝，第9862器应为偶方尊，第9869器不是方彝，误收方罍器盖2器，第9883器应为皿天全方罍盖，第9890器为趞方罍盖，实际收录

①　周法高：《三代吉金文存补》，台联国风出版社，1980年。
②　严一萍：《金文总集》，艺文印书馆，1983年，第2709～2739页。
③　徐中舒主编：《殷周金文集录》，四川人民出版社，1984年。
④　上海博物馆商周青铜器铭文选编写组：《商周青铜器铭文选》，文物出版社，1986～1990年。
⑤　吴镇烽：《陕西金文汇编》，三秦出版社，1989年。

方彝70器①。

　　刘雨、卢岩编著《近出殷周金文集录》（下文称《近出》）4册，是《集成》出版以后至1999年5月底以前，陆续发现的殷周金文新资料汇编，资料来自国内外报刊、杂志以及考古报告、铜器图录等，全书按15器类编次，正编收器1258件、附录收器96件，共计1354件。第三册收录8件方彝，第995器企方彝盖应为方罍盖，故方彝实际为7器，第993器旅止冉方彝是郭家庄东南M26新出土的资料，第994器王屮女叙方彝虽见于多种著录，但《集成》未收，故收于此，鼎方彝、夆方彝、秝冉方彝和亚疑方彝于20世纪70～90年代曾出现于伦敦苏富比拍卖行，祈方彝藏于瑞士苏黎世利特堡博物馆②。尤为重要的是，第988器鼎方彝之前未见于著录，是首次刊布的新资料。

　　《近出殷周金文集录二编》（下文简称《近出二》）4册，编纂体例与《近出》基本相同，器物始收时间与《近出》衔接，截至2007年底，编1346号，实收1344器。第三册著录方彝8器，其中，子豕方彝、亚宫甪方彝和亚长方彝均出土于殷墟，冉方彝见于2007年纽约佳士得秋拍。此外，还有衛册方彝、母敤日辛方彝、屮何方彝和马方彝③。

　　钟柏生等主编的《新收殷周青铜器铭文暨器影汇编》（下文简称《新收》），收录自《集成》出版后至2005年底新出土的有铭及漏收青铜器，共计2005件。书中著录有铭文方彝13器，出土的有4器，第304器甪册屮方彝盖为母口，不应是方彝盖，实际著录12篇方彝铭文，第131器妇好方彝，《集成》9864已著录，除爰方彝外，其余各器均见于《近出》《近出二》④。

　　刘雨、汪涛撰《流散欧美殷周有铭青铜器集录》（下文称《流散》），以收集流散欧美艺术品市场的中国殷周有铭青铜器为宗旨，资料来自苏富比、佳士得两拍卖行历年存留的档案，经作者辨伪存真，考证年代，选取了350件有铭文的铜器，未收入《集成》的有232件，图像、铭文均未见于著录的有209件，具有很高的学术价值。书中著录方彝6器，即戈方彝、鼎方彝、夆方彝、亚疑方彝、秝冉方彝、亚若癸方彝⑤。其中，戈方彝图像和铭文之前未见于著录，系首次刊布。

　　张桂光、秦晓华主编《商周金文摹释总集》全8册，宋代至2009年上半年之间的商周青铜器铭文16166件均收录其中，全书分4部分32卷，分别为《集成》《近出》《新收》以及宋代以来有过著录但上述三书未收的金文。该书是研究商周时期语言、历史、地理、军事、政治、经济、历法等的重要资料。摹写《集成》中的方彝铭文，收

①　中国社会科学院考古研究所：《殷周金文集成》，中华书局，1984～1994年。
②　刘雨、卢岩：《近出殷周金文集录》（第三册），中华书局，2002年，第467～474页。
③　刘雨、卢岩：《近出殷周金文集录二编》（第三册），中华书局，2010年，第213～220页。
④　钟柏生等：《新收殷周青铜器铭文暨器影汇编》，艺文印书馆，2006年。
⑤　刘雨、汪涛：《流散欧美殷周有铭青铜器集录》，上海辞书出版社，2007年，第319～324页。

入第六册；摹写《近出》《新收》中的方彝铭文，收入第七册；摹写其他方彝的铭文收入第八册[①]。

张天恩编著《陕西金文集成》16册，全面整理出土于陕西的数万件先秦至汉代青铜器，收录1970余件有铭青铜器，对铭文内容做了释文，是迄今最全的陕西金文汇编整理成果。第2册著录2件方彝，1件是1981年出土于岐山县流龙嘴村的齐生鲁方彝盖，1件是1976年出土于扶风县庄白一号青铜器窖藏的折方彝。第3册著录日己方彝，1963年出土于扶风县齐家村窖藏。第8册著录户方彝1件，2012年出土于宝鸡市渭滨区石鼓山M3[②]。

吴镇烽编著《商周青铜器铭文暨图像集成》35卷，著录2012年2月以前传世和出土的有铭青铜器16703件，另附伪铭、伪器34件，上自商代，下迄战国。第二四卷收录98件方彝，第13487器亚醜方彝系重出，第13496器应为妇好偶方尊，第13501器角丙方彝并不能确定为方彝，很有可能是簋，第13513器不是方彝，第13530器应为甌方尊，第13536器应为趞方罍盖，第八卷第4005器康丁簋，实际上应是方彝。因此，实收方彝93件。此外，第13520器伯丰方彝实际有两器，该书将两器铭文误为同一器的器、盖铭文。《续编》第三卷著录方彝6件。《三编》第三卷收录方彝11器，第1142器竞方彝与《续编》0885重出，故实收10器。综上，《铭图》共收录方彝116器，除去重复、误收，可靠无误的有109器，是历代著录方彝铭文最多的一种著述[③]。

宋代，有铭文的方彝仅1器。清代，学者能见到的有铭文方彝共17器。民国时期，学者能见到的有铭文方彝共29器。20世纪80年代，《总集》实际著录方彝45器，到了90年代，《集成》实际著录方彝70器。进入21世纪，《铭图》《铭续》《铭三》实际共著录方彝109器。本书共搜集有铭文方彝118器，我们认为2件周召夫方彝器真铭伪，故铭文可靠的实有116器，109器见于《铭图》《铭续》《铭三》，公方彝、商言方彝、伯丰方彝[④]、作宗宝方彝和举女方彝等5器见于其他著录，得方彝和翌方彝近年来现身于拍卖会，尚未被著录。

### 4. 目录类

孙稚雏编《金文著录简目》，收录对象以《三代吉金文存》《商周金文录遗》《文物》《考古》《考古学报》及各种铜器图录中有铭文拓本者为主，以及未著录之器，近代学者引用较多的宋代、清代著录的金文，共录7312件。书中著录方彝45件，

---

① 张桂光、秦晓华：《商周金文摹释总集》，中华书局，2010年。

② 张天恩：《陕西金文集成》，三秦出版社，2016年。

③ 吴镇烽：《商周青铜器铭文暨图像集成》（24），上海古籍出版社，2012年；吴镇烽：《商周青铜器铭文暨图像集成续编》（三），上海古籍出版社，2016年；吴镇烽：《商周青铜器铭文暨图像集成三编》（三），上海古籍出版社，2020年。

④ 伯丰方彝有2件，均无盖，但《集成》《铭图》均误为同一器的器、盖铭文。

第4509器为偶方尊，第4513器不是方彝，第4514器为伪器，第4518、4524器应为方尊，第4529器为方罍，剔除误收、伪器后，实收39件方彝之铭文，其中，第4527器器真而铭伪[①]。

张亚初在王国维、容庚二家《宋代金文著录表》基础上，编制了《宋代所见商周金文著录表》，收录宋人著录的有铭文青铜器器目589条，第廿一方彝目下著录有角丂方彝和已酉方彝，角丂方彝又称虎方彝，实际上并非方彝[②]。

刘雨等编著《商周金文总著录表》，以《集成》和《近出》两书内容为主，收录1999年5月底以前发表的全部商周时代有铭青铜器13337件，先以器类为纲，复以铭文字数由少到多按序排列。第二十六收录有铭方彝82件，表内列器名、字数、时代、著录、出土地、现藏地等项[③]。

谭步云著《商代青铜器铭文集目》，从《集成》《近出》《流散》《近出二》四书中搜辑断代明确的商代有铭青铜器，以方便学者进行商代历史、语言研究。以表格形式整理商代有铭青铜器，包括器名及数量、出处、时代、释文及字数和备注等信息，先按器类、再按字数编次，著录商代有铭方彝51器[④]。

# 二、海　　外

19世纪末20世纪初，中国古代青铜器成为东方艺术品的杰出代表，在日本、欧美文物艺术品市场上大放异彩，深受藏家喜爱，"外国购求，花纹佳者，辄价至钜万"[⑤]，不少青铜器珍品流失海外，散落于世界各地。

## 1. 日本

嘉纳治兵卫编《白鹤吉金撰集》，印行于1951年，有解说及图版、器物大小尺寸，并断定时代，收录2件方彝，即立方彝和史方彝[⑥]。

林巳奈夫作《殷周青铜器综览》（第一卷），日文版出版于1984年，中文版出版于2017年5月。图版部分收录3542器，每器有器影、铭文拓片、时代、型式、尺寸、藏地等信息，书末有该器的著录文献。方彝目下录器48件，第22器并非方彝，第23器应

① 孙稚雏：《金文著录简目》，中华书局，1981年，第261～264页。

② 张亚初：《宋代所见商周金文著录表》，《古文字研究》（第十二辑），中华书局，1985年，第197页。

③ 刘雨等：《商周金文总著录表》，中华书局，2008年，第1391～1401页。

④ 谭步云：《商代青铜器铭文集目》，花木兰文化出版社，2013年，第128～130页。

⑤ 容庚：《商周彝器通考》，上海人民出版社，2008年，第138页。

⑥ 〔日〕嘉纳治兵卫：《白鹤吉金撰集》，白鹤美术馆，1951年。

为偶方尊，第38器为误收的皿天全方罍盖，另方壶8应为頪方彝，故实际著录方彝46件，其中有铭文的34件，第30器即子瘑图方彝，该书漏收铭文[①]。

白鹤美术馆编《白鹤美术馆名品选》，1989年便利堂出版，著录有白鹤美术馆收藏的1件史方彝[②]。

**2. 欧美**

《弗利尔中国青铜器》（*The Freer Chinese Bronzes*），亚洲艺术史家、弗利尔美术馆馆长约翰·蒲伯主编的弗利尔美术馆馆藏青铜器图录，1967年出版。书内著录3件方彝，分别是目方彝、亚醜方彝和令方彝[③]。

巴纳、张光裕著《中日欧美澳纽所见所拓所摹金文汇编》10卷，是迄今最全的流散海外金文汇编整理成果，广泛搜集海外商周金文拓本和摹本1813器，其中，未为前人著录而为该书特有者，达700余件；有虽为前人著录，但著录之书已绝版难觅者，达400余件。书中收录方彝25件，其中第234器者汅方彝、第1711器羊彝方彝，本书认为不是方彝。此外，第1315器旅方鼎，即夆旅方彝。实际著录方彝24件[④]。

汪涛编著《玫茵堂藏中国铜器》（*Chinese Bronzes from the Meiyintang Collection*），2009年在伦敦出版。书内收录瑞士玫茵堂所收藏的157件（组）中国青铜器，其中有铭文者34件（组），作者将铭文照片在书后集中列出，少数为拓本或摹本。书内著录1件史方彝[⑤]。玫茵堂另藏有1件夆旅方彝，曾为陈梦家《海外中国铜器图录》所著录。

宋代至民国时期，见于著录的方彝共46器。中华人民共和国成立以后，在各类著作中新见的方彝有131件，其中，科学发掘出土的方彝有52件[⑥]，非科学发掘出土的有79件。

①　〔日〕林巳奈夫著，广濑熏雄、近藤晴香译，郭永秉润文：《殷周青铜器综览》（第一卷），上海古籍出版社，2017年。

②　白鹤美术馆：《白鹤美术馆名品选》，便利堂，1989年。

③　The Freer Chinese Bronzes Vol. I: Catalogue, POPE, etc, Washington D. C. Smithsonian Institution, 1967.

④　〔澳〕巴纳、张光裕：《中日欧美澳纽所见所拓所摹金文汇编》，中国画报出版社，2019年。

⑤　Wang Tao. Chinese Bronzes from the Meiyintang Collection, London: Paradou Writing, 2009.

⑥　1934～1935年，西北岗M1022出土1件右方彝，资料迟至1972年才发表。中华人民共和国成立以后，发掘出土的方彝有51件。

# 第三章　方彝研究简史

方彝研究历史久远，可追溯至北宋时期。吕大临在《考古图》中提出了方彝的命名，并列于彝目下，隶定铭文，记录藏家，涉及定名、分类、流传与铭文隶定。王黼在《宣和博古图》中将己酉方彝定为周器，隶定了铭文，对疑难词句进行了考释，涉及了断代和铭文隶定、考释等研究内容。此后，在历代金石学著作中，方彝的定名、分类、断代、流传与铭文隶定、考释等问题都会有所涉及，但所论不深入，也不系统。

民国时期，金文在古史研究中的价值日益为学者所重视，二重证据法成为历史学研究的不二法门。令方彝甫一面世，便成为学术界热门的研究对象，众多学者接连发表了考释、断代的专文，围绕周公身份、康宫、令方彝年代等问题展开激烈争论。在第一部青铜器通论性著作《商周彝器通考》中，容庚开启了方彝系统研究的先河，对方彝定名、分类、功用、类型和发展演变等问题都进行了探讨，奠定了青铜器通论著作中器类研究的范式。

中华人民共和国成立以后，随着大规模田野考古发掘工作的开展，不断有新方彝经科学发掘出土，提供了具有完整出土信息的第一手研究资料。关于方彝的研究越来越深入，领域也越来越广泛，包括了定名、功用、类型学分析、断代、铭文考释、基于铭文的古史研究、辨伪、组合关系、装饰艺术和成分分析等。

## 第一节　有关定名与功用的探讨

对于方彝定名与功用的探讨，未见专文，仅在青铜器通论性著作中有涉及。

## 一、定　　名

先秦文献中有六彝之说，《周礼·春官》载司尊彝"掌六尊、六彝之位，诏其酌，辨其用与其实。春祠夏禴，祼用鸡彝、鸟彝，皆有舟"[1]，六彝为鸡彝、鸟彝、斝彝、黄彝、虎彝、蜼彝，宋儒据此将彝作为青铜器器类的专名，并在金石著录中设置

---

[1]　（清）孙诒让撰，王文锦、陈玉霞点校：《周礼正义》（卷三十八），中华书局，1987年，第1513页。

彝目。

吕大临的《考古图》是目前所见最早的一部金石学著作，书内就设有彝目，卷四著录21件彝，15件铭文中有"彝"字，若以当今器类名称审视，彝目下实则包括了方鼎、簋、甗、卣、瓿、盉、尊、壶、罍等九种器类，其中，有父癸方彝1件，实为方鼎，可见，吕氏所说的方彝，即铭文中有"彝"的方形青铜器，是方彝作为器名之始。还须指出的是，卷三簋目下还著录有16件名敦之器，实即簋。如此一来，今日之簋在《考古图》中出现了两属现象，或名彝，或名敦，细察之，铭文中有"敦"的、"敦""彝"皆有的，列于敦目，铭文中有"彝"的则列于彝目；铭文中无"敦""彝"的，或入彝目，或入敦目，看不出一定之规。

王黼发展了吕大临的分类观点，提出"法之有常而寓于器者，皆可谓之彝"[1]，同时兼顾形制因素，将铭文中有"彝"的圈足器认定为彝，纠正了《考古图》中彝是器类大杂烩的现象。《宣和博古图》卷八设有彝目，著录25件彝，有铭文的14件，10件铭文中有"彝"，以今日器类观之，内有24件簋，还有1件周己酉方彝，正是今日所说之方彝。此外，卷廿七著录了2件所谓汉代的凤奁和兽奁，均没有铭文，二器实际上也是方彝。

由此看来，北宋学者依据先秦文献中关于六彝的记载，将铭文中有"彝"字的簋称为彝，并在金石学著录中设有彝目，其下还系联了部分只有族徽或没有铭文的簋，并把高长方体状、铭文中有"彝"字的铜器命名为方彝，附于彝目之下。自宋代以降，所谓的彝实际上包含着今日之簋和方彝两种器类，铭文中有"敦"的被称为敦，成为与彝并列的器类，今天的簋在当时被分成了彝和敦两种器类。

18世纪后期，清代学者钱坫针对释敦为敦提出质疑，他在《十六长乐堂古器款识考》中指出，《礼记·明堂位》载："有虞氏之两敦，夏后氏之四琏，殷之六瑚，周之八簋。"据此，钱氏认为"周人不名敦"，金文中的敦不应释为敦，而应释为簋，这是簋正确定名之始。但是，钱氏似乎没有意识到彝也应是簋，因此该书仍设彝目，著录了3件名彝之器[2]。令人惋惜的是，钱氏的观点并没有被广泛接受。后来，黄绍箕又从字形、声训、器形和文献记载用簋制度等角度考证出敦是簋而非敦[3]。容庚评价黄说："从出土之器数及铭辞上观之，知黄氏之说不可易也。"[4]钱、黄二人虽准确认识到敦应释为簋，但并没有注意到彝与敦之间的同类关系。

到了19世纪后期，陈介祺又提出，自宋代以来所谓彝者，应为敦，他在致吴云的

① （北宋）王黼等：《博古图》（卷八），乾隆十七年（1752）亦政堂刻本，第5页。

② （清）钱坫：《十六长乐堂古器款识考》（卷二），中国书店出版社，2015年，第72页。

③ （清）王懿荣：《翠墨园语》，《古学汇刊》（贰），广陵书社，2006年，第1180~1182页。

④ 容庚：《殷周礼乐器考略》，《燕京学报》（第一期），1927年，第91页。

信札中说："古无彝，尊彝，器之重而常者之通名。"①他正确认识到彝是青铜器的共
名，不能作为器类专称，因此，《簠斋藏器目》中有敦目而无彝目。吴大澂也在与方
濬益的书信中说："彝者，器之总名，但有尊敦而无彝，迳删之也。"②盛昱、方濬
益等皆响应陈、吴之说，在器类中删去了彝目，将彝移入敦目，如此一来，原附属于
彝目下的方彝，有的被置于尊目下，名曰方尊，也有移入瓿、壶、卣目内的。王国维
认为"尊、彝皆礼器之总名也。古人作器，皆云'作宝尊彝'，或云'作宝尊'，或
云'作尊彝'，然尊有大共名之尊，有小共名之尊，又有专名之尊，彝则为共名而非
专名"③，宋人所指专名中的彝实则是敦，只是器之大小不同而加以异名，所以他也
主张去彝目。罗振玉也提出："考彝无足而敦有足，今之所谓彝者，实即古所谓废敦
也。"④20世纪20年代初，马衡在北京大学讲授金石学，提出"自来图录家所称为
彝者，考其形制，亦皆为敦"⑤。以上诸家虽然已经正确认识到彝与敦是同一类器
物，但没有认识到敦实际上应该是簋，而且直接废除彝目，又将方彝错划到其他器类
之中。

与"彝为敦说"针锋相对，一些学者认为彝、敦有别，不得相混，在著作中依
旧保留了彝目。王懿荣认为："按以器形言之，弇口者为彝，翕口者为敦。以字文言
之，弇口有曰敦者，翕口有曰彝者。陈说统属之敦未可也。"⑥在20世纪上半叶金文的
集大成之作《三代吉金文存》中，罗振玉依旧设置了彝目，敦和簋也未能正确区分。
1940年，陈梦家在编辑《海外中国铜器图录》时，在盛食器下设有彝目，但收录的都
是方彝，并指出"其称名及功用不详，余疑为匦"⑦。

铭文中的敦应隶定为敦还是簋，彝与敦之间的关系，相关的争论一直持续到20世
纪40年代。

1926年，执教于燕京大学的容庚编写了《金石学》讲义，在酒器下设方彝目，
"考之于礼，器无以方彝名者"，"余以彝属之于簋，而此方彝无所系属，故别为一
类"⑧，这是方彝作为器类专名之始。1927年，容庚在《燕京学报》发表《殷周礼乐器
考略》一文，将宋代以来的彝、敦改称簋，但仍设有彝目，"古器之不能名者，统称

---

① （清）陈介祺：《秦前文字之语》，齐鲁书社，1991年，第247页。

② 杨树达：《潘文勤金石手札钞》，《考古》四期，1936年，第329页。

③ 王国维：《观堂集林·说彝》，中华书局，1959年，第153页。

④ 罗振玉：《古器物识小录》，《金文文献集成》（第三十七册），线装书局，2005年，第
383页。

⑤ 马衡：《马衡讲金石学》，凤凰出版社，2010年，第9页。

⑥ （清）王懿荣：《翠园墨语》，《古学汇刊》（贰），广陵书社，2006年，第1182页。

⑦ 陈梦家：《海外中国铜器图录》（第一集），中华书局，2017年，第23页。

⑧ 容庚：《金石学》，《容庚学术著作全集》（第十四册），中华书局，2011年，第40页。

之曰彝。然不能名者多矣，不能尽举也"①，其下包括方彝和形制特殊之异形器。1941年，皇皇巨著《商周彝器通考》问世，容庚重申了"以彝属段、隶段为簋、方彝别为一类"的学术观点，考证精到，令人叹服，此说遂成定论。

1984年，林巳奈夫在《殷周青铜器综览》（第一卷）中认为，从上面看的形状呈长方形，整体形状类似于箱子的有盖容器，从容庚的意见称为方彝。方彝虽不是礼书中的器名，但这个名称已经很流行，若勉强从礼书中找出另外一个器名，同样也没有什么根据②。

1988年，马承源在《中国青铜器》中指出，方彝为盛酒器，"在古籍中未见以方彝为礼器的名称，宋人以这类形体作方形而名之。后世所出的方彝铭文中也未发现器名，因而考古界仍然沿用宋人旧说"。商代早期已有陶质的类似的方形器物出现，但已发现的青铜方彝最早见于商代晚期，小屯238号墓和殷墟妇好墓等都出土过方彝③。

1995年，朱凤瀚在《古代中国青铜器》中指出，容氏定方彝之名是为了分类属之方便，乃权宜之计，亦非有确切依据。但此种器类在使用时代的实际器名，至今无确切资料（如铭文自名等）可以为证，故赞同称为方彝。2009年，朱凤瀚在《中国青铜器综论》中持完全相同的观点④。

值得注意的是，李零最近提出，因出土发现的方彝并无自名依据，器盖类似方罍，因此怀疑，所谓方彝可能是一种类似方罍的酒器，又以义方彝为例，说方彝加提梁，类似提梁卣⑤。

## 二、功　用

最早对方彝功用进行探讨的，要数宋代的王黼，在《宣和博古图》卷八《彝舟总说》中，根据礼经的记载，他认为彝是盛明水或郁鬯的祭器，"彝皆有舟焉，设而陈之，用为礼神之器。至于春祠、夏礿、秋尝、冬烝，以酌以祼，莫不挹诸其中而注之耳"⑥。此外，有两件方彝被王黼误定为汉奁，"奁者，闺房脂泽之器，自汉盖有之矣"。《西清古鉴》认为方彝是祭器，卷一三"商若癸方彝条"下说："亚形为庙，

① 容庚：《殷周礼乐器考略》，《燕京学报》（第一期），1927年，第110页。
② 〔日〕林巳奈夫著，广濑熏雄、近藤晴香译，郭永秉润文：《殷周青铜器综览》（第一卷），上海古籍出版社，2017年，第82页。
③ 马承源：《中国青铜器》，上海古籍出版社，1988年，第229页。
④ 朱凤瀚：《古代中国青铜器》，南开大学出版社，1995年，第103页；朱凤瀚：《中国青铜器综论》，上海古籍出版社，2009年，第196页。
⑤ 李零：《商周铜礼器分类的再认识》，《中国国家博物馆馆刊》2020年第11期，第32页。
⑥ （宋）王黼著、诸莉君整理校点：《宣和博古图》，上海书店出版社，2017年，第129页。

故当为祭器，盖即方彝其在商，则瑶之属，享祀所设也。"①

　　20世纪以来，学者主要从方彝的形制分析出发，来探讨其功用。容庚任教燕京大学后，编述了《金石学》讲义，继滨田耕作之后，首开中国人将青铜器按功用分类之先河，"彝器之类别，自其应用言，大致可分为四类"②，即食器、酒器、水器和乐器，把方彝置于盛酒饮酒器目下，认为方彝是盛酒器。40年代，陈梦家认为，方彝的铭文中常有"宝尊彝"的说法，说明这类铜器用于祭祀，盖和器体合缝较为紧密，器身无足，应当为一种容器，很可能是盛酒之器，并列出三条原因：①由方彝的铭文可以推知，它应是成套使用的酒器中的一件，且很可能是盛酒之器；②方彝的盖与一种罍的盖相似，罍亦为酒器；③《商周彝器通考》著录的师遽方彝，盖上有一对方孔，守宫觥也有类似的小孔，这种小孔是放置勺子时为了便于将勺柄露于器外而设计的，勺是舀酒器③。1958年，在《殷周青铜器通论》中，容庚把方彝划入酒器部盛酒器门，并根据其长方高身似尊而有盖的形制特征，分析方彝"当为盛酒的器"④。60年代，水野清一指出，师遽方彝盖上开有孔，当用以放勺，可证方彝确是盛酒之容器⑤。80年代，林巳奈夫认为，方彝可能用于盛郁鬯，器内有中隔的，如师遽方彝和盉方彝乙，可以盛郁和鬯两种液体，有可以密封的盖子，是为了保住香味⑥。马承源亦认为方彝是盛酒器⑦。90年代，朱凤瀚认为，方彝盖上有孔以备勺（或斗）之形制亦见于守宫觥，且觥内确有一斗置于腹中，斗柄伸出于孔外，故水野清一之说有一定道理⑧。

　　可见，自宋代以来，学者从文献记载、铭文字形及内容和形制出发，将方彝视作祭祀场合使用的盛酒器，一直是学术界的主流认识，对于所盛酒的品类亦有研究，如王黼认为是明水或郁鬯，林巳奈夫也认为是郁鬯。

　　当然，关于方彝是盛酒器，学术界也存在一些不同的声音。陈梦家曾认为，方彝的称名及功用不详，疑为匰，《说文》云："匰，匣也。"他认为今语之盒即古之匣，盒必有盖，盖必有纽，所以便于缄也，后世之奁疑源于此，故将方彝列于烹饪器目下⑨。但后来，陈氏修正了自己的观点，认为方彝是盛酒器。石璋如认为，殷墟侯家庄M1022出土的方彝可能不是放流质物体的，而是放置酒饭、保温、慢蒸、发酵之

　　①　（清）梁诗正等：《西清古鉴》（卷一三），迈宋书馆，光绪十四年（1888），第5页。
　　②　容庚：《金石学》，《容庚学术著作全集》（第一四册），中华书局，2011年，第6页。
　　③　陈梦家：《中国铜器综述》，中华书局，2019年，第148、149页。
　　④　容庚、张维持：《殷周青铜器通论》，中华书局，2012年，第52页。
　　⑤　〔日〕水野清一：《殷周青铜器と玉》，日本经济新闻社，1959年，第49页。
　　⑥　〔日〕林巳奈夫著，广濑薰雄、近藤晴香译，郭永秉润文：《殷周青铜器综览》（第一卷），上海古籍出版社，2017年，第82、141页。
　　⑦　马承源：《中国青铜器》，上海古籍出版社，2003年，第226页。
　　⑧　朱凤瀚：《中国青铜器综论》，上海古籍出版社，2009年，第197页。
　　⑨　陈梦家：《海外中国铜器图录》（第一集），中华书局，2017年，第23页。

用，即所谓的蒸器①。安阳一带冬季天气寒冷，需要保温，方彝是冬季烝祭的祭器，符合有盖而且密封、保温理想的特点，器形与四时祭有关②。

## 第二节　方彝的类型学分析与断代

断代是对方彝进行科学研究和利用的前提。判定方彝的年代，始自北宋，但缺乏科学依据。较早对青铜器断代理论和方法进行探索的是罗振玉，他注意到商人以天干为名的特征，遂把日名和图像文字作为商代青铜器断代的标准，"殷人以日为名，通乎上下，此编集录即以此为埻的。其中象形文字或上及于夏器；日名之制，亦沿用于周初。要之，不离殷文者近是"③。可以说，罗振玉的这一认识已开始从理论高度对商代有铭青铜器进行断代研究，不过，囿于当时的条件，作者仅能以日名及图像文字作为商代铜器的断代标准，故断代不够精准。

20世纪20年代，考古学的理论和方法传入中国，地层学和考古类型学逐渐开始用于器物断代。30年代，郭沫若提出标准器断代法，形制、纹饰和铭文等成为断代的依据。近年来，断代从形制、纹饰、铭文内容、历日、字形书体、伴出器物等多角度进行综合分析，成为更多学者的选择。

## 一、类型学研究回顾

容庚开风气之先，1941年，他在《商周彝器通考》中按照形制差异，将方彝区分为盖器有八棱者、两侧及盖有柱旁出者、鼓腹而敛足者、腹旁两扁耳上出者、腹旁有两耳者等五类，并对列举的16器的年代进行推断，分别归入殷代、西周前期和西周后期④。

20世纪40年代后期，陈梦家在《中国铜器综述》中专门辟有类型学一章，探讨了48类铜器的不同类型，将方彝分为了三型。Ⅰ型，器体上下垂直，高于其他型别，四足座，又可分为两个亚型：Ⅰa型，腹底之间分界不明显或无分界线，通常无扉棱，即使有也不突出；Ⅰb型，腹底之间有不明显的分界，通常有八条扉棱。Ⅱ型，腹底界

---

① 石璋如：《侯家庄第十本·小墓分述之一》，"中研院"历史语言研究所，2001年，第76页。

② 石璋如：《侯家庄第十本·小墓分述之一》，"中研院"历史语言研究所，2001年，第81页。

③ 罗振玉：《殷文存》，台联国风出版社，1980年，第1页。

④ 容庚：《商周彝器通考》，上海人民出版社，2008年，第310~312页。

限明显，腹底之间的扉棱断开，器身比Ⅰ型矮，有八条扉棱。Ⅲ型，器体矮而圆鼓，底座呈方台状，常带缘。陈氏根据出土地和铭文分析，认为Ⅰ型和Ⅱ型时代应该为商代，Ⅰa型相对更早，Ⅲ型属西周早中期，器体由早期的高直变矮，腹与底座间界限开始出现，后期腹变得圆鼓。他还总结了方彝的特征，长方形广口，除Ⅰa型外通常有扉棱，除Ⅲ型外，均长方形高四足座，深腹，人字坡屋顶形器盖及盖纽[①]。

1958年，容庚、张维持在《殷周青铜器通论》中，根据器腹的形态，将方彝分为直腹和曲腹两属，并对列举的六器年代进行了推断，分别归入殷代和西周前期[②]。

1984年，林巳奈夫在《殷周青铜器综览》第一卷《殷周时代青铜器之研究》中，将方彝分为二型：第一型器体呈方箱形；第二型颈部收缩，器体呈壶形。图版收录48件方彝，第一型方彝40件，时代越早，侧壁越接近垂直，屋脊部分越长，主要流行于商代晚期；第二型方彝8件，器体变矮，主要流行于西周时期[③]。

1988年，马承源提出，方彝"形式虽然单调，随着时间的推移也有一些变化"，根据器体高低、器壁横纵关系和器壁形制，将商代晚期的方彝分为直壁高体式、直壁次高体式、直壁低体式、曲壁鼓腹式和长体有肩式，将西周时期的方彝分为直壁低体高盖式、曲壁鼓腹式、曲壁低体双耳双室式和直壁高体正方形式，并指出每式方彝的流行时间[④]。

朱凤瀚指出，方彝常见器形依其腹部形制可分为直腹和曲腹二型。直腹方彝分二式，Ⅰ式盖斜壁，圈足中间有缺口，流行于殷代中期至西周中期偏晚；Ⅱ式器盖下部与器口交接处有一段直壁，圈足，无缺口，底部外侈作阶状，流行于西周早期。弧腹方彝分垂腹和曲腹二亚型，最大径在下腹部近腹底的为垂腹方彝，见于殷代中晚期；腹中部鼓起、圈足下部无缺口、外侈作阶状的为鼓腹方彝，见于西周早期偏晚[⑤]。

王世民等认为，西周时期的方彝发现较少，主要见于早期和中期。依照腹壁形状等特征，将10件方彝分为三型。Ⅰ型为直壁方彝，形制与商代晚期接近，断面为长方形，器身的四隅和壁间均有扉棱，盖面也有相应的扉棱，纽作高耸的屋顶形，如西周早期的四出戟方彝和日己方彝。Ⅱ型为弧壁方彝，盖面和器壁均呈弧状，并有八条扉棱，如昭王时期的叔牝方彝、令方彝、折方彝，懿王时期的吴方彝盖和懿孝时期的齐生鲁方彝盖。Ⅲ型为双耳方彝，器体小而浅，两端腹壁有耳，上扬呈象鼻状，并有垂珥，器内有纵向间壁，隔成两格，盖一侧沿有两个方形缺口，与器内二格相应，用以

①　陈梦家：《中国铜器综述》，中华书局，2019年，第215～217页。
②　容庚、张维持：《殷周青铜器通论》，中华书局，2012年，第52、53页。
③　〔日〕林巳奈夫著，广濑熏雄、近藤晴香译，郭永秉润文：《殷周青铜器综览》（第一卷），上海古籍出版社，2017年，第231页。
④　马承源：《中国青铜器》，上海古籍出版社，1988年，第234～236页。
⑤　朱凤瀚：《古代中国青铜器》，南开大学出版社，1995年，第103、104页。

放置挹酒小勺，如恭懿时期的师遽方彝和懿孝时期的盇方彝、井叔方彝①。

岳洪彬将殷墟出土的12件方彝按照形制特征分为三型：A型四阿屋顶式盖，长方形口，平沿，腹壁下部略内收，平底，长方形直圈足，圈足四面中部有缺口。早期盖面为弧面，晚期盖面斜直，圈足缺口由宽变窄。B型无盖，口近方形，平沿，腹壁较直。圈足缺口由宽变窄，直至最后消失不见。C型为偶方彝②。

严志斌、洪梅将殷墟出土的方彝分为直腹方彝、偶方彝二型，梳理了商代晚期直腹方彝的演变脉络。殷墟二期时的方彝盖面四坡弧曲，圈足直立，缺口较宽，上端多为弧形；殷墟三期时的方彝盖面四坡略弧，圈足直立，缺口较宽；殷墟最晚期的方彝盖面四坡较直，圈足略外撇，缺口窄而方③。

沈长云、杜勇认为，弧壁方彝的流行应是在西周早期的前段（成康时代），而不是在其后段（康末及昭王时代）。弧壁方彝早在商末就已产生，西周初期已较为常见，对具有典型性的頶方彝、丐甫方彝和荣子方彝进行个案分析，均认定其年代在西周早期前段④。

2011年，李娟利《商周方彝的整理与研究》一文系统搜集了出土和传世方彝160件，但其中误收了部分不是方彝的器物，有重收的，有伪器，实有方彝137件。作者对收集到的方彝进行了细致的类型学分析，梳理出了方彝的发展脉络。根据器壁的曲直，分为直壁方彝和曲壁方彝二型，直壁方彝又分为腹壁斜直、垂直二亚型，曲壁方彝又分为垂腹、鼓腹二亚型，梳理出每亚型方彝的演变脉络，归纳出演变特征。将方彝的发展序列划分为六期九段，推定了各期段的流行年代，总结了各期段方彝的流行区域和特征⑤。

严志斌从《集成》《近出》以及最新考古发现中，选取了有铭文的商代方彝共63件，并进行了类型学研究，将其中有图像的53件方彝分为A、B、C三型。A型，方彝器壁斜直，四阿屋顶式盖，腹为直壁，下部略内收，圈足上有缺口，可分为三式。Ⅰ式盖面四坡弧曲，圈足直立，缺口较宽，上端多为弧形；Ⅱ式盖面四坡略弧，圈足直立，缺口较宽；Ⅲ式盖面四坡较直，圈足略外撇，缺口窄而方。B型，鼓腹方彝，圈足无缺口。C型为偶方彝。在青铜器类型学分析和分期基础上，将商代青铜器铭文分为商代中期与殷墟一期、殷墟二期、殷墟三期和殷墟四期等四个阶段。书中有"商代青铜器铭文总表"，推定了63件商代有铭方彝的期别⑥。

———————————

① 王世民、陈公柔、张长寿：《西周青铜器分期断代研究》，文物出版社，1999年，第140~144页。

② 岳洪彬：《殷墟青铜礼器研究》，中国社会科学出版社，2006年，第103~107页。

③ 严志斌、洪梅：《殷墟青铜器：青铜时代的中国文明》，上海大学出版社，2008年，第83~86页。

④ 沈长云、杜勇：《关于弧壁方彝的分期断代问题》，《文物》2002年第8期，第61、62页。

⑤ 李娟利：《商周方彝的整理与研究》，陕西师范大学硕士论文，2011年，第18~23页。

⑥ 严志斌：《商代青铜器铭文研究》，上海古籍出版社，2017年，第52、53、575~578页。

# 二、断 代 研 究

方彝断代包括单件方彝的断代和针对全部方彝的断代。单件方彝的断代，多从形制、纹饰，尤其是铭文内容、行款和字形书体等角度进行分析。整体对方彝进行断代，多采用考古类型学方法，诸家在类型学分析的基础上，推定各型、各式方彝的流行时间，相应地，每件方彝的时代也就确定了。

在不少青铜器铭文考释和断代的专著中，都涉及方彝的断代，如《两周金文辞大系图录考释》《西周铜器断代》《西周青铜器铭文分代史征》《西周青铜器分期断代研究》《西周青铜器年代综合研究》《西周纪年》《殷周金文集成释文》《商周青铜器铭文暨图像集成》等，断代多基于铭文内容所涉及的历史人物或事件，有的还结合考古类型学分析的结果。近来，黄鹤将各家关于西周26件有铭方彝的断代意见汇于一表，注明观点、出处和依据，可按图索骥，非常方便①。

对于一些具有较高学术价值的方彝，特别是铭文中有人物、史事、地点等信息，可与历史文献记载相联系的，还有专文进行断代研究，但专论某方彝断代的文章数量并不多。

## 1. 令方彝

关于其年代，成王说和昭王说各论己见，相持不下。

昭王说。罗振玉认为，周公者，周公旦之后世为王卿士者，明保是古之成语，京宫，殆镐京之宫，告武王，康宫殆告康王，为成康以后物②。吴其昌认为，令簋铭文中有伐楚事，"周公子明保"是一人之名，即周公旦之子祭公辛伯，鲁公伯禽之弟，康宫是康王之庙，根据历谱推定八月甲申为昭王十年③。马叙伦认为，"用牲于康宫，又言用牲于王，明康王已崩，王为昭王"，周公子是周公之子周平公④。唐兰认为，铭文中的康宫是康王之庙，令方彝应当是昭王时器⑤。李学勤从类型学上推断令方彝属于昭王时期，并以同出陶器序列作为对比证据⑥。马承源认为，由于令簋有伐楚伯事，而据

---

① 黄鹤：《西周有铭铜器断代研究综览》，上海古籍出版社，2021年，第939～953页。

② 罗振玉：《矢彝考释》，《金文文献集成》（第二十八册），线装书局，2005年，第1～5页。

③ 吴其昌：《矢彝考释》，《燕京学报》（第九期），1931年，第1673页。

④ 马叙伦：《令矢彝》，《国学季刊》（第四卷第一号），1934年，第41页。

⑤ 唐兰：《作册令尊及作册令彝铭文考释》，《唐兰先生金文论集》，紫禁城出版社，1995年，第6～14页。

⑥ 李学勤：《西周中期青铜器的重要标尺——周原庄白、强家两处青铜器窖藏的综合研究》，《中国历史博物馆馆刊》1979年第1期，第32～34页；李学勤：《论长安花园村两墓青铜器》，《文物》1986年第1期，第35页。

墙盘铭周室伐楚在昭王时，与史籍所载相合，故本器主令与令簋之令为同一人，是以不得早于昭王[1]。贾洪波通过对令彝及相关铜器铭文和史实的综合考察，认为令彝的年代在昭王时期是可以成立的，因而"康宫说"的正确性也是不容怀疑的[2]。刘树满认为，作册大方鼎中的祖丁与令方彝中的父丁并非一人，从形制、铭文字形书体来看，令方彝的时代都晚于作册大方鼎，作册令是作册大的儿子，令方彝是昭王铜器[3]。张懋镕师指出，义方彝、义尊的出现，足以打消有人想将令方彝、令尊提前到武王、成王时期的念头，令方彝既然与义方彝差别很大，因此只能是昭王时器，是不可能与义方彝并列在武王、成王时期的[4]。

成王说。郭沫若认为，周公即周公旦，明保乃鲁公伯禽，京宫、康宫是以懿美之字为宫室之名，令方彝和作册大方鼎有相同的族徽，是同一家族的成员，作册大乃矢令子，令为作册，大亦为作册，父子世官，令之父为丁，在大自为祖丁，令方彝是成王时器[5]。陈梦家赞同成王说，认为宫、寝、室、家等是生人所住的地方，庙、宗、宗室等是人们设为先祖鬼神之位的地方，康宫并非康王之庙，明保是周公旦之次子君陈[6]。杨树达认为令方彝的文辞，与《尚书》之《洛诰》《召诰》《多方》《康诰》诸篇相近似，其为周初之器无疑[7]。杜勇认为，作册大鼎为康王初期器，作册大的父亲矢令，担任史官作册必在成王时代；周公旦次子明保是周公采邑的继承人，各种资料显示，成王死后，朝中首席执政大臣先后有召公、毕公、祭公等，别无周公置身其间，直至厉宣之前，岐山周公家族无人身居高位，执掌机枢；令方彝作于昭王、康王之世的说法存在着诸多矛盾，不可遽信，唯有成世说不仅可以从宜侯矢簋、作册大鼎等相关器铭的内在联系中得到认证，而且与王姜、太保、明保、伯懋父等在周初的活动年代相一致，最为接近历史的真实[8]。刘义峰认为，铭文内容是令方彝断代的首要依据，参照文献、结合相关铜器的时代，才是明确断代的方法。与令方彝相关的家族器有作册大方鼎、宜侯矢簋、令簋等，从铭文中的称谓来看，作册令为作册大之父，作册大方鼎为康王器，令方彝只能是周初器[9]。沈长云认为，令方彝到底作于什么时期，只能

① 马承源：《商周青铜器铭文选》（三），文物出版社，1988年，第68页。

② 贾洪波：《论令彝铭文的年代与人物纠葛——兼略申唐兰先生西周金文"康宫说"》，《中国史研究》2003年第1期，第3~18页。

③ 刘树满：《再论令方彝为西周昭王铜器》，《中国社会科学报》2022年3月10日第004版。

④ 张懋镕：《新出义方彝和义尊的年代学意义》，《中国社会科学报》2022年4月7日第006版；张懋镕：《再谈义方彝和令方彝的年代问题》，《中国社会科学报》2022年11月17日第004版。

⑤ 郭沫若：《两周金文辞大系图录考释》，上海书店出版社，1997年，第6页。

⑥ 陈梦家：《西周铜器断代》（上册），中华书局，2004年，第38页。

⑦ 杨树达：《矢令彝再跋》，《积微居金文说》（增订本），中华书局，1997年，第7页。

⑧ 杜勇：《关于令方彝的年代问题》，《中国史研究》2001年第2期，第3~16页。

⑨ 刘义峰：《令方彝断代论》，《南方文物》2015年第4期，第205页。

根据铭文内容来解决，令与作册大为父子（或叔侄）关系，作册大方鼎诸家均定在康王初期，则令方彝确定为成王后期制作[①]。

归结起来，昭王说持论的依据主要有：第一，康宫是周康王之庙，铜器上有了康宫的记载就一定在康王之后[②]。第二，令簋铭文中的伐楚即文献记载中的昭王伐楚[③]。第三，考古类型学分析。西周初期方彝瘦高、深腹微鼓，稍晚的鼓腹方彝逐渐由瘦高向横宽发展，腹部也越来越鼓[④]。第四，令方彝铭文字体与昭王标准器字体接近[⑤]。成王说持论的依据主要有：第一，作册矢令和作册大为父子关系[⑥]。令方彝和作册大方鼎族徽相同，令和大自然是同一家族的成员，又令方彝铭文称父丁，而作册大方鼎铭文称祖丁，则令是大的父亲。第二，明保或为周公旦之子伯禽[⑦]，或君陈[⑧]，或史失其名的某人[⑨]，据铭文可知此时周公旦尚在世，故令方彝制作于成王之时。第三，作册矢令与宜侯矢是同一人[⑩]，矢担任作册在先，封宜侯在后，宜侯矢簋是康王时期的标准器，则令方彝为成王时器。第四，从铭文书风字形来看，与大盂鼎铭相比，并非作于昭王时期是显而易见的[⑪]。

### 2. 叔牝方彝

1947年，出土于洛阳老城东北部山上的马坡村南，1960年初，洛阳市区开展文物普查时发现，现藏于洛阳博物馆，器盖同铭，各有12字铭文。简报认为，从器形及铭文看来，应属于西周时期遗物[⑫]。

郭沫若认为，由器形、纹饰、文字看，王姒为文王妃，叔牝是文王之子、武王的弟弟，即成叔武，所以该器的时代为武王或成王时期[⑬]。

张剑认为，叔牝方彝盖作斜山式屋顶状，脊中有方形纽，器身为长方形，侈口，

① 沈长云：《也谈义方彝和令方彝的年代问题》，《中国社会科学报》2022年6月23日第004版。
② 唐兰：《西周铜器断代中的"康宫"问题》，《考古学报》1962年第1期，第47页。
③ 唐兰：《西周青铜器铭文分代史征》（上），上海古籍出版社，2016年，第288页。
④ 张懋镕：《再谈义方彝和令方彝的年代问题》，《中国社会科学报》2022年11月17日第004版。
⑤ 刘树满：《再论令方彝为西周昭王铜器》，《中国社会科学报》2022年3月10日第004版。
⑥ 郭沫若：《两周金文辞大系图录考释》，上海书店出版社，1997年，第33页。
⑦ 郭沫若：《两周金文辞大系图录考释》，上海书店出版社，1997年，第6页。
⑧ 陈梦家：《西周铜器断代》（上册），中华书局，2004年，第38、41页。
⑨ 赵光贤：《"明保"与"保"考辨》，《中华文史论丛》（总第二十一辑），上海古籍出版社，1982年，第181～196页。
⑩ 陈梦家：《西周铜器断代》（上册），中华书局，2004年，第31页。
⑪ 沈长云：《再论有关令方彝年代等问题》，《中国社会科学报》2023年1月19日第004版。
⑫ 侯鸿钧：《洛阳市在文物普查中收集到西周珍贵铜器》，《文物》1962年第1期，第57页。
⑬ 郭沫若：《跋王姒方彝》，《郭沫若全集·考古编》（第六卷），科学出版社，2002年，第447页。

腹微鼓，方形圈足座，盖、身、座满饰以云雷纹为地的浮雕花纹，转角处及中部皆有竖直扉棱，盖和腹部的主体纹饰为饕餮纹，盖顶、器身和器座饰凤鸟纹，形制花纹同㢆父辛方彝，时代当在西周初期[①]。

周书灿认为，叔牝方彝的年代应在西周早期偏晚，即康王、昭王在位之时。结合大量考古和有关文献材料分析，叔牝方彝不可能为武王或成王时代的彝器。从器形上看，叔牝方彝具有从殷末周初到西周中期的过渡性特征，盖、腹主体纹饰具备康王以后彝器的纹饰特征，从铭文书体结构和风格亦可判定时代当为康、昭之际[②]。

### 3. 义方彝

韩炳华认为，尽管义方彝器形和纹饰都显示出浓郁的商器风格，但局部也有西周特有的形式，如鱼鳍状的装饰，在商代殷墟青铜器中从来没有出现过，兽面纹弯角上方加饰曲折夔纹体躯很特殊，也是西周才出现的。武王在位短短几年，这么短的时间内青铜器的时代风格不太可能形成。义方彝应该是成王时期铸造的，不可能早到武王[③]。

张昌平认为，义方彝铭文有两句，前一句阐述前事，后一句作器是现时行为，其中的武王是谥号，可能是武王赐贝与制作青铜器所隔时间不久，但其间武王已经逝去，这样才都以现在时的时态叙事，作器时代应该是成王时期[④]。

张懋镕认为，从形制和装饰风格来看，义方彝和义尊具有商周之际青铜器的特点，铭文中"武王"两字，可证义方彝、义尊是西周武王时期的两件标准器。即便作于成王时期，也当在成王初年，仍然属于西周年代最早的青铜器[⑤]。

沈长云认为，从形制来看，义方彝是一件弧壁方彝，与令方彝大体属于同一类型，年代不会差到两个王世以上。从纹饰上看，与令方彝基本相同，也可归入成康时期这一大的范畴。铭文的书体及字形，更可见义方彝与包括令方彝在内的成康时期铜器总体上的一致性，尤其是它的字形，除可归于西周早期的波磔体外，其每一个字的写法都与令方彝的差别不大。因此，义方彝的时代在成王时期[⑥]。

---

① 张剑：《洛阳博物馆藏的几件青铜器》，《文物资料丛刊》（3），文物出版社，1980年，第42页。
② 周书灿：《叔牝方彝断代新论》，《中原文物》1996年第4期，第58~60页。
③ 韩炳华：《新见义尊与义方彝》，《江汉考古》2019年第4期，第81页。
④ 张昌平：《谈新见义尊、义方彝的年代及装饰风格》，《江汉考古》2019年第4期，第85页。
⑤ 张懋镕：《新出义方彝和义尊的年代学意义》，《中国社会科学报》2022年4月7日第006版。
⑥ 沈长云：《也谈义方彝和令方彝的年代问题》，《中国社会科学报》2022年6月23日第004版。

**4. 齐生鲁方彝盖**

仅存器盖，无器身。1981年春，出土于岐山县流龙嘴村西，现藏于岐山县博物馆，盖内有50字铭文。

李学勤认为，从盖形看，齐生鲁方彝盖与吴方彝盖相似，后者是懿王时器，前者的年代也应该接近；从纹饰看，齐生鲁方彝盖上的饕餮纹、不分尾的小鸟纹与令方彝、荣子方彝接近，后两器是昭王时器；从字形书体看，"公"字等的写法近于尹姞鼎等器，不可能早到昭穆时期。恭王八年有一件标准器，即扶风强家村出土的师𧩙鼎，鼎铭有八年正月丁卯的历日，依历法下推，与鲁方彝的十二月初吉丁亥是调谐的。齐生鲁方彝盖最合宜的年代，是周恭王时期[①]。

# 第三节　方彝铭文与古史研究

在我们搜集到的177件方彝中，有铭文的116件，数量虽然不少，但绝大多数都是族徽文字，铭文10字以上的仅19器，除去同铭，不过17篇铭文，研究价值高的更是寥寥无几，已有成果集中在令方彝、頫方彝和齐生鲁方彝盖等几器上。

# 一、令　方　彝

令方彝有187字的长铭，"内容有重要价值，一出现便引起学术界重视，热烈讨论，迄今不衰。这种情形，在金文研究的历史上是不多见的"[②]，争论集中在周公与明保的身份、康宫性质、卿事寮、王是否是王城等问题上。

**1. 周公与明保**

关于明保是否为人名，周公、明保与文献记载中历史人物的对应关系，学界众说纷纭，迄今未有定论。铭文中"周公子明保"一句的考释，归纳起来，以下诸说在学界最具代表性。

其一，明保非人名。

罗振玉认为，"既见成周及康宫字，乃知为成康以后物，文中之周公盖周公旦后人之为卿士者"，明保是古之成语，并非人名，"犹洛诰言明保予冲子，多方言大不

---

① 李学勤：《鲁方彝与西周商贾》，《史学月刊》1985年第1期，第32页。

② 李学勤：《论卿事寮、太史寮》，《松辽学刊》1989年第3期，第24页。

克明保享于民命，周公子明保，盖命周公掌邦治"①。

　　吴其昌认为，周公子即周公旦之子，明，是当时的美称，保，太保也，"周公子明保，乃一人之名"，即周公旦之子担任太保者。"以此（笔者按：令方彝）铭及矢敦（笔者按：作册矢令簋）铭考之，则周公旦之诸子中，有一人曾随昭王伐楚"，而《今本竹书纪年》云"祭公辛伯从昭王伐楚"，又《吕氏春秋·夏纪·音初篇》载"王及祭公陨于汉中"，两相对照，则明保为周公旦之子祭公辛伯，是祭公谋父的父亲②。

　　李学勤断句与各家不同，"王令周公：子明保尹三事四方"，子是代词，代指周公，明是副词，为勉意，保是动词，为福保之意③。

　　刘义峰断句为"王令周公，子明保，尹三事、四方"，王命令的对象就是周公本人，下文中作册令尊称周公为明公，"子明保"与《尚书·洛诰》中的"明保予冲子"其实是一个意思，是说成王希望周公能保护自己这个孩子。作册令口中的明公，能保护年幼的周王，在居所接受王命，地位显赫，只能是周初辅政的周公旦④。

　　其二，明保或明是人名。

　　明保是周公旦之长子伯禽。郭沫若认为，周公即周公旦，明保乃鲁公伯禽，伯禽是字，保是名，明是封鲁以前之食邑，伯禽封于鲁复兼任王朝卿士⑤。谭戒甫认为，保、俘古音义全同通用，伯禽名保，即名俘，正与名字相应⑥。

　　明是君陈之子、周公旦之孙。唐兰认为："周公子明保者，周公之子明保也。""此铭下文称明公，然则本名是明，其为太保时，称曰明保，为尹时，称曰明公也""明当是周公旦之子。"⑦后来，唐兰又提出，周公子明保，疑是君陈之子，周文公旦之孙，在大盂鼎里，他是执政大臣明伯，称之为明保，是由于他当上了太保，当上尹以后，就改称为明公，明伯、明保、明公实际上是一个人前后称呼之异。君陈的儿子明保是昭王的父辈，所以在昭王时期成为执政中的最高权势者⑧。

　　明保是周公旦次子君陈。起初，陈梦家认为明保之保是太保，明保即召公奭，奭是名，明是字，奭与明名字相应，周公子者，周之公子也，召公为文王子，周公兄，

---

①　罗振玉：《矢彝考释》，《金文文献集成》（第二十八册），线装书局，2005年，第2页。

②　吴其昌：《矢彝考释》，《燕京学报》（第九期），1931年，第1671～1676页。

③　于省吾：《双剑誃吉金文选》，中华书局，1998年，第25页；李学勤：《令方尊、令彝新释》，《古文字研究》（第十六辑），中华书局，1989年，第219页。

④　刘义峰：《令方彝断代论》，《南方文物》2015年第4期，第205页。

⑤　郭沫若：《两周金文辞大系图录考释》，科学出版社，1957年，第6页。

⑥　谭戒甫：《周初矢器铭文综合研究》，《武汉大学人文科学学报》1956年第1期，第182页。

⑦　唐兰：《作册令尊及作册令彝铭考释》，《国学季刊》（第四卷第一号），1934年，第47～56页。

⑧　唐兰：《西周青铜器铭文分代史征》（上），上海古籍出版社，2016年，第212页。

故令彝称之为周公子①。后来，陈氏改变前说，认为周公是周公旦，明保是周公次子君陈，提出了四条证据：①君陈是周公次子，令方彝铭文中明保是周公子；②《尚书序》说君陈分正东郊成周，铭文中明保于成周尹三事、四方；③君陈、明保其官职是君、尹、保，明是封邑，公是尊称，君陈传受周公爵位，世守周的采地，为王官，作此器时，周公尚在，故称明公；④《说文》云"田，陈也"，古田、陈音同，小臣傅卣中的师田父可能就是明保②。梁晓景亦认为，明公是周公次子君陈，封邑就在今洛阳市东北黄河南岸的白合镇一带，他是在武王灭商后受封于孟津的③。

明保就是周公。周同认为，令方彝铭文事涉周公尹三事四方后，对于"三事""四方"下了两道命令，"三事令"就是《尚书·立政》，"四方令"就是《尚书·多方》，是周公"相王室以尹天下"的具体安排，《尚书·多方》《尚书·立政》开头全是"周公曰"，可知是周公奉王命出令而不是周公之子，因此，明保是周公本人④。

明保是周公旦之子。赵光贤认为，明保是周公之子，是第二代的周公，史失其名，现在得令方彝，知道他名明保。他既不是伯禽，也不是君陈。铭文所以书"周公子明保"，可能由于他名望不大，不为众人所知，作器者矢令是他的下属，有意点出"周公子"，并称他为明公，是有用心的⑤。朱凤瀚也认为，周公旦之子，除长子受封于鲁外，次子君陈留于王朝为卿士，其余庶子亦多受封于外，明保自然不应在这些庶子之中，可能是周公旦未得封之幼子⑥。杜勇认为，明保又称明公，是周公旦之次子，也是畿内（岐山）周公采邑的继承人，成周建成以后，周公旦居洛留守，主持东都大政，经略四方，年老致仕之时，让其子明保接任，成为首席执政大臣⑦。

**2. 康宫问题**

对于令方彝铭文中康宫的性质，学术界形成了两种完全相反的观点。

其一，康宫是康王之庙，以唐兰为代表。早在令方彝面世之前，王国维就已指出康宫为康王之庙⑧。罗振玉指出，"京宫，殆镐京之宫，告武王，康宫，殆告康王"，

---

① 陈梦家：《令彝新释》，《陈梦家学术论文集》，中华书局，2016年，第128、129页。

② 陈梦家：《西周铜器断代》（上册），中华书局，2004年，第38、41页。

③ 梁晓景：《明公封邑考——兼谈周公后裔封国的若干问题》，《中原文物》1987年第3期，第101页。

④ 周同：《令彝考释中的几个问题》，《历史研究》1959年第4期，第64、65页。

⑤ 赵光贤：《"明保"与"保"考辨》，《中华文史论丛》（总第二十一辑），上海古籍出版社，1982年，第181～196页。

⑥ 朱凤瀚：《商周家族形态研究》，商务印书馆，2022年，第464页。

⑦ 杜勇：《曾公𰷣编钟破解康宫难题》，《中国社会科学报》2020年6月8日第005版。

⑧ 王国维：《观堂集林》（上），中华书局，1959年，第133页。

用牲于康宫，就是告康王之庙①。唐兰论证最为详细，令方彝铭文中京宫、康宫对举，据《逸周书·作雒解》所载，周公营建成周时，"乃位五宫：大庙、宗宫、考宫、路寝、明堂"，这里的宗宫就是京宫，仿造宗周京宫所建，又称京宗，明公用牲于京宫、康宫，康宫地位正相当于宗宫之后的考宫，京宫祭祀对象为太王、王季、文王、武王、成王，成王是京宫里的最后一个宗，与京宫相接的康宫祭祀对象只能是康王；在康宫举行用牲典礼，就可以证明康宫是康王之庙；对比其他铜器有关康宫的记载，也说明它是康王的庙；从文献记载来看，用王号或诸侯谥号放在宗庙名称的宫、庙、寝或太室、世室等上面作为专名，是周和春秋时期十分通行的②。

唐兰还基于康宫是康王之庙的认识，提出了西周铜器断代中的"康宫原则"，铜器上有了"康宫"的记载就一定在康王之后。康宫是否为康王之庙，可否作为铜器断代的标尺，这是铜器年代学研究的一个重要问题，关乎西周早期一大批铜器的正确断代和史事解析，备受学者关注③。

其二，康宫并非康王之庙。

京宫、康宫是"以懿美之字为宫室之名"④，以郭沫若为代表。郭沫若根据称谓确定人物关系，令器与作册大方鼎文末有相同族徽，系同一家族的器物，"作册大乃夨令子，令为作册，大亦为作册，父子世官。令之父为丁，在大自为祖丁"⑤，由于作册大方鼎铭文中有武王、成王谥号，可知其为康王初期器，则令器必属成王时期，康宫自然不是康王之庙。

王宫说。陈梦家认为，"宫与庙是有分别的，宫、寝、室、家等是生人所住的地方，庙、宗、宗室等是人们设为先祖鬼神之位的地方"⑥，康宫为时王所居之王宫，亦是朝见群臣之所⑦。近年来，该说又有了进一步发展。王晖认为，康宫应是周康王时所修王宫之名，是周王居住办公之所，其内有众多宗庙，不仅有康庙，有昭、穆王的宗庙，还有文武王的"周庙"，内里生活着王家臣妾、百工等，康宫的地点在岐周⑧。尹夏清、尹盛平持论相近，西周王朝在三个都邑都建有"京宫""康宫"，"康宫"不是单纯的宗庙，而是王宫的总称，其中不仅有明堂、路寝等宫殿、寝宫，还有周庙（文王庙、武王庙）、康庙、昭宫、穆宫、夷宫、厉宫等宗庙，康庙才是以康王为始

①　罗振玉：《夨彝考释》，《金文文献集成》（第二十八册），线装书局，2005年，第2页。
②　唐兰：《西周铜器断代中的"康宫"问题》，《考古学报》1962年第1期，第17～23页。
③　杜勇、王凯：《康宫年代问题的方法论检讨》，《中国史研究动态》2022年第3期，第44页。
④　郭沫若：《两周金文辞大系图录考释》，科学出版社，1957年，第6页。
⑤　郭沫若：《两周金文辞大系图录考释》，科学出版社，1957年，第33页。
⑥　陈梦家：《西周铜器断代》（上册），中华书局，2004年，第36页。
⑦　陈梦家：《西周铜器断代（二）》，《考古学报》1955年第2期，第134页。
⑧　王晖：《西周金文"京宫""周庙""康宫"考辨——西周宗宙制度研究之一》，《中华文化论坛》2019年第2期，第33～49页。

祖的宗庙。尽管唐兰关于"康宫"是康王宗庙的说法不准确，不能成立，但是由于"康宫"中有"康庙"，说明"康宫"应当是以康王的谥号命名的王宫，把"康宫"看作西周铜器断代中一个标尺的观点，还是可以成立的，而且是可信的、可靠的[①]。杜勇指出，康宫虽有宗庙性质的建筑，然并非单一的王室宗庙，康宫规模宏大，用途非一，是东都成周一座兼有宗庙礼仪建筑的多功能大型王宫，从成王时代始建，后续有增修，终西周一代未见废毁[②]。

康宫是成周内宫城之名。何幼琦认为，成周中心有一座宫城，作为王室生活和行使统治权的所在，初步建成时，宫城内除了京宫，还建了一座宫室，成王定名为康宫，明保用牲于康宫，就是那一座宫室，这座宫室与宫城同名康宫。后世诸王，又在宫城内陆陆续续建设了一些宫室，同康宫是平行的，不是附属于它。彝铭中凡是单言"康宫"的，都是指一座宫室，凡是说"康宫某宫"之"康宫"，或者说"康某宫"的"康"字，都是指的宫城，而不是宫室[③]。

### 3. 卿事寮

唐兰认为，殷墟卜辞中已经有卿事寮，也见于西周后期的番生簋与毛公鼎，大概是管理各个卿的事务的总衙门，等于后世的内阁。从西周到春秋常有卿士的官，略等于后来的宰相。但后面又说，卿事寮是卿事的僚属，即助手[④]。

李学勤对令方彝铭文中的卿事僚进行了考证，卿事即卿士，有广狭二义，广义泛指众卿，狭义专指执政之卿，《尔雅·释诂》训僚为官也，卿事寮即卿士官，此处卿士系广义，指众卿。铭文说昭王命周公辅佐治理三事四方，其身份是执政之卿，故云"受卿事寮"，意谓众卿归周公领导[⑤]。

韩国磐认为，商代已有卿士，周代卿士载于文献者更非鲜见，卿士是周王朝的执政者，协助周王决策，可以左右周王的决策，足见卿士权力之大，任职者多出自周宗室，卿士的办事机构就是令方彝铭文中的卿事寮，明保受卿事寮，就是担任卿事寮的主管人[⑥]。

### 4. 王

对铭文中"咸既，用牲于王，明公归自王"一句的断句，王是否是王城，以及由此引申出的王城与成周关系问题，学界存在不同看法。

---

① 尹夏清、尹盛平：《西周的京宫与康宫问题》，《中国史研究》2020年第1期，第5页。
② 杜勇：《曾公畎编钟破解康宫难题》，《中国社会科学报》2020年6月8日第005版。
③ 何幼琦：《论"康宫"》，《西北大学学报（哲社版）》1985年第2期，第14页。
④ 唐兰：《西周青铜器铭文分代史征》（上），上海古籍出版社，2016年，第213页。
⑤ 李学勤：《论卿事寮、太史寮》，《松辽学刊》1989年第3期，第25、26页。
⑥ 韩国磐：《关于卿事寮》，《历史研究》1990年第4期，第144页。

时王说。罗振玉断句为"咸既，用牲于王，明公归自王"，"用牲于王"即"饗王也"[①]。吴其昌赞同罗说，认为王是昭王[②]。谭戒甫认为，"明公归自王，谓明保由成王处归鲁"[③]。王人聪断句为"咸既用牲，于王，明公归自王"，认为"于王"意思是说明公到周王那里，"明公归自王"，是说明公从周王那里归来，令方彝全篇铭文三处出现的"王"都是指周王，前后用词是一致的[④]。

王城说。唐兰首倡，根据《汉书·地理志》关于河南郡河南县、洛阳县的记载，可知王城、成周，实二邑也，用牲于王城者，祭礼也，"明公归自王"，是归自王城，复至于成周也，王城、成周相距盖不过卅里，御正卫簋云：懋父赏御正卫马匹自王，亦谓懋父自王城赏御正卫以匹马也[⑤]。陈梦家断句为"咸既用牲于王，明公归自王"，是明公既已用牲于京宫及康宫，乃自王归至某地。明公在癸未舍命于成周而次日甲申用牲于两宫，则京宫、康宫所在之王去成周不足一日的路程，应是王城。卜辞金文介词"于""自"之后可以是地名，也可以是身份或人名，但介词"于""自"之前的动词"用牲""归"皆说明王为地名[⑥]。

王室或王宫说。陈邦怀断句为"咸既用牲，于王，明公归自王"，"咸既用牲"指用牲于京宫、康宫，事已完毕，"于王"，谓明公公事毕，往王室复命，且下句云"明公归自王"，足证上句"于王"为往王室无疑[⑦]。白川静与陈怀邦断句相同，将王字解释为王宫[⑧]。

# 二、頪方彝

頪方彝，最早见于《商周金文录遗》，盖器俱全，各有4行31字铭文，是一件非常重要的西周早期方彝。后来，《美集录》《集成》《铭文选》均有收录，仅有器身，现藏于美国波士顿美术馆。

叶正渤认为，頪方彝铭文不符合西周铭文的一般体例，倒是像摘取其他铭文的一些词句和文字拼凑起来的，中间又加进了一些古怪的字，说明作伪者虽擅长写金文，

---

① 罗振玉：《矢彝考释》，《金文文献集成》（第二十八册），线装书局，2005年，第3页。
② 吴其昌：《矢彝考释》，《燕京学报》（第九期），1931年，第1705页。
③ 谭戒甫：《周初矢器铭文综合研究》，《武汉大学人文科学学报》1956年第1期，第188页。
④ 王人聪：《令彝铭文释读与王城问题》，《文物》，1997年第6期，第42页。
⑤ 唐兰：《作册令尊及作册令彝铭考释》，《国学季刊》（第四卷第一号），1934年，第47~56页。
⑥ 陈梦家：《西周铜器断代》（上册），中华书局，2004年，第40页。
⑦ 陈邦怀：《嗣朴斋金文跋》，香港吴多泰中国语文研究中心出版，1993年，第85、86页。
⑧ 白川静：《金文通释》（1上），平成社，2003年，第300页。

但对于商、周青铜器铭文的体例缺乏深入的研究,进而大胆推测,頯方彝本身可能是件赝品。如果是件真器,那么作器者至多也只不过是个文化水平不高的小诸侯或小国之臣而已①。

李学勤认为,頯方彝是隅有扉棱的饕餮纹方彝,形制、纹饰同折方彝、令方彝等接近,但体边较直,不那么"倾垂",时代应略早一些,估为康王时是妥当的。对铭文进行隶定、通释可知,铭文记述此器为器主对百官族众进行商贾活动,交易成功,从而为先父制作的祭器②。

2015年,王保成在《頯方彝新解》一文中,通读铭文,对一些特殊字进行探讨,认为器主应该是高,此器应称高方彝,高与夔为上下级关系,整篇铭文记事清楚,文意通畅,字体古朴、率性,是西周早期的真品③。

张懋镕认为頯方彝对于鼓腹方彝的考古类型学研究具有很高的价值,从商代晚期到西周早期,方彝形体演化的总态势是由瘦高向低矮发展,更重要的是腹壁的不同,义方彝腹部只是微微鼓起,圈足上有缺口,頯方彝腹部鼓起程度大于义方彝但小于令方彝,令方彝最明显,腹部膨胀鼓出,后二者圈足上都没有缺口,从义方彝到令方彝形成了比较清晰的演化序列,而頯方彝的存在填补了令方彝与义方彝之间的空档④。

# 三、其 他 方 彝

1985年,李学勤在《鲁方彝与西周商贾》一文中,对齐生鲁方彝进行了隶定,并对齐生鲁、肇贾、休、嬴、启等重点字词进行了考释,认为器主鲁是齐氏,属齐国公族,其父是齐国国君乙公得,鲁从事商贾之业,齐国确有商业传统,齐生鲁方彝为周代商业兴盛提供了新证据⑤。

戍铃方彝流传至今的摹本有三种,分别见于《啸堂集古录》《宣和博古图》《历代钟鼎彝器款识》,三种摹本在铭文字形上略有差异。铭文中出现了2位人物,即戍铃和嗣,戍是职官名,铃是人名,嗣是受赏的对象,铭文的大意为:己酉这天,戍铃在召地举行宜祭,演奏庸这种乐器,嗣和声了九次,戍铃赏嗣十朋贝和丂地所产的母猪,嗣用来为祖先丁铸造了这件宗庙祭器⑥。

---

① 叶正渤:《顶方彝铭文献疑》,《考古与文物》2011年第4期,第103、104页。

② 李学勤:《西周早期頯方彝考释》,《中国文字学报》(第五辑),商务印书馆,2014年,第70、71页。

③ 王保成:《頯方彝新解》,《励耘语言学刊》(第1辑),学苑出版社,2015年,第267页。

④ 张懋镕:《再谈义方彝和令方彝的年代问题》,《中国社会科学报》2022年11月17日第004版。

⑤ 李学勤:《鲁方彝与西周商贾》,《史学月刊》1985年第1期,第31、32页。

⑥ 毕秀洁:《〈戍铃方彝〉的摹本问题及补释》,《中国国家博物馆馆刊》2013年第1期,第67页。

# 四、方彝铭文辨伪

宋代以前，青铜器出土数量较少，仿造的情况不多。宋人赵希鹄《洞天清录》中有《古钟鼎彝器辨》，可知当时已经有铜器作伪。乾隆之前的伪器，多仿《考古图》《博古图》而作。道光至清末，作伪者于无字之器伪刻铭文，于字少之器加刻铭文，但当时的作伪者所刻铭文，文义荒谬，字体恶劣，真伪易辨。民国以来，作伪技术大为进步，有加伪铭于真器者，有铭器均伪者，辨别真伪难度增大①。

1929年6月，容庚在《燕京学报》第五期发表《西清金文真伪存佚表》，对见于"乾隆四鉴"的4074件青铜器按器类进行整理，"其有文字真器，一千二百九十，除镜鉴一百一十四，得一千一百七十六器"。彝目下列14器，其中方彝9器，认为真者4器，即商若癸方彝、2件周召夫方彝和麦方彝；疑者4器，即2件周亚方彝、叔方彝和虞辰方彝；伪者1器，即商言彝②。

刘雨曾参加《殷周金文集成》的编纂工作，经常接触"乾隆四鉴"中青铜器的真伪、断代问题，随手札记，成《乾隆四鉴综理表》一书，详细著录"乾隆四鉴"中有铭青铜器的原定器名、现定器名、字数、时代、著录、释文、藏地等项内容，为利用"乾隆四鉴"提供了极大方便。经整理，"乾隆四鉴"共著录方彝9器，容表中4件疑器改定为真器，仍定商言彝为伪器③。

# 第四节　组合关系研究

对青铜器组合关系的研究，多从墓葬随葬品出发，但经过科学发掘的方彝数量较少，故长期以来，方彝组合关系被关注得较少。

早在宋代，王黼就认为，"彝之有舟，盖其类相须之器，犹尊之与壶、瓶之与罍焉"④。

20世纪80年代，林巳奈夫对商代晚期到春秋早期的"同时制铭青铜器"进行梳理，共得120组，其中，有4组尊、方彝、觥和4组尊、方彝同铭器，他认为，"西周早期到中期前段，（a）卣和瓠形尊，或（b）方彝和瓠形尊，或（a）（b）加匜的组合

① 容庚：《商周彝器通考》，上海人民出版社，2008年，第168、172页。
② 容庚：《西清金文真伪存佚表》，《燕京学报》（第五期），1929年，第812页。
③ 刘雨：《乾隆四鉴综理表》，中华书局，1989年，第109页。
④ （宋）王黼著，诸莉君整理校点：《宣和博古图》，上海书店出版社，2017年，第129页。

同时制作的例子非常多"①。

李学勤认为，"一组尊、卣或尊、方彝，在古代是尊贵的酒器，每每有较长的铭文"②，指出了尊、方彝之间存在组合关系。

冯峰系统研究了西周时期的尊、方彝和尊、方彝、觥组合，搜集到6组尊、方彝组合、5组尊、方彝、觥组合，认为西周早期晚段至西周中期，青铜器中流行尊、方彝和尊、方彝、觥组合，其与尊、卣组合应具有同等地位和重要性，功能上可相互替代。同一墓葬所出或同一人所作的青铜容器群，或含尊、方彝（尊、方彝、觥）组合，或含尊、卣组合，二者不共存，但在器物群中所处的位置和地位相当。可以说，尊、方彝（尊、方彝、觥）组合是"方版"的尊、卣（尊、卣、觥）组合，之所以创造这类组合，原因应在于当时对"方"的需求。至于尊、方彝（尊、方彝、觥）组合如何完成对尊、卣（尊、卣、觥）组合的仿效，可以归纳出两个关键词：改造、借用。具体说，尊和觥属于改造，方彝则属于借用加改造。该组合的功用是祼事时用来盛放鬱鬯的一组器物③。

宋代至清代，关于方彝的研究主要是金石学著作中对铭文的隶定与简单考释。进入民国以后，除金石学著作中继续有方彝铭文的简单考释外，还出现了通释方彝铭文的专文，考释较之前更加详细、深入，在隶定和考释基础上，开始将方彝铭文和文献相结合以正史、补史，并利用铭文内容对一些重要方彝进行断代，在青铜器通论性著作中开始探讨方彝的定名、功用等问题。中华人民共和国成立以来，关于方彝的研究更加深入，对铭文的隶定与考释更加科学、准确，通论性著作都对方彝的定名、功用、流行时代进行了探讨，通过类型学分析，方彝发展、演变的脉络已基本梳理清楚，方彝断代的方法有了新进展，注意到了方彝与尊、觥存在组合关系。

总的来看，在历代学者努力下，方彝研究取得了一些成果，但相较于其他青铜器器类，方彝的研究成果并不算多，迄今还未有一部以方彝为主题和研究对象的学术专著，通论性著作中涉及方彝的内容篇幅不大，专论方彝的文章也寥寥无几，本书正是想通过对方彝的系统研究来稍稍弥补过往研究中的不足。

① 〔日〕林巳奈夫著，广濑熏雄、近藤晴香译，郭永秉润文：《殷周青铜器综览》（第一卷），上海古籍出版社，2017年，第169页。
② 李学勤：《中国青铜器概说》，外文出版社，1995年，第32页。
③ 冯峰：《论西周青铜器中的尊、方彝（尊、方彝、觥）组合——兼谈其与尊、卣组合的关系》，《三代考古》（八），科学出版社，2019年，第281～306页。

# 第四章　方彝的定名与功用

定名是青铜器研究的重要内容，定名准确与否直接关系着学术研究和考古工作能否顺利开展。对功用的认识，则关系着青铜器分类的准确与否。

## 第一节　方彝的定名

经过长期实践，学术界总结出三条公认的青铜器定名方法：有自名的器物要依铜器自名定名；无自名的，可以参考宋代学者依据史籍著录做出的命名；既无自名，又缺乏史籍著录者，则根据其造型、功能定名①。近年来，张懋镕另辟蹊径，提出了组合关系定名法②。依照上述定名原则，多数青铜器都被冠以了准确的名称，但方彝的定名问题并未得到圆满解决，还需探讨。

### 一、金文中所见方彝自名

截至2022年12月，我们共搜集到有铭文的方彝116件，其中，有自名的凡28件。自名构成包括修饰语和共名，共名有障、彝和障彝，修饰语有宝、宗、旅，修饰语与共名组合成若干种形式，有宗彝、宝障彝、宗宝障彝、宝障宗彝和旅彝等，其中，以宝障彝最为常见。

**1. 彝（1器）**

| | | |
|---|---|---|
| 冊嬰方彝（铭图13525） | 冊嬰作祖癸彝 | 商代晚期 |

**2. 宗彝（2器）**

| | | |
|---|---|---|
| 戍铃方彝（铭图13540） | 用铸丁宗彝 | 商代晚期 |
| 仲追父方彝（铭图13528） | 仲追父作宗彝 | 西周中期 |

① 张懋镕：《关于青铜器定名的几点思考——从伯湄父簋的定名谈起》，《文博》2008年第5期，第19页。

② 张懋镕：《青铜器定名的新方法：组合关系定名法——以青铜卣的定名为例》，《古文字与青铜器论集》（第五辑），科学出版社，2016年，第308页。

据《说文解字·宀部》："宗，尊祖庙也。"[1]"示"象神主，而"宀"象宗庙，"宗"即藏主之地[2]。金文中"宗彝""宝宗彝"之"宗"的解释，应与宗法制度联系起来，而宗法制是凭借血缘关系和祖先崇拜观念建立起来的，"大宗"和"小宗"世代相袭，形成了一套完整的宗族制度。为了维系巩固这一制度，统治阶级把青铜彝器放在祖庙里祭祀和崇拜祖先，作为宗教观念和精神支柱的体现。铭文常见"用享于宗室""用享孝于大宗"等内容，就是这种体现的具体反映。可见"宗彝"之"宗"，追本溯源是与宗法制度紧密相关的[3]。查飞能认为，宗指置用地宗庙，宗器是宗庙祭祀用器，置用地是有严格限制的[4]。彝，据《说文解字·系部》，"宗庙常器也"[5]，可见"彝"是青铜祭器的共名[6]。正如龚自珍在《说宗彝》中所认为的，"宗彝"是置于宗庙的祭器。

### 3. 隮彝（3器）

| | | |
|---|---|---|
| 麦方彝（西清13.10） | 用作隮彝 | 西周早期 |
| 韦方彝（铭图13534） | 韦肇作父庚隮彝 | 西周早期 |
| 马方彝（铭图13538） | 马作朕祖日辛朕考日丁隮彝 | 西周中期 |

考甲骨文，尊字四十余见，从其所用看，确为一种祭名，此种祭祀，大概是置酒以祭，需用诸种酒器，遂引申为酒器之称，由此，又引申为礼器总名[7]。尊作为青铜器自名的情况比较复杂，王国维云："尊有大共名之尊（礼器全部），有小共名之尊（壶、卣、罍等总称），又有专名之尊（盛酒器之侈口者）。"[8]尊本义为置酒而祭，加阜，有升高义，引申出荐献、奉献之义。当然，把隮看作修饰语，彝是共名，似乎也讲的通。彝从反缚人形，或于反缚处加系以象绳索，或于人头处加两点以象血滴，本义为杀戮人牲以祭[9]。后来，名物化成为器物自名。诚如杜廼松所言："尊彝连在一

① （汉）许慎撰，（宋）徐铉校定：《说文解字》，中华书局，1963年，第151页。

② 李孝定：《甲骨文字集释》（第七卷），"中研院"历史语言研究所，1974年，第2479页。

③ 杜廼松：《金文中的鼎名简释——兼释尊彝、宗彝、宝彝》，《考古与文物》1988年第4期，第44页。

④ 查飞能：《商周青铜器自名疏证》，西南大学博士学位论文，2019年，第359页。

⑤ （汉）许慎撰，（宋）徐铉校定：《说文解字》，中华书局，1963年，第277页。

⑥ 杜廼松：《金文中的鼎名简释——兼释尊彝、宗彝、宝彝》，《考古与文物》1988年第4期，第44页。

⑦ 董莲池：《说文解字考正》，作家出版社，2004年，第592、593页。

⑧ 王国维：《说彝》，《观堂集林》（上），中华书局，1959年，第153页。

⑨ 黄德宽：《古文字谱系疏证》，商务印书馆，2007年，第3040页。

起看作一个名词，都是器物共名。”①

**4. 宝障彝（13器）**

| | | |
|---|---|---|
| 义方彝（铭三1149） | 用作父乙宝障彝 | 西周早期 |
| 頮方彝（铭图13539） | 用作高文考父癸宝障彝 | 西周早期 |
| 叔牝方彝（铭图13533） | 用作宝障彝 | 西周早期 |
| 荣子方彝（铭图13526） | 荣子作宝障彝 | 西周早期 |
| 荣子方彝（铭图13527） | 荣子作宝障彝 | 西周早期 |
| 矢令方彝（铭图13548） | 用作父丁宝障彝 | 西周早期 |
| 匜方彝（铭图13529） | 匜作父辛宝障彝 | 西周早期 |
| 齐生鲁方彝盖（铭图13543） | 用作朕文考乙公宝障彝 | 西周早期 |
| 师遽方彝（铭图13544） | 用作文祖它公宝障彝 | 西周中期 |
| 作册吴方彝盖（铭图13545） | 用作青尹宝障彝 | 西周中期 |
| 觐爾方彝（晋国雄风60页） | 觐爾作父丁宝障彝 | 西周中期 |
| 盠方彝甲（铭图13546） | 用作朕文祖益公宝障彝 | 西周中期 |
| 盠方彝乙（铭图13547） | 用作朕文祖益公宝障彝 | 西周中期 |

宝是自名修饰语，《说文·宀部》：“宝，珍也”②，意为宝贵、珍贵。

**5. 障（1器）**

| | | |
|---|---|---|
| 作册折方彝（铭图13542） | 用作父乙障 | 西周早期 |

**6. 宗宝障彝（2器）**

| | | |
|---|---|---|
| 作宗宝方彝（宁寿6.11） | 作宗宝障彝 | 西周中期 |
| 应龠方彝（铭三1148） | 应龠作宗宝障彝 | 西周中期 |

**7. 宝障宗彝（1器）**

| | | |
|---|---|---|
| 日己方彝（铭图13537） | 作文考日己宝障宗彝 | 西周中期 |

**8. 旅彝（5器）**

| | | |
|---|---|---|
| 伯豐作旅彝（铭图13520） | 伯豐作旅彝 | 西周中期 |

---

① 杜廼松：《金文中的鼎名简释——兼释尊彝、宗彝、宝彝》，《考古与文物》1988年第4期，第45页。

② （汉）许慎撰，（宋）徐铉校定：《说文解字》，中华书局，1963年，第151页。

伯豐作旅彝（总集4957）　　　伯豐作旅彝　　　　　　　西周中期
井叔方彝（铭图13521）　　　井叔作旅彝　　　　　　　西周中期
兒方彝甲（铭三1150）　　　兒用俘器铸旅彝　　　　　西周中期
兒方彝乙（铭三1151）　　　兒用俘器铸旅彝　　　　　西周中期

彝是共名，旅是自名修饰语。旅作为自名修饰语时，有四个义项：一是旅祭，即陈物以祭，由旅"旗下聚众"之整齐划一的含义引申而来；二是列、众；三是旅酬，宴会宾客、朋友、姻亲的旅器即属于旅酬之器；四是征旅之义[1]。有学者认为，旅彝的用途不限一种，用地不限一处，陈设不专一地。所以旅彝是可以移动、挪用之器，既可用于内，也可用于外，既可用于宗庙祭祀，也可携带用于行旅与征伐，它是应生产发展、铜器用途扩大和专用祭器分化的实际需要而产生的[2]。兒方彝铭文为"兒用俘器铸旅彝，子子孙永用"，表明其是用俘获的铜器铸造的，有夸耀功绩以追孝祖先、示子孙之意，《左传·襄公十九年》载臧武仲对季孙说："且夫大伐小，取其所得，以作彝器，铭其功烈，以示子孙。"[3]故旅彝也应是祭器。

商代晚期，有自名的方彝2器，自名为彝（1器）、宗彝（1器）。西周早期，有自名的方彝11器，自名为尊彝（2器）、宝尊彝（8器）、尊（1器）。西周中期，有自名的方彝15器，自名为宗彝（1器）、尊彝（1器）、宝尊彝（5器）、宗宝尊彝（2器）、宝尊宗彝（1器）、旅彝（5器）。

从方彝铭文中的自名来看，只有共名，未见专名，少用单字共名尊、彝，复合共名尊彝最为常见。

# 二、方彝的定名

方彝，不见于先秦文献记载。铭文中自名为彝、尊、尊彝，这些自名均是青铜礼器之共名，无论食器、酒器、水器，皆可称用。既无文献记载，自名中又无专名，故方彝在使用时代的准确名称已不可考。

宋人将青铜器铭文中的彝与先秦文献记载中的彝等同起来，没有认识到彝是青铜器共名，错误地将彝作为了器类，进而将方形的彝命名为方彝，后世不辨其误，加以沿用。直到20世纪上半叶，彝、敦、簋之间的关系才得以彻底廓清，青铜器分类体系中遂不再有彝，彝下的方彝无法划入其他器类，且发现的数量越来越多，民国时期著

---

① 查飞能：《商周青铜器自名疏证》，西南大学博士学位论文，2009年，第24页。

② 黄盛璋：《释旅彝——铜器中"旅彝"问题的一个全面考察》，《中华文史论丛》（总第十辑），上海古籍出版社，1979年，第120页。

③ 杨伯峻：《春秋左传注》（三），中华书局，1990年，第1047页。

录的方彝有37件，远超宋代的3件。于是，方彝从器名变成器类。

将方彝用作器类之名，正如容庚所言，是"姑名之"，出发点是为了分类方便，乃权宜之计，亦非有确切根据①。林巳奈夫认为，方彝虽不是礼书中的器名，但这个名称已经很流行，勉强从礼书中找出另外一个器名，同样也没有什么根据②。朱凤瀚指出，"此种器类在使用时代的实际器名，至今无确切资料（如铭文自名等）可以为证"，故赞同沿用方彝之名③。

方彝一名的提出，原本是宋人犯的一个错误，于史无征。方彝成为器类，更是无奈的"将错就错"。由于沿用日久，改名又无确切根据，为避免造成新的混乱，学者都主张继续使用。本书也遵从学术界惯例，继续沿用方彝作为这类器物的定名。

## 三、方彝的典型特征

研究方彝，首先要明确哪些器物是方彝，哪些器物不是方彝，要之在于归纳出方彝的典型特征，作为判断的标尺。

已有数位学者对方彝特征进行过归纳，多从形制着眼。时代最早首推容庚，他认为，方彝"方而有盖"，"长方而有盖，盖上有纽如柱"④，长方高身似尊而有盖，盖的形状如屋顶，盖上之纽也像屋顶。器体有直腹的，有曲腹的，也有腹旁两扁耳上出的⑤。林巳奈夫认为，方彝是从上面看形状呈长方形、整体形状类似于箱子的有盖容器⑥。马承源认为，方彝的截面纵短而横长，有屋顶形盖，下为圈足，圈足的每一边中央都留有或大或小的缺口，器体大多有四条或八条棱脊⑦。朱凤瀚总结方彝的特征为，器腹侧面与横截面皆为长方形，四隅与腰间有扉棱，方圈足，有盖，盖顶作四阿式屋顶形，盖纽亦似屋顶⑧。严志斌、洪梅的观点与朱凤瀚一致⑨。

① 朱凤瀚：《中国青铜器综论》（上），上海古籍出版社，2009年，第196页。
② 〔日〕林巳奈夫著，广濑熏雄、近藤晴香译，郭永秉润文：《殷周青铜器综览》（第一卷），上海古籍出版社，2017年，第82页。
③ 朱凤瀚：《古代中国青铜器》，南开大学出版社，1995年，第103页；朱凤瀚：《中国青铜器综论》（上），上海古籍出版社，2009年，第196页。
④ 容庚：《商周彝器通考》，上海人民出版社，2008年，第17、310页。
⑤ 容庚、张维持：《殷周青铜器通论》，中华书局，2012年，第52页。
⑥ 〔日〕林巳奈夫著，广濑熏雄、近藤晴香译，郭永秉润文：《殷周青铜器综览》（第一卷），上海古籍出版社，2017年，第82页。
⑦ 马承源主编：《中国青铜器》（修订本），上海古籍出版社，2003年，第226页。
⑧ 朱凤瀚：《中国青铜器综论》（上），上海古籍出版社，2009年，第196、197页。
⑨ 严志斌、洪梅：《殷墟青铜器：青铜时代的中国文明》，上海大学出版社，2008年，第83页。

　　李娟利综合各家观点，提出了判定方彝的四条标准：①一般为长方形高体的大型盛酒器，不排除形制相同但已经明器化了的小型器；②器腹侧面与横截面皆为长方形，四隅与腰间或有扉棱，盖顶及纽作四阿式屋顶形，方圈足之器；③整体像一座精美的小房子；④形似方尊，主要的区别在于方彝无肩而尊有肩、方彝直口而尊敞口[①]。

　　我们认为，方彝的典型特征主要有以下几个方面。

　　（1）方彝出现于殷墟一期晚段，消亡于春秋初期，流行于商代晚期至西周中期，西周晚期至春秋初期基本为明器。

　　（2）整器略呈高长方体状，可分为盖、身、圈足三部分，器身横截面近长方形。四坡屋顶形子口盖，脊上有纽，纽帽也是四坡屋顶形。器身大口，可纳子口盖，口径大于腹深，或二者相当，直壁方彝口部为通体最宽处，曲壁方彝口径略小于腹径或二者相当。直壁（包括直壁外侈、垂直壁，不含直壁内倾）方彝圈足四面有缺口，西周早期后段消失，曲壁方彝圈足底部贴地处有厚台。

　　（3）多数装饰繁缛，整器满花，通体饰扉棱。装饰简朴的较少，明器常见素面者。

　　（4）方彝的使用阶层为王及王后、诸侯及夫人和高级贵族及夫人，随葬于高等级墓葬，男性使用要多于女性。

　　（5）商代晚期，方彝有成对使用的现象，形制、纹饰、铭文均相同，大小相同或相近；方彝与罍、爵、觚存在配套使用关系。西周至春秋早期，存在尊、方彝或尊、方彝、觥的配对组合关系，方彝与斗、爵、觶常常配合使用。

　　简单来说，方彝是一种高级贵族使用的四坡屋顶形子口盖、大口、圈足、满花盛酒器。

# 第二节　部分所谓"方彝"的定名辨正

　　明确了方彝的特征，也就掌握了判定方彝的标尺。在一些考古报告或著录中，有一些不是方彝的器物被错误地命名为方彝，还有一些是方彝的器物被误认成其他器类，需要加以辨正。

---

①　李娟利：《商周方彝的整理与研究》，陕西师范大学硕士学位论文，2011年，第15页。

# 一、几件出土"方彝"的定名辨正

### 1. 熊家老湾出土垂鳞纹方彝

1970、1972年，湖北省随州市均川镇熊家老湾出土两批共计15件青铜器，报告介绍其中有1件垂鳞纹方彝（图4-1），通高32.7、口径长12.7、宽12.1厘米，整器近正方体，四坡屋顶形母口盖，盖顶突出为纽，纽帽为四坡屋顶形，器身子口较直，垂鼓腹，方圈足较高，直壁。通体饰扉棱，盖面饰变形夔纹，腹饰垂鳞纹，圈足饰横人字席纹[①]。这批铜器时代为两周之际，至迟不跨过春秋初年，这一时期，方彝已经发展到明器阶段，体型矮小，最高的仅27厘米，多数都不足20厘米，铸造非常粗糙，盖器常常浑铸，纹饰简单，多为素面。反观该器，器形高大，制作精良，通体饰纹饰，与同时期方彝的特征明显不符。盖为母口，不是方彝的子口盖或平口盖。肩部两侧有半环耳，在方彝中少见。自商代晚期至西周中期，在方彝发展的历史进程中，湖北未发现一件，很难想象，会在消亡阶段逆势出现一件实用方彝。因此，该器不是方彝。

仅论形制，很难将此器直接划入某种器类，但在西周晚期，多数青铜酒器都已衰落，只有青铜壶的地位不降反升，成为墓中随葬青铜器的基本组合器类之一。此器腹深，体侧有两半环耳，与壶相类。圈足上所饰的人字纹，在同一地点出土的壶身上也有，仅是大小、粗细的区别。所以该器可以视作方壶形器，称为垂鳞纹方壶。

与此器形制相同的还有一器（图4-2），1978年出土于潢川县彭店乡，简报定名为方壶，失盖，通高24.1厘米[②]。林巳奈夫将此两器称为方壶，作为特定地域型器物[③]。这一类方壶主要出土于鄂北、豫南，具有明显的江淮地域风格。

### 2. 偶方彝

1976年，中国社会科学院考古研究所安阳工作队在殷墟宫殿区西南侧的岗地发掘了五号墓，墓主人就是甲骨文中赫赫有名的妇好[④]，墓内共随葬青铜器468件，其中的偶方彝（图4-3，1）体形硕大、造型奇特、装饰精美，不愧是武丁时期高超铸铜技艺的杰出代表。

---

① 鄂兵：《湖北随县发现曾国铜器》，《文物》1973年第5期，第21～23页。

② 郑杰祥、张亚夫：《河南潢川县发现一批青铜器》，《文物》1979年第9期，第93～95页。

③ 〔日〕林巳奈夫著，广濑薰雄、近藤晴香译，郭永秉润文：《殷周青铜器综览》（第一卷·图片），上海古籍出版社，2017年，第308页。

④ 中国社会科学院考古研究所安阳工作队：《安阳殷墟五号墓的发掘》，《考古学报》1977年第2期，第58页。

图4-1　垂鳞纹方壶①

图4-2　兽首纹方壶②

　　偶方彝之所以得名，"因其形似两件方彝联成一体"，发掘者在简报和正式报告中，又专门说明是"暂名如此"③，反映出发掘者对于器名也心存疑虑。但迄今为止，学术界还无人对此提出异议，故偶方彝的名称也得以沿用至今。

　　妇好墓的时代为殷墟二期，除偶方彝外，墓内共出土4件方彝，包括3件妇好方彝（M5：825、M5：828、M5：849）和1件亚启方彝（M5：823），均是当时比较流行的直壁外侈方彝，与偶方彝相比，相同之处少，差异之处多。相同之处在于，都有四坡屋顶形子口盖，盖顶有纽，器身为母口，圈足四面有缺口，通体四隅和中部装饰扉棱。差异之处也很明显，偶方彝口部有折沿，方唇，高领外撇，折肩明显，肩上饰浮雕兽首，颈腹交界为通体最宽处，敛腹微弧，收成平底，截然不同于这一时期流行的直壁外侈方彝（图4-3，2），与西周早期出现的曲壁方彝（图4-3，3）形制差别也很明显。从体量上来看，偶方彝器形高大，通高达60厘米，而妇好墓出土的4件方彝最高者不过36.6厘米，而且商代晚期鲜见通高超过40厘米的方彝④。由此看来，认为偶方彝是由两件方彝联体而成，从形制和体量分析来看，均是不能成立的。

　　①　绍兴博物馆、湖北省博物馆：《江汉吉金：湖北省博物馆典藏商周青铜器》，文物出版社，2012年，第75页。

　　②　信阳博物馆：《信阳博物馆藏青铜器》，文物出版社，2018年，第135页。

　　③　中国社会科学院考古研究所：《殷墟妇好墓》，文物出版社，1980年，第50页。

　　④　李娟利：《商周方彝的整理与研究》，陕西师范大学硕士学位论文，2011年，第81页。

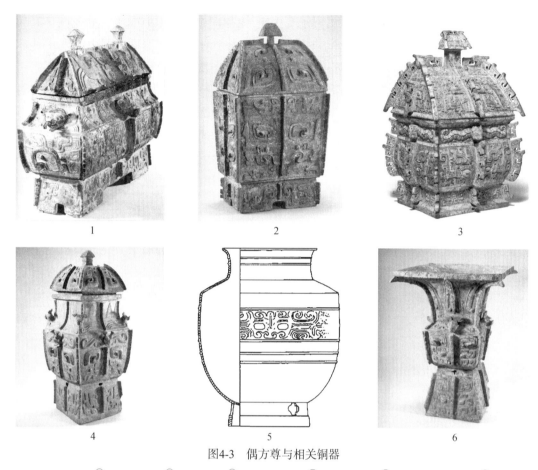

图4-3　偶方尊与相关铜器

1.偶方尊① 　2.妇好方彝② 　3.令方彝③ 　4.司夸母方尊④ 　5.兽面纹尊⑤ 　6.司夸母癸大方尊⑥

有意思的是，若将妇好墓内出土的两件司夸母方壶（图4-3，4）联成一体，恰是偶方彝的形制，甚至连盖纽的形制都一样，纽柱上端外侈，与纽帽近似等大，明显不同于方彝的纽。从体量上来分析，两件司夸母方壶通高都在64厘米左右，与通高60厘米的偶方彝正相仿。当然，方壶盖平顶，圈足四面有镂孔但无通地的缺口，和偶方彝是有区别的，但这些细微的差别并不影响二者整体上形制的一致性。如此看来，所谓的偶方彝似乎应该称作偶方壶，但我们认为，司夸母方壶的定名也值得商榷。

① 　中国青铜器全集编辑委员会：《中国青铜器全集》（3），文物出版社，1997年，第60页。

② 　中国青铜器全集编辑委员会：《中国青铜器全集》（3），文物出版社，1997年，第64页。

③ 　中国青铜器全集编辑委员会：《中国青铜器全集》（5），文物出版社，1996年，第124页。

④ 　中国青铜器全集编辑委员会：《中国青铜器全集》（3），文物出版社，1997年，第94页。

⑤ 　河南省文物考古研究所：《郑州商城：1953～1985年考古发掘报告》，文物出版社，2001年，第820页，图五五二之1。

⑥ 　中国青铜器全集编辑委员会：《中国青铜器全集》（3），文物出版社，1997年，第110页。

　　根据裴书研的研究，青铜壶出现于二里岗[①]上层时期，湖北省黄陂区盘龙城李家嘴M1出土的兽面纹提梁壶（M1：9）时代最早[②]。虽然青铜壶在演变过程中出现多种形制，有提梁壶、贯耳壶、环耳壶、爬兽耳壶、提链壶、铺首衔环壶、无耳壶、瓠壶、扁壶、蒜头壶、三足壶等，但形制上的基本特征是具有共性的，如有盖，长颈或较长颈，颈部多有双耳，圆腹和圈足，通体最宽处一般是圆鼓腹中部。就司乻母方壶的形制而言，折沿，方唇，折肩明显，肩部有浮雕兽首，通体最宽处在肩颈交界处，腹部弧内收，高圈足，形制明显不同于壶。其器身长方形大口，口径虽然小于肩径，但长边已经超过了腹深的一半，与壶口径一般不超过腹深的一半截然不同。因此，所谓的司乻母方壶并不是壶。

　　我们曾有小文论及商代的青铜小口折肩尊（图4-3，5）[③]，认为其出现于二里岗上层时期，是从二里头文化时期就广泛使用的陶小口折肩尊仿制而来，正如林巳奈夫所指出的："（青铜）有肩尊来自大概属于二里头四期的陶制大口尊，对大口尊加圈足和口颈就成为有肩尊。"[④]青铜小口折肩尊后又演变成大口折肩尊，不同之处在于后者的口径大于肩径，口部为通体最宽处。须指出的是，小口尊和大口尊仅是根据尊的口径小于或大于肩径而做出的类型学划分，并不意味着小口折肩尊的口部就小，恰恰相反，小口折肩尊的口径往往还要大于其他青铜盛酒器。妇好墓出土的两件司乻母方壶正是小口折肩方尊，应该称为司乻母方尊。由此看来，偶方彝并非两件方彝联成一体，而是由两件小口折肩尊联成为一体，自然应该命名为偶方尊。

　　我们还可以提供一点佐证，妇好墓内出土的司乻母癸大方尊（图4-3，6）是我们所认为的大口折肩尊，除却无盖、口径大于肩径外，从形制到装饰内容、风格，与司乻母方壶几乎没有二致。这些足以证明，司乻母方壶确应称为司乻母方尊才妥当。

　　目前，考古资料中能够见到的小口折肩方尊数量极少[⑤]，这与其出现的时机有关，在殷墟二期，小口折肩尊已经式微，大口折肩尊强势崛起，小口折肩方尊极为少见也就不奇怪了。

　　偶方尊盖是一项创新，"盖合后，上部近似一座殿堂的房顶，排列规整的七个方形槽，颇象房子的屋椽，有可能是模仿当时的大型宫殿建筑铸造的"[⑥]。器身同样为长方形口的方彝、方罍上也有四坡屋顶形盖，但无类似椽子的方形槽，盖纽形制也略有不同，可能是受到了偶方尊盖的影响。

---

　　①　吴伟、杜娟：《论考古学史上的二里冈与二里岗之争》，《中国文物报》2022年11月25日第006版。

　　②　裴书研：《中国古代青铜器整理与研究·青铜壶卷》，科学出版社，2015年，第145页。

　　③　吴伟、杜娟：《论青铜小口折肩尊与无耳折肩罍的定名》，《文博》2021年第4期，第68页。

　　④　〔日〕林巳奈夫著，广濑薰雄、近藤晴香译，郭永秉润文：《殷周青铜器综览》（第一卷），上海古籍出版社，2017年，第80页。

　　⑤　张小丽：《出土商周青铜尊研究》，西北大学硕士学位论文，2004年，第49页。

　　⑥　中国社会科学院考古研究所：《殷墟妇好墓》，文物出版社，1980年，第50页。

### 3. 姑子坪M1出土垂幛纹方彝

2001年，山东大学考古系等单位清理了山东省沂源县姑子坪遗址M1，墓葬年代为西周晚期，墓内随葬青铜器70余件，简报认为其中有1件方彝（图4-4）。通高45.3、口长18.5、宽15.5厘米。整器瘦高，近盝顶形母口盖，圈形捉手，盖面弧鼓。器身椭方，子口内收，方唇，肩部有两半环耳，腹部微鼓，平底，圈足。盖面和腹部饰半月形垂幛纹，颈部饰斜变体夔龙纹，圈足饰纵向"之"字形几何纹，盖面和器腹四隅有矮扉棱[①]。整器特征与西周晚期的明器方彝大相径庭，器盖不是四坡屋顶形，是母口盖，而非方彝常见的子口盖，盖顶有圈形捉手，而方彝上从未见过有圈形捉手，故该器不是方彝。

泉屋博古馆藏有一器，与该器形制相同，容庚称为云雷纹方彝[②]或雷纹方彝[③]（图4-5），认为时代属春秋战国，林巳奈夫则认为其是特定地域型方壶[④]，我们赞同林氏方壶的说法。姑子坪遗址M1出土所谓垂幛纹方彝应称为垂幛纹方壶，墓主人当是东夷贵族，该器具有东夷文化风格。

图4-4　垂幛纹方壶[⑤]　　　　　　　　图4-5　云雷纹方壶[⑥]

①　山东大学考古系、淄博市文物局、沂源县文管所：《山东沂源县姑子坪周代墓葬》，《考古》2003年第1期，第35～38页。

②　容庚：《海外吉金图录》，《容庚学术著作全集》（第一二册），中华书局，2011年，第800页。

③　容庚：《商周彝器通考》，上海人民出版社，2008年，第312、716页。

④　〔日〕林巳奈夫著，广濑薰雄、近藤晴香译，郭永秉润文：《殷周青铜器综览》（第一卷·图片），上海古籍出版社，2017年，第309页。

⑤　刘延常：《中国出土青铜器全集》（5），科学出版社、龙门书局，2018年，第195页。

⑥　容庚：《商周彝器通考》，上海人民出版社，2008年，第716页，六〇六。

# 二、历代著录中部分"方彝"的定名辨正

### 1. 角丏方彝

角丏方彝（图4-6）最早为薛尚功《历代钟鼎彝器款识法帖》卷二所著录，名虎方彝，后又被《殷周金文集成》9860、《商周青铜器铭文暨图像集成》13501所收录，称作角丏方彝。原器已佚，器形不传，唯有二字铭文摹本，薛氏认为，"铭上一字象虎皮之形，乃虎字也，铭曰虎方"[①]，可知因器上有铭文虎方，且器类是彝，故名虎方彝。然而，将铭文释为虎方是错误的，今释为角丏，所谓的虎方彝，应是角丏方彝。考虑到宋人著录中的彝基本是簋，故我们认为，角丏方彝是方彝的可能性很小，极有可能是簋，应称作角丏簋。

图4-6　角丏彝铭文[②]

### 2. 商言彝

商言彝（图4-7）为《西清续鉴》甲编卷六所著录，长方高体，四坡屋顶形子口盖，盖顶有纽，器身母口，斜直壁，圈足，四面有拱形缺口，盖和器身饰弦纹，有二字铭文，或为族徽，第一字不识。容庚认为此器是伪器，但不知所据，后世著录多从此说，不予收录。但从形制、纹饰来分析，于商代晚期后段都是常见之样式，与现藏于故宫博物院的车方彝（图4-8）、德国斯图加特国立民间艺术博物馆的𠂤何方彝（图4-9）较为接近，故我们认为该器并不是伪器，应称作商言方彝。

### 3. 甌方尊

甌方尊（图4-10，1），曹载奎旧藏，因内壁有8字铭文，曾被多种金石学著作收录，最早见于《怀米山房吉金图》，即上11之商父辛尊，后来，《捃古录金文》2之

---

① （宋）薛尚功：《历代钟鼎彝器款识法帖》，中华书局，1986年，第9页。

② 吴镇烽：《商周青铜器铭文暨图像集成》（24），上海古籍出版社，2012年，第376页。

1.25.3、《缀遗斋彝器款识考释》17.24.1、《三代吉金文存》6.41.5、《金文总集》4966、《殷周金文集成》9884、《商周青铜器铭文暨图像集成》13530、《陕西金文集成》1400等均加以著录。

图4-7 商言方彝①

图4-8 车方彝②　　　　　　图4-9 ㄓ何方彝③

---

① （清）王杰等：《西清续鉴》（甲编），涵芬楼依宁寿宫写本影印本，宣统庚戌年（1910），卷六，二十。

② 吴镇烽：《商周青铜器铭文暨图像集成》（24），上海古籍出版社，2012年，第339页。

③ 吴镇烽：《商周青铜器铭文暨图像集成》（24），上海古籍出版社，2012年，第378页。

图4-10　瓯方尊及相关器物

1.瓯方尊① 　2.丏甫方尊② 　3.彊方尊③ 　4.瓯方彝④ 　5.瓯觥⑤

　　由于器腹以上部分缺失，此器曾长期被误认成方彝，后来，林巳奈夫正确指出该器为尊⑥。残存部分整体呈椭方形，窄平折肩，弧鼓腹，圈足较高，器身四隅和中部有扉棱。腹饰下卷角兽面纹，圈足饰鸟纹，均以云雷纹衬底。对比丏甫方尊（图4-10，2）、彊方尊（图4-10，3），一望而知，形制、装饰均相似，独此器颈部有纹饰的部分

　　① 曹载奎：《怀米山房吉金图》，《金文文献集成》（第七册），线装书局，2005年，第421页。

　　② 丏甫方尊图片引自美国明尼阿波利斯美术馆网站https://new.artsmia.org/。

　　③ 彊方尊图片引自美国旧金山亚洲艺术博物馆网站https://asianart.org/。

　　④ 张天恩：《陕西金文集成》（12），三秦出版社，2016年，第152页。

　　⑤ 中国青铜器全集编辑委员会：《中国青铜器全集》（5），文物出版社，1996年，第100页。

　　⑥ 冯峰：《论西周青铜器中的尊、方彝（尊、方彝、觥）组合——兼谈其与尊、卣组合的关系》，《三代考古》（八），科学出版社，2019年，第282页。

已缺失，仅残存颈部底端素面的一小截。曲壁方彝从无平折肩，腹部垂鼓，器身上有颈、腹两周纹饰带，而此器是鼓腹，且器身仅一周纹饰带，与方彝不类，故此器是方尊无疑。

有同铭甗方彝（图4-10，4）1件，原为刘喜海所藏，后藏于丁彦臣，现收藏于日本泉屋博古馆，同铭的还有1件甗觥（图4-10，5），现藏于美国弗利尔美术馆。三器装饰风格一致，通体饰突齿扉棱，遍体满花，均以云雷纹衬底，器腹上所饰的兽面纹、圈足上所饰的鸟纹，形象都高度一致。三器都有2行8字铭文，内容相同，字形书体一致。西周早期后段至西周中期，尊、方彝和觥之间存在配套组合关系，此三器正符合这种组合关系。由组合关系也可证，此器应为方尊而非方彝。

### 4. 趩方罍盖

趩方罍盖（图4-11），原为张廷济藏品，现藏于上海博物馆，《捃古录金文》2之2.61.2、《敬吾心室彝器款识》上46、《愙斋集古录》13.13.1、《周金文存》5.9.1、《缀遗斋彝器款识考释》17.27、《小校经阁金文拓本》5.34.3、《三代吉金文存》11.32.4均曾加以著录，称该器为尊。《金文总集》4971、《殷周金文集成》9890、《商周青铜器铭文暨图像集成》13536均认为是方彝盖，陈佩芬在《夏商周青铜器研究》中认为是方罍盖。

图4-11　趩方罍盖[①]及铭文拓片

从器形看，器盖为四坡屋顶形，盖面斜直，下为子口，盖脊上有四坡屋顶形纽，盖身饰一周涡纹带，上下界以弦纹，四面各有两个涡纹。方彝盖口一般为长方形，横、纵尺寸差别明显，而此器盖高6.4、口横7.7、口纵7.6厘米，口部近正方形，方罍盖多有呈方形者。就装饰风格而言，张懋镕精辟地指出，绝大部分方彝的盖的四角及中线都有扉棱，但是在趩方彝盖上没有，方彝上的纹饰一般有兽面纹、夔纹、鸟纹等，涡纹非常少见，仅在盠方彝和井叔方彝上偶有出现，但从未见饰涡纹带者，涡纹是铜罍的常见纹饰。几乎所有方彝上的铭文拓片都呈方形、长方形或不规则形，但是趩方

① 陈佩芬：《夏商周青铜器研究·西周篇上》，上海古籍出版社，2004年，第200页。

彝盖上铭文拓片作梯形①。

经过综合考虑，我们赞同陈佩芬、张懋镕的意见，该器盖应是方罍盖。

### 5. 饕餮纹方彝

日本东京帝室博物馆（今日本东京国立博物馆）编著的《周汉遗宝》图版一六著录1件饕餮纹方彝（图4-12），盐原又策氏藏，无铭文，又见于《海外吉金图录》，容庚称为饕餮蝉纹方彝②。通高约12.7厘米，器形少见，整器方体，上大下小，窄折沿，方唇，腹壁上端微鼓，弧收成圈足，器身四隅有扉棱，器身饰兽面纹、蝉纹，以云雷纹衬底，夔纹状上卷角很有特色，圈足饰弦纹。方彝之中根本没有这种器形，器身只有一周纹饰带，装饰风格也不相符，该器不是方彝，林巳奈夫认为是方壶③，也颇为牵强，其在使用时代的名称已不可考。

图4-12　饕餮纹方彝④

### 6. 🐚🜨耒方彝

🐚🜨耒方彝（图4-13，1），原藏美国纽约穆尔氏，内底有3字铭文，最早为《美帝国主义劫掠的我国殷周铜器集录》R227、A644所著录，后又见于《金文总集》4955、《三代吉金文存补》227、《殷周金文集成》9869、《中日欧美澳纽所见所拓所摹金文汇编》1711，各家均称该器为方彝。与此形制相同的还有一件鸱鸮纹方彝（图4-13，2），收藏于德国科隆市东亚艺术博物馆，《殷周青铜器综览》方彝22、《欧洲所藏中国青铜器遗珠》45曾予以著录，无铭文。

---

① 张懋镕：《试论纹饰对青铜器定名的意义》，《古文字与青铜器论集》（第六辑），科学出版社，2019年，第175页。

② 容庚：《海外吉金图录》，《容庚学术著作全集》（第一二册），中华书局，2011年，第641页。

③ 〔日〕林巳奈夫著，广濑薰雄、近藤晴香译，郭永秉润文：《殷周青铜器综览》（第一卷·图片），上海古籍出版社，2017年，第309页。

④ 东京帝室博物馆：《周汉遗宝》，大塚巧艺社，1932年，图版一六。

图4-13   🔶🔶末方彝及相关器物

1.🔶🔶末方彝[①]    2.鸱鸮纹方彝[②]    3.鸮面纹彝（1）[③]    4.鸮面纹彝（2）[④]

    两器形制、纹饰基本一样，时代都应在商代晚期。🔶🔶末方彝略大，通高22.8厘米，口径17.6厘米×15.7厘米，鸱鸮纹方彝通高22.5厘米，口径16.6厘米×14.4厘米。整器略呈长方体状，分盖、身和圈足三部分。四坡屋顶形盖，盖面弧鼓，盖脊上有纽，纽帽为屋顶形。长方形口，微侈，颈稍直，垂鼓腹。长方形圈足，直壁。通体四隅、中部和盖脊饰矮扉棱。纽帽饰云纹，盖面饰倒鸱鸮纹，器身饰鸱鸮纹，右上角有

---

① 容庚：《商周彝器通考》，上海人民出版社，2008年，第713页，六〇〇。
② 李学勤、艾兰：《欧洲所藏中国青铜器遗珠》，文物出版社，1995年，图版45。
③ 图片引自美国亚洲旧金山艺术博物馆网站：https://asianart.org/。
④ 图片引自美国大都会艺术博物馆网站：https://www.metmuseum.org/。

蛇纹，圈足饰夔纹，均以云雷纹衬底。

　　两器是否为子盖，仅从照片来看，无法判断。圈足四面无缺口，而商代晚期到西周早期早段的方彝圈足均有缺口，这种通地的缺口，极少见于其他酒器，可视作是否为方彝的重要判断标准。两器器身上只有一周纹饰带，而西周中期以前的方彝器身上，只要是满花，都是两周纹饰带，且鸱鸮纹从未见于其他方彝上。西周初期，曲壁方彝甫一出现，便器腹圆鼓，到了西周早期后段，才出现垂腹的特征。西周早期，曲壁方彝颈、腹分别饰一窄一宽两周纹饰带，到西周中期后段，器身上只有一周纹饰带。这两件器物无法融入曲壁方彝的发展脉络，曲壁方彝的出现应是受到簋、卣等圆鼓腹器的影响，与垂腹的🐾🐾末方彝不存在源流关系。因此，🐾🐾末方彝并不是方彝。

　　美国亚洲旧金山艺术博物馆藏有一件鸮面纹觯（图4-13，3），通高19厘米，口径12.7厘米×11.1厘米，器体为椭圆形，子口盖，盖面弧鼓，盖顶有纽，纽帽亦为四坡屋顶形，器身母口微外侈，方唇，垂鼓腹，圈足。通体饰四道扉棱，盖面饰夔纹，器身饰鸮纹，鸮足立于圈足上，圈足饰兽面纹。纽约大都会博物馆也收藏有一件同样的鸮面纹觯（图4-13，4），通高17.8厘米，形制、纹饰与前件基本相同，大小相近，但纽帽为菌状。这两件鸮面纹觯与上述两件所谓方彝大小相差不大，装饰风格都极为繁缛，通体满花，器身上都饰鸮纹，且鸮纹的形象一致，都装饰扉棱。形制上都有四坡屋顶形纽，都是垂鼓腹、圈足。从整体来看，上述两器与鸮面纹觯应是同类器，应称为觯。

# 三、母康丁方彝的定名辨正

图4-14　母康丁方彝

　　母康丁方彝（图4-14），先后为叶志铣、潘祖荫旧藏，2015年见于保利秋季拍卖会。2020年10月，见于保利十五周年拍卖会之禹贡叁——五福五代清宫秘瓷专场。该器曾见于多种金石学著作，如《捃古录金文》1之2.57.1、《敬吾心室彝器款识》下38.4、《殷文存》上16.8、《愙斋集古录》8.8.3、《缀遗斋彝器款识考释》17.23.2、《小校经阁金文拓本》7.20.8、《三代吉金文存》6.22.4，均称为彝。《金文总集》2008称该器为簋，《殷周金文集成》10537径称为康丁器，《商周青铜器铭文暨图像集成》4005原认为是簋[1]，后改称方彝[2]。

① 吴镇烽：《商周青铜器铭文暨图像集成》（8），上海古籍出版社，2012年，第287页。
② 吴镇烽在《金文通鉴》系统中将康丁簋改称康丁方彝。

整器呈长方体状，无盖，侈口，口径长14、宽12厘米，口沿下有一道素边，束颈，鼓腹，圈足，四面有狭拱形缺口，通体四隅和中部有扉棱，器身有颈窄、腹宽的两周纹饰带，这些都是方彝的典型特征。从器形看，正是本书所说的Ca型曲壁方彝。腹部所饰兽面纹的角上已经出现鱼鳍状带饰，表明其时代在西周初期。母康丁方彝正处在由直壁外侈方彝向曲壁方彝发展的关键过渡期，曲壁可能是受到了簋、卣或其他曲腹器的影响，之所以不称为方簋，是因为圈足四面有缺口是方彝才具有的典型特征，而簋的圈足上从未见这种通地的缺口。

## 第三节　方彝的功用

关于方彝的功用，文献中并没有明确记载。自宋代以来，将方彝视为盛酒器，一直是学术界的主流观点，林巳奈夫还进一步指出方彝所盛的酒是郁鬯。但是，也有认为方彝是烹饪器、蒸器的不同声音。我们认为，方彝是盛酒器的论断是正确的。

## 一、方彝是专门盛鬯酒的高级酒器

放眼商周时期的青铜酒器大家族，方彝的数量不算多，是比较小众的器类，但随葬方彝的墓葬级别很高。经我们统计，科学发掘且出土方彝的墓葬共有28座，墓室面积普遍较大，3~5平方米的小型墓仅2座，5~10平方米的中型墓有6座，10平方米以上的大型墓有20座；其中，10~20平方米的有11座，20~30平方米的有5座，30~40平方米的有3座，40~50平方米的有1座。这些墓中随葬品非常丰富，青铜礼器数量众多。墓主人的等级身份高，有殷王后、西周诸侯国国君及夫人、高级贵族及夫人，如妇好、晋侯、应侯、虢仲、虢季、鄂侯、井叔等。方形的器身，再加上繁缛的装饰，随葬于高级墓葬，都表明方彝是一种高级盛酒器，应为高级贵族所专享。

方彝是高级酒器，所盛的酒自然也不会是普通酒。但迄今为止，在考古发掘出土的方彝中，还未见残留酒液的情况，自然也就无法通过化学分析方法来确定所盛装酒的类型。

据宋镇豪研究，商代有用粟酿制的粮食白酒，用谷米酿制的薄味酒"醴"，用束茅过滤去滓的清醴酒"酉束"，用黍酿制的"鬯"及调入煮郁液的"郁鬯"，有果酒桃仁酒、李酒、枣酒，还有草木樨、大麻籽所制的药酒，其中"鬯"与"郁鬯"属高档酒，为统治阶级专享的礼仪酒类，"郁鬯"尤属名贵酒[①]。

甲骨文中就已经有关于鬯的记载，主要在侑、燎、㸑、御等祭祀先祖的场合使

---

① 宋镇豪：《夏商社会生活史》，中国社会科学出版社，1994年，第392页。

用①，如：

　　□亥，贞：王侑百鬯，百牛？　　　　　　　（《甲骨文合集》32044）
　　丙寅，贞：今日其用五十鬯于父丁？　　　　（《甲骨文合集》32686）
　　贞：燎鬯，侑豕？　　　　　　　　　　　　（《甲骨文合集》01506正.2）
　　乙丑卜，酒御于庚妣，伐二十，鬯三十。（《甲骨文合集》22227.2）

　　周代，酒的品种大致与商代相同。鬯依旧是一种高等级的祭祀用酒，《礼记·表记》载："天子亲耕，粢盛秬鬯，以事上帝。"西周时期，青铜器铭文中涉及鬯酒的凡51器，除鬯以外，还出现了秬鬯、郁鬯、卣鬯等。西周早期，多称鬯，中、晚期，多称秬鬯。据《周礼·叙官》郑玄注，"鬯即酿秬为酒，取芬芳条鬯之义"②，又"秬鬯，不和鬱者"③。《诗》孔疏云："筑此鬱草，又煮之，乃与秬黍之酒合和而鬱积之，使气味相入，乃名曰鬯。"④《说文解字·鬯部》："鬯，以秬酿鬱草，芬芳攸服以降神也"，又"鬱，芳草也。十叶为贯，百廿贯筑以煮之为鬱"⑤。《诗经·大雅·江汉》毛传云："秬，黑黍也。鬯，香草也。筑煮合而鬱之曰鬯。"⑥而郑众则主张："筑香草，煮以为鬯。"⑦可见，自汉代以来，学者对于鬯、郁的认识就存在分歧，有的认为鬯是酒，郁是香草，具体又有两说，一说鬯就是秬鬯，以秬酿成，不和郁草汁，若和郁草汁，则称为郁鬯；一说鬯是郁草汁和秬酒混合而成。也有的以为鬯是香草，郁是酿酒的手法。

　　据文献记载，秬是一种黑黍，《诗经·大雅·生民》："诞降嘉种，维秬维秠，维穈维芑。"《毛传》："秬，黑黍也。"⑧《楚辞·天问》："咸播秬黍，莆雚是

————————————

　　① 李唐：《西周时期"鬯"之称名及变化》，《文博》2021年第6期，第75页。
　　② （清）孙诒让撰，王文锦、陈玉霞点校：《周礼正义》卷三十二，中华书局，1987年，第1250页。
　　③ （清）孙诒让撰，王文锦、陈玉霞点校：《周礼正义》卷三十七，中华书局，1987年，第1496页。
　　④ （汉）毛亨传，（汉）郑云笺，（唐）孔颖达疏，龚抗云等整理：《毛诗正义》卷第十八，北京大学出版社，1999年，第1247页。
　　⑤ （汉）许慎撰，（宋）徐铉校定：《说文解字》，中华书局，1963年，第106页。
　　⑥ （清）马瑞辰撰，陈金生点校：《毛诗传笺通释》，中华书局，1989年，第1019页。
　　⑦ （清）孙诒让撰，王文锦、陈玉霞点校：《周礼正义》卷三十七，中华书局，1987年，第1472页。
　　⑧ （汉）毛亨传，（汉）郑云笺，（唐）孔颖达疏，龚抗云等整理：《毛诗正义》（卷十七），北京大学出版社，1999年，第1071页。

营"，王逸注："秬黍，黑黍也。"①《尔雅》："秬，黑黍。"②古人喜欢根据谷物
的植颗颜色、籽粒形状及大小等来命名作物，秬盖因黑壳、粒大而得名③。禾本科的
黍类作物，俗称糜子，去皮称大黄米，商代似有好些变种，在甲骨文中地位均非常突
出，提到的次数比其他种类作物多得多，极受统治者重视，商王每每令臣下或贵妇督
促众人种黍，甚至还亲往视察其种植和长势。黍还经常用于酿酒、祭祀及筵席宴飨场
合，说明在当时人的心目中，黍是一种贵重的食粮，主要为统治阶级所享用，一般平
民怕难吃到。贵黍贱粟、高粱等"稷"类谷物，后世亦然④。杨升南认为，甲骨文黍
字作散穗形，有两个不同变种，从水的 🌾，是"禾属而黏者"，可酿酒，另一种不从
水的 🌾，当指不黏黍⑤。秬就是有黏性的黑黍，可以用来酿酒，《说文解字·鬯部》：
"秬，秠或从禾"，又"秠，黑黍也，一稃二米以酿也"⑥。以秬为原料酿制的酒，就
称为秬鬯，也可简称鬯，但鬯不一定是秬鬯。添加了郁草汁的秬鬯更加清香浓郁，被
称为郁鬯。秬鬯和郁鬯都是没有滤除酒滓的醴酒，这与方彝大口的特征是匹配的，而
盛清酒的酒器，器口就要小得多。

因此，我们认为，方彝是专门用于盛秬鬯和郁鬯的高级盛酒器。

# 二、方彝的使用场合

过去，学者认为方彝是祭器，但我们发现，方彝并非只用作祭器，也会用于宴
飨，并且在不同历史时期，方彝的主要使用场合似有不同。

## 1. 商代晚期

商代晚期共有112件方彝，有铭文的85件，但字数普遍较少，最长的戍铃方彝38
字，10字以上的也仅此1件，5字及以上的仅5件，其余79件均不足5字。

据戍铃方彝铭文，"用铸丁宗彝"，可知此器是戍铃为其父祖丁所作的宗庙祭
器。铭文中有器主祖父或父亲日名的还有8器，即亚離辛方彝、聑日父乙方彝、2件告
永方彝、母𤿩日辛方彝、𦊻父庚方彝、戾父乙方彝和旅祖辛父庚方彝，铭文由族名+
父（祖、母）日名构成，亚離辛方彝稍微特殊，族名前有官名亚，日名辛前没有父或
祖。这些方彝是陈设于宗庙中的供器，绝大多数为祭祀父祖所作，祭祀母亲的仅1例。

① （宋）洪兴祖撰，白化文等点校：《楚辞补注》，中华书局，1983年，第101页。
② 胡奇光、方环海：《尔雅译注》，上海古籍出版社，2012年，第281页。
③ 崔富章：《"秬秠"辨》，《杭州大学学报（哲学社会科学版）》1980年第4期，第126页。
④ 宋镇豪：《商代社会生活与礼俗》，中国社会科学出版社，2010年，第122页。
⑤ 杨升南：《商代经济史》，贵州人民出版社，1992年，第117页。
⑥ （汉）许慎撰，（宋）徐铉校定：《说文解字》，中华书局，1963年，第106页。

这一时期，明确为祭器的共有9件，占本期方彝总数的8%。

有的铭文为私名，如王后妇好，多子族的子蝠、子庑图，而王中女叔可能是王的女儿名叔。其余的方彝铭文内容基本上是族徽，当然，不能排除有些器物上的铭文是私名的可能性。此外，还有25件没有铭文和2件有伪铭的方彝。我们认为，这些方彝是供器主在宴飨场合使用的盛酒器。总的来看，在宴飨场合使用方彝的比重要远高于宗庙场合，实用器要多过祭器。

### 2. 西周早期

西周早期共有方彝18件，有铭文的15件，其中，义方彝、頠方彝、马天豕父丁方彝、甌方彝、彊方彝、齐生鲁方彝盖、令方彝和折方彝等8器，铭文中明确记载为父亲制作祭器，母康丁方彝是为母亲制作的祭器。2件荣子方彝、1件叔牝方彝自名宝尊彝，也应是祭器。

这一时期，方彝明确用作祭器的有12件，占本期方彝的66.7%，比例较商代晚期大大提高。

### 3. 西周中期

西周中期共有方彝17件，有铭文的16件，2件伯豐方彝、2件兒方彝、井叔方彝都言作旅彝，作宗宝方彝、应龛方彝、仲追父方彝铭文都言明是为宗庙作器，马方彝、师遽方彝、作册吴方彝盖、日己方彝、觌爾方彝和2件盉方彝等7器铭文言明为父祖作祭器。仅丐甫方彝铭文未直接表明用途，其余15件有铭文的方彝都是祭器，占本期方彝的88.2%，较西周早期继续升高。

### 4. 西周晚期至春秋早期

这一时期共有方彝30件，都没有铭文，体薄质轻，盖器浑铸，中空无底，内存范土，都是明器，用作贵族身份的标识。

通过分析可以看出，商代晚期，方彝更多是作为宴飨场合的实用器，作为祭器的比例不高。西周早期，作为祭器的比例大大提高。到了西周中期，方彝大多作为祭器，基本不再用于宴飨场合。西周晚期到春秋早期，方彝作为明器，专门用于随葬。

# 第五章　方彝的考古类型学分析

对方彝进行考古类型学分析，主要见于综合性论著，专文甚少。

有的论著重点关注某个遗址、某个时段或某一类的方彝，如岳洪彬、严志斌的研究对象都是出土于殷墟的方彝，王世民等研究的是西周时期的方彝，沈长云关注的是弧壁方彝，上述成果并不是针对全部方彝进行研究，也没有系统探讨方彝从出现到消亡的整个历史进程。

有的学者根据方彝的形制差别划分出不同型式，分析方彝在漫长演化过程中的形式变化，如容庚将方彝分为5类，陈梦家将方彝划分为3型，马承源把商代晚期方彝分为5式，西周早期方彝分为4式，或类、型下无式，或式上无型，并不是科学的类型学分析，对方彝发展脉络的把握自然也就不够准确。

林巳奈夫搜集了48件方彝，将当时所能见到的方彝网罗殆尽，根据形制划分为二型，即方箱型和方壶型，并归纳了演变特征。但林氏之后，又有众多方彝面世，还可补充完善不少新的方彝资料[①]。

朱凤瀚把方彝常见器形依照腹部形制特征，分为直腹和曲腹二型，为学界广泛接受，但也没有全面搜集方彝，资料不够全面，对发展脉络的梳理也稍显粗疏[②]。

李娟利收集出土和传世方彝160件，方彝数量最多，占有资料最为全面。她把方彝分为直壁和曲壁二型，演变脉络梳理清晰，并详细归纳了各阶段器形演变特征，不足之处在于误收了部分不是方彝的器物，实际收录方彝137件[③]。

纵观过往诸家已有的类型学研究成果，依据方彝腹部特征，分为直腹和曲腹二型，已是学界的主流观点，但这只是常见器形的划分，各型下面的亚型划分，以及各亚型的演变脉络，都还有待于进一步研究。

## 第一节　概　　说

宋代以来金石著作中著录的方彝，20世纪30年代以来考古发掘出土的方彝，国内

---

① 〔日〕林巳奈夫著，广濑熏雄、近藤晴香译，郭永秉润文：《殷周青铜器综览》（第一卷），上海古籍出版社，2017年，第231页。

② 朱凤瀚：《中国青铜器综论》（上），上海古籍出版社，2009年，第197～199页。

③ 李娟利：《商周方彝的整理与研究》，陕西师范大学硕士学位论文，2011年，第18～23页。

外博物馆收藏的方彝，现身于拍卖会场的方彝以及私人收藏的方彝，都是我们搜集的对象。经过辨伪存真、剔除重复，截至2022年底，我们共收集到方彝177件，其中，经科学发掘出土的方彝54件，传世方彝123件，此前从未著录过的方彝14件，为近年在国内外各大拍卖会上出现的新资料，其中，有2件方彝各有1字铭文，无铭文的12件。

在177件方彝中，有6件传世方彝，仅存铭文而无器影，有3件出土方彝，未公布图像资料，余168件方彝均有图像，其中，传世方彝117件，2件方彝仅存器盖、无器身，出土方彝51件，本书所进行的考古类型学分析正是依据这168件有图像的方彝。通过细致的型式分析，梳理出了方彝从出现至消亡的发展脉络，根据演变的阶段特征，划分出不同期别，进而推断出各期的年代，如此一来，各件方彝的年代也相应得以明确，从而为之后的相关研究奠定科学的年代学基础。

经过对所收集方彝的观察和分析，我们发现，方彝在发展进程中，时代差异主要体现在形制、装饰和铭文等方面。

从形制来看，方彝由盖、身和圈足三部分组成，器身又可以分为颈、腹两部分，器壁的形制差异最明显、最突出，我们将其作为分型的标准。方彝器身有直壁外侈（口大底小）、垂直壁、曲壁和直壁内倾（口小底大）等四种不同形制，我们将其分别命名为A型直壁外侈方彝、B型垂直壁方彝、C型曲壁方彝和D型直壁内倾方彝。曾有学者提出弧壁方彝、弧腹方彝的命名，这是不准确的，弧线是圆上任意两点间的部分，曲线是按一定条件运动的动点的轨迹，这类器物的器壁线条并不一定是弧线，而是一条曲线，因此，称为曲壁方彝显然更科学。

A型　直壁外侈方彝，口大底小，腹壁斜直内收，四壁与平底的夹角大于90°。按照通体是否有扉棱装饰的标准，可划分出有扉棱、有假扉棱以及无扉棱或短扉棱等三亚型，从装饰风格上看，三者之间也有明显区别，三亚型的发展脉络基本一致。盖的大小、器身四壁外侈角度、器身与通高的比值、圈足形制及四面缺口的形制、装饰变化、铭文字数等，是各亚型中式的划分标准。须指出的是，器盖盖面有弧鼓（弧盖）、斜直（直盖）之分，有学者将其作为式的判断标准，但实际情况比较复杂，二者有时并存，有时又以某种为主，并不是前后相继、此兴彼亡的简单替代关系，弧盖出现的早，直盖出现的略晚，二者在相当长一段时间中都是并存的，不宜作为式的判断标准。

B型　垂直壁方彝，口与底等大，四壁与平底夹角为90°。圈足四壁是否有缺口、圈足贴地处外撇还是有厚台、是否为明器、装饰风格等可以作为判断式的标准。

C型　曲壁方彝，器壁弧曲。实用器均有扉棱，部分明器没有扉棱，这是发展历程中出现的早晚差异，与A型直壁外侈方彝不同，有无扉棱不能作为曲壁方彝亚型的划分标准。根据器身两侧是否有耳，可划分出二亚型。器身高矮、圈足形制及四面是否有缺口、盖面装饰是否分层、器身装饰是否分颈腹两层、纹饰变化、有无扉棱装饰、铭文字形书体演变等，是各亚型中式的划分标准。

D型　直壁内倾方彝，口小底大，腹壁斜直内倾，腹壁与平底的夹角小于90°。都是明器，铸造粗糙，体轻，壁薄，质差，器盖合铸，中空无底，腹内有范土，或装饰简陋，或素面。装饰繁简、圈足下是否有四小足，是判断式的标准。

另有5件异型方彝，或器身上有双耳，或横截面为方形，不能直接划入上述四型，我们单独予以介绍。

# 第二节　直壁外侈方彝

A型直壁外侈方彝，有图像的共109件，其中，科学发掘出土的方彝20件，传世方彝89件。

整器呈高长方体状，分器盖、器身和圈足三部分，最大径在口沿处。四坡屋顶形盖，子口，可插入器身内，扣合严密，盖脊中部有纽，纽柱为长方体，纽帽亦为四坡屋顶形，帽上多无扉棱装饰，西周以后，纽帽四隅及脊部多饰扉棱。器身为倒四棱台状，横剖面为长方形，纵剖面为倒梯形，长方形母口，可纳器盖，器壁斜直内收成平底，器壁与平底的夹角大于90°。长方形圈足，四壁从直立到外撇，四面有缺口，西周早期，少量方彝圈足底部有厚台，缺口消失。

直壁外侈方彝可分为三亚型，就形制而言，差别不大，区别主要在于是否有扉棱装饰以及扉棱的形态、整体装饰特点。Aa型，通体四隅及中部装饰凸出器表的扉棱，通体饰繁缛纹饰；Ab型，器身四隅装饰假扉棱或素边，与器表基本平齐，通体饰繁缛纹饰；Ac型，局部装饰短扉棱或通体无扉棱，装饰风格素朴，仅盖缘、颈部、圈足等局部有纹饰。

# 一、Aa型

Aa型方彝共有76件，其中，科学发掘出土方彝15件，传世方彝61件。通体四隅及中部装饰凸出器表的扉棱，多见通体饰三层满花的繁缛纹饰,主纹多采用浅浮雕技法,以云雷纹衬底。依照扉棱形制、圈足形制及缺口大小、器身与通高的比值[1]、器身短壁与器底的夹角数值[2]等变化，我们将Aa型方彝划分为六式。

---

① 方彝器身由深变浅的演变特征，可以通过器身与通高的比值反映出来，但已公布的方彝资料普遍缺少器身数据，我们很难准确计算出每件方彝的器身与通高的比值。在实际研究过程中，对于缺少数据但有正视角度图像的方彝，我们采用了直接测量器身、通高，再计算比值的办法，客观来说，不可避免存在一定误差。

② 本数据反映出方彝器身四壁外侈程度。

Ⅰ式：共3件，其中，科学发掘出土无盖方彝1件，传世方彝2件。整器瘦高，器盖、圈足较矮，器身约占整器的一半。盖面弧鼓，器身四壁微外侈，圈足四壁直立，中间有近大括号形缺口，缺口长度约占圈足的三分之一。器腹与圈足分界不明显。扉棱规整、平齐且较矮，短边盖面中部的扉棱延伸与横脊相交。纹饰繁缛，通体满花，主纹与地纹区分不明显，盖面和器腹饰相同的兽面纹，颈部和圈足饰夔纹。3器均有铭文。

标本一，妇好方彝（M5：849）（图5-1），1976年安阳市殷墟妇好墓出土。通高14.6厘米，口径长13.1、宽12厘米，圈足高3.6厘米，重1.9千克。无盖，长方形直口，微外侈，平沿，器身斜直微内收，平底。长方形圈足，直壁，圈足四面有长方形弧顶缺口，近大括号状，通体四隅及器身中部饰凸出于器表的平齐矮扉棱。口沿下饰一周两两相对的夔纹，器腹饰下卷角兽面连身纹，角根粗壮，角尖饰夔首，臣形目，半球状小眼珠，阔口，身体和腿爪由细线云雷纹勾勒而成，圈足饰四组夔纹组成的兽面纹，以圈足四隅扉棱为对称轴，空白处均由云雷纹衬底。内底中部有2字铭文"妇好"。

图5-1　妇好方彝及铭文[①]

标本二，鄉宁方彝（图5-2），传河南省安阳市出土，原藏日本神户白鹤美术馆，现藏美国旧金山亚洲艺术博物馆。同铭文之器有3件，此器形制最为原始。通高22.8厘米。整器瘦高，四坡形屋顶子口盖，盖面弧鼓，盖脊中部有纽，纽帽为四坡屋顶形。器身长方形母口，可纳子口盖，口部略大于底部，器腹较深，器身与通高的比值约为0.5，器壁斜直微内收，平底。方圈足较直，四面有大括号形缺口。器盖四隅、中部、脊上共有九条扉棱，通体四隅、中部有八条规整、低矮、连续的扉棱，四隅扉棱延及圈足，器身中间的扉棱不延及圈足。通体满花，装饰繁缛。盖面饰曲折角兽面连身纹，卷角由外向内再向下卷曲，角根稍粗，虎耳，细眉，椭方目，内有长条形瞳孔，

① 中国社会科学院考古研究所：《殷墟妇好墓》，文物出版社，1980年，第52页，图三四之3；第73页，图四八之1。

鼻、嘴、躯体、腿爪等均由细线云雷纹组成。颈部和圈足四面各饰两只对首夔纹。器腹四面饰曲折角兽面连身纹，卷角近环形，角根与角尖相连，虎耳，细眉，椭方形目，上有长条形瞳孔，鼻、嘴、躯体、肢爪等均由细线云雷纹组成，通体空白处由云雷纹衬底。器盖同铭，有2字铭文"郷宁"。

图5-2　郷宁方彝及铭文[①]

　　Ⅱ式：共26件，其中，科学发掘出土方彝5件，传世方彝21件。器体瘦高，较Ⅰ式稍高大，有通高数据的22件，最矮的兽面纹方彝仅16.4厘米，最高的需方彝35.5厘米，20厘米以下3件，有2件均为19.7厘米，20～25厘米的12件，25～30厘米的6件，30厘米以上1件。器盖、圈足较矮，器身与通高的比值基本大于0.5，最高达0.55。纽稍高于盖脊，盖面弧鼓，深腹，器壁微外侈，平底。长方形圈足，四壁直立，四面中间有较宽的横长方形缺口，有少量竖长方形或拱形缺口。器腹与圈足分界不明显。扉棱较Ⅰ式高，上有阴线刻纹装饰，器身和圈足上的扉棱连续无缺口。通体纹饰繁缛，主纹多用浅浮雕，主纹上亦有阴线刻纹，多以云雷纹衬底，形成三层纹饰。颈、腹、圈足所饰纹饰之间各有一道素边，分界明显。盖面和器身常饰有廓兽面连身纹或有廓兽面纹，兽面嘴角多内卷，器身下部有加饰鸟纹的，颈部饰夔纹或鸟纹，圈足常饰夔纹，有少量饰象纹。18器有铭文，8器无铭文，铭文基本为一两个字，没有超过五个字的，多为族徽或日名。

　　标本一，亚启方彝（小屯M5：823）（图5-3），1976年安阳市殷墟妇好墓出土，现收藏于中国国家博物馆，出土时口部一侧有丝织品残痕。通高26、器高17.1厘米，口长15、宽12.2厘米，重5.25千克。整器瘦高，低盖，矮圈足，器身与通高的比值约为

　　① 器物图片引自美国旧金山亚洲艺术博物馆网站https://asianart.org/；中国社会科学院考古研究所：《殷周金文集成（修订增补版）》（第六册），中华书局，2007年，第5184页。

0.52。四坡屋顶形子口盖，盖脊中部有纽，纽帽为四坡屋顶形。器身为长方形母口，可纳子口盖，腹壁斜直内收，平底。长方形圈足，四面有横长方形缺口。盖脊有一道扉棱，通体四隅和器身中部有八条扉棱，扉棱上有阴线纹装饰，连续而规整。盖面饰下卷角兽面纹，角根较粗壮，由内向外再向下卷曲，面部轮廓清晰，虎耳，臣形目，圆眼珠，圆瞳孔，阔口。口沿下有一周两两相对的长尾小鸟纹，钩喙，圆睛。腹部饰兽面连身纹，兽面形制与盖面一致，唯躯体倒立接于兽面两侧。圈足四面各饰两只夔纹，夔首相对。颈腹之间、腹和圈足之间各有一道素边，口沿、圈足底部也有一道素边。口下长边一侧的内壁中部有铭文"亚启"2字。

图5-3　亚启方彝及铭文[①]

　　标本二，方彝（图5-4），原为拉菲·莫塔赫德收藏，后来藏于法国东坡斋，由丹尼尔·夏皮罗收藏。1978年11月，曾出现于美国纽约苏富比拍卖会。2021年3月，再度现身于纽约佳士得拍卖会。通高22.2厘米，整器瘦高，呈长方体状，低盖、高身、矮圈足，器身与通高的比值约为0.52。四坡屋顶形子口盖，盖脊中部有纽，较矮，略高于盖脊，纽帽为四坡屋顶形，器盖盖脊、四隅及中部共有九条扉棱，凸出于器表较高。器身长方形母口，斜直微外侈，平沿，四壁斜直内收成平底。长方形圈足较高，四面有横长方形缺口。器身、圈足四隅和中部有八条扉棱，规整、连续无缺口。纽帽上饰云纹兽面纹，盖面和腹部饰曲折角有廓兽面纹，长角卷成曲尺状，角根和角尖相接，兽面轮廓清晰，虎耳，细线眉，椭方睛，一字形瞳孔，宽鼻梁，阔口，嘴角内卷。颈部四面各饰两只对首鸟纹，钩喙，圆首，圆眼，垂尾。圈足四面各饰两只顾首夔纹，独角，顾首，张嘴，曲折身，下卷尾。通体以云雷纹衬底。扉棱上面有一、J形阴线刻纹装饰。盖缘、口沿、颈腹之间、器身与圈足交界、圈足底沿各有一道窄素边。盖、器同铭，各1字。

---

① 吴镇烽：《商周青铜器铭文暨图像集成》（24），上海古籍出版社，2012年，第358页。

图5-4　🐂方彝及铭文①

　　标本三，秝冉方彝（图5-5），1979年11月现身于英国伦敦苏富比拍卖行，现归某藏家所有。通高21.5厘米。四坡屋顶形子口盖，较高，盖脊中部有纽，纽帽为四坡屋顶形，盖面弧鼓。器身呈倒四棱台状，分颈、腹两部分，长方形母口大，平底小，四壁微外侈。长方形圈足，四面有拱形缺口。通体纹饰繁缛，主纹浮雕较浅。纽帽饰云纹兽面纹，盖面饰两只对首夔纹，有角，钩喙，椭方眼，卷尾。颈部饰两只夔纹，钩喙，椭方眼，直身，上卷尾。腹部饰夔纹角有廓兽面纹，面部轮廓清晰，兽角为折身夔纹，虎耳，钩喙，圆眼，细眉，臣形目，圆眼珠，宽鼻梁，阔口，嘴角内卷，面部两侧各有一个抽象夔纹。圈足饰两只对首夔纹，与颈部夔纹形制基本一致。通体以云雷纹衬底。盖脊有一条扉棱，通体四隅和中部有八条扉棱，连续而规整，上饰一、J字形阴线刻纹。盖沿、口沿、颈腹之间、器身与圈足交界和圈足底沿各有一道素边。器内底铸有铭文2字，"秝冉"。

　　Ⅲ式：共26件，其中，科学发掘出土方彝7件，传世方彝19件。按照盖面弧鼓或斜直，又分为Ⅲa和Ⅲb两式，Ⅲa式有13件，Ⅲb式有13件。整器较Ⅱ式略增高，有通高数据的25件，最低的亚弜方彝21厘米，最高的兽面纹方彝37厘米，6件在20～25厘米，16件在25～30厘米，3件超过30厘米。各部分比例发生明显变化，盖变大，圈足升高，器腹变浅，器身与通高的比值一般大于0.4而小于0.5，器身四壁较Ⅱ式更加外侈，短壁与平底的夹角约95°。颈腹之间、器身与圈足之间的扉棱断开有缺口。器腹与圈足分界明显。盖面和器腹常饰有廓兽面纹或有廓兽面连身纹，新出现分解兽面纹或分解兽面连身纹，并逐渐流行起来，颈部基本饰夔纹，少量饰鸟纹，圈足几乎全部饰夔纹，通体以云雷纹衬底。有铭文的20件，基本为一两字，没有超过三字的，多是族徽或日名。

———————————

① 吴镇烽：《商周青铜器铭文暨图像集成三编》（三），上海古籍出版社，2020年，第252页。

图5-5　秫冉方彝及铭文[①]

　　标本一，旅止冉方彝（95郭M26：35）（图5-6），为Ⅲa式，1995年河南省安阳市郭家庄东南M26出土，现藏于安阳市殷墟博物馆。通高25.4厘米，口长14.6、宽10.5厘米。四坡屋顶形高盖，子口，盖脊中部有四坡屋顶形帽纽，盖面弧鼓，有九条扉棱，四隅扉棱交于脊棱，中间扉棱较短，与脊棱不相交。器身呈倒四棱台状，口大底小，与通高的比值约为0.46，长方形母口，稍外侈，平沿，可纳子口盖，器壁斜直内收，平底，短壁与平底的夹角约为95°。高圈足，直壁，四面有长方形缺口。通体四隅、中间有八条扉棱，规整、平齐且凸出于器表较高，器身、圈足交界处断开有缺口。盖面饰下卷角有廓兽面纹，角根粗壮，角尖内卷，面部轮廓明显，虎耳，臣形目，圆睛，圆瞳孔，宽鼻，阔口，嘴角内卷。颈部四面各饰两只对首鸟纹，钩喙，圆眼，垂尾。腹部四面饰下卷角有廓兽面纹，形制同盖面。圈足四面各饰两只对首象纹，长鼻弯曲上扬，张口，臣形目。通体以云雷纹衬底。盖脊扉棱有镂空，呈齿状，其他扉棱上有一、T、L形阴线刻纹装饰。底部内壁有3字铭文，"旅止冉"。

　　标本二，子蝠方彝（图5-7），为Ⅲb式，原是潘祖荫藏品，现收藏于美国哈佛大学福格美术馆。通高29.7厘米，口长17.1、宽14.6厘米。整器略显宽侈，器身与通高的比值约0.43。四坡屋顶形高盖，子口，盖脊中部有纽，纽帽为四坡屋顶形，饰云纹兽面纹，盖面斜直，有九条饰一、T字形阴线刻纹的扉棱，四隅扉棱尾端呈尖状。器身呈倒四棱台状，颈、腹分界明显，口大底小，长方形母口，能与器盖紧密扣合，平底，四壁斜直外侈，短壁与平底的夹角约95°。长方形圈足，壁下端略外侈，四面有拱形缺口。盖面饰下卷角有廓兽面纹，角根粗壮，角尖卷曲，面部轮廓清晰，虎耳，细眉，椭圆目，长条形瞳孔，高鼻梁，阔口，嘴角外撇，嘴内有獠牙。颈部四面各饰两只对

　　① 吴镇烽：《商周青铜器铭文暨图像集成》（24），上海古籍出版社，2012年，第375页。

首夔纹，弯角，钩喙，椭圆目，卷尾。腹部饰下卷角有廓兽面纹，与盖面形制相同，面部侧下方各有一小夔纹。圈足四面饰夔纹，虎耳，张口，尾部相对。通体四隅和中间有八条扉棱，上饰一字形、T字形阴线刻纹，颈腹之间、器身与圈足之间的扉棱断开有缺口。盖沿、口沿、颈腹之间、器腹与圈足交界、圈足底缘各有一道素边。盖、器同铭，铸有"子蝠"2字。

图5-6　旅止冉方彝及铭文[1]

图5-7　子蝠方彝及铭文[2]

① 吴镇烽：《商周青铜器铭文暨图像集成》（24），上海古籍出版社，2012年，第386页。
② 吴镇烽：《商周青铜器铭文暨图像集成》（24），上海古籍出版社，2012年，第379页。

Ⅳ式：共18件，其中，科学发掘出土方彝2件，传世方彝16件，按照器腹扉棱上突齿数量是1个或2个，又区分为Ⅳa和Ⅳb二式，Ⅳa式15件，5件无盖，Ⅳb式仅3件，1件无盖。整器器形与Ⅲ式相近，但略低矮。6件无盖，1件无数据，有通高数据的11件，最低的母敕日辛方彝通高20厘米，最高的周召夫方彝一通高35.1厘米，5件在20～25厘米之间，4件在25～30厘米，2件超过30厘米。侈口明显，口部有平沿，盖缘和口缘素边较Ⅲ式稍宽，似嘴唇。器身与通高的比值小于0.5，盖面斜直，器壁外侈较Ⅲ式更甚，器身短壁与平底的夹角约98°。有的圈足小于器腹，腹足之间形成凹槽，圈足四壁较直，底边外撇，四面缺口更加规整，呈窄拱形。颈腹之间、腹与圈足之间的扉棱断开有缺口，盖上四隅扉棱尾端普遍为尖状，颈、腹部、圈足扉棱首端各有一个尖刺状凸起，少数腹部扉棱有两个凸起，呈F状。盖面纹饰开始分层，靠近盖脊处有一窄纹饰带，往往饰夔纹。盖面和器腹上流行分解兽面纹或分解兽面连身纹，有廓兽面纹变得少见，兽目为椭方形凸目，上有凹长条状瞳孔。颈部和圈足饰各种夔纹。18器有铭文，铭文最多的戍铃方彝38字，最少的仅1字。

标本一，爰方彝（M269：22）（图5-8），为Ⅳa式，1984年安阳市殷都区戚家庄东M269出土，现藏于河南博物院。通高24厘米，口长13.5、宽12厘米，底长12.5、宽10.5厘米，重2.9千克。四坡屋顶形高子口盖，盖脊中部有纽，纽帽为四坡屋顶形，盖面斜直。器身为倒四棱台状，口大底小，长方形母口，微外侈，可纳子口盖，平沿，腹壁斜直内收，平底。长方形圈足，腹足之间有一道凹槽，四壁直立，底边外撇，四面各有一窄拱形缺口。盖上有九条扉棱，器身、圈足四隅和中部有八条扉棱，颈腹之间、腹足之间扉棱断开有缺口，扉棱上均饰一或T字形阴线纹饰，颈部、腹部和圈足扉棱首端有尖刺状凸起。纽帽宽面饰阴线小兽面纹，窄面饰三角纹。盖和腹部饰有廓兽面连身纹，下卷角，椭方目，上有长条形瞳孔，宽鼻梁，阔口，嘴角内卷，面部两侧有上竖的身尾、腿爪。颈部和圈足各饰一周两两相对的卷尾夔纹。通体以云雷纹衬底。器体两窄面纹饰形态瘦长，两宽面的纹饰形态显得短肥。盖沿、口沿、颈腹交界、腹足交界、圈足底边各有一道素边。内底中部和盖内一侧宽面各铸一"爰"字，为阴文。

标本二，亚若癸方彝（图5-9），为Ⅳa式，原藏潘祖荫，后来归布伦戴奇，现藏于美国旧金山亚洲艺术博物馆。通高29.8厘米，口长17.8、宽15.6厘米。整器略呈长方体状，器身与通高的比值约为0.48。四坡屋顶形子口盖，盖面斜直，盖脊有方纽，纽帽为四坡屋顶形。器身为倒四棱台形，长方形母口，平沿，腹壁斜直内收，平底，器身短壁和平底的夹角约98°，器身与圈足间有一道凹槽。长方形圈足，四壁直立，底边外撇，四面有拱形缺口。盖上有九条扉棱，器身与圈足有八条扉棱，上有一、T字阴线刻纹，颈部、腹部扉棱首端有尖刺状凸起。盖面和圈足饰分解兽面连身纹，曲折角，细眉，宽鼻梁，虎耳，椭方目，上有长条形瞳孔，阔嘴，嘴角内卷，面部两侧有倒立的肢爪和简化躯体。颈部饰一周两两相对的夔纹，下卷角，椭圆凸目，折尾上卷。圈足饰一周虎耳夔纹，尾部相对。主体纹饰均为浅浮雕，上饰云雷纹，部分以云雷纹衬底。盖沿、口沿、颈腹之间、腹底边和圈足底边均有一道素边。器、盖同铭，各铸有9字铭文，"亚若癸乙自受丁旅沚"。

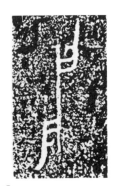

图5-8　爱方彝及铭文[①]

图5-9　亚若癸方彝及铭文[②]

标本三，王屮女叔方彝（图5-10），为Ⅳb式，原藏吴大澂，后归吴秀源，现藏故宫博物院。通高29.5厘米，口长18.6厘米，重4.65千克。四坡屋顶形高子口盖，盖面斜直，盖脊有方纽，纽帽为四坡屋顶形。器身为倒四棱台状，长方形母口，外侈，平沿，腹壁斜直内收，平底。长方形圈足，壁较直，底边外撇，四面有窄拱形缺口。

---

①　中国青铜器全集编辑委员会：《中国青铜器全集》（3），文物出版社，1997年，第67页。

②　图片引自美国旧金山亚洲艺术博物馆网站https://asianart.org/。

盖上有九条扉棱，四隅扉棱尾端为尖状，器身、圈足的四隅和中间有八条扉棱，均饰一字形阴线纹，颈部、圈足扉棱首端各有一个尖刺状凸起，腹部扉棱有两个尖刺状凸起，呈F形。通体纹饰为浅浮雕，无云雷纹衬底。纽帽饰阴线纹，盖面饰两周纹饰带，靠近盖脊处为两只对首夔纹，下面饰分解兽面纹，夔纹角、细眉、椭方目、阔口、嘴角内卷，腹部所饰分解兽面纹与盖面相同，兽面纹两侧各有一个倒立卷尾夔纹。颈部和圈足各饰一周两两相对的夔纹，但形制不同。盖沿、口沿、颈腹之间、腹足之间、圈足底边各有一道素边，无纹饰。器盖同铭，各有4字铭文，"王屮女叙"。

图5-10　王屮女叙方彝及铭文[①]

　　Ⅴ式：数量骤减，仅2件，都是传世器，均发现于宝鸡，地域风格特点十分鲜明。一器高49.1厘米，另一器高28.9厘米[②]。器形高大，高盖、高圈足，器身与通高的比值约为0.4左右。四坡屋顶形高子口盖，盖面斜直，盖脊中部有纽，纽较高，器盖四隅饰折角出戟，这种折角出戟又见于新干大洋洲商墓出土的双面神人头像（图5-11），二者之间或许存在交流关系。器身近长方体状，口外侈较甚，口内有宽平沿，腹壁不如Ⅳ式外侈，器身短壁与平底的夹角约95°，平底，器身两侧亦有出戟。长方形高圈足略小于器腹，上端直壁，贴地处外撇，四面有拱形缺口。盖和器身上饰E字形勾牙状扉棱，上饰一、T字形阴纹。新的装饰风格开始出现，盖面和器身饰多层纹饰带，直棱纹的出现，打破了兽面纹的一统局面。两器均无铭文。

---

　　① 吴镇烽：《商周青铜器铭文暨图像集成》（24），上海古籍出版社，2012年，第393页。
　　② 据刘安国《雍宝铜器小群图说长编》说明之图五六，此方彝通高28.9厘米，口径22.2厘米，但从照片上通高与口部的比例来看，数据可能存在问题。

　　四出戟方彝（图5-12），1928年宝鸡市斗鸡台（又称祀鸡台）出土，现藏美国哈佛大学赛克勒美术博物馆。通高49.1厘米，口径长25.5、宽21.6厘米。高盖，矮身，高圈足，器身与通高的比值约0.4。四坡屋顶形高子口盖，盖面斜直，盖脊有方柱，纽帽为四坡屋顶形。长方形母口外侈较甚，腹部两侧各伸出两鋬，勾尾状，下有珥，腹壁微斜直内收，平底，器身短壁与平底的夹角约95°。长方形高圈足，圈足小于器腹，腹足之间形成折棱，四壁上端较直，贴地处外撇，四面各有一个拱形缺口，长边中部略内凹。盖上饰九道勾牙扉棱，四隅扉棱上部又各伸出一道折角扉棱，器身和圈足饰八道扉棱，器身扉棱大致呈E形，首、中部和尾都有勾牙，圈足扉棱首、尾各有一个尖状凸起。盖面饰四周纹饰带，靠脊处饰两只对首夔纹，下为两只对首龙纹，下为直棱纹，再下为两只对首龙纹，盖缘有一道素边。器身装饰看不出颈、腹差别，饰四层纹饰带，口沿下有一宽素面带，下为两只对首夔纹，下为两只对首龙纹，下为直棱纹，再下为两只对首龙纹，最下为素面带。圈足饰一周两两相对的夔纹，上下有一周素面带。

图5-11　双面神人头像[①]　　　　　　图5-12　四出戟方彝[②]

　　Ⅵ式：仅1件传世方彝。整器比较瘦高，不如Ⅴ式高大，纽帽四隅使用扉棱装饰，盖面弧鼓，圈足四面缺口消失。

　　尹甽方彝（图5-13），现藏于香港某收藏家处。通高31.5、口宽15.7厘米。整器瘦高，高盖，高圈足，器身与通高的比值约0.41。高四坡屋顶形子口盖，盖脊有四坡屋顶形纽，纽帽上装饰扉棱，盖面弧鼓。长方形母口外侈较甚，方唇，腹壁斜直，微外侈，平底。高圈足，上端壁较直，贴地处外撇，四面无缺口。腹部略鼓，颈、腹之间和腹、圈足之间有凸棱。盖和器身饰勾牙状镂空扉棱，颈、腹扉棱有突齿。器盖各面饰两周纹饰带，下部为垂冠回首夔鸟纹，颈部和圈足每面饰两只对首小鸟纹，

———————————
　　① 中国青铜器编辑委员会：《中国青铜器全集》（4），文物出版社，1998年，第170页。
　　② 陈梦家：《美国所藏中国铜器集录》（下卷），金城出版社，2016年，第1514页。

器腹各面饰两只垂冠回首夔鸟纹，各部位边缘多有素边。盖、器内分别有2字铭文，"尹叀"。

演变规律如下。

从整体上看，器形渐趋高大（表5-1）。器盖由小变大，纽帽逐渐升高，Ⅰ、Ⅱ式盖面弧鼓，Ⅲ式盖面弧鼓和斜直并存，Ⅳ、Ⅴ式盖面斜直，Ⅵ式盖面弧鼓。口部从斜直口发展到侈口，口内逐渐出现平沿。器腹由深变浅，器身占通高的比例逐渐变小。四壁越来越外侈，与平底的夹角在Ⅳ式达到顶峰，后又开始内收。圈足逐渐升高，四面缺口由大变小，从大括号形到横长方形，再到窄拱形，到Ⅵ式时，缺口消失。Ⅳ式时，圈足开始小于器腹，使得腹足之间出现折棱。Ⅰ、Ⅱ式，曲腹与圈足分界不明显，Ⅲ式以后，腹足分界明显。

扉棱由矮到高，Ⅰ、Ⅱ式扉棱较矮、连续、规整、平齐；Ⅲ式时，颈腹之间、腹足之间的扉棱断开有缺口；Ⅳ式时，颈、腹部和圈足扉棱出现凸齿；Ⅴ式时，出现勾牙状扉棱；Ⅵ式，纽帽上已有扉棱装饰。纹饰繁缛，通体满花，以云雷纹衬底，以兽面纹、夔纹最为常见，Ⅰ、Ⅱ式时，流行有廓兽面纹或有廓兽面连身纹，Ⅲ式时，分解兽面纹和分解兽面连身纹出现，并逐渐流行起来。此外，还有鸟纹、象纹、直棱纹等。Ⅳ式时，盖面开始出现一窄一宽两层纹饰带，口沿下的素边越来越宽。

图5-13 尹叀方彝及铭文[①]

---

① 吴镇烽：《商周青铜器铭文暨图像集成续编》（三），上海古籍出版社，2016年，第191页。

表5-1　Aa型方彝通高一览表[①]

| 分式 | <20/厘米 | 20~25/厘米 | 25~30/厘米 | 30~40/厘米 | >40/厘米 | 合计/件 |
|---|---|---|---|---|---|---|
| Ⅰ式 | | 1 | | | | 1 |
| Ⅱ式 | 3 | 12 | 6 | 1 | | 22 |
| Ⅲ式 | | 6 | 16 | 3 | | 25 |
| Ⅳ式 | | 5 | 4 | 2 | | 11 |
| Ⅴ式 | | | 1 | | 1 | 2 |
| Ⅵ式 | | | | 1 | | 1 |

# 二、Ab型

Ab型方彝共有21件，其中，科学发掘出土方彝2件，传世方彝19件，3器无盖。盖脊、通体四隅有类似于Aa型扉棱的装饰，或饰阴线纹，或素边，不凸出于器表，本书称之为假扉棱，整器形制与Aa型并无二致。器物多较低矮，整体较Aa型矮小，最高的仅26.5厘米，多数低于20厘米。四坡屋顶形子口盖，盖脊中部有纽，纽帽为四坡屋顶形，盖面弧鼓，偶见斜直。器身为倒四棱台状，口大底小，长方形母口外侈，可纳子口盖，腹壁斜直内收，平底，偶见圜底。长方形圈足，直壁，四面有缺口。颈腹之间、腹足之间分界不明显。装饰繁缛精美，通体三层满花纹饰，主纹为浅浮雕，其上有阴线纹，地纹为云雷纹。有铭文的13件，均为族徽文字，无铭文的8件。

依照器盖的大小、器身与通高的比值、器身短壁与平底的夹角、圈足高低和圈足四面缺口形状等，可划分为四式。

Ⅰ式：共2件，科学发掘出土1件，传世1件。高的16.1厘米，低的10.1厘米。均无盖，长方形圈足，较矮，直壁，四面有梯形大缺口。通体满花，云雷纹衬底，颈部和圈足饰夔纹，腹部饰有廓兽面纹。均无铭文。

兽面纹方彝（图5-14），原藏美国纽约杜克氏。通高10.1厘米，口长10.8、宽7.6厘米。整器呈长方体状，无盖，倒四棱台状器身，口大底小。长方形口，微侈，方唇，斜直腹内收，平底。长方形圈足，较矮，直壁，四面有梯形大缺口。口沿和通体四隅光洁无纹，形成一道素边。器身中部有矮扉棱，作兽面鼻梁。装饰繁缛，主纹由细线云雷纹组成，颈、腹纹饰分界明显，以云雷纹填地。颈部饰由两只夔纹组成的兽面纹，T形角，方目，宽鼻，直体，卷尾。腹部饰上卷角兽面连身纹，方目，宽鼻梁，阔口，肢体上竖，腿爪伸向嘴边，下腹一道宽素边。圈足四面各饰两只对尾夔纹。无铭文。

Ⅱ式：共15件，1件为科学发掘出土方彝，另14件为传世方彝。器普遍较小，1器

---

① 本表只统计有通高数据的，无盖的不在统计范围之内。

无盖，有通高数据的11件，最高的兽面纹方彝26.5厘米，最低的兽面纹方彝18厘米，6件在18～20厘米，4件在20～25厘米，仅1件超过25厘米。整器略呈高长方体状，器身与通高的比值约为0.5。器盖较小，盖面弧鼓，圈足直壁，四面有长方形或拱形缺口。装饰精美繁缛，主纹为浅浮雕，其上有阴线纹，云雷纹作地纹，盖面和器腹常饰有廓兽面纹，颈部饰夔纹或鸟纹，圈足基本饰夔纹。10件有铭文，5件无铭文。

标本一，马子方彝（M42：2）（图5-15），1995年安阳市殷墟花园庄东地M42出土。高14厘米，口长11.9、宽9.6厘米，壁厚0.3厘米，重1.36千克。无盖，器身为倒四棱台状，口大底小，长方形口，方唇，平沿，颈腹之间分界不明显，斜直壁，圜底。长方形圈足，腹足之间分界不明显，直壁，四面正中下方各有一长方形缺口。通体四隅饰阴纹带，似扉棱。整器三层满花，纹饰精美繁缛，主纹由浮雕和细线云纹组成，云雷纹衬底。颈部饰一周两两相对的夔纹，钩喙，圆眼，上卷尾。器腹饰兽面纹，上卷角，椭方目，长条形瞳孔，扉棱为鼻，阔口。圈足四面各饰两只对尾夔纹。颈腹之间、腹足之间各有一道素边。器身中部各有一道扉棱。器内底有2字铭文，"马子"。

图5-14　兽面纹方彝[1]　　　　　　　　　图5-15　马子方彝及铭文[2]

标本二，冉方彝（图5-16），原藏中国文物信息咨询中心，2014年，国家文物局拨交中国国家博物馆。通高19.7厘米，口长10.8、宽7.5厘米，腹深9.9厘米。整器略呈长方体状，器身与通高的比值约0.5，颈腹之间、腹足之间分界不甚明显。四坡屋顶形低盖，子口，盖面弧鼓，盖脊中部有矮纽，纽帽为四坡屋顶形。器身为倒四棱台状，长方形母口，斜直微外侈，方唇，四壁斜直内收，平底。长方形圈足，直壁，四面有长方形缺口。通体四隅有假扉棱，上有T字形、一字形阴纹。整器三层满花纹饰，精美繁缛，主纹为浅浮雕，上有阴纹，以云雷纹衬底。纽帽饰云纹，盖面和器身饰有廓兽面纹，卷尾夔纹角，虎耳，细眉，圆眼，宽鼻梁，卷云纹鼻孔，阔口，嘴角内卷。颈

①　陈梦家：《美国所藏中国铜器集录》（下卷），金城出版社，2016年，第1488页。

②　吴镇烽：《商周青铜器铭文暨图像集成》（24），上海古籍出版社，2012年，第373页。

部饰一周两两相对的夔纹，虎耳，臣形目，张嘴，弓身，上卷尾。圈足饰一周两两相对的夔纹，虎耳，圆眼，勾喙，直身，上卷尾。颈腹之间、腹足之间各有一道素边，盖缘、口沿和圈足底缘各有一道稍宽的素边。器、盖同铭，各有1字铭文，"冉"。

图5-16　冉方彝及铭文[1]

　　Ⅲ式：共3件，均为传世方彝。器物不大，最高的22.2厘米，最低的17.5厘米。器盖较Ⅱ式明显增大，盖面弧鼓。器腹变浅，器身与通高的比值小于0.5，四壁更加外侈，器身短壁与平底的夹角约95°。圈足升高，四面有拱形缺口。通体四隅饰假扉棱，上有一字形、T字形阴纹。整器饰三层满花，盖面和器腹饰有廓兽面纹，颈部饰弓身夔纹，圈足饰夔纹，风格与Ⅱ式一致。2器有铭文。

　　目方彝（图5-17），现藏美国华盛顿弗利尔美术馆。通高19.3厘米。整器略呈长方体状，器身与通高的比值约为0.47。四坡屋顶形高子口盖，盖面弧鼓，盖脊有纽，纽帽为硬山屋顶形。器身呈倒四棱台状，长方形母口，方唇，外侈，斜直壁内收，平底，器腹短壁与平底的夹角约95°。长方形高圈足，直壁，四面有拱形缺口。盖脊和通体四隅有假扉棱，上有T字形、一字形阴纹。通体三层满花纹饰，精美繁缛，主纹为浅浮雕，上有阴纹，云雷纹衬底。纽帽饰三角纹、圆圈纹，盖面和器身饰有廓兽面纹，下卷角，两耳，细眉，臣形目，圆睛，宽鼻梁，阔嘴，嘴角内卷，窄边兽面口内有獠牙。颈部饰一周两两相对的夔龙纹，瓶形角，臣形目，圆睛，张嘴，弓身，上卷尾。圈足饰一周尾部相对的夔纹，虎耳，张嘴，直身。盖缘、口沿和圈足底缘各有一道素边，颈、腹之间和器身、圈足之间有一道凹槽。内底铸1字铭文，"目"。

---

① 吴镇烽：《商周青铜器铭文暨图像集成》（24），上海古籍出版社，2012年，第344页。

图5-17　目方彝<sup>①</sup>

Ⅳ式：仅1件传世方彝。

叔方彝（图5-18），原藏清宫，现藏台北"故宫博物院"。器形常见，装饰风格比较独特。通高18.5厘米，口长10.5、宽8.1厘米，腹深10.9厘米，重1.415千克。整器矮小，近长方体状，器身与通高的比值约0.45。四坡屋顶形高盖，子口，盖面斜直，盖脊有纽，纽帽为四坡屋顶形。器身呈倒四棱台状，长方形母口，方唇，外侈，斜直壁内收，平底。高圈足，直壁，四面有拱形缺口。盖脊和通体四隅有假扉棱，上有T字形阴纹。装饰比较简单，以几何纹为主。纽帽饰圆圈纹和勾云纹，盖面前后饰梯形弦纹，围以一周连珠纹，侧面饰两道三角弦纹，中间夹有连珠纹。器身和圈足饰两道连珠纹带，中间夹有一道凸弦纹。盖缘、口沿和圈足底缘各有一道宽素边，较宽。器、盖同铭，各1字，"叔"。

---

① 吴镇烽：《商周青铜器铭文暨图像集成》（24），上海古籍出版社，2012年，第332页。

图5-18　叔方彝及铭文[1]

演变规律如下。

甫一出现，可能无盖，后来才加盖，Ⅰ式均无盖，Ⅱ式也有无盖的。器盖由小变大，盖面基本弧鼓，盖面斜直的仅Ⅳ式有1器，纽帽逐渐升高。器腹逐渐变浅，圈足逐渐升高，器身与通高的比值逐渐变小。器壁越来越外侈，器身短壁与平底的夹角越来越大，Ⅲ式达到95°。

装饰风格变化不大。Ⅰ式，主纹与地纹基本平齐，不易区分。Ⅱ式以后，主纹采用浮雕技法，高出器表。

## 三、Ac型

Ac型方彝共有12件，其中，科学发掘出土方彝3件，传世方彝9件。1件无盖，3件无数据，其余有通高数据的有8件，最高的𠂤何方彝29.5厘米，最低的夆旅方彝19.2厘米，其余6件都在20～25厘米，整体较Aa型矮小。形制与Aa型、Ab型一致，但装饰比较简朴，无扉棱，个别在颈部、圈足有短扉棱，仅在纽帽、盖缘、颈部和圈足装饰简单纹饰，以弦纹、鸟纹、夔纹、云雷纹最为常见，部分器物颈部有浮雕兽首。9器有铭文，多为二三字的族徽文字。

---

[1]　陈芳妹：《故宫商代青铜礼器图录》，台北故宫博物院，1998年，第424页。

Ⅰ式：共4件，均为传世方彝。2件有通高数据，1件高29.5厘米，1件高23.3厘米。盖稍低，器腹较深，圈足不高，器身占通高的比值约为0.5，腹足之间分界不甚明显，圈足四面有长方形缺口，较大。装饰简朴，仅在盖面和器身上、下两端装饰数道弦纹，个别还有浮雕兽首。3件有铭文。

车方彝（图5-19），现藏故宫博物院。四坡屋顶形子口盖，较小，盖脊有纽，较低矮，纽帽亦为四坡屋顶形，盖面弧鼓。倒四棱台状器身，长方形母口，外侈，器壁斜直内收，平底。长方形圈足，四面有长方形大缺口。颈腹之间、腹足之间没有明显分界。装饰简单，盖面装饰两道弦纹，器身上端、下端各饰两道弦纹。

图5-19　车方彝及铭文[①]

Ⅱ式：共4件，3件传世方彝，1件科学发掘出土方彝。有通高数据的3器，差别不大，最高的23厘米，最低的19.2厘米。器盖较Ⅰ式明显增大，盖面弧鼓。器腹变浅，器身与通高的比值小于0.5，四壁外侈，器身短壁与平底的夹角约95°。长方形圈足，直壁，四面有拱形缺口。装饰简单，有的为素面，有的仅在盖缘、颈部和圈足饰鸟纹、夔纹或兽面纹等。有铭文的3件。

奎旅方彝（图5-20），现藏瑞士玫茵堂。通高19.2厘米，比较矮小，四坡屋顶形高子口盖，盖脊有纽，纽帽为四坡屋顶形，盖面微弧。器身为倒四棱台状，长方形母口外侈，器壁斜直内收，平底。长方形高圈足，直壁，四面有拱形缺口。盖缘饰一周云雷纹带，上、下界以连珠纹带。器口沿下饰一周细线云纹组成的兽面纹带，以短扉棱为鼻梁，上下界以连珠纹带。圈足四面各饰两只对尾夔纹，以云雷纹衬底。器内底铸2字铭文，"奎旅"。

① 吴镇烽：《商周青铜器铭文暨图像集成》（24），上海古籍出版社，2012年，第339页。

图5-20　牵旅方彝及铭文①

Ⅲ式：共4件，传世方彝2件，科学发掘出土方彝2件，1器无盖，另3器有通高数据，均在21～23厘米。按照盖面微弧或斜直，又分为Ⅲa和Ⅲb二式。整器略显宽侈，器身与通高的比值略大于0.4而小于0.5。口部外侈明显，腹壁更加外侈，器身短壁与平底的夹角约为95°。长方形圈足，小于腹部，圈足壁外撇，腹足之间有折棱，分界明显，圈足四面有狭拱形缺口。装饰简单，有的为素面，有的仅在盖面、颈部和圈足装饰弦纹或夔纹。有铭文的3件。

标本一，子✗芦方彝（图5-21），为Ⅲa式，原为明义士收藏，现藏加拿大多伦多市皇家安大略博物馆。通高21.5厘米，口径11.2、宽9.9厘米。整器略呈长方体状，器身与通高的比值约0.47。四坡屋顶形高子口盖，盖面弧鼓，盖身扣合严密。倒四棱台状器身，长方形母口，腹壁斜直内收，平底。长方形圈足，小于器腹，圈足与腹部之间有折棱，四面有拱形缺口。整器为素面。内壁有3字铭文，"子✗芦"。

标本二，戾父乙方彝（图5-22），为Ⅲb式，现藏美国圣路易市美术博物馆。通高21.3厘米。整器略显宽侈，高盖、矮身、高圈足，器身与通高的比值约为0.41。四坡屋顶形高子口盖，盖脊有纽，纽帽为四坡屋顶形，盖面斜直。器身为倒四棱台状，口大底小，口部外侈明显，器腹较浅，长方形母口外侈较甚，腹壁较直，微外侈，平底，器身短壁与平底的夹角约95°。长方形圈足，直壁，下端微外撇，四面有狭拱形缺口。盖缘、器身上部和圈足四隅、中部有短扉棱。纽帽饰云纹，盖缘、颈部和圈足各饰一周两两相对的细线云纹组成的夔纹。盖、器各3字铭文，"戾父乙"。

①　吴镇烽：《商周青铜器铭文暨图像集成三编》（三），上海古籍出版社，2020年，第254页。

图5-21　子✖ 䍌方彝及铭文①

图5-22　戻父乙方彝及铭文②

演变规律如下。

早期，盖面弧鼓，后来，盖面弧鼓和斜直均有。器盖逐渐增大，圈足升高，器腹变浅，器身与通高的比值逐渐变小。器壁更加外侈，器身短壁与平底的夹角逐渐增大。Ⅰ、Ⅱ式，器身长方形母口斜直，器腹与圈足间分界不明显；Ⅲ式，口部外侈明显，口部与腹壁不在同一直线上，圈足小于器腹，腹与圈足间有折棱，腹足分界明显。圈足四面的缺口从大长方形发展到拱形、再到狭拱形。Ⅰ、Ⅱ式，器腹与圈足分界不明显；Ⅲ式，腹足分界较为明显。

① 吴镇烽：《商周青铜器铭文暨图像集成续编》（三），上海古籍出版社，2016年，第194页。
② 吴镇烽：《商周青铜器铭文暨图像集成》（24），上海古籍出版社，2012年，第389页。

# 第三节　垂直壁方彝

B型垂直壁方彝共有13件，其中，科学发掘出土方彝10件，传世方彝3件。包括实用器和明器两大类，实用器仅3件，明器有10件。

有通高数据的凡12件，最高的户方彝达63.7厘米，最低的明器素面方彝仅9.3厘米，30厘米以上的2件，20～25厘米的1件，不足20厘米的9件。实用器高大挺拔，分为盖、器身和圈足三部分。四坡屋顶形或庑殿顶形高盖，子口，盖顶有纽，纽帽亦为四坡屋顶形，盖面斜直。器身为长方体状，长方形母口，外侈较甚，方唇，口沿内有平沿，颈腹不分，四壁直立，器壁与平底的夹角为90°。长方形圈足，小于器腹，腹与圈足折棱明显，腹足分界明显，圈足四壁外撇，贴地处有厚台，四面缺口从有到无。盖脊和通体四隅、器身中部有扉棱，器身扉棱有突齿。通体满花，装饰繁缛，纽帽、盖面下端和器腹装饰相同纹饰。明器方彝与实用方彝形制基本一致，但低矮、体薄、质差，部分器物无底，腹内有范土。有铭文的有3器。

Ⅰ式：仅1件科学发掘出土方彝。

户方彝（石鼓山M3：24）（图5-23），2012年6月，宝鸡市渭滨区石鼓镇石嘴头村石鼓山M3出土，现藏于宝鸡青铜器博物院。通高63.7厘米，口长35.4、宽23.5厘米，圈足长24.5、宽21.5厘米，重35.55千克，目前，该器是已见方彝中体量最大的一件。高盖，器腹较浅，高圈足，器身与通高的比值约为0.4。四坡屋顶形子口盖，盖面斜直，盖脊有方柱纽，纽帽为硬山屋顶形。器身近长方体状，长方形母口，内有宽平沿，外侈明显，方唇，口沿弧收成直颈，四面正中各伸出一圆柱，接圆雕兽首，饰目纹掌形角一对。颈腹分界不明显，直腹，平底，器身四壁与平底的夹角为90°。长方形高圈足，小于腹部，下腹与圈足间形成折棱，直壁，贴地处外撇，四面有窄拱形缺口。盖脊、通体四隅和中部饰九条扉棱，中部扉棱上端有两个尖状凸起，呈F形，四隅扉棱中上部伸出略呈9字形的折角扉棱。器身和圈足四隅、中部饰八条扉棱，颈部扉棱首端有尖状凸起，腹部扉棱上端有两个尖状凸起，呈F状，圈足扉棱尾端有尖状凸起。扉棱上饰阴线纹。通体纹饰繁缛，为三层满花，主纹为浮雕，以云雷纹衬底。纽帽前后饰兽面纹，两侧饰变体三角夔纹。盖面有两周纹饰带，近脊处饰两只对首夔纹，下端饰分解兽面纹，两侧盖面饰分解兽面纹，盖缘为素边。口沿下有一道宽素面带，较商代晚期明显更宽。颈部四面各饰两只对首夔纹。腹部饰分解兽面纹，与盖面形象一致，双层高眉，虎耳，椭方目，长条状瞳孔，扉棱作高鼻梁，阔口，口内有獠牙，腹部下沿有一道素边。圈足饰一周两两相对的夔纹，上下各有一道素边。盖顶、器底各有一字铭文，"户"。

图5-23　户方彝①

II式：仅1件传世方彝，即麦方彝（图5-24），清宫旧藏，现在下落不明。通高约23.7厘米，口长16.7、宽13.1厘米。四坡屋顶形高子口盖，盖脊有纽，纽帽为四坡屋顶形，盖面斜直。器身为长方体状，长方形母口，方唇，外侈，口部弧收，器身直壁，平底，器壁与平底的夹角约90°。长方形高圈足，小于腹部，器腹与圈足间有折棱，四壁微外撇，圈足壁上的缺口消失，贴地处有厚台。纽帽帽脊和四隅、中部都有扉棱，盖上共饰九道扉棱，器身和圈足饰八道扉棱，颈部扉棱首部有尖状凸起，腹部扉棱上端有两个突起，呈F状，圈足扉棱尾部有尖状突起。通体纹饰繁缛，主纹为浅浮雕，以云雷纹衬底。纽帽饰兽面纹，盖面靠脊处饰两两相对的夔纹，下接倒立的分解兽面纹，夔形角，虎耳，细眉，椭方目，长条形瞳孔，阔口，口内有獠牙。盖缘、口沿下有一周素边，颈部饰一周两两相对的蛇纹，腹部饰分解兽面纹，形象与盖面基本一致，无腿爪，面部两侧有倒立夔纹，圈足饰一周两两相对的蛇纹。器盖同铭，各有37字铭文，重文2，"才八月乙亥，辟井侯光厥正事，献于麦宫，锡金，用作障彝，用遁井侯出入扬令，孙孙子子其永宝"。

III式：仅1件出土方彝。

日己方彝（图5-25），1963年1月，陕西省扶风县齐家村东部西周青铜器窖藏出土。通高38.5厘米，口长20、宽17厘米，腹深16.5厘米，重12.77千克，容量4.4升。整器为高长方体，器身与通高的比值为0.42。庑殿顶形高盖，子口，平顶上有纽，方柱，比较粗壮，纽帽为四坡屋顶形，盖面微弧近斜直，折缘，有一段直壁。器身呈长方体状，看不出颈、腹之分，与II式有别。长方形母直口，可纳器盖，器壁直立，平底。长方形高圈足，略小于器腹，腹足之间有折棱，四壁外撇，贴地有厚台。纽帽饰五道扉棱，盖、器身和圈足四隅饰四道扉棱，盖面、器身扉棱首、尾和中部有勾牙凸起，大致呈E形，中部勾牙似r形分岔。通体满花，浅浮雕纹饰精美，无云雷纹衬底。纽帽

① 石鼓山考古队：《陕西宝鸡石鼓山西周墓葬发掘简报》，《文物》2013年第2期，彩版。

饰上卷角有廓兽面纹，盖面饰变形夔纹，盖缘饰一周分尾鸟纹，每面四只，口沿下有一道素边，器身饰上卷角有廓兽面纹，上卷角粗大，占据整个兽面的一半面积，两条夔龙半围绕卷角，宽鼻梁，卷云纹鼻孔，细长眉，椭方目，长条状瞳孔，阔口，嘴角内卷，嘴角处向外伸出两细线，尾端为圆乳钉。圈足饰一周分尾鸟纹，两两相对。器盖同铭，有3行20字铭文，曰"作文考日己宝障宗彝，其子子孙孙万年永宝用，天"。

图5-24　麦方彝及铭文<sup></sup>[①]

图5-25　日己方彝及铭文[②]

---

① （清）梁诗正等：《西清古鉴》卷十三，迈宋书馆，光绪十四年，第10页；中国社会科学院考古研究所：《殷周金文集成（修订增本）》（第六册），中华书局，2007年，第5200页。

② 中国青铜器全集编辑委员会：《中国青铜器全集》（5），文物出版社，1996年，第128页。

Ⅳ式：共4件，均为明器，科学发掘出土方彝3件，传世方彝1件。与实用方彝形制基本一致，体小，有通高数据的3件，均在12～17厘米。质差，铸造较粗糙。四坡屋顶形盖，盖、器连铸，无底，内有范土。装饰简朴。重量轻。4器均无铭文。

龙纹方彝（M2012：8）（图5-26），三门峡虢国墓地M2012出土。通高12.5厘米，底长9.2、宽8.8厘米，重1.05千克。整器长方体状，器、盖浑铸，低盖，矮身，高圈足。四坡屋顶形盖，盖面斜直，饰九道扉棱。器身直壁，平底，饰八道扉棱。方圈足直壁，贴地有高台，四隅有扉棱。盖面饰云纹，腹上部饰曲体龙纹，圈足饰S形卷云纹。

Ⅴ式：共6件，均为明器，科学发掘出土方彝5件，传世方彝1件。器形矮小，有通高数据的6件，均在9～18厘米。整器浑铸，无底，内有范土。形制略有差异，四坡屋顶形盖，有的盖上有方纽。直壁，器壁与平底的夹角为90°。有的有圈足，有的无圈足。无扉棱装饰，基本素面，无纹饰。各器都无铭文。

素面方彝（M8：34）（图5-27），1989年，平顶山市应国墓地M8出土。通高18厘米，是本式中最高的1件，口径长11.6、宽9厘米。四坡屋顶形盖，盖、身连铸，器身呈长方体状，小于器盖，腹壁垂直，无底。长方形圈足，小于器腹，四壁略外撇。器身无扉棱，也无纹饰。无铭文。

图5-26　龙纹方彝[①]

图5-27　素面方彝[②]

演变规律如下。

从实用器发展到明器，实用器高大挺拔、铸造精美，明器体小、质差、工粗，盖器浑铸，无底中空，内存范土。整器从瘦高往矮胖发展。Ⅰ式、Ⅱ式，口沿下有一道

① 河南省文物考古研究所、三门峡市文物工作队：《三门峡虢国墓》（第一卷·下），文物出版社，1999年，图版九七之1。

② 河南省文物考古研究所、平顶山市文物管理局：《河南平顶山应国墓地八号墓发掘简报》，《华夏考古》2007年第1期，彩版八之2。

宽素边，外侈明显；Ⅲ式以后，直口。Ⅰ式、Ⅱ式，颈、腹还可以区分；Ⅲ式，颈、腹不易区分。Ⅰ式，圈足上有狭拱形缺口，圈足壁上端微外撇，贴地处外撇较甚；Ⅱ式以后，圈足壁上端微外撇，贴地处有厚台；Ⅴ式，圈足外撇，厚台消失。

装饰从繁缛到简单，Ⅰ式、Ⅱ式，盖面上有两周纹饰带，靠盖脊的纹饰带窄，下部纹饰带宽；器身上有两周纹饰带，分别装饰在颈、腹部，颈部纹饰带窄，腹部纹饰带宽。Ⅲ式以后，盖面和器身上分别只有一周纹饰带。Ⅲ式开始，不再以云雷纹衬底。Ⅱ式，纽帽上已出现扉棱装饰。

实用器都有铭文，明器均无铭文。

## 第四节　曲壁方彝

C型曲壁方彝共有32件，科学发掘出土12件，传世20件，其中7件为明器。2件仅存器盖，6件无盖，3件无体量数据，其余有通高数据的21件，最高的义方彝49厘米，最低的明器素面方彝仅14厘米，不足20厘米的6件，20～30厘米的8件，30～40厘米的5件，40厘米以上的2件。

整器可分为盖、身和圈足三部分，高盖，器腹较浅，圈足较高，器身与通高的比值一般小于0.4。四坡屋顶形高盖，子口或平口，盖脊有纽，纽帽为四坡屋顶形，盖面弧鼓，少数方彝盖沿一侧有两个缺口，用来置斗。器口为长方形，外侈，方唇，口内有平沿，口部弧内收，束颈，腹部弧鼓，平底或圜底。从长边来看，口径与腹径近似等大，或口径稍大于腹径，从短边来看，腹径要大于口径。长方形圈足，小于器腹，腹与圈足间有折棱，四壁微外撇，贴地处有厚台。纽帽上饰扉棱，盖脊和通体四隅、中部饰九条勾牙状或凸齿扉棱。装饰繁缛，通体三层满花器常见，明器素面或有简单装饰。纽帽常饰兽面纹，盖面下部和器腹常饰有廓兽面纹或有廓兽面连身纹，盖面上端、颈部和圈足常饰鸟纹或夔纹等。

7件明器均无铭文，另有1件实用器无铭文，有铭文的24器，百字以上的就有3器，最长的令方彝187字。

依照器身两侧是否有曲而上扬的象鼻形耳，曲壁方彝可分为Ca和Cb二亚型。

## 一、Ca型

Ca型方彝共有25件，传世方彝19件，有2件仅存器盖，但从器盖的形制和装饰可以推断出整器也应为Ca型，科学发掘出土方彝6件，其中明器4件。2件无通高数据，5件无盖，2件仅存器盖，其余16件有通高数据，2件不足20厘米，均为明器，20～30厘米的7件，30～40厘米的5件，40～50厘米的2件。四坡屋顶形子口或平口盖，纽帽殊为硕大醒目，盖脊扉棱两端出头，超出盖身。器身长方形大口，鼓腹，长方形圈足，贴地处有厚台，早期个别器物圈足有缺口。20件有铭文，百字以上的1件。

Ⅰ式：共2件，1件为传世，1件为盗掘出土。口沿外侈，颈较直，接鼓腹。

标本一，母康丁方彝（图5-28），整器呈长方体状，无盖，高13.14厘米，器身长方形口，长14、宽12厘米，外侈，方唇。口沿弧收，颈部较直，圆鼓腹，颈腹之间区分较明显。高圈足，略小于腹部，上端稍直，贴地处微外撇，四壁各有一个拱形缺口。通体四隅和中部各饰一道扉棱，首端或中部有刺状凸起，上有阴纹，腹部扉棱呈F形。口沿下一道宽素边，颈部和圈足饰一周夔龙纹，以四隅扉棱为对称轴，两两组成兽面纹。腹部饰一周有廓兽面纹，以四隅扉棱为对称轴，高额，夔纹角，细眉，虎耳，宽鼻，椭方目，长条形瞳孔，阔口，嘴角内卷，兽面两侧下部各有一个圆涡纹。口沿下、颈腹之间、圈足上端和圈足贴地处，各有一道素边。主纹为浅浮雕，上有阴纹，下有云雷纹衬底。内底有4字铭文，"母康丁，皿"。

图5-28　母康丁方彝及铭文[1]

标本二，义方彝（图5-29），2014年，在山西省洪洞县南秦墓地之北被盗掘出土，后经公安机关追缴，现藏于山西青铜博物馆。整器瘦高，形体峻拔，体侧有提梁的，仅此一件。带提梁通高49厘米，口长22.5、宽21.3厘米，重17.35千克，容积8000毫升。四坡屋顶形子口盖，盖脊有纽，纽帽为硬山屋顶形，纽柱为长方体状，盖面弧鼓。长方形母口外侈，方唇，口沿弧收，颈部较直，鼓腹，颈腹区分较明显，平底，器身与通高的比值约0.36。颈部正中前后伸出圆柱，首端有兽首，饰掌形目纹角，套接条状提梁，上有兽首装饰。长方形高圈足，小于腹部，腹足之间形成折棱，圈足上端直壁，下端略外撇，贴地处有厚台，两侧中间下部有拱形缺口，另一长边下侧有小镂孔，方彝圈足上的缺口正处于消亡之际。纽帽饰五条扉棱，盖脊和通体四隅、中部饰勾牙状扉棱，上有阴纹，盖隅扉棱有三齿，器身扉棱上有凸齿。装饰繁缛，纹饰精

① 吴镇烽：《商周青铜器铭文暨图像集成》（8），上海古籍出版社，2012年，第287页。

美，通体三层满花，主纹采用浅浮雕，上有阴纹，以云雷纹为地纹。提梁饰夔龙纹，纽帽前后饰兽面纹，两侧饰蕉叶纹。盖面靠脊处，前后各饰两只顾首夔纹，侧面各饰两只变形夔纹，盖面下部和腹部饰有廓兽面纹，弯角，上有曲折夔纹，有鱼鳍状装饰，体部填充片状鳞纹，细眉，虎耳，椭方目，长条状瞳孔，宽鼻梁，阔口，嘴角外撇，口内有獠牙，兽面两侧各有一只倒立夔纹。颈部饰一周两两相对的卷尾夔纹，上有鱼鳍状装饰。圈足饰一周两两相对的顾首下卷尾夔纹，上有鱼鳍状装饰。盖缘、口沿和圈足底缘各有一道宽素边，颈、腹之间和腹足之间各有一道窄素边。圈足外底有方格纹的铸造痕迹，底与圈足连接处有强筋线，可见到修补过的痕迹。盖内长边一侧有铭文22字，器底有铭文23字，"唯十又三月丁亥，珷王赐义贝卅朋，用作父乙宝障彝，丙"。

图5-29　义方彝及铭文[①]

　　Ⅱ式：仅1件传世方彝。

　　頪方彝（图5-30），现藏于美国波士顿美术馆。无盖，高22.9厘米[②]，器体高大。长方形侈口，长26.5、宽23.2厘米。口沿方唇较厚，内有平折沿，口部弧收，束颈，鼓腹较深。长方形高圈足，小于腹部，直壁，下端外撇，贴地处有厚台。通体四隅和中部饰镂雕勾牙状扉棱，上有阴纹。纹饰繁缛，均以云雷纹衬底。口沿下有一道宽素边，颈部饰一周对首夔纹，颈腹之间有一道素边。腹部饰有廓兽面纹，宽额，弯角，上有鱼鳍状饰，细眉，虎耳，椭方目，宽鼻，阔口，嘴角外撇，内有獠牙，腹部和圈足间有一道素边。圈足饰一周对首夔纹，底缘有宽素边。器内有铭文31字，"頪肇合宁百姓，扬，用作高文考父癸宝障彝，用申文考烈，余其万年将孙子宝，爻"。

───────────

　　① 韩炳华：《新见义尊与义方彝》，《江汉考古》2019年第4期，第80页，拓片二；第81页，图三之1。

　　② 頪方彝最早见于《美帝国主义劫掠的我国殷周铜器集录》，体量数据亦出自该书，但从照片上的比例来看，通高数据可能有误。

图5-30　頮方彝及铭文[①]

Ⅲ式：共8件，其中，传世方彝7件，齐生鲁方彝仅存器盖，科学发掘出土方彝1件。器形较为高大，最高的作册折方彝41.6厘米，最低的荣子方彝26.2厘米，25～30厘米的2件，30～35厘米的3件，40～45厘米的1件。口沿外侈，方唇，颈部近斜直，与腹部曲线相接，过渡自然，融为一体，器腹变浅，器身呈现垂鼓腹的特点，整体较Ⅱ式更显宽侈。装饰繁缛，以有廓兽面连身纹、鸟纹和顾首龙纹最为常见。器盖四隅扉棱尾端与盖面间形成缺口。均有铭文，最长的令方彝187字。

标本一，甌方彝（图5-31），19世纪出土于长安（今西安市长安区），为刘喜海所得，后归丁彦臣，现收藏于日本泉屋博古馆。最早见于刘喜海所著《长安获古编》，后被多种金石著作收录。通高29厘米，口长18、宽14.3厘米。整器较宽侈，器身与通高的比值约0.38。四坡屋顶形子口盖，盖脊上有纽，纽帽为硬山屋顶形，盖面微弧。器身宽扁，长方形母口，外侈，方唇，口沿弧内收成束颈，颈腹过渡自然，垂鼓腹，平底。长方形圈足，四壁微外撇，贴地处有厚台。纽帽饰五条屋脊状扉棱，帽脊扉棱出首，盖脊和通体四隅、中部共饰九条扉棱，盖脊扉棱出首，扉棱上有凸齿，盖隅扉棱尾端与盖面间有缺口。纹饰繁缛，通体三层满花，主纹使用浅浮雕技法，以云雷纹衬底。纽帽饰下卷角兽面纹，盖面有一窄一宽、一正一倒两周纹饰带，纹饰带之间有素边，靠盖脊处，饰一周对首分尾鸟纹，尾羽分为三层，最下一层为C形。盖面下端饰有廓兽面连身纹，下卷角，细眉，椭方目，上有长条状瞳孔，虎耳，阔口，嘴角内卷，耳旁接躯体，折身上竖卷尾，身下有爪，角和身躯上有鱼鳍状饰。颈部饰两只对首鸟纹，形制与盖面上部的鸟纹相同，唯身更长。器腹饰下卷角有廓兽面纹，与盖面形制相同，身旁外侧还有两只倒立的夔纹。圈足饰四只对首鸟纹，两两一侧，形制与盖脊、颈部相同。盖缘、口沿和圈足下缘素边较宽。器、盖各有8字铭文，"甌作父辛宝隣彝，卒"。

<hr />

① 吴镇烽：《商周青铜器铭文暨图像集成》（24），上海古籍出版社，2012年，第416页。

图5-31　𢆗方彝及铭文[①]

标本二，作册折方彝（H1：24）（图5-32），1976年12月，陕西省扶风县法门镇庄白一号窖藏出土，现收藏于周原博物院。通高41.6厘米，口长19.3、宽24.2厘米，腹深19.3厘米，重12.8千克。四坡屋顶形子口盖，盖脊有纽，纽帽为硬山屋顶形，纽径为长方体状，盖面弧鼓。长方形母口外侈，方唇，口内有平沿，束颈，鼓腹，圜内底。长方形圈足，四壁外侈，贴地处有厚台。纽帽脊部、四隅饰五条勾牙状透雕扉棱，盖脊和通体四隅、中部饰九条勾牙透雕扉棱，上有阴纹，盖、颈和腹部扉棱首端有凸齿，盖隅扉棱尾端与盖面间有缺口。纽帽饰卷角兽面纹，盖面纹饰分两层，中间有一道素边，靠盖脊处饰两只相对的垂冠顾首折身卷尾龙纹。盖面下部和腹部饰有廓兽面连身纹，宽额，卷角，上有鱼鳍状装饰，两山字形耳，细眉，椭方目，长条状瞳孔，宽鼻梁，阔口，嘴角内卷，耳旁接折身上竖的躯体，卷尾，腿爪置于嘴旁。颈部和圈足各面亦饰两两相对的垂冠顾首折身卷尾龙纹。盖缘、口沿下、颈腹之间和腹足之间各有一道素边，圈足底部厚台光洁无纹。盖、器同铭，各42字，“佳五月，王才厈，戊子，命作册折兄望土于相侯，易金易臣，扬王休，佳王十又九祀，用作父乙隣，其永宝。木羊册”。

Ⅳ式：共4件，均为传世方彝，作册吴方彝仅存器盖。1件无盖，2件有通高数据，一件高30厘米，另一件高27.6厘米。器形与Ⅲ式基本没有差别，有的器盖下缘外撇较甚。装饰出现了承上启下的特点，颈部中间的扉棱被浮雕兽首替代。丂甫方彝上的兽面连身纹开始变形，下卷角靠内一端下拉至嘴旁，分别半包住了两侧的兽面，细眉倒立于角内侧。作宗宝方彝饰上卷角有廓兽面连身纹，既保留了Ⅲ式方彝上有廓兽面连身纹的特点，又新出现了Ⅴ式方彝上有廓上卷角兽面纹的特征，过渡特征明显。2件有

---

①　张天恩：《陕西金文集成》（12），三秦出版社，2016年，第152页。

铭文。

丏甫方彝（图5-33），原藏美国纽约市何姆斯氏，现藏美国纽约大都会艺术博物馆。通高27.6厘米，宽15.6厘米。四坡屋顶形盖，盖脊有纽，纽帽为四坡屋顶形，纽柱为长方体状，盖面弧鼓，盖缘外撇较甚。器口长方形，外侈，方唇，口沿弧内收，颈部微束，颈腹过渡自然，垂鼓腹，平底。长方形圈足，四壁微外侈，贴地处有厚台。纽帽脊部和四隅饰五条扉棱，盖脊和通体四隅、中部饰九条扉棱，扉棱上饰阴纹，有凸齿，器腹上凸齿呈F形。纽帽饰曲折角分解兽面纹，盖面纹饰分两层，中间有素边，上端饰对首分身卷尾夔纹，下端饰变形兽面纹。颈部和圈足每面饰两只对首夔纹，颈部四面中部各有一个浮雕兽首。器腹饰变形兽面纹，形制与盖面相同。盖、器同铭，2字，"丏甫"。

图5-32　作册折方彝及铭文①

图5-33　丏甫方彝及铭文②

①　张天恩：《陕西金文集成》（2），三秦出版社，2016年，第109页。
②　图片引自美国大都会艺术博物馆网站https://www.metmuseum.org/。

Ⅴ式：共6件，其中，传世方彝5件，1件无盖，科学发掘出土方彝1件。有通高数据的4件，最高的覷爾方彝37厘米，最低的应为兒方彝乙，稍低于22厘米高的兒方彝甲，可惜没有具体尺寸[①]，其余2件在20～30厘米。整器显得更加宽侈，子口盖与平口盖并存，束颈，颈腹分界不明显。器身中部不再饰扉棱，透雕勾牙状扉棱不见，均为带突齿的墙脊状扉棱。盖面和器身上都只剩一周纹饰带，以浮雕上卷角有廓兽面纹最为常见，有的不饰地纹。6件均有铭文，最长的兒方彝甲27字。

标本一，覷爾方彝（图5-34），2006年，山西省绛县横水西周墓地出土，现藏于山西青铜博物馆。通高37厘米，口长22、宽15.8厘米。四坡屋顶形平口盖，盖搭于器身上，盖脊有纽，纽帽为硬山屋顶形，盖面弧鼓。器口长方形，外侈，方唇，口沿弧内收，短束颈，垂鼓腹，平底。长方形圈足，四壁外侈，贴地处有厚台。纽帽饰五条扉棱，帽脊扉棱出首，盖脊和通体四隅饰扉棱，盖脊扉棱两端出首，盖上扉棱无突齿，器身上的扉棱断开为两段，器身和圈足扉棱有凸齿。通体不饰地纹，纽帽饰上卷角有廓兽面纹，盖面和腹部均浮雕有廓兽面连身纹，上卷角，角间有两只半卷长身夔龙纹，角侧为上竖的简化躯体，面部轮廓清晰，尖耳，宽鼻梁，鼻翼卷曲，椭方目，长条状瞳孔，阔口，嘴角内卷，内有獠牙，兽面两侧有上竖的细身躯。圈足饰一周两两相对的长卷鼻夔龙纹。器盖同铭各16字，"覷爾作父丁宝障彝，孙孙子子其永宝，钺"。

图5-34 覷爾方彝及铭文[②]

① 吴镇烽：《兒方尊、兒方彝铭文小考》，《青铜器与金文》（第三辑），上海古籍出版社，2019年，第23页。

② 大连现代博物馆、山西博物院、山西省考古研究所：《晋国雄风——山西出土两周文物精华》，万卷出版公司，2009年，第60、61页。

标本二，应畲方彝（图5-35），2008年3月18日，该器现身于纽约苏富比春拍。2016年，又出现在香港瀚海青铜时代Ⅱ拍卖会上。通高27.5厘米，口长19、宽16厘米。四坡屋顶形高子口盖，盖脊中部有纽，纽柱为长方体状，纽帽为四坡屋顶形，盖面弧鼓。器身较浅，长方形母口，外侈，方唇，斜折沿内收，短束颈，鼓腹，平底。长方形圈足，四壁外侈，贴地处有厚台。纽帽饰五条扉棱，盖脊和通体四隅饰五条扉棱，上有阴纹，盖脊扉棱两端出首，盖隅扉棱尾端有缺口，器身和圈足扉棱有凸齿，腹部扉棱呈F状。不饰地纹，纽帽、盖面和腹部均饰上卷角有廓兽面纹，角间有两个刀形小角，实际是眉的变形，角形耳，宽鼻梁，鼻翼卷曲，椭方目，长条状瞳孔，阔口，嘴角内卷，内有獠牙。圈足饰一周两两相对的夔纹。通体以云雷纹衬底。器盖同铭各7字，"应畲作宗宝障彝"。

图5-35　应畲方彝及铭文[①]

Ⅵ式：共4件，均为科学发掘出土方彝，都是明器，1器无盖。器形矮小，最高的23.2厘米，其余均不超过20厘米。保留了方彝的基本形制，盖面斜直，颈腹间有折棱，圈足大大升高。装饰比较简单，纹饰有波曲纹、窃曲纹、垂鳞纹等，有的为素面，无地纹。各器都没有铭文。

标本一，窃曲纹方彝（图5-36），1989年平顶山应国墓地M8出土。通高19.6厘米，口长12.5、宽8.7厘米，深7.4厘米。整器呈长方体状，四坡屋顶形子口盖，盖面斜直，盖脊有纽，纽柱为长方体，纽帽为悬山屋顶形。器身长方形母口，微外侈，口沿内折形成台面，以承子口盖，腹部分上下两段，上部斜直壁内收，下部为曲腹，平底。高圈足，贴地处有低台。器盖和器身上段四隅各有一道短扉棱。纽帽饰C形纹，盖面和圈足饰简化波曲纹，上腹饰C形平目窃曲纹。

---

① 吴镇烽：《商周青铜器铭文暨图像集成三编》（三），上海古籍出版社，2020年，第256页。

标本二，波曲纹方彝（M6∶33）（图5-37），2012年，南阳市夏饷铺鄂国墓地M6出土。通高23.2厘米，腹深7.6厘米，器身与通高的比值约0.33，重3.56千克。四坡屋顶形子口盖，盖顶有纽，纽帽亦为四坡屋顶形，盖面斜直。长方形母口，方唇，束颈，上腹壁较直，下腹圆鼓，平底。长方形高圈足，小于器腹，上壁竖直，贴地处外撇，内存范土。器盖四隅、上腹和圈足有扉棱。盖面有两周纹饰带，上层为波曲纹，下层为窃曲纹，上腹部饰窃曲纹，圈足饰垂鳞纹，无地纹。

图5-36　窃曲纹方彝[①]　　　　　　　图5-37　波曲纹方彝[②]

演变规律如下。

从实用器演变成明器。整器从高大变得矮胖（表5-2），器腹逐渐变浅、越来越宽侈，器深与腹径的比值越来越小。从形制上来看，颈腹从分界明显到融为一体，Ⅰ式、Ⅱ式，颈部较直，颈腹分界明显，之间有明显折棱；Ⅲ式以后，口沿以下就开始鼓起，最大径在器身下部，然后弧收成圈足，颈腹过渡自然，无明显折棱，融为一体，器身出现垂腹特征。Ⅰ式，圈足上有缺口，贴地处外撇，Ⅱ式及以后，圈足上的缺口消失，贴地处有厚台。Ⅴ式，器盖出现平口，盖缘外撇较甚，搭盖于器身上，与子口盖并存。

装饰从繁缛到素面，Ⅰ式至Ⅳ式，通体三层满花，以云雷纹衬底，盖面、器身上有两周一窄一宽的纹饰带，Ⅲ式开始，盖面上两周纹饰带之间用较宽的素边作边界；Ⅴ式，盖面、器身上只剩下一周纹饰带，有的器物已经不再以云雷纹作为地纹；Ⅵ式，以素面为主。Ⅰ式、Ⅱ式，主要装饰有廓兽面纹、夔纹；Ⅲ式，主要装饰有廓兽面连身纹、鸟纹或龙纹；Ⅳ式，装饰纹样具有承上启下的特点，出现了变形兽面纹

① 河南省文物考古研究所、平顶山市文物管理局：《河南平顶山应国墓地八号墓发掘简报》，《华夏考古》2007年第1期，彩版八之1。

② 河南省文物局南水北调文物保护办公室、南阳市文物考古研究所：《河南南阳夏饷铺鄂国墓地M5、M6发掘简报》，《江汉考古》2020年第3期，图版三之5。

和上卷角有廓兽面连身纹；Ⅴ式，流行上卷角有廓兽面纹，也有上卷角有廓兽面连身纹；Ⅵ式，常见波曲纹和窃曲纹，有的为素面。Ⅲ式，盖隅扉棱尾端与器盖间出现缺口；Ⅴ式，器身中部不再有扉棱；Ⅵ式，器身只剩短扉棱，有的不再有扉棱装饰。

表5-2　Ca型方彝通高一览表①

| 分式 | <20/厘米 | 20～30/厘米 | 30～40/厘米 | 40～50/厘米 | >50/厘米 | 合计/件 |
|---|---|---|---|---|---|---|
| Ⅰ式 | | | | 1 | | 1 |
| Ⅱ式 | | | | | 1 | 1 |
| Ⅲ式 | | 2 | 3 | 1 | 1 | 7 |
| Ⅳ式 | | 1 | 1 | | | 2 |
| Ⅴ式 | | 3 | | | | 4 |
| Ⅵ式 | 2 | 1 | | | | 3 |

# 二、Cb型

Cb型方彝共有7件，传世方彝1件，科学发掘出土方彝6件，其中，明器3件。1件无盖，其余有通高数据的6件，5件在10～20厘米，1件在20～25厘米，整器明显小型化，比较低矮。

体侧有两上扬象鼻耳，耳下有垂珥。四坡屋顶形盖，子口或平口并存，子口插入器身母口内，平口则直接搭置于器身口沿上，器身长方形口内有平折沿承盖。有的器盖一侧下沿有两个方形缺口，斗尾可从此伸出，内有隔将器腹分为两部分，有学者认为，可同时放置不同的酒。长方形圈足，微外撇，贴地处有厚台。纽帽、盖、器身和圈足饰条脊状或勾牙状扉棱，实用器通体满花，纹饰繁缛，以云雷纹衬底，常见的纹饰有顾首折身卷尾龙纹、圆涡纹、变形夔纹等。明器装饰简单，或有简单纹饰，多素面。除3件明器外，余4件均有铭文，最长的2件盖方彝均有106字铭文。

Ⅰ式：共3件，传世方彝1件，科学发掘出土方彝2件。3件均有通高数据，最高的22.8厘米，最低的仅16.4厘米，器形小巧，整器矮胖。器身颈、腹分界明显，体侧有两象鼻耳，耳尾端似鱼尾状分开。装饰比较繁缛，三层满花，以云雷纹衬底，有的盖面只有一周纹饰带。纹饰较以前明显不同，常见变形兽面纹、龙纹、圆涡纹等。有的器身中部无扉棱。3件均有较长铭文。

标本一，师遽方彝（图5-38），先后由袁保恒、潘承厚收藏，后由丁燮柔捐献给上海博物馆。通高16.4厘米，口长9.8、宽7.6厘米，底长9.6、宽7.5厘米，重1.62千克。四坡屋顶形盖，平口，盖脊有纽，纽帽为四坡屋顶形，盖面微弧鼓，一侧下部有两个

① Ⅱ式頪方彝器口长26.5厘米，宽23.2厘米，推测带盖通高超过50厘米。Ⅲ式中的齐生鲁方彝仅存器盖，通高29厘米，按照本式方彝盖与器身的比例关系推测，整器通高超过50厘米。

方形小孔，用于置斗。长方形口沿外折，方唇，束颈，鼓腹，腹内有隔将其分成两部分，体侧上扬两象鼻耳，耳下有珥。长方形高圈足外撇，贴地处有厚台。纽帽饰五条扉棱，盖脊和通体四隅、中部皆饰扉棱，象鼻耳外侧有F状扉棱。盖面只有一层纹饰带，与器腹饰形制相同的变形兽面纹，颈部和圈足饰变形夔纹，皆以云雷纹衬底。器盖同铭，器6行68字，盖8行67字。

图5-38　师遽方彝及铭文[①]

标本二，盠方彝甲（图5-39），1955年3月，眉县李家村西周铜器窖藏出土，现藏于中国国家博物馆。通高22.8厘米，口径长14.4、宽11厘米，底径13.3厘米。四坡屋顶形盖，平口，盖脊有纽，长方体形柱，四坡屋顶形纽帽，盖面微弧。长方形侈口，折沿，方唇，斜直领，鼓腹，平底，体侧有两个上扬象鼻耳，耳下有珥。长方形圈足，四壁外撇，贴地处有厚台。纽帽饰五条扉棱，盖脊、通体四隅和象鼻耳外侧饰勾牙状、F状扉棱，上有阴纹。纽帽中央为圆涡纹，围以夔纹。盖面纹饰分上下两层，上层饰变形夔纹，下层中部为涡纹，两侧围绕顾首折身卷尾夔龙纹。颈部、圈足饰变形夔纹，颈、腹间有一道凸棱，腹部与盖面下部纹饰相同，通体纹饰均以云雷纹衬底。器盖各有108字铭文，又2字重文。

图5-39　盠方彝甲及铭文[②]

---

① 中国青铜器全集编辑委员会：《中国青铜器全集》（5），文物出版社，1996年，第126页。

② 吴镇烽：《商周青铜器铭文暨图像集成》（24），上海古籍出版社，2012年，第432、433页。

Ⅱ式：仅1件科学发掘出土方彝。与Ⅰ式形制基本相同，但器盖和器身上都只有一周纹饰带。

井叔方彝（M170：54）（图5-40），1985年春，陕西省长安区张家坡西周墓地M170出土。器形较为矮胖，略呈方体状，通高19.8厘米，通耳宽21.2厘米，口长12.4、宽10.3厘米，腹深7.9厘米。四坡屋顶形子口盖，盖脊有纽，长方体柱，四坡屋顶形纽帽，盖面微弧，一侧下端有两个方形缺口，可容器内小斗尾部伸出，保证斗尾不致妨碍器盖和器身扣合严密。长方形母口外侈，窄平折沿，方唇，从外部看，短束颈，鼓腹，从内部看，直口直腹，腹内有隔，将器腹分为两格，每格内置一小斗，凹底，体侧有两个上扬象鼻耳，耳下有珥。长方形圈足，四壁外撇，贴地处有台。纽帽和通体四隅饰墙脊状扉棱，扉棱上有凸齿。纽帽饰分解兽面纹，前后盖面中部饰大圆涡纹，涡纹四角各饰一只鸟纹，侧面只在涡纹两侧饰对首曲尾小鸟纹。器身中部饰大圆涡纹，涡纹上部两角各饰一只头部向外的小鸟纹，下部两旁各饰一只头部向里的卷尾大鸟纹。圈足四面各饰两只对首长尾鸟纹，耳身饰阴线勾卷纹回纹，通体纹饰均以云雷纹衬底。盖内、器身内底各有铭文1行5字，"井叔作旅彝"[1]。

Ⅲ式：共3件，均为出土明器方彝，1件无盖。体小，质差，器壁薄，铸造粗糙。盖器连铸，四坡屋顶形盖，鼓腹，长方形圈足，小于器腹，腹与圈足间有折棱，四壁外撇，贴地处有台，器身两侧有象鼻耳。素面。

素面方彝（M502：100）（图5-41），明器，2007年，韩城市梁带村芮国墓地M502出土。残高14.4厘米，口部长10、宽7厘米。制作素简，器壁较薄。器盖浑铸，庑殿顶形盖，盖顶中部纽缺失，侈口，束颈，垂腹微鼓，下接方形圈足，未铸底，腹两侧接象鼻状双耳。整器素面。

图5-40　井叔方彝[2]

图5-41　素面方彝[3]

① 中国社会科学院考古研究所：《张家坡西周墓地》，中国大百科全书出版社，1999年，第159页。

② 张天恩：《陕西金文集成》（11），三秦出版社，2016年，第145页。

③ 陕西省考古研究院、渭南市文物保护考古研究所、韩城市景区管理委员会：《梁带村芮国墓地——二〇〇七年度发掘报告》，文物出版社，2010年，彩版二八之1。

演变规律如下。

从实用器发展到明器，整器都比较低矮，小型化明显。

装饰从繁缛到简单，再到素面。Ⅰ式，有的盖面只有一周纹饰带；Ⅱ式，盖面和器身纹饰带从两周发展到一周；Ⅲ式，多为素面。流行窃曲纹、涡纹、鸟纹等。

# 第五节　直壁内倾方彝

D型直壁内倾方彝共有9件，科学发掘出土方彝8件，传世方彝1件，全部为明器。

形体普遍较小，9件都有通高数据，最高的鳞纹方彝27厘米，其余均在13～18厘米。质地差，铸造粗糙。盖、器浑铸，盖呈四坡屋顶形，盖纽消失。器口小于盖，盖器之间有凹槽，口小底大，器身四壁内倾，与平底的夹角小于90°，中空，无底，内有范土。长方形圈足，圈足小于器腹，腹足间有折棱，圈足四壁外撇，有的圈足下有四短足。装饰简单，多为素面，有的在器身装饰窃曲纹、云纹等。各器都没有铭文。

Ⅰ式：仅1件科学发掘出土方彝。

鳞纹方彝（M1：55）（图5-42），1986年平顶山市应国墓地M1出土。通高27厘米，器底长15.6、宽11.1厘米，重6千克。整器略呈长方体，四坡屋顶形盖，盖面斜直。盖器浑铸，口小底大，束颈，腹壁斜直，下端内收成平底，下接长方形圈足，无底，中空，器内壁残存范土。盖脊、四隅和中部饰九道扉棱，盖四面各饰鳞纹两周，腹部和圈足素面[①]。

Ⅱ式：2件科学发掘出土方彝。整器浑铸，中空，无底。器口明显小于盖，四壁斜直，下端内收成平底，长方形圈足。无扉棱，素面。

素面方彝（M2012：72）（图5-43），1990年三门峡虢国墓地M2012出土。整器瘦长，器盖浑铸，无底，中空。四坡屋顶形盖，器身呈高四棱台状，口小于盖，四壁内倾，器壁与底的夹角小于90°。长方形圈足，小于器腹，外撇。通体无扉棱，素面[②]。

————————

① 河南省文物研究所、平顶山市文管会：《平顶山市北滍村两周墓地一号墓发掘简报》，《华夏考古》1988年第1期，第33页。

② 河南省文物考古研究所、三门峡市文物工作队：《三门峡虢国墓》（第一卷·上），文物出版社，1999年，第261页。

图5-42　鳞纹方彝[①]　　　　　　　　图5-43　素面方彝[②]

Ⅲ式：共6件，5件为科学发掘出土方彝，1件为传世方彝。整器浑铸，四坡屋顶形盖，器口略小于盖，腹壁斜直，长方形圈足，下有四扁足。器身四隅有扉棱，素面。

标本一，窃曲纹方彝（M2001：111）（图5-44），1990年三门峡虢国墓地M2001出土。通高16.8厘米，底长8.6、宽6.8厘米。整器呈长方体状，器盖浑铸，无底，内实范土。四坡屋顶形盖，盖面斜直，器身口小底大，腹壁斜直，平底，方圈足，下附四个矮支足。器身四隅有扁扉棱。盖面饰简易龙纹，腹壁四面各饰两组斜角S形无目窃曲纹[③]。

标本二，素面方彝（M3：11）（图5-45），2020年垣曲县北白鹅墓地M3出土。通高17.1厘米。整器浑铸，盖为四坡屋顶形，器身长方体，直腹分段，四隅有扉棱。圈足下接四扁足，素面。盖及器腹有芯撑孔，做工比较粗糙。

演变规律如下。

圈足形制变化较为明显，Ⅰ式，圈足贴地处有厚台；Ⅱ式，圈足外撇；Ⅲ式，圈足下出现四扁支足。

装饰都比较简单，Ⅰ式，饰简单纹饰；Ⅱ式以后，均为素面。扉棱大大简化，显得非常粗糙，或加于盖上，后加于器身，通体都有的少见。

---

① 河南省文物研究所、平顶山市文管会：《平顶山市北滍村两周墓地一号墓发掘简报》，《华夏考古》1988年第1期，第119页，图版柒之6。

② 河南省文物考古研究所、三门峡市文物工作队：《三门峡虢国墓》（第一卷·下），文物出版社，1999年，图版九七之3。

③ 河南省文物考古研究所、三门峡市文物工作队：《三门峡虢国墓》（第一卷·上），文物出版社，1999年，第69页。

图5-44　窃曲纹方彝[1]　　　　　　　　　　图5-45　素面方彝[2]

# 第六节　异型方彝

另有5件异型方彝，1件为科学发掘出土，其余4件为传世或非科学发掘出土，形制较为特殊，不能划入上述四型方彝之中，我们单独予以介绍。

虏册方彝（图5-46），原藏米尔盖特·罗杰斯，后归詹姆斯·麦克亚当斯，2019年3月，出现在美国纽约市佳士得中国瓷器及工艺精品专场拍卖会上。通高30厘米。从整体来看，器盖和圈足较高，器腹较浅，器身与通高的比值约为0.44。四坡屋顶形高子口盖，盖脊有纽，纽较高，纽帽为四坡屋顶形，盖面斜直。器身呈倒四棱台状，口大底小，长方形母口，微外侈，腹壁斜直，体侧有两个兽首半环耳，衔大圆环，平底，器身短壁与平底的夹角约95°。长方形高圈足，小于器腹，上壁较直，贴地处略外侈，四壁下部中间各有一个狭拱形缺口。纽帽饰云雷纹，盖缘和颈部饰一周细线云雷纹组成的对首夔纹，中间有短扉棱。圈足饰一周两两相对的细线云雷纹组成的夔纹。器、盖各2字铭文，"虏册"。除体侧有双耳以外，就形制、装饰而言，与Ac型Ⅲb式方彝并无二致，该器时代应在殷墟四期。

兽面纹方彝（图5-47），1987年，安徽省枞阳县周潭镇七井村出土，由枞阳县文物管理所征集。该器从形制到纹饰，都具有浓厚的地方风格。通高44厘米，口沿边长19厘米，圈足边长13厘米，重11.5千克。器体高大、高盖、矮身、高圈足。庑殿顶形方盖，子口，盖顶有纽，纽帽为四坡屋顶形，盖面斜直，盖缘有一段直壁。器身呈倒四

①　河南省文物考古研究所、三门峡市文物工作队：《三门峡虢国墓》（第一卷·下），文物出版社，1999年，图版一九之4。

②　山西省考古研究院、运城市文物保护中心、垣曲县文化和旅游局：《山西垣曲北白鹅墓地M2、M3发掘简报》，《文物季刊》2022年第1期，第20页，图六二。

棱台状，口大底小，方口外侈，方唇，腹壁斜直，颈部有两个兽首半环耳，平底。高方圈足，小于腹部，腹足间有折棱，上壁外撇，贴地处有厚台。圈足内底系一铜铃，铃高9厘米，铃舌6厘米。通体四隅饰勾牙云纹状高大扉棱，上饰云纹。纹饰凝重细腻，纽帽饰蕉叶纹，盖面饰上下两层鸟纹，每面一只，下层鸟侧有倒置的蝉纹。口沿下饰一周直棱纹，腹部饰有廓兽面纹，牛角，宽鼻梁，虎耳，圆眼，阔嘴。圈足每面各饰一只弓身卷尾夔纹。通体以云雷纹衬底[1]。直棱纹是西周早期流行起来的纹饰，兽面纹进入西周中期后即不再流行，因此，该器的时代应在西周早期。

图5-46　庽册方彝[2]

图5-47　兽面纹方彝[3]

伯豐方彝（图5-48），2件，器口呈正方形，不同于其他方彝的长方形器口，非常独特。1937年，波林、福格夫妇在北京从德国古董商普劳特手中购入并收藏了伯豐方彝。2001年10月，在纽约佳士得拍卖会上出现。2019年3月，现身于纽约春季亚洲艺术周中国艺术珍品拍卖会。两器无盖，甲器高16.8厘米，口14.5厘米×14厘米；乙器高16.1厘米，口13厘米×13厘米。器身呈倒四棱台状，口大底小，器口呈方形，方唇，微外侈，四壁斜直内收，平底。方圈足，较高，比器腹小，腹足间有折棱，直壁，四面有大括号形缺口。器身上部和下部各饰一周交错变形龙纹。器内有5字铭文，"伯豐作旅彝"。《集成》《铭图》著录本器铭文2篇，误以为是同一器的器、盖，实则是2器。与上海博物馆所藏的毛公方鼎[4]装饰风格较为一致，而且两器铭文中旅字的写法也

①　方国祥：《安徽枞阳出土一件青铜方彝》，《文物》1991年第6期，第94页。

②　吴镇烽：《商周青铜器铭文暨图像集成三编》（三），上海古籍出版社，2020年，第255页。

③　宫希成：《中国出土青铜器全集》（8），科学出版社、龙门书局，2018年，第32页。

④　陈佩芬：《夏商周青铜器研究》（西周篇·上），上海古籍出版社，2004年，第260页。

图5-48　伯豐方彝

基本一致。因此，伯豐方彝的时代应在西周中期。

云纹方彝（M93∶51）（图5-49），1994年，山西省翼城县北赵晋侯墓地M93出土。明器。通高24.4厘米。庑殿顶形子口盖，盖顶中部有四坡屋顶形帽纽，纽帽两侧各有一蹲踞式小熊，盖面斜直，上有卧龙2、卧虎2，盖缘有一段直壁。长方形侈口，折沿，方唇，腹壁斜直内收，下腹凸出，平底，器身附卧兽4。长方形圈足，四壁外撇，贴地处有台。盖和器身四隅饰勾牙状短扉棱。盖、口沿下饰波曲状云纹，下腹饰斜角云纹，圈足饰重鳞纹。报告作者认为M93的墓主人可能是晋文侯仇，时代为春秋早期[1]。

图5-49　云纹方彝[2]

---

① 北京大学考古系、山西省考古研究所：《天马—曲村遗址北赵晋侯墓地第五次发掘》，《文物》1995年第7期，第38页。

② 北京大学考古系、山西省考古研究所：《天马—曲村遗址北赵晋侯墓地第五次发掘》，《文物》1995年第7期，第31页，图四五。

# 第六章　方彝的分期与年代推断

今天的铜器断代研究，本质上是考古学研究[①]。坚持从考古学上判断铜器的相对年代，始终是我们进行西周铜器、金文历谱、西周王年研究的基础[②]。

我们在上一章中对方彝进行了细致的考古类型学分析，梳理出了方彝发展演变的脉络，明确了各型、各式方彝的相对早晚关系。方彝从出现到消亡的历史进程，存在着明显的阶段性特征，据此可划分出不同的期别。

## 第一节　方彝的分期

根据方彝形制、装饰和铭文等发展演变的阶段性特征，我们把方彝从出现到消亡的历史进程划分为四期，第一期是起源及兴盛期，第二期是转型期，第三期是衰退期，第四期是消亡期。

## 一、起源及兴盛期

本期方彝共有112件，其中，科学发掘出土的方彝20件，传世方彝92件。在四期当中，本期方彝数量最多，占全部方彝的63.2%。方彝在出现之后，发展迅速，很快便达到高峰，因此，我们将第一期称为起源及兴盛期。

形制比较统一，只流行A型直壁外侈方彝，具体来看，有Aa型Ⅰ式、Ⅱ式、Ⅲ式、Ⅳ式，Ab型Ⅰ式、Ⅱ式、Ⅲ式、Ⅳ式，Ac型Ⅰ式、Ⅱ式、Ⅲ式方彝，各亚型方彝在装饰风格的繁简程度上稍有差异。

## 二、转　　型　　期

本期方彝共有18件，其中，科学发掘出土的方彝仅2件，传世方彝16件，本期方彝

---

（脚注）

① 韩巍：《今天的铜器断代研究本质上是考古学研究——兼论新材料能否挑战"康宫说"》，《中国史研究动态》2022年第3期，第49页。

② 张懋镕：《宰兽簋王年试说》，《文博》2002年第1期，第33页。

占全部方彝的10.2%。

进入本期，方彝数量出现断崖式下降。商代晚期，方彝鲜见于关中地区，武王克商后，这种器类也未被姬周贵族广泛接纳，这可能与西周初期的政治背景有关，周公颁布《酒诰》，吸取殷亡的教训，严禁贵族沉湎于酒，对商代晚期以来的嗜酒之风是一种沉重打击，青铜酒器失去了发展的沃土，重酒文化向重食文化转向。这一期，可以称为转型期。

A型直壁外侈方彝逐渐没落。为适应时人的审美诉求，方彝形制被进行改造，出现了B型垂直壁方彝和Ca型曲壁方彝两种新形制。到了本期晚段，方彝的发展有所起色，Ca型曲壁方彝一度比较流行。

这一时期，主要流行Aa型Ⅴ式、Ⅵ式，B型Ⅰ式、Ⅱ式，Ca型Ⅰ式、Ⅱ式、Ⅲ式方彝。

# 三、衰　退　期

属于本期的方彝共有17件，其中，科学发掘出土的方彝5件，传世方彝12件，本期方彝占全部方彝的9.6%。

A型直壁外侈方彝彻底退出历史舞台，B型垂直壁方彝数量很少，Ca型曲壁方彝延续了转型期后段的发展趋势，又新出现了Cb型曲壁方彝，但数量很少。这一期，可以称为衰退期，方彝已经明显衰落，到了后段，实用方彝基本退出历史舞台。

这一时期，主要流行B型Ⅲ式，Ca型Ⅳ式、Ⅴ式，Cb型Ⅰ式、Ⅱ式方彝。

# 四、消　亡　期

属于本期的方彝共有30件，其中，科学发掘出土的方彝27件，传世方彝3件，本期方彝占全部方彝的17%，基本上为明器。新出现器壁内倾、口小底大的D型直壁内倾方彝。这一期，可以称为消亡期。

这一时期，主要流行B型Ⅳ式、Ⅴ式，Ca型Ⅵ式，Cb型Ⅲ式，D型Ⅰ式、Ⅱ式、Ⅲ式方彝。

## 第二节　各期方彝的年代推断

根据出土方彝之地层单位的年代，结合某些方彝、特别是纪年方彝的铭文内容，能够推定各式方彝的流行时间，进而可以归纳出各期方彝的流行时间，即起源及兴盛期为商代晚期，转型期为西周早期，衰退期为西周中期，消亡期为西周晚期至春秋早期。

# 一、商 代 晚 期

这一时期，主要流行Aa型Ⅰ式、Ⅱ式、Ⅲ式、Ⅳ式，Ab型Ⅰ式、Ⅱ式、Ⅲ式、Ⅳ式，Ac型Ⅰ式、Ⅱ式、Ⅲ式方彝。

Aa型Ⅰ式方彝中的无盖妇好方彝（M5：849）随葬于殷墟妇好墓，发掘报告通过分析墓内一部分青铜礼器和武器，少量陶、石器皿和各式骨笄及一些骨镞，从而将该墓的时代推定为殷墟文化第二期，即妇好可能去世于武丁晚期[①]。带有妇好铭文的109件器物应铸造于妇好生前，且嫁于武丁之后，各器在铸造年代上存在早晚差异。无盖妇好方彝与墓内另外两件妇好方彝相比，形制、装饰要更为原始，纹饰风格与59武官M1出土的饕餮纹罍、小屯M232出土的兽面纹罍一致，后两墓均属武丁早期。因此，无盖妇好方彝很有可能铸造于殷墟一期晚段[②]，绝对年代相当于武丁早期。Aa型Ⅰ式方彝流行于殷墟一期晚段，绝对年代相当于武丁早期。

Aa型Ⅱ式方彝中的亚启方彝出土于妇好墓，该墓的时代为殷墟二期偏早。兽面纹方彝（83ASM663：52）出土于安阳市大司空村东南M663，墓内所出陶器、青铜器具有殷墟二期偏晚的特点，所以，该墓的年代应为殷墟二期偏晚[③]，兽面纹方彝与亚启方彝形制、纹饰高度相似，其年代要早于墓葬的时代，很可能铸造于殷墟二期偏早。亚长方彝出土于殷墟花园庄东地M54，该墓的年代属殷墟文化二期偏晚阶段，绝对年代相当于祖庚、祖甲时期[④]，方彝的年代要早于墓葬的年代。因此，Aa型Ⅱ式方彝主要流行于殷墟二期偏早，延续至偏晚，绝对年代相当于武丁晚期、祖庚和祖甲时期。

Aa型Ⅲa式方彝中的两件妇好方彝（M5：825、M5：828）出土于殷墟妇好墓，时代比较明确，应为殷墟二期偏早。旅止冉方彝出土于安阳市郭家庄东南的26号墓，

---

① 中国社会科学院考古研究所：《殷墟妇好墓》，文物出版社，1980年，第226页。
② 学者大多将商代划分为前、后两期，盘庚迁殷为商代后期的开始。商代后期的文化以殷墟文化最为典型，本书采用《殷墟的发现与研究》的分期方案，将殷墟文化分为四期：第一期，分偏早和偏晚两个阶段，早段年代约当盘庚迁殷以后、小辛、小乙时代，晚段年代约当武丁早期；第二期，年代约当武丁晚期、祖庚、祖甲时代；第三期，年代约当廪辛、康丁、武乙、文丁时代；第四期，年代约当帝乙、帝辛时代。
③ 中国社会科学院考古研究所安阳工作队：《安阳大司空村东南的一座殷墓》，《考古》1988年第10期，第874页。
④ 中国社会科学院考古研究所：《安阳殷墟花园庄东地商代墓葬》，科学出版社，2007年，第227页。

从M26所出陶器、铜器的主要特征来分析，它们都具有殷墟二期的特征，墓内的陶
簋要稍晚一些，墓的时代应在殷墟二期偏晚阶段[①]。兽面纹方彝（R2067）出土于小
屯M238，学术界将该墓的时代定于殷墟二期[②]。Aa型Ⅲb式方彝中的亚弜方彝出土于
安阳市刘家庄北地793号墓，从墓内整体器群特征来看，应属殷墟铜器第二期偏晚阶
段[③]，即祖庚、祖甲时期。山西省绛县横水墓地出土的兽面纹方彝，盖隅扉棱尾端呈尖
状，器身与圈足间扉棱断开有缺口，腹足间分界明显，呈现出向Ⅳ式过渡的特征，但
颈腹之间扉棱无缺口，器身扉棱上还未出现尖凸，是Ⅲ式最晚的形制，年代在殷墟二
期末段。由上可知，Aa型Ⅲ式方彝出现于殷墟二期偏早，主要流行于殷墟二期偏晚，
绝对年代相当于武丁晚期、祖庚和祖甲时期。

　　Aa型Ⅳa式方彝中的爰方彝，出土于安阳市戚家庄东M269，该墓随葬的陶器，其
特点属于殷墟文化四期中的第三期，所出铜器群体也几乎全部具有第三期的特征，该
墓年代应属于殷墟文化第三期[④]。亚宫畀方彝出土于安阳市刘家庄北地M1046，该墓的
时代为殷墟四期偏晚段，绝对年代属帝辛时期[⑤]。因此，Aa型Ⅳa式方彝主要流行于殷
墟三、四期。Aa型Ⅳb式方彝中的母辛𤰇帚方彝、王屮女叔方彝和戍铃方彝，严志斌将
时代皆推定为殷墟四期[⑥]，我们认为可从。从铭文写法来看，亚字的两横和两竖出头，
族名或私名框在亚字内，这都是殷墟三期以后的写法[⑦]。戍铃方彝有38字铭文，超过10
字的铭文出现于殷墟四期[⑧]。所以，Aa型Ⅳ式方彝出现于殷墟三期，主要流行于殷墟四
期，绝对年代相当于廪辛、康丁、武乙、文丁、帝乙和帝辛时期。

　　Ab型Ⅰ式方彝中的兽面纹方彝（R2068）出土于小屯M238，该墓的时代为殷墟二
期[⑨]。纽约杜克氏收藏的兽面纹方彝，无盖，四壁微外侈，圈足四面有长方形大缺口，
是最原始的形制，器身装饰上卷角兽面连身纹，主纹与地纹基本平齐，与无盖妇好方
彝形制和装饰风格基本相同，二者的年代应相近。因此，此式方彝上限有可能早到殷
墟一期晚段，下限应在殷墟二期偏早，绝对年代相当于武丁时期。

　　①　中国社会科学院考古研究所安阳工作队：《河南安阳市郭家庄东南26号墓》，《考古》1998
年第10期，第47页。

　　②　中国社会科学院考古研究所：《殷墟青铜器》，文物出版社，1985年，第45页。

　　③　中国社会科学院考古研究所、安阳市文物考古研究所：《殷墟新出土青铜器》，云南人民出
版社，2008年，第203页。

　　④　安阳市文物工作队：《殷墟戚家庄东269号墓》，《考古学报》1991年第3期，第347页。

　　⑤　中国社会科学院考古研究所安阳工作队：《安阳殷墟刘家庄北1046号墓》，《考古学集刊》
（15），文物出版社，2004年，第386页。

　　⑥　严志斌：《商代青铜器铭文研究》，上海古籍出版社，2017年，第575～578页。

　　⑦　中国社会科学院考古研究所：《殷墟青铜器》，文物出版社，1985年，第53页。

　　⑧　严志斌：《商代青铜器铭文研究》，上海古籍出版社，2017年，第133页。

　　⑨　中国社会科学院考古研究所：《殷墟青铜器》，文物出版社，1985年，第45页。

Ab型Ⅱ式方彝中的马子方彝，出土于安阳市花园庄东地M42，报告认为该墓的时代为殷墟二期晚段①，从马子方彝的形制、纹饰来看，时代要早于殷墟二期晚段。Ab型Ⅱ式方彝与Aa型Ⅱ式方彝形制、装饰风格一致，年代应基本相同。严志斌根据铭文字体特征，将冉方彝推断为殷墟三期。因此，我们认为，此式方彝主要流行于殷墟二期，绝对年代相当于武丁晚期、祖庚和祖甲时期，个别器物不排除沿用至殷墟三期的可能。

Ab型Ⅲ式方彝未发现出土器，不能直接确定年代，严志斌认为亚又方彝、目方彝的时代为殷墟三期，该式方彝与Aa型Ⅲ式方彝形制、纹饰特征较为一致，我们推断该式方彝应主要流行于殷墟三期，绝对年代相当于廪辛、康丁、武乙和文丁时期。

Ab型Ⅳ式方彝，仅1件，口沿下和圈足贴地处有较宽的素边，圈足四边的拱形缺口比较规整，但又不是非常细狭，与Aa型Ⅳ式方彝较为接近，经综合考虑，时代大致应在殷墟四期，绝对年代相当于帝乙、帝辛时期。

Ac型Ⅰ式方彝均为传世器，器盖较小，腹壁微外侈，圈足四面的缺口为较大的横长方形，与Aa型Ⅱ式、Ab型Ⅱ式方彝较为一致，应为同一时期的器物。严志斌认为，𢽓何方彝属殷墟三期，但该器小盖，圈足四面缺口还为横长方形，归入三期失之过晚。因此，此式方彝主要应流行于殷墟二期偏早，绝对年代相当于武丁晚期。

Ac型Ⅱ式方彝中的戎方彝出土于山东省惠民县大郭村一座墓葬，在农民农作过程中发现，同出的有青铜鼎、爵、觚、铙和兵器等，圆鼎腹较深、圜底、柱足，具有殷墟二期的特征，依照郭妍利对商代青铜兵器的研究②，铜翘首刀是甲A型Ⅴ式，与安阳市郭家庄东南M26所出铜刀形制一样，时代为殷墟二期晚段，两件铜矛为Cb型Ⅰ式，属于晚期二段，即殷墟二期。所以，该墓的时代应在殷墟二期晚段。此式方彝器盖较小，腹与圈足间分界不明显，与Aa型Ⅲ式、Ab型Ⅱ式方彝较为一致，主要流行于殷墟二期偏晚，绝对年代相当于祖庚、祖甲时期。

Ac型Ⅲ式方彝无科学发掘出土的器物，举女方彝有二字铭文，从女的写法来看，是严志斌所划分的Ⅱ式，属殷墟三期，与举女方彝同出的有冉父癸爵，冉的写法是严氏所划分的B型，流行于殷墟二、三期。所以，举女方彝的时代应在殷墟三期③。从形制来看，Ac型Ⅲ式方彝口沿下有明显的侈口，口沿下一道宽素边，圈足小于器腹，腹与圈足间有折棱，四壁外撇，圈足四边的缺口为窄拱形，与Aa型Ⅳ式一致。因此，本式方彝主要流行在殷墟三、四期，绝对年代相当于廪辛、康丁、武乙、文丁、帝乙和帝辛时期。

---

① 中国社会科学院考古研究所：《安阳殷墟花园庄东地商代墓葬》，科学出版社，2007年，第253页。

② 郭妍利：《商代青铜兵器研究》，社会科学文献出版社，2014年，第71、80页。

③ 严志斌：《商代青铜器铭文研究》，上海古籍出版社，2017年，第117、124页。

综上可知，第一期的年代为殷墟一期晚段至殷墟四期，绝对年代相当于武丁至帝辛时期。

# 二、西周早期

这一时期，主要流行Aa型Ⅴ式、Ⅵ式，B型Ⅰ式、Ⅱ式，Ca型Ⅰ式、Ⅱ式、Ⅲ式方彝。

Aa型Ⅴ式方彝无科学发掘出土的器物，无地层和伴出器物可资断代。该式方彝晚于Ⅳ式方彝，数量很少，仅2件四出戟方彝，王世民等认为两器属西周早期[1]，陈梦家也将福格所藏的1件四出戟方彝定为西周初期[2]。我们认为，该式方彝主要流行于西周早期早段，绝对年代在武成时期。

Aa型Ⅵ式方彝是Aa型方彝发展的尾声，仅1件尹夬方彝，同人之器，还有3件尹夬鼎，有2件出土于岐山县京当乡贺家村西壕西周墓，1件为圆腹鼎，1件为分裆鼎，垂腹特征明显，吴镇烽认为时代在西周早期后段[3]。因此，尹夬方彝的年代也应在西周早期后段，绝对年代在康昭时期。

B型方彝是由A型方彝发展演变而来，B型Ⅰ式的户方彝纽帽上还未出现扉棱，要早于Ca型Ⅰ式的义方彝，可知B型方彝的出现要早于Ca型。

B型Ⅰ式方彝，仅1件户方彝，出土于宝鸡市石鼓山M3，发掘报告认为户方彝、户卣的时代应在商末周初，M3的时代应为西周早期，有可能上至商末周初[4]。此式方彝应主要流行于西周初期，绝对年代在武成时期。

B型Ⅱ式的麦方彝，学界对其年代探讨颇多，多主康王、昭王时期[5]。与麦方彝存在配对组合关系的麦方尊（图6-1），口沿下的兽面蕉叶纹已出现Ⅴ形实线轮廓，角上有鱼鳍状饰，器腹和圈足上的垂冠顾首折身龙纹，颈部细于身子，我们认为此器的时代应在昭王时期。因此，此式方彝应流行于西周早期后段，绝对年代在康昭时期。

① 王世民、陈公柔、张长寿：《西周青铜器分期断代研究》，文物出版社，1999年，第140页。

② 陈梦家：《美国所藏中国铜器集录》（下卷），金城出版社，2016年，第1515页。

③ 吴镇烽：《商周青铜器铭文暨图像集成续编》（三），上海古籍出版社，2016年，第9、10页。

④ 石鼓山考古队：《陕西省宝鸡市石鼓山西周墓》，《考古与文物》2013年第1期，第9、10页。

⑤ 黄鹤：《西周有铭铜器断代研究综览》（下），上海古籍出版社，2021年，第942页。

图6-1　麦方尊①

Ca型Ⅰ式方彝中的义方彝，韩炳华、张昌平都认为是成王时期铸造的②，张懋镕师则认为是在武王时期③。母康丁方彝圈足外撇，四面都有缺口，贴地处无厚台，时代明显义方彝要早。因此，本式方彝主要流行在西周初期，时代相当于武王至成王初年。

Ca型Ⅱ式方彝仅有1件頯方彝，器腹饰下卷角兽面纹，是Ⅰ式母康丁方彝器腹所饰下卷角兽面纹的延续和发展，与义方彝同出的义尊器腹上的兽面也是一样的风格，三件器物的时代应相近，但頯方彝圈足上已经不见缺口，故頯方彝要晚于母康丁方彝和义方彝。器腹兽面纹风格与上海博物馆所藏殴古方尊（图6-2）较为一致，而殴古方尊颈部的兽形蕉叶纹与康王时期的商尊（图6-3）一致。因此，本式方彝的年代应在成王后期至康王时期。

学术界关于Ca型Ⅲ式方彝年代的讨论较多，意见分歧也很大，以令方彝为例，成王说和昭王说就一直相持不下。之所以如此，一方面，是因为本式方彝数量较少，科学发掘出土器更少，仅1件折方彝，其他器物无法根据地层和伴出器物来确定绝对年代；另一方面，对于形制、纹饰特征发展演变的把握，对于铭文内容的认识和理解，大家见仁见智，很难达成一致。对于Ⅲ式方彝年代的判断，还是要设法与公认的标准器进行联系、比较。

---

① （清）梁诗正等：《西清古鉴》卷八，迈宋书馆，光绪十四年，第23页。

② 韩炳华：《新见义尊与义方彝》，《江汉考古》2019年第4期，第81页；张昌平：《谈新见义尊、义方彝的年代及装饰风格》，《江汉考古》2019年第4期，第85页。

③ 张懋镕：《新出义方彝和义尊的年代学意义》，《中国社会科学报》2022年4月7日第006版。

图6-2　殴古方尊①

图6-3　商尊②

　　Ca型Ⅲ式方彝盖面和器腹上装饰的主纹都是兽面连身纹，是一种中间为兽面、两侧为躯体和腿爪的动物形纹饰，在西周早期铜器上比较常见。若对兽面连身纹进行考古类型学分析，不但可以打破器类的樊篱，将方彝和其他器类系联起来，还可以根据兽面连身纹发展演变的脉络，进行年代分析。为行文方便，我们用1、2、3式来表示。1式，见于义尊（图6-4，1）腹部，兽面两侧接躯体，横折向上，卷尾，在转折处的下部有腿爪，爪有四趾，上一下三，腿爪后有躯体，横折上竖，兽面每侧有两个身躯。2式，见于商尊（图6-4，2）腹部，又见于大盂鼎（图6-4，3）上，腿爪后的躯体变小或消失，腿爪整体居于上竖的躯体之下，二者不连接，躯体或直尾，或卷尾，腿爪有的比较具象，有的较为简略。3式，见于折方彝（图6-4，4）、𤳯方彝（图6-4，5）、令方彝（图6-4，6）等器上，兽面两侧躯体上竖，内侧有鱼鳍饰带，躯体下有腿爪，躯体、腿爪相连，腿爪后端较直或卷曲，嘴角下部有鱼鳍状饰（或称花边）。

　　义尊是成王早期的器物，大盂鼎是康王时期的标准器，1式兽面连身纹要早于2式。商尊和折方彝都是微史家族的器物，商是折的父辈，2式兽面连身纹要早于3式。兽面连身纹的发展顺序是由1式到2式，再到3式，据此可知，Ⅲ式方彝的年代要晚于大盂鼎，即晚于康王二十三年。

　　进入西周以后，尊、方彝或尊、方彝、觥之间形成了配套组合关系③。存在配套组合关系的器物，铭文内容相同，纹饰风格一致，应是同人同时制作。Ca型Ⅲ式方彝组成的尊、方彝组合有4组，分别是令组、叔牝组、彈组和荣子组，尊、方彝、觥组合有2组，即折组和𤳯组。

　　①　陈佩芬：《夏商周青铜器研究》（西周篇·上），上海古籍出版社，2004年，第154页。

　　②　曹玮：《周原出土青铜器》（3），巴蜀书社，2005年，第525页。

　　③　冯峰：《论西周青铜器中的尊、方彝（尊、方彝、觥）组合——兼谈其与尊、卣组合的关系》，《三代考古》（八），科学出版社，2019年，第281～306页。

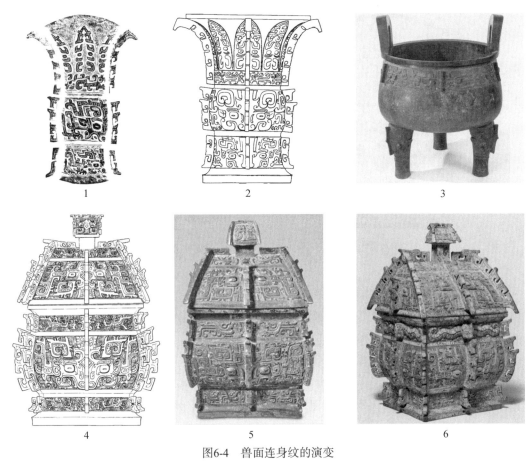

图6-4　兽面连身纹的演变

1. 义尊①（1式）　2. 商尊（2式）　3. 大盂鼎②（2式）　4. 折方彝③（3式）　5. 區方彝④（3式）

6. 令方彝⑤（3式）

　　通过观察，我们发现尊口沿下的兽形蕉叶纹具备类型学研究价值。所谓的兽形蕉叶纹，是指动物的躯体、腿爪、阔口、眼、眉和角等各部位，由上向下在尊的颈部纵向排列，上窄下宽，整体呈蕉叶状，最早见于殷墟二期的铜觚上，如子韦觚（GM2508：3）⑥。实际上，兽形蕉叶纹就是将横向排列的兽面连身纹改为纵向倒序排列，两者的构图元素一致。觚形三段圆尊在殷墟三期出现后⑦，颈部上也装饰了兽形蕉叶纹，如灵石县旌介商墓M1出土的卷父己尊（图6-5，1）。

① 韩炳华：《新见义尊与义方彝》，《江汉考古》2019年第4期，第80页，拓片一。

② 中国青铜器全集编委会：《中国青铜器全集》（5），文物出版社，1996年，第22页。

③ 曹玮：《周原出土青铜器》（3），巴蜀书社，2005年，第567页。

④ 张天恩：《陕西金文集成》（12），三秦出版社，2016年，第152页。

⑤ 中国青铜器全集编委会：《中国青铜器全集》（5），文物出版社，1996年，第124页。

⑥ 中国社会科学院考古研究所：《殷墟青铜器》，文物出版社，1985年，图版六五。

⑦ 张小丽：《出土商周青铜尊研究》，西北大学硕士学位论文，2004年，第17页。

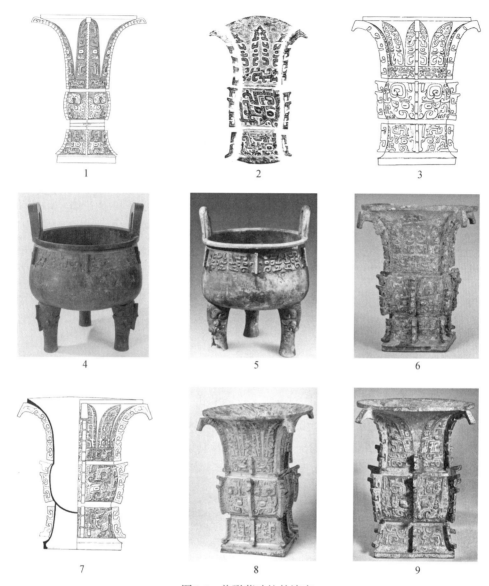

图6-5 兽形蕉叶纹的演变

1. 卷父己尊[①] 2. 义尊（1式） 3. 商尊（2式） 4. 大盂鼎 5. 师镱鼎[②] 6. 令方尊[③]（3式） 7. 折尊（4式）
8. 荣子方尊[④]（4式） 9. 叔牝方尊[⑤]（4式）

---

① 山西省考古研究所：《灵石旌介商墓》，科学出版社，2006年，第36页，图36。

② 湖北省文物考古研究所、随州市博物馆：《湖北随州叶家山西周墓地发掘简报》，《文物》
2011年第11期，第14页，图一六。

③ 台北故宫博物院编辑委员会：《商周青铜酒器》，台北故宫博物院，1989年，图版叁陆。

④ 中国青铜器全集编辑委员会：《中国青铜器全集》（5），文物出版社，1996年，第150页。

⑤ POPE, etc. The Freer Chinese Bronzes Vol. I: Catalogue, Smithsonian Institution, 1967, PLATE18.

　　成王早期的义尊颈部的兽形蕉叶纹（图6-5，2）（1式）与商代晚期相比，角没那么狭长。此后，兽形蕉叶纹的形制发生变化，躯体与阔口间出现了腿爪，是为2式，如商尊（图6-5，3）和上海博物馆所藏毁古方尊，而相同的构图元素又见于大盂鼎（图6-5，4），还见于近年叶家山墓地M1出土的师錽鼎（M1：09）（图6-5，5）①，区别在于构图一纵一横。令方尊（图6-5，6）上所饰兽形蕉叶纹（3式）是2式的延续，角上出现鱼鳍状饰。折尊（图6-5，7）、荣子方尊（图6-5，8）、叔牝方尊（图6-5，9）、彊方尊上所饰的兽形蕉叶纹（4式），兽形外有V形实线轮廓，外有鱼鳍状饰，钩状臣形目。由此可知，令方尊、折尊等时代要晚于大盂鼎，即Ca型Ⅲ式方彝的时代要晚于大盂鼎，令方彝的时代要早于折方彝、荣子方彝、叔牝方彝和彊方彝。

　　对兽面连身纹和兽形蕉叶纹的考古类型学分析，都证明Ca型Ⅲ式方彝要晚于大盂鼎，大盂鼎是学界公认的康王二十三年标准器，因此，此式方彝的时代主要在昭王时期。

　　综上，第二期的年代为西周早期，绝对年代相当于武王至昭王。

# 三、西　周　中　期

　　这一时期，主要流行B型Ⅲ式，Ca型Ⅳ式、Ⅴ式，Cb型Ⅰ式、Ⅱ式方彝。

　　B型Ⅲ式仅1件日己方彝，1963年初，出土于扶风县齐家村一处窖藏，简报认为时代在西周早期②。盖面和器身只有一周纹饰带，饰上卷角有廓兽面纹，与Ca型Ⅴ式方彝装饰风格一致。从铭文字形书体来看，"障"字右部的"酉"上已有两撇，"宝"字的宝盖头已明显没有屋盖的形象，而且字形修长，笔道很细，笔画粗细基本一致，没有肥笔、波磔现象，显然铭文是中期的③。因此，本式方彝主要流行于西周中期。

　　Ca型Ⅳ式方彝纹饰风格承上启下。吴方彝盖上兽面连身纹的眉毛开始夸张变形，除此之外，与Ⅲ式方彝上的兽面连身纹基本相近，铭文中的"佳王二祀"，只能是穆王二年。丂甫方彝上的兽面纹已经开始变形，《殷周金文集成》认为在商代晚期，失之过早，林巳奈夫认为在西周中期早段④。作宗宝方彝器身上还有颈、腹两层纹饰带，器腹上饰上卷角兽面纹，是Ⅴ式方彝的先声。因此，本式方彝主要流行于穆王前期。

---

　　① 湖北省文物考古研究所、随州市博物馆：《湖北随州叶家山西周墓地发掘简报》，《文物》2011年第11期，第39页；刘彦：《中国出土青铜器全集》（11），科学出版社、龙门书局，2018年，第101页。

　　② 梁星彭、冯孝堂：《陕西长安、扶风出土西周铜器》，《考古》1963年第8期，第415页。

　　③ 张懋镕：《西周青铜器断代两系说刍议》，《考古学报》2005年第1期，第22页。

　　④ 〔日〕林巳奈夫著，广瀬薰雄、近藤晴香译，郭永秉润文：《殷周青铜器综览》（第一卷），上海古籍出版社，2017年，第354页。

　　Ca型Ⅴ式方彝中的觀爾方彝出土于绛县横水西周墓地M1006，谢尧亭认为该墓的时代为西周中期[1]。崎川隆认为，上卷角诸器有可能是在下卷角诸器的基础上发展过来的，而其年代应是比下卷角诸器稍晚一点的西周中期早段，大致相当于昭王末期至穆王初期[2]。冯峰则认为，定为穆王或稍晚是合理的[3]。我们认为，该式方彝主要流行于穆王后期，有的器物体量较小，铸造略显粗糙，无云雷纹衬底，下限可能已到懿孝时期。

　　Cb型Ⅰ式方彝中的师遽方彝，盖面与器腹装饰变形兽面纹，除双目尚可辨认，其余部位都已变形，成为简单、草率的线条，颈与圈足饰兽体变形纹，兽面变形较丙甫方彝更甚，时代也应晚于丙甫方彝。师遽另有一器，即师遽簋盖，铭文有"王在周，格新宫"，与趞曹鼎"王在周新宫"相合，新宫是共王的父庙，即穆王庙，故师遽方彝作于共王时[4]。盠方彝的器主盠，据逨盘铭文所述单氏家族世系，即惠仲盠父，是昭穆时期人，该器盖靠脊处、颈部装饰兽体变形纹，应已进入穆王时期。据盠驹尊铭文，师遽和盠曾有交集，生活于同一时代。所以，本式方彝主要流行于穆王后期至共王时期。

　　Cb型Ⅱ式方彝仅1件井叔方彝，器身只有一层纹饰带，报告认为是懿孝时期[5]，我们认为可从。

　　因此，第三期的年代为西周中期，绝对年代相当于穆王至孝王。

# 四、西周晚期至春秋早期

　　这一时期，主要流行B型Ⅳ式、Ⅴ式，Ca型Ⅵ式，Cb型Ⅲ式，D型Ⅰ式、Ⅱ式、Ⅲ式方彝。

　　B型Ⅳ式方彝中的云纹方彝出土于北赵晋侯墓地M63，墓主人为晋穆侯邦父的夫人，时代为西周末年[6]。另有1件龙纹方彝出土于虢国墓地M2012，墓主人为梁姬，是M2001墓主人虢季的夫人，虢季为虢国的一代国君。报告将M2012的时代定在西周晚期

①　谢尧亭：《晋南地区西周墓葬研究》，吉林大学博士学位论文，2010年，第85、86页。
②　〔日〕崎川隆：《关于西周时期饰有"上卷角兽面纹"的青铜器》，《青铜器与金文》（第一辑），上海古籍出版社，2017年，第400页。
③　冯峰：《论西周青铜器中的尊、方彝（尊、方彝、觥）组合——兼谈其与尊、卣组合的关系》，《三代考古》（八），科学出版社，2019年，第289页。
④　陈佩芬：《夏商周青铜器研究》（西周篇·下），上海古籍出版社，2004年，第378页。
⑤　中国社会科学院考古研究所：《张家坡西周墓地》，中国大百科全书，1999年，第365页。
⑥　山西省考古研究所、北京大学考古系：《天马—曲村遗址北赵晋侯墓地第四次发掘》，《文物》1994年第8期，第19页。

晚段，即宣、幽时期①。近年来，王恩田指出，三门峡虢国东迁，应在晋文侯杀携王、西周覆灭以后，虢国墓地的年代上限不超过周平王十一年、晋文侯杀携王之年，即公元前760年，虢国墓地年代应是前760～前655年，属春秋早期②。贾洪波将上村岭铜器墓划分为三期，认为M2001属第一期，时代为春秋早期早段③。我们赞同虢国墓地的时代为春秋早期。M2012及其祔葬车马坑均被M2001祔葬的车马坑M2001CHMK1所打破，因此，M2012的时代要早于M2001，应在春秋初期。虢国墓地M2009出土有1件龙纹方彝，该墓墓主人为虢仲，也是一代国君，该墓的材料虽未公布，但时代也不出春秋早期。所以，此式方彝流行于西周晚期晚段至春秋早期。

B型Ⅴ式方彝，虢国墓地M2008、M2012各出土1件素面方彝，时代为春秋早期。洛阳市润阳广场东周墓M9934出土1件素面方彝，简报认为该墓的时代为春秋早期④。应国墓地M8出土1件素面方彝，简报认为该墓的时代以春秋早期早段为宜⑤。因此，该式方彝主要流行于春秋早期。

Ca型Ⅵ式有4件出土方彝，分别出土于南阳市夏饷铺墓地M6、曲沃县北赵晋侯墓地M62、济宁市商业局墓以及平顶山市应国墓地M8，根据简报，除应国墓地M8时代为春秋早期早段外，其余三墓的时代为西周晚期。因此，该式方彝流行于西周晚期至春秋早期。

Cb型Ⅲ式有3件出土方彝，2件出土于韩城市梁带村M502，发掘报告认为该墓的时代在宣王时期⑥。虢国墓地M2012出土1件双耳方彝，该墓的时代在春秋早期早段。因此，该式方彝主要流行于西周晚期至春秋早期。

D型Ⅰ式方彝仅1件鳞纹方彝，出土于平顶山市应国墓地M1，发掘报告认为这座墓的时代为西周末期的宣王之世⑦，我们认为意见可从。可见，本式方彝主要流行于西周晚期。

① 河南省文物考古研究所、三门峡市文物工作队：《三门峡虢国墓》（第一卷·上），文物出版社，1999年，第313页。

② 王恩田：《"二王并立"与虢国墓地年代上限——兼论一号、九号大墓即虢公忌墓与虢仲林父墓》，《华夏考古》2012年第4期，第89页。

③ 贾洪波：《关于虢国墓地的年代和M2001、M2009的墓主问题》，《中原文物》2014年第6期，第23页。

④ 山西大学历史文化学院、洛阳市文物工作队：《河南洛阳市润阳广场东周墓C1M9934发掘简报》，《考古》2010年第12期，第32页。

⑤ 河南省文物考古研究所、平顶山市文物管理局：《河南平顶山应国墓地八号墓发掘简报》，《华夏考古》2007年第1期，第47页。

⑥ 陕西省考古研究院、渭南市文物保护考古研究所、韩城市景区管理委员会：《梁带村芮国墓地——二〇〇七年度发掘报告》，文物出版社，2010年，第212页。

⑦ 河南省文物研究所、平顶山市文管会：《平顶山市北滍村两周墓地一号墓发掘简报》，《华夏考古》1988年第1期，第42页。

D型Ⅱ式方彝有2件出土方彝，分别出土于虢国墓地M2012、M2008，两座墓的时代都在春秋早期。因此，本式方彝主要流行于春秋早期。

D型Ⅲ式方彝，有3件出土于虢国墓地M2001，1件出土于虢国墓地M2006，两座墓的时代均在春秋早期。有1件出土于垣曲县北白鹅墓地M3，简报认为M3的时代为春秋早期[①]。所以，本式方彝主要流行于春秋早期。

因此，第四期的绝对年代相当于西周晚期至春秋早期。

# 第三节　几件重要方彝的断代

方彝中有铭文的共116器，其中，4器有纪年数据，分别是戍铃方彝、齐生鲁方彝盖、折方彝和作册吴方彝盖。利用上文考古类型学的研究成果，结合铭文内容，可以确定上述4器纪年所属的王世。令方彝的年代有较大争议，利用方彝考古类型学的结论，亦可确定其王世。

# 一、戍 铃 方 彝

戍铃方彝（图6-6）最早见于宋代王黼《宣和博古图》卷八，初名周己酉方彝，器内壁有38字铭文，内有十祀纪年数据，现在下落不明。

该器无盖，由器身推断，是本书所划分的Aa型Ⅳb式方彝，与母宰𡧧帚方彝和故宫博物院所藏的王生女叙方彝形制、纹饰基本一致，这种形制的方彝主要流行于殷墟四期。岳洪彬、严志斌都主张在殷墟四期，即帝乙、帝辛时期，铭文字数增多，长铭大量出现[②]。戍铃方彝铭文的字形书体与戍嗣子鼎较为一致，长铭的特点、叙事风格和纪时等，均与四祀邲其卣高度一致，据四祀邲其卣铭文，"乙巳，王曰：隨文武帝乙宜"，可确定此王为帝辛，即商王纣。因此，我们的观点是，戍铃方彝也应是帝辛时期的器物，"惟王十祀"即商纣王在位的第十年。

---

① 山西省考古研究院、运城市文物保护中心、垣曲县文化和旅游局：《山西垣曲北白鹅墓地M2、M3发掘简报》，《文物季刊》2022年第1期，第30页。

② 岳洪彬：《殷墟青铜容器分期研究》，《考古学集刊》（第15集），文物出版社，2004年，第58页；严志斌：《商代青铜器铭文研究》，上海古籍出版社，2017年，第133页。

图6-6　戍铃方彝[①]及铭文

## 二、齐生鲁方彝盖

1981年春，齐生鲁方彝盖（图6-7）出土于岐山县祝家庄公社（今祝家庄镇）宫里大队（今宫里行政村）流龙嘴村（自然村）西，仅存器盖，未见器身，原藏于岐山县博物馆，现藏于陕西历史博物馆，盖内有铭文6行50字，内有八年的纪年数据[②]。

器盖为四坡屋顶形，盖脊中间有纽，纽帽为四坡屋顶形，下端有子口，帽脊两端有角状凸出，纽帽脊和四隅饰五条扉棱，盖面弧鼓，盖脊、四隅和中部饰九条勾牙状扉棱。纽帽上饰曲折角分解兽面纹，盖面上端靠脊处饰对首鸟纹，下端饰下卷角分解兽面连身纹，角和躯体上有鱼鳍状饰。齐生鲁方彝盖的形制、装饰与本书所划分的Ca型Ⅲ式方彝器盖一致，推测整器应该也是Ca型Ⅲ式方彝。上一节已分析，Ca型Ⅲ式方彝主要流行于昭王时期。因此，本器之八年应是昭王在位第八年。

有学者认为该器历日与恭王时期的师虎鼎历日相合，故把此器置于恭王八年[③]，也有的学者认为应在孝王时期[④]，我们不赞同该器属西周中期后段的观点。

西周早期方彝整体较为高大，进入穆王时期以后，方彝器形就开始变小，至于西周中期后段，这种趋势更加明显，除覷尔方彝高37厘米之外，其余均在30厘米以下。

---

① （宋）王黼：《宣和博古图》卷八，亦政堂刻本，乾隆十七年，第十五页；中国社会科学院考古研究所：《殷周金文集成》（第十六册），中华书局，1994年，第26页。

② 岐山县博物图书馆：《岐山县博物馆近几年来征集的商周青铜器》，《考古与文物》1984年第5期，第10页。

③ 李学勤：《鲁方彝与西周商贾》，《史学月刊》1985年第1期，第32页；夏商周断代工程专家组：《夏商周断代工程报告》，科学出版社，2022年，第80页。

④ 张懋镕：《宰兽簋王年试说》，《文博》2002年第1期，第33页；叶正渤：《金文标准器铭文综合研究》，线装书局，2010年，第184页。

齐生鲁方彝盖高29厘米，口径长31.5、宽16厘米，按照器盖与通高比例，我们推测齐生鲁方彝整器通高肯定超过60厘米。从体量来看，不可能归入西周中期。

穆王时期，方彝上的纹饰开始出现夸张、变形，到了西周中期后段，盖面、器身上更是由装饰两周纹饰带变成了装饰一周纹饰带，而齐生鲁方彝盖上有一窄一宽两周纹饰带，纹样内容也是流行于昭王时期的Ca型Ⅲ式方彝上最常见的鸟纹和兽面连身纹，形制也并无二致。

铭文布局比较严谨整饬，竖成列，但横不成行，字体笔道较粗，丁字涂实，呈现出西周早期的特征。有学者认为，公、障的写法较晚，只能在西周中期后段，我们试做分析。障字右半边酉上有两撇，早在昭王时期的过伯簋上就已出现。公字上部两笔外撇较甚，下部近圆，这种写法确实在西周中、晚期比较流行，但在康王时期的大盂鼎上已有近似的写法[①]，降至昭王时期，齐生鲁方彝盖上公字的写法已与西周中晚期流行的写法一致，说明这种写法的源头就出现于西周早期后段。

基于以上分析，我们认为，齐生鲁方彝盖是昭王八年器。

图6-7　齐生鲁方彝盖及铭文[②]

# 三、令 方 彝

自令方彝（图6-8）面世以来，学术界关于其年代的争讼迄今未能平息，昭王说和成王说僵持不下，究其原因在于，学者对铜器断代首要标准的认识不同。一种观点认为，不宜把类型学上的证据置于铭文内容的分析之上[③]，器物的形制、纹饰风格和铭文字体一般都会延续比较长的一段时间，仅通过这些方面，只能求得某件器物大致的时间范围，而要求得一件器物比较准确的制作时间，还应依靠铭文，根据铭文中的人

①　王帅：《中国古代青铜器整理与研究·西周金文字体卷》，科学出版社，2018年，第31、36页。

②　张天恩：《陕西金文集成》（2），三秦出版社，2016年，第33、34页。

③　杜勇：《关于令方彝的年代问题》，《中国史研究》2001年第2期，第11页。

物、事件，通过这些人物的活动及某件事情发生的时间、地点，才能够判断器物所在的具体王世，以至那个王世的前期、中期或后期①。另一方则认为，铜器断代研究本质上是考古学研究，利用考古学方法对青铜器进行整体分期，将器类、组合、器形、纹饰各方面因素结合在一起，总结出青铜器演变的整体趋势和阶段性特点，在考古学分期的基础上，运用标准器断代法和系联法，对青铜器进行更为精确的断代，同时利用铜器铭文去揭示考古学方法不易发现的特殊现象②。

图6-8　令方彝及铭文③

通过分析铭文内容来确定铜器年代，方法本身并没有问题，但前提是研究对象得适用这种方法。以令方彝为例，有长篇铭文，铭文中有人物、地点和事件，可以系连一批铜器，貌似是通过铭文内容分析断代的理想对象，但由于铭文记载简略，传世文献匮乏，对铭文内容的分析很容易陷入主观臆断的陷阱，以致结论千差万别，况且成王说和昭王说最初就都是根据铭文内容分析得出的结论。可见，仅仅依靠铭文内容分析，在令方彝断代问题上显然是条死胡同，要想解决问题，在没有新材料的情况下，只能引入新的研究方法。

事实上，早在20世纪八九十年代，就有学者通过对方彝进行考古类型学分析，从而将令方彝年代推定为昭王或西周早期偏晚④。此后，诸家在著文讨论令方彝年代时，多会将方彝的考古类型学分析作为证据之一，铭文行款、字体、书风的分析、比较越

① 沈长云：《也谈义方彝和令方彝的年代问题》，《中国社会科学报》2022年6月23日第004版。

② 韩巍：《今天的铜器断代研究本质是考古学研究》，《中国史研究动态》2022年第3期，第53页。

③ 中国青铜器全集编辑委员会：《中国青铜器全集》（5），文物出版社，1996年，第124页。

④ 〔日〕林巳奈夫著，广濑熏雄、近藤晴香译，郭永秉润文：《殷周青铜器综览》（第一卷），上海古籍出版社，2017年，第281页；马承源：《中国青铜器》（修订本），上海古籍出版社，2003年，第227页；朱凤瀚：《古代中国青铜器》，南开大学出版社，1995年，第103页；王世民、陈公柔、张长寿：《西周青铜器分期断代研究》，文物出版社，1999年，第141页。

来越细致，纹饰演变和风格也成为断代的重要依据[①]。

　　根据对方彝进行的类型学分析，可知在相对年代关系上，义方彝早于頫方彝，后者又早于令方彝，这一点学界并无分歧。但在绝对年代的判断上，有学者提出质疑，頫方彝制作于西周前期，义方彝属成王时期较早的器物，拿它们与令方彝进行比较，只能得出令方彝的制作在成王早中期之后不远，最多在成康之际的结论[②]。由于頫方彝年代也存在争议，有西周初期、早期、早期后段和昭王等不同观点[③]，自然会影响到令方彝的年代推断。因此，上述质疑也得正视。

　　在20世纪八九十年代，曾有学者对鸟纹、兽面纹进行细致的类型学分析以服务于铜器断代，当中也涉及令方彝，所饰鸟纹为Ⅰ7式[④]，流行于成康时期，所饰连体兽面纹为Ⅲ13式，流行于昭王以前的西周早期，所饰双身夔纹组成的兽面纹为Ⅲ16式，流行于成康时期[⑤]，文中对纹饰流行年代的推断不够准确。张懋镕注意到，义方彝纹饰线条比较刚直，更接近商代晚期的方彝，而令方彝线条比较柔和、细腻，頫方彝则处于二者之间[⑥]。

　　基于形制、纹饰角度的考古类型学分析，可证义方彝、頫方彝早于令方彝，但令方彝能不能晚到昭王时期，已有研究未能给出直接、明确的证据。对于铭文字体、书风特征的观察更是见仁见智，难以达成一致。

　　由此看来，过往关于令方彝断代的研究，不论是从铭文内容出发，还是从考古类型学入手，论者都没能拿出令反对者信服的证据。要想彻底解决令方彝年代问题，还得另辟蹊径。令方彝铭文中没有王号、纪年，所涉人物、史实认识分歧也很大，要想准确断代，得设法与公认的标准器进行联系、比较。

　　令方彝和康王时期标准器大盂鼎上都装饰兽面连身纹，若对兽面连身纹进行考古类型学分析，就可以将二者纳入同一系统之中进行年代比较。上一节中，我们梳理出了西周早期兽面连身纹的发展脉络，得出了令方彝晚于大盂鼎的结论，而且两器上的兽面连身纹形象差别较大，年代差距不会很小。又通过对兽形蕉叶纹发展演变的分析，得知令方彝要早于折方彝。因此，令方彝为昭王器无疑。

---

　　① 张懋镕：《新出义方彝和义尊的年代学意义》，《中国社会科学报》2022年4月7日第006版；刘树满：《再论令方彝为西周昭王铜器》，《中国社会科学报》2022年3月10日第004版；沈长云：《也谈义方彝和令方彝的年代问题》，《中国社会科学报》2022年6月23日第004版；张懋镕：《再谈义方彝和令方彝的年代问题》，《中国社会科学报》2022年11月17日第004版；沈长云：《再论有关令方彝年代等问题》，《中国社会科学报》2023年1月19日第004版。

　　② 沈长云：《再论有关令方彝年代等问题》，《中国社会科学报》2023年1月19日第004版。

　　③ 黄鹤：《西周有铭铜器断代研究综览》（下），上海古籍出版社，2021年，第942页。

　　④ 陈公柔、张长寿：《殷周青铜容器上鸟纹的断代研究》，《考古学报》1984年第3期，第271~280页。

　　⑤ 陈公柔、张长寿：《殷周青铜容器上兽面纹的断代研究》，《考古学报》1990年第2期，第154、155页。

　　⑥ 张懋镕：《再谈义方彝和令方彝的年代问题》，《中国社会科学报》2022年11月17日第004版。

# 四、折　方　彝

　　1976年12月，扶风县法门镇庄白一号西周青铜器窖藏出土，窖藏内共出土青铜器103件，有铭文的74件，折组器物有折方彝、折尊、折觥和折斝等凡4件，其中，折方彝、折尊和折觥铭文相同，装饰风格一致，三者存在组合关系，应铸造于同一时间。关于折方彝的年代，学术界存在康王[①]、昭王[②]和穆共时期[③]等不同说法，我们赞同昭王的观点，但过往研究论证不够有力，我们还可再做补证。

　　折方彝（图6-9）属本书所划分的Ca型Ⅲ式方彝，此型式方彝流行于昭王时期。

　　商尊、大盂鼎上装饰2式兽面连身纹[④]，而折尊、折方彝、折觥装饰3式兽面连身纹，折尊颈部饰4式兽形蕉叶纹，而作册吴方彝盖、丂甫方彝等CaⅣ式方彝上的兽面连身纹已经发生变形，丂甫方尊颈部的兽形蕉叶纹也已经发生变形，因此，根据对兽面连身纹和兽形蕉叶纹的考古类型学分析，我们可知，商尊、大盂鼎要早于折器，这一点还可以得到微史家族世系的支持，商是折的父（叔）辈，商器要早于折器，折器又早于作册吴方彝盖、丂甫方彝。

　　大盂鼎为康王二十三年器，作册吴方彝盖是穆王二年器，折方彝只能为昭王十九年器。

图6-9　折方彝及铭文[⑤]

　　①　刘启益：《西周纪年》，广东教育出版社，2002年，第122页；杜勇、沈长云：《金文断代方法探微》，人民出版社，2002年，第57、159页。

　　②　王世民、陈公柔、张长寿：《西周青铜器分期断代研究》，文物出版社，1999年，第143页。

　　③　〔美〕罗泰：《有关西周晚期礼制改革及庄白微氏青铜器年代的新假设：从世系铭文说起》，《中国考古学与历史学之整合研究》，1997年，第651～676页。

　　④　兽面连身纹和兽形蕉叶纹的演变分析详见本章第二节。

　　⑤　张天恩：《陕西金文集成》（2），三秦出版社，2016年，第109页。

# 五、作册吴方彝盖

作册吴方彝盖（图6-10），器身不存，现藏上海博物馆，曾经被火焚烧，周身炭黑，铭文右上端烧有一洞。最早为阮元《积古斋钟鼎彝器款识》所著录，据赵秉冲所藏拓片摹写。因该器有102字铭文，有确切王年，历来为学术界所重视，自王国维开始，曾有多位学者对该器的年代进行了探讨，诸家观点涵盖了从穆王到宣王的各个王世[1]。

盖为四坡屋顶形，盖面微弧，盖脊、四隅和中间饰九条扉棱。靠盖脊处饰两只相对的顾首龙纹，下端饰分解兽面连身纹，还保留着兽的基本形态，各部位列于相应位置，不相连接，且已经出现变形。下卷角，眉毛夸张拉长，眼内角有钩，嘴角两侧的线条原为鱼鳍状饰。兽面两侧上为躯体，下为腿爪。与Ca型Ⅲ式方彝上的兽面连身纹相比，既有一致性，又有变化，二者之间应是前后相继的关系，年代不会相距很远。Ca型Ⅲ式方彝主要流行于昭王时期，则吴方彝应为穆王二年器。设若吴方彝是共王二年，甚或是其后各王之器，周穆王在位55年，则纹饰的演变程度与时间跨度是不相符的。

器主作册吴还有另外两器，即吴盂（图6-11）和吴盘（图6-12），两器所饰纹饰相近，有学者称其为中目形窃曲纹，若与丂甫方彝上的变形兽面纹（图6-13）进行比较，不难发现，所谓的中目形窃曲纹实际上是将兽面纹的角、眉、眼元素重新组合而成，角一端呈歧状，刀形眉竖立，构成两C形线条绕目的形象，具象的兽面纹变成了抽象的图像、线条元素组合。从纹饰演变来看，作册吴方彝盖明显要早于吴盂、吴盘。

图6-10　作册吴方彝盖[2]　　　　　图6-11　吴盂[3]

---

① 黄鹤：《西周有铭铜器断代研究综览》（下），上海古籍出版社，2021年，第946、947页。

② 陈佩芬：《夏商周青铜器研究》，上海古籍出版社，2004年，第382页。

③ 朱凤瀚：《新出金文与西周历史》，上海古籍出版社，2011年，图版一二之1。

图6-12　作册吴盘①　　　　　　　图6-13　丏甫方彝

　　吴盉铭文有三十年的纪年数据，按夏商周断代工程的年代学框架，西周中期王年超过30年的，仅穆王一人。夏含夷通过排比吴盉及相关铜器的历日，认为是周穆王三十年②。王占奎认为，从器物和铭文字体风格判断，吴盉只能属于西周中期，是穆王时器③。张懋镕师认为，吴盉的足是标准的柱足，横截面是圆形，西周晚期没有这样的柱足，所以年代应在穆王时期④。

　　因此，作册吴方彝盖是周穆王二年器。

　　①　韩巍：《简论作册吴盉及相关铜器的年代》，《中国国家博物馆馆刊》2013年第7期，第72～75页，图五。

　　②　〔美〕夏含夷：《从作册吴盉再看周穆王在位年数及年代问题》，《新出金文与西周历史》，上海古籍出版社，2011年，第52～55页。

　　③　王占奎：《2003年以来所见西周历日拟年》，《古文字与古代史》（第三辑），台北"中研院"历史语言研究所，2012年，第185～214页。

　　④　张懋镕：《新见金文与穆王铜器断代》，《文博》2013年第2期，第23页。

# 第七章　随葬方彝墓葬研究

截至2022年底，经科学发掘出土的方彝，我们共搜集到54件，除绛县横水墓地出土的1件兽面纹方彝因考古报告未公布而出土单位不详外，其余53件方彝分别出土于墓葬、窖藏、祭祀坑等39个地层单位[①]。具体而言，34座墓葬出土方彝46件，其中，出土5件的有1座墓，出土4件的有1座墓，出土3件的有1座墓，出土2件的有3座墓，出土1件的有28座墓；3座窖藏出土方彝4件，出土2件的有1座窖藏，出土1件的有2座窖藏；2座祭祀坑分别出土方彝1件和2件。

## 第一节　随葬方彝墓葬的特征

根据我们统计，随葬方彝的墓葬共有34座，除定州北庄子M61、三门峡虢国墓地M2009和绛县横水墓地M1006之外，其余31座墓葬的资料均已公布，可分为三类：第一类，科学发掘且未经盗扰的墓葬，随葬品完整，有21座；第二类，科学发掘，但已被盗扰，随葬品不完整，有7座；第三类，非科学发掘的墓葬，无法确定随葬品是否完整，有3座。

## 一、时　　代

出土方彝之墓葬的时代，从商代晚期延续至春秋早期，按照方彝的分期，我们将31座墓葬也分为四期。

第一期，商代晚期，12座，占38.7%；

第二期，西周早期，1座，占3.2%；

第三期，西周中期，1座，占3.2%；

第四期，西周晚期，6座，占19.4%；春秋早期，11座，占35.5%。

各个时代所发现的墓葬数量不均衡，呈现早晚多、中间少的特点，与各期方彝数量分布基本是一致的。商代晚期，方彝更多被用作宴飨时的盛酒器，墓主去世后被随葬于墓中。西周早、中期，方彝多被用作祭器，墓中发现的自然比较少。到了西周晚期至春秋时期，方彝作为明器专门用于随葬，故随葬方彝的墓葬数量较多。

---

① 详见附表四"各地层单位出土方彝一览表"。

# 二、等　级

出土方彝且有体量信息的共28座墓葬，根据墓葬大小、葬具形制和随葬品多寡，可以划分为四个等级：第一等级，中字形墓，一般一椁重棺，3座；第二等级，甲字形墓，一般一椁重棺，4座；第三等级，大型长方形竖穴土坑墓，墓室长度在4米以上，或墓室面积在10平方米以上[①]，一般一椁重棺，15座；第四等级，中型长方形竖穴土坑墓，墓室长度在3~4米，一般一椁一棺，6座。墓口和墓底面积若不一致，取其大者为参考。

第一期，商代晚期，10座，其中，中字形墓1座，占10%，大型长方形竖穴土坑墓3座，占30%，中型长方形竖穴土坑墓6座，占60%。

第二期，西周早期，仅1座，即宝鸡石鼓山墓地M3，为大型长方形竖穴土坑墓。

第三期，西周中期，仅1座，即张家坡西周墓地M170井叔墓，为甲字形墓，墓底有积炭。

第四期，西周晚期到春秋早期，16座，其中，中字形墓2座，占12.5%，甲字形墓3座，占18.7%，大型长方形竖穴土坑墓11座，占68.8%。

方彝是一种高等级酒器，只随葬于中型以上的墓葬中。中间两期墓葬数量很少，各等级墓葬占比面貌还不清楚，但第一期和第四期的特征呈现出了明显变化，随葬方彝的墓葬等级在不断提高，商代晚期，以中型墓葬为主，到了西周晚期和春秋早期，以大型墓及以上级别的墓葬为主，中型墓基本不再随葬，反映出能够使用方彝随葬的阶层的身份和地位在提高。

# 三、以男性为主

由于多数出土方彝墓葬中的人骨或不存，或腐朽严重，不能直接判断墓主人的性别，只能根据墓葬中的随葬品间接判断。男性墓葬中会随葬兵器，女性墓葬中一般不随葬兵器（小屯M5例外），而随葬女性使用的饰品。

出土方彝的31座墓葬中，有29座能够判断墓主人的性别，其中，男性23座，占79.3%，女性6座，占20.7%。商代晚期，男性10座，女性1座；西周早期，男性1座；西

---

① 《中国考古学·夏商卷》第345页将商代晚期10平方米以上的墓葬定为大型竖穴土坑墓，3~10平方米的墓葬定为中型竖穴土坑墓；《中国考古学·两周卷》第70页将西周时期墓长在4~5米以上，葬具为一椁重棺的，定为大型竖穴土坑墓。《殷墟文化研究》第66页将墓室面积在4.5~11平方米的墓葬定为中型墓。我们在确定墓葬等级标准时，参考了上述内容。

周中期，男性1座；西周晚期到春秋早期，男性11座，女性5座。

自商代晚期至春秋早期，方彝在男性墓葬中的随葬比例要一直远高于女性。但自西周晚期以来，方彝在女性墓葬中的随葬比例明显升高。

# 四、墓 主 身 份

通过对墓葬在墓地中的位置、具有指示意义的随葬品以及铭文内容的分析，可以了解墓主的身份等级。此外，三门峡市虢国墓地M2009虽然还未公布发掘报告，但墓主人虢仲是一代虢国国君，在学界并无争议。如此一来，自商代晚期至春秋早期，有32位使用方彝随葬的墓主之身份、等级是可以进行分析的。

## （一）王后

小屯M5的墓主是王后妇好，商王武丁的三位法定配偶之一，庙号辛，即乙、辛周祭祀谱中的姓辛。除了带兵征伐四方以外，她还主持祭祀，参与国家大事，地位非常显赫[1]。

## （二）诸侯国君及夫人

韩城市梁带村M502是一座甲字形大墓，芮国墓地内带一条墓道的大墓应为国君或夫人的墓，墓内随葬的铜钺与M27芮公墓类似，椁顶及墓道殉有马车5辆，都表明M502的墓主是一代芮国国君或身份略低的贵族[2]。也有学者指出，从随葬青铜器来看，不仅没有乐器，而且只有三鼎，其他器物多为明器，这位男性墓主人的身份应属于大夫级[3]。我们认为M502的墓主是一代芮国国君。

北赵晋侯墓地有4座墓随葬方彝。M62随葬三鼎四簋，与M64紧挨着，M64出土有3件"晋侯邦父"铭文铜器，晋侯邦父就是墓主，故M62的墓主人应是晋侯邦父的夫人。M63出土两件铜壶，上有铭文"杨姞作羞醴壶永宝用"，可证墓主是晋侯次夫人杨姞。从晋侯墓地M93的规模和随葬品等级来看，墓主应当是一代晋侯，该墓的时代为春秋初期，时代相符的应为晋文侯，与之并列的M102应为晋文侯夫人。

三门峡市虢国墓地的M2001墓主人为虢季，是虢国的一代国君，M2012墓主人为

---

① 中国社会科学院考古研究所：《殷墟妇好墓》，文物出版社，1980年，第226～228页。

② 陕西省考古研究院、渭南市文物保护考古研究所、韩城市景区管理委员会：《梁带村芮国墓地——二〇〇七年度发掘报告》，文物出版社，2010年，第218页。

③ 朱凤瀚：《论梁带村芮国墓地出土青铜器与相关问题》，《梁带村里的墓葬——一份公共考古学报告》，北京大学出版社，2012年，第163页。

梁姬，是M2001墓主虢季的夫人[①]。M2009墓主人为虢仲，也是一代国君。

南阳市夏饷铺鄂国墓地M6出土一套6件纽钟，大小相次，钲部有铭文"噩（鄂）侯乍（作）"，可知M6的墓主人为一代鄂侯[②]。

平顶山市应国墓地M8，简报认为墓主人是应国的一代国君[③]，我们认为可从。

随葬方彝的国君及夫人墓共有10座，时代集中在西周晚期至春秋早期。6座为国君墓，分别为芮国、晋国（晋文侯）、虢国（虢仲、虢季）、应国和鄂国国君；4座为国君夫人墓，分别为晋穆侯夫人与次夫人、晋文侯夫人以及虢季夫人。出土于国君墓的方彝有10件，虢季墓出土最多，有3件；出土于国君夫人墓的有8件，虢季夫人墓出土最多，有5件，国君及夫人墓中共出土方彝18件。

## （三）贵族及夫人

### 1. 商代晚期

大司空M663随葬青铜器上有铭文3种，均为族徽，1件瓠和3件铙上铭文为古，1件爵和1件瓠上铭文为 𝌆，1件簋上的铭文为见，推测墓主人为古族。墓内随葬多件青铜兵器，还有一件铜钺，镶嵌有绿松石，代表着军事统帅权。因此，墓主人应是出身于古族的一名军事将领。

花园庄东地M42随葬青铜器上有2种铭文，方彝上为马子，爵上为子古，推测其中的一种应为墓主的族徽。此墓在出土方彝的墓葬中面积最小，随葬品数量较少，常与方彝共出的乐器铙、兵器钺等也不见，反映墓主的身份地位略低，应是一位中小贵族。

郭家庄东南M26出土有铭文铜器7件，其中5件都有"旅止冉"，应是墓主的族徽。2006年，当时的安阳市文物工作队在郭家庄南发掘了M5，出土十多件青铜器，多有铭文"旅止冉"，由此看来，郭家庄一带应是"旅止冉"家族的活动区域[④]。M26墓内随葬1件大型铜钺，这是军事统帅权的象征，说明墓主可能是出身于"旅止冉"家族的一名军事将领。墓内所出土3件硬陶瓿与湖南岳阳对门山出土硬陶瓮（瓿）极为相似，具有江南文化的特征。出土的1件铜銴形器则与鄂尔多斯Ⅰ式铜銴接近，具有北方

---

① 河南省文物考古研究所、三门峡市文物工作队：《三门峡虢国墓》（第一卷·上），文物出版社，1999年，第224、313页。

② 河南省文物局南水北调文物保护办公室、南阳市文物考古研究所：《河南南阳夏饷铺鄂国墓地M5、M6发掘简报》，《江汉考古》2020年第3期，第31页。

③ 河南省文物考古研究所、平顶山市文物管理局：《河南平顶山应国墓地八号墓发掘简报》，《华夏考古》2007年第1期，第48页。

④ 中国社会科学院考古研究所、安阳市文物考古研究所：《殷墟新出土青铜器》，云南人民出版社，2008年，第28页。

草原文化的特征①。墓内随葬异域器物，暗示着墓主人曾经率军南征北讨，立下过赫赫军功。

花园庄东地M54所出青铜器上大多有铭文"亚长"，亚是商代武职官名，长为商代著名大族，深得商王器重。从墓葬面积、殉人、殉牲、随葬器物数量等来看，亚长的级别仅次于王后妇好。墓内出土有7件铜钺，这在殷墟比较罕见，其中1件大铜钺仅次于妇好墓内大铜钺，说明墓主是出身于长族的一位高级军事将领②。墓主约35岁左右，身体共有7处创伤，6处集中在身体左侧，多为刀斧类锐器砍伤，并最终伤重而亡，这很可能是征战沙场所受的致命伤。有学者认为，亚长本人可能是来自南方的方国首领，其家族的主要活动区域可能就在南方③。

刘家庄北地M793出土的多件铜器上都有"亚弜"铭文，墓主人应是弜族的贵族，担任亚职。据朱凤瀚先生研究，弜族是商王同姓贵族，经常参与王朝事务④。带有亚弜铭文的铜器还随葬于妇好墓中⑤，可能是弜族在妇好生前献给殷王室的贡品，妇好死后，被作为随葬品埋入墓中。武丁时期卜辞中，也有关于弜族的记载，与入贡、征伐有关，亚弜或许还曾作为部将，跟随妇好作战。陈梦家根据弜、雀伐羌及在同版卜问受年的记载，认为"二邦相当邻近"，又认为"雀之所在，当近今豫西"⑥，那么，弜族或弜国也当在豫西一带。

安阳市文物考古研究所在刘家庄北地宜家苑共发掘商代墓葬70余座，从出土铜器上的族徽铭文来看，此处应是商代戈、启、爻、鬲等家族的墓地，其中，有27座未被盗扰，其他都受到不同程度的盗扰，M33是这批墓葬中面积最大的一座，随葬品最为丰富，包括钺、戈、戟等兵器，两件铜爵上有铭文"戈"，墓主人应是一位出身于戈族的将领⑦。戈族与商王是同姓⑧。

戚家庄M269出土有铭铜器28件，多件都有铭文"爰"，墓主应是爰族宗主级别的人物。墓内随葬2件精美的铜钺，还有刀、戈、矛等兵器，反映出墓主人是一位军事

① 中国社会科学院考古研究所安阳工作队：《河南安阳市郭家庄东南26号墓》，《考古》1998年第10期，第47页。
② 中国社会科学院考古研究所安阳工作队：《河南安阳市花园庄54号商代墓葬》，《考古》2004年第1期，第18页。
③ 何毓灵：《殷墟花园庄东地M54墓主再研究》，《三代考古》（五），科学出版社，2013年，第115页。
④ 朱凤瀚：《商周家族形态研究》，上海古籍出版社，2022年，第38页。
⑤ 中国社会科学院考古研究所：《殷墟妇好墓》，文物出版社，1980年，第97页。
⑥ 陈梦家：《殷墟卜辞综述》，中华书局，1988年，第289、298页。
⑦ 安阳市文物考古研究所：《安阳殷墟徐家桥郭家庄商代墓葬——2004～2008年殷墟考古报告》，科学出版社，2011年，第132页。
⑧ 朱凤瀚：《商周家族形态研究》，上海古籍出版社，2022年，第77页。

将领①。

　　刘家庄北地M1046有殉人6、殉狗1，随葬有牛头、牛腿、羊头、羊腿、猪头、猪脊骨和肋骨等祭食，出土随葬品300余件，青铜容器有33件，包括爵5、角2、觚3，规格相当于5套爵觚组合，与之相当是小屯M18，还出土有2件中型方鼎，有学者认为拥有2件中型方鼎的墓主人多为方国国君，个别为王室重臣②。该墓出土的有铭铜器上均有"亚"，随葬青铜兵器数量较多。因此，墓主人应是担任武职的高级贵族。有铭文的铜器共24件，铭文有"亚丮宫""亚丮""亚"三种，亚是职官名，丮是族名，宫是私名③。

　　后岗M9是一座带南、北两条墓道的中字形大墓，等级仅次于四墓道大墓，而高于甲字形墓葬，椁室为亚形，一般出现在高等级墓葬中，因已经被盗，器物难窥全貌，劫余的器物中有方形器，如方彝、方爵等，这些都表明墓主人是一位地位显赫的大贵族。2件方爵上有铭文"□虎"，墓主人可能与虎族或虎方有联系④。

　　山东惠民县大郭村的商墓，有殉人、殉狗，随葬有乐器铙，还有铜钺，说明墓主人的身份不低，很有可能是一位握有军权的地方军事长官。

　　商代晚期随葬方彝的贵族墓共有10座，有4座墓随葬铜钺与铜大刀，花园庄东地M54随葬钺5件、大刀5件，戚家庄M269随葬钺2件、大刀2件，大司空M663和郭家庄东南M26随葬钺、刀各1件。有2座墓随葬铜钺，刘家庄北地宜家苑M33和后岗M9随葬钺各1件。有3座墓随葬铜大刀，花园庄东地M42、刘家庄北地M1046和惠民县大郭商墓随葬铜大刀各1件。墓中随葬青铜钺的多少和大小，直接反映着墓主人生前的政治地位的高低和军事统帅权的大小⑤。铜大刀与铜钺一样，既是贵族身份的标志，亦是军事统帅权的象征⑥。甲骨文中有不少关于妇好对外征战的卜辞，在其墓内就随葬有4件铜钺，亦可为佐证。由此看来，商代晚期随葬方彝的墓主人多数具有军事统帅权。

　　这些贵族从等级上看，有出身于亚长、亚弜、戈等世家大族的高级贵族，也有一些身份稍低的中小贵族。他们在墓葬中大量随葬兵器，包括象征军事统帅权的铜钺和大刀，似乎表明方彝内所盛装的美酒秬鬯格外为将军所钟爱。

---

　　①　安阳市文物工作队：《殷墟戚家庄东269号墓》，《考古学报》1991年第3期，第351页。

　　②　杨宝成、刘森淼：《商周方鼎初论》，《考古》1991年第6期，第541页。

　　③　中国社会科学院考古研究所安阳工作队：《安阳殷墟刘家庄北1046号墓》，《考古学集刊》（15），文物出版社，2004年，第386页。

　　④　中国社会科学院考古研究所安阳队：《1991年安阳后冈殷墓的发掘》，《考古》1993年第10期，第901页。

　　⑤　杨锡璋、杨宝成：《商代的青铜钺》，《中国考古学研究——夏鼐先生考古五十年纪念论文集》，文物出版社，1986年，第128~138页。

　　⑥　刘一曼：《论安阳殷墟墓葬青铜武器的组合》，《考古》2002年第3期，第68页。

### 2. 西周早、中期

石鼓山M3是随葬高领袋足鬲的墓葬中级别最高的一座墓，墓室面积、随葬铜礼器的数量均超过了宝鸡竹园沟M13（強伯墓）、竹园沟M4（強季墓）和竹园沟M7（強伯墓）[①]。墓中出土大量青铜礼器，保存完好，组合完整，体形硕大，造型精美，充分显示墓主身份的尊贵；出土的大量兵器、马器，也显示出墓主人位高权重[②]。根据器物判断，墓主应是姜戎族户氏的一位男性高级贵族[③]，仅次于诸侯一级[④]。

井叔家族墓地包括一座双墓道的中字形墓、三座单墓道的甲字形墓以及其他一些竖穴墓和殉葬的马坑等，张家坡M170是三座单墓道的甲字形墓中规模最大的[⑤]。M170残留随葬品中包含1件井叔方彝，器、盖同铭"井叔作旅彝"，证明墓主人乃是一代井叔，曾担任执政大臣。

这2座墓中都随葬多件戈、矛、戟等青铜兵器，但未见商代晚期方彝墓中常见的铜钺、大刀。

### 3. 西周晚期至春秋早期

三门峡虢国墓地M2006的墓主人为孟姞，是姞姓兽国或兽氏之女，嫁到虢国，是贵族夫人[⑥]。M2008的墓主人是虢宫父，身份为士大夫[⑦]。M2006、M2008在虢国墓地中同属于第八组墓葬，位于界沟以北，整个墓地墓葬的分布排列是依墓主人的身份高低，以界沟为界分区埋葬的，界沟以北为国君及其同宗族的高级贵族埋葬区，因此，虢宫父、孟姞之夫与虢国国君是同宗。

平顶山市应国墓地M1出土铜器上未见铭文，不好判断墓主人身份。墓内随葬五鼎六簋，文献中记载大夫用五鼎，报告认定墓主是下大夫一级的贵族[⑧]。

---

① 丁岩：《石鼓山商周墓地四号墓级别试探》，《宝鸡文理学院学报（社会科学版）》，2020年第4期，第6页。

② 王颖、刘栋、辛怡华：《石鼓山西周墓葬的初步研究》，《文物》2013年第2期，第82页。

③ 石鼓山考古队：《陕西省宝鸡市石鼓山西周墓》，《考古与文物》2013年第1期，第23页。

④ 曹斌：《宝鸡石鼓山三号墓研究》，《考古与文物》2016年第2期，第46页。

⑤ 中国社会科学院考古研究所沣西发掘队：《陕西长安张家坡M170号井叔墓发掘简报》，《考古》1990年第6期，第509页。

⑥ 河南省文物考古研究所、三门峡市文物工作队：《上村岭虢国墓地M2006的清理》，《文物》1995年第1期，第29、30页。

⑦ 河南省文物考古研究所、三门峡市文物考古研究所：《河南三门峡虢国墓地M2008发掘简报》，《文物》2009年第2期，第8页。

⑧ 河南省文物研究所、平顶山市文管会：《平顶山市北滍村两周墓地一号墓发掘简报》，《华夏考古》1988年第1期，第43页。

　　垣曲县北白鹅墓地有2座墓随葬方彝。M3墓主人应为中氏燕族的一代高等级贵族，M2的墓主人很可能就是燕姬，是嫁到燕的虢季氏女子[①]。

　　据洛阳市润阳广场东周墓C1M9934出土的铜鼎铭文，墓主人为囗伯，曾受到王的赏赐，并制作了列鼎，身份为大夫级贵族[②]。

　　这一时期，使用方彝随葬的贵族主要是士大夫及更高级别的贵族、夫人，有些与国君是同宗。西周晚期，周王室式微，春秋早期，更是礼崩乐坏，但姬姓贵族在礼制方面较为传统、保守，在葬制上还在尽力维护周礼旧制，因此，使用明器方彝随葬。

# 第二节　方彝在墓中的摆放位置

　　方彝在墓葬中摆放位置的不同，能够反映出不同时代礼制的变迁，以及不同族群的埋葬习俗。在墓葬中，方彝与其他器类的相对位置和空间距离，能够反映出方彝与各器类的亲疏、组合关系。

# 一、商代晚期

　　本期共有墓葬12座，方彝摆放位置清楚的有7座，小屯M5、刘家庄北地M793、安阳后岗M9、惠民县大郭墓和胶州市西皇姑庵墓的方彝位置情况不详。

　　安阳市大司空M663葬具为一椁一棺，随葬青铜容器9件，1件鼎置于墓主人头前的椁内棺外，其余8件均置于棺内，在墓主人的腿部和足部。1件方彝摆放在墓主人左脚底下（图7-1），方彝南侧为觚、爵、鼎，北侧为瓿、爵、觚。

　　安阳市花园庄东地M42葬具为一棺，随葬6件青铜容器，铜瓿放置于足底，其余5件集中堆放在棺内墓主人头顶一侧，方彝居中，左侧为鼎，右侧依次为爵、觚、簋（图7-2）。

　　郭家庄东南M26葬具为一椁一棺，随葬的12件青铜容器位于墓主人足下方，均在棺外椁内，集中在三层台的西侧、西北角和西南角，大致可分为两排，靠椁壁的一排基本为食器，靠墓主人的一排基本为酒器，北端是铜罍，南端是铜甗、铙和方彝器身，中间的是2件爵和2件觚，1件觚在三层台西北角处，原本2件爵和1件觚应放在西端棺盖上，棺朽后陷入棺内。方彝盖和器身分置两处，距离较远，盖与食器同处一排，在西侧三层台上，与铜簋紧邻，器身在三层台西南角，靠近南侧椁壁，与铜铙、甗和陶罍紧邻（图7-3）。

　　①　山西省考古研究院、运城市文物保护中心、垣曲县文化和旅游局：《山西垣曲北白鹅墓地M2、M3发掘简报》，《文物季刊》2022年第1期，第30页。

　　②　山西大学历史文化学院、洛阳市文物工作队：《河南洛阳市润阳广场东周墓C1M9934发掘简报》，《考古》2010年第12期，第32页。

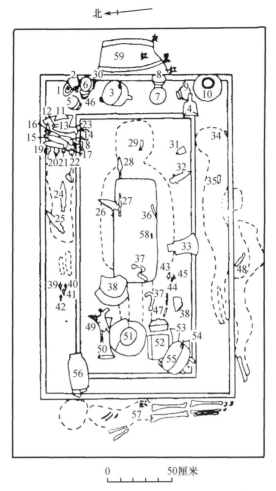

图7-1　大司空M663平面图及部分青铜器[1]

49、54. 爵　50、53. 觚　51. 瓿　52. 方彝　55. 鼎

　　花园庄东地M54葬具为一椁一棺，墓主人头向北，随葬的40件青铜容器均在椁内棺外，集中放置在南、北两端，北端为12件食器，包括6件圆鼎、2件方鼎、2件簋、2件勺，南端除1件甗和2件盂外，均是青铜酒器，共24件，包括1件方彝、1件方尊、1件方罍、1件方斝、9件爵、9件觚、1件觥和1件斗。另有1件牛尊放在椁内西部靠北处。方彝盖、器分离，相隔不远，都摆放在棺椁间东南角，盖略靠北，压在铜盂下，器身略靠南，下压着1件铜斗，邻近的为觥、爵和觚[2]（图7-4）。

　　① 中国社会科学院考古研究所安阳工作队：《安阳大司空村东南的一座殷墓》，《考古》1988年第10期，第866页，图二。图注只标注随葬青铜器，下同。

　　② 中国社会科学院考古研究所：《安阳殷墟花园庄东地商代墓葬》，科学出版社，2007年，第91页。

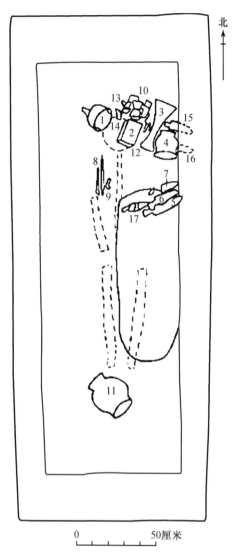

图7-2　花园庄M42平面图及部分青铜器[1]

1.鼎　2.方彝　3.觚　4.簋　11.瓿　12.爵

刘家庄北地宜家苑M33葬具为一椁重棺，墓主人头向南。随葬青铜容器11件，铜罍、甗放在内棺的南侧，方彝和其他青铜器都放在内棺盖上，盖和器身分置两处[2]。

———————————

①　中国社会科学院考古研究所：《安阳殷墟花园庄东地商代墓葬》，科学出版社，2007年，第34页，图二六。

②　安阳市文物考古研究所：《安阳殷墟徐家桥郭家庄商代墓葬——2004～2008年殷墟考古报告》，科学出版社，2011年，第133页。

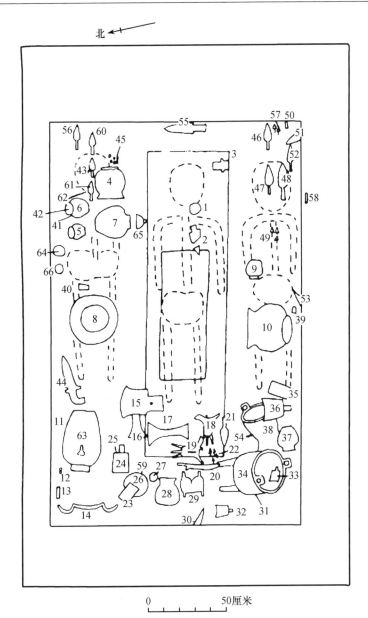

图7-3　郭家庄东南M26平面图及部分青铜器[①]

16、17.瓢　18、19.爵　23.方彝盖　35.方彝器身

①　中国社会科学院考古研究所安阳工作队：《河南安阳市郭家庄东南26号墓》，《考古》1998年第10期，第37页，图二。

图7-4　花园庄东地M54椁室南端器物图①

　　戚家庄东M269葬具为一椁一棺，墓主人头向南。随葬青铜容器20件，放置于棺外椁内的南、北两端。椁室北端摆放9件铜容器，北侧椁壁下为1件铜瓿、1件铜罍，北侧棺盖上摆放1件尊、4件鼎、1件斝和1件簋。椁室南端摆放11件铜容器，几乎全是酒器，包括1件方彝、1件尊、1件卣、3件觚、2件爵、1件觯、1件斗和1件器盖，出土时，斗在觯内。爰方彝盖体结合严密，盖南足北放于椁室南端西侧，邻近的器物有铜尊、觚、觯、斗和器盖等（图7-5）。

　　刘家庄北地M1046葬具为1椁1棺，发掘报告推测墓主人头向东。随葬33件青铜容器，集中摆放在棺外椁内东部和东南部，东南角器物叠压尤为密集，食器、酒器和水器大致各自集中于一处。方彝摆放在椁内南侧偏东处，紧靠南侧椁壁，周围的器物为铜罍、方鼎、盂、卣、觚，腹内有1件铜爵，下压铜尊、斝、觯、角、斗各1件，斝腹内有铜爵1件。22件青铜酒器中，有20件集中摆放在椁内南侧椁壁下，从中部延续至东侧椁壁下，另有铜觚、觯各1件放于北侧椁壁靠东处（图7-6）。

　　①　中国社会科学院考古研究所：《安阳殷墟花园庄东地商代墓葬》，科学出版社，2007年，彩版七之2。

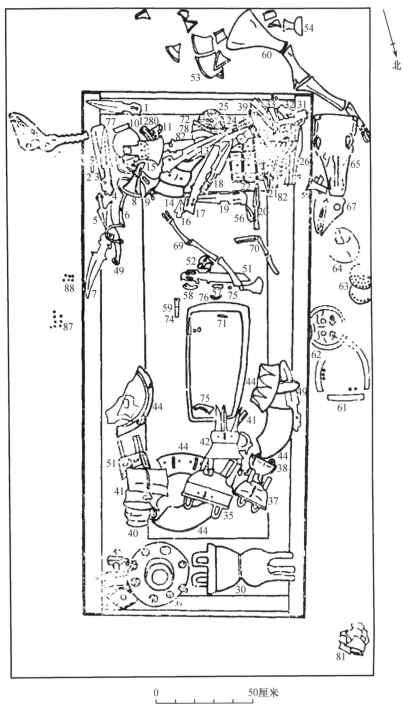

图7-5　戚家庄东M269平面图及部分青铜器[①]

8、23、24.觚　9、12.爵　10.卣　14、44.尊　22.方彝　35.罍　36.甗　37~39、41.鼎　40.簋　42.斝

78.觯　79.斗

① 安阳文物工作队：《殷墟戚家庄东269号墓》，《考古学报》1991年第3期，第329页，

图三。

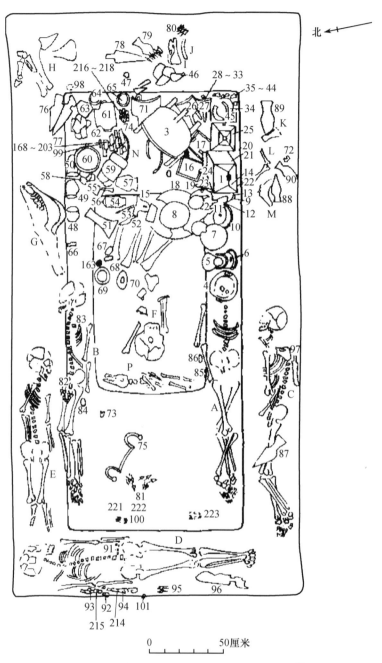

图7-6　刘家庄北M1046平面图及部分青铜器[①]

1. 方彝　2. 盉　3、16、17、26、27、71. 鼎　4. 甗　5、6、10. 卣　7、23、45. 尊　8. 盘　9、11、51. 觚
12、18. 角　13~15、21、24. 爵　19. 斗　20. 斝　22、54. 觯　25. 罍　60、61. 簋

①　中国社会科学院考古研究所安阳工作队：《安阳殷墟刘家庄北1046号墓》，《考古学集刊》
（15），文物出版社，2004年，第362页，图3。

商代晚期，方彝摆放位置清楚的有7座墓葬，包括1座大型墓和6座中型墓，花园庄东地M42葬具为一棺，宜家苑M33葬具为一椁重棺，其余各墓均为一椁一棺，随葬青铜容器的数量不等，少的仅6件，多的达40件，2墓不足10件，2墓在10件以上，3墓在20件（含）以上，随葬青铜礼容器的数量多寡与墓葬规模、等级、葬具等呈现出一致性。

就青铜容器的摆放位置而言，花园庄东地M42在棺内，大司空M663棺内、棺外椁内皆有，宜家苑M33在内外棺之间，其余4座墓都在棺外椁内。多数摆放在椁或棺内的底板上，少数在棺盖上。郭家庄东南M26随葬青铜容器集中于墓主人足底一侧，宜家苑M33则集中在头顶一侧，刘家庄北地M1046则是环绕墓主人头顶一侧呈凹字形摆放，另外4座墓葬，则是将容器分成不等的两部分，分别放置于墓主人头顶、足底两端。器物摆放并没有进行严谨的设计规划，但性质和用途相同或相近的器类摆放位置相对较为集中。

就方彝的摆放位置而言，在大司空M663和花园庄东地M42中，方彝在棺底板上，在宜家苑M33中，方彝摆放在内棺盖上，在郭家庄东南M26中，方彝在三层台上，另外3座墓中，方彝摆放在棺外椁底板上，有的在头顶一侧，有的在足底一侧，看不出有明显的规律。方彝一般和其他种类的酒器位置相邻近，如瓿、爵、觚、斗等，在刘家庄北地M1046中，方彝腹内还有1件铜爵。

## 二、西 周 早 期

这一时期，出土方彝的墓葬数量极少，仅1座。

石鼓山M3随葬了31件青铜容器，主要放置在东、北、西墓壁上的五个壁龛中，北壁上的K3是面积最大的一个壁龛，里面摆放的15件青铜容器均为酒器，包括盛酒器、饮酒器、挹酒器，具体为尊1、卣5、壶1、罍1、方彝1、爵1、觯1、斗2和禁2。方彝在龛内靠西壁处，左侧为铜觯，右侧为2件铜卣，与方彝相邻的铜卣前有1件斗，再右侧为1件方禁，上有1件卣，上述6件酒器共同放置在1件长方形禁上（图7-7）。棺内中北部发现直条状骨粉，可能是腿骨腐朽后的痕迹，据此，简报推测墓主人头向南，K3位于墓主人足端。

墓葬中设置壁龛摆放随葬品的葬俗，在西北地区的寺洼文化中较为流行，或许反映出石鼓山M3的主人与西北地区的密切关系。

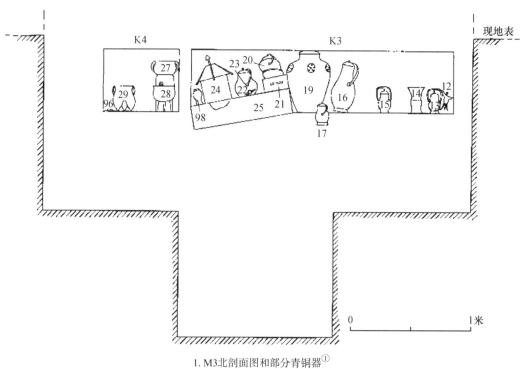

1. M3北剖面图和部分青铜器[1]

12.爵　13、15、17、20、23.卣　14.尊　16.壶　18.斧　19.罍　21、25.禁　22.斗　24.方彝　26.盉

98.觯

2. K3器物摆放图[2]

图7-7　石鼓山M3

①　石鼓山考古队：《陕西宝鸡石鼓山西周墓葬发掘简报》，《文物》2013年第2期，第11页，图一一。

②　石鼓山考古队：《陕西省宝鸡市石鼓山西周墓》，《考古与文物》2013年第1期，图版二之1。

# 三、西　周　中　期

　　张家坡墓地M170被盗扰，劫余的青铜容器主要放于头厢中，井叔方彝也出土于头厢内，方彝内有两件铜斗，东侧有一件象牙杯，西侧有一张长方形的铜足漆案，此类漆案上常常放置成套青铜酒器（图7-8）。

　　方彝置于头厢内的仅此一例。

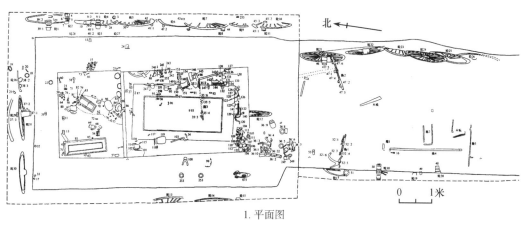

1. 平面图

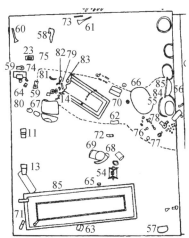

2. 头厢内器物分布平面图及部分器物

54. 铜方彝　69. 象牙杯　85. 铜足漆案

图7-8　张家坡墓地M170[①]

　　①　中国社会科学院考古研究所：《张家坡西周墓地》，中国大百科全书出版社，1999年，第29页，图21。

# 四、西周晚期到春秋早期

西周晚期至春秋早期，出土方彝的墓葬有17座，在其中的16座墓葬中，方彝的摆放位置是清楚的。

北赵晋侯墓地4座墓葬知道方彝的摆放情况。M62葬具为一椁重棺，墓主人头向北。随葬青铜容器14件，包括实用器和明器，摆放于棺外椁内东北部的椁底板上，大致可分为内、外两排，功能和性质相同的位置邻近，方彝在靠内一排的北端，周围紧邻的器物是铜尊、爵、鼎等（图7-9）。M63葬具为一椁重棺，墓主人头向北。随葬青铜容器14件，摆放在棺外椁室内东北角、西北角的椁底板上，方彝在西北角椁底板上。M93葬具为一椁重棺，墓主人头向北。随葬青铜容器24件，可分为明器和实用器两组，两组器物分开放置，16件实用器摆放于棺外椁内的东侧椁底板上，包括鼎5、甗1、簋6、壶2、盘1、匜1，这是本时期最为流行的随葬器类组合。8件明器摆放在棺外椁内东北角的椁底板上，包括鼎、簋、尊、卣、爵、觯、方彝、盘各1件（图7-10）。M102葬具为一椁重棺，墓主人头向北。随葬青铜容器16件，分为实用器和明器两组，10件实用器包括鼎3、簋4、壶1、盘1、匜1，6件明器包括鼎、簋、盉、方彝、爵、觯各1件，两组器物并未分开摆放，都在棺外椁内的底板上，1件壶放置于东北角，1件簋放置于西南角，其余器物集中放置在东南角。

韩城梁带村墓地M502葬具为一椁重棺，墓主人头向东北。随葬11件青铜容器，除毕伯鼎外，其余10件均为明器，都放置在棺外西侧的椁底板之上，大致分为三堆，最北端是1件铜簋，中间是1件铜盘，另9件容器堆于南侧，包括3鼎、1簋、2方彝、1盉、1爵、1觯，多散乱侧倒，原本可能是置于漆木立架上。与方彝相邻的是鼎、觯，鼎腹内有1件爵（图7-11）。

三门峡虢国墓地中，方彝在4座墓葬中的摆放位置是明确的。M2001葬具为一椁重棺，墓主人头向北。墓内随葬58件青铜容器，可分为实用器和明器两类，36件实用器包括7鼎、1甗、8鬲、6簋、盨4、簠2、铺2、壶4、盘1和盉1，22件明器包括3鼎、3簋、3盘、2盉、3方彝、3尊、3爵和2觯。青铜容器都摆放在棺外椁内，东南角有1件铜鼎，椁室东侧靠南有2件簋盖，其余器物集中在椁室西侧靠南的位置，椁底板上铺有席子，器物就放在席子上，大部分器物都是相互叠压堆放在一处，有些地方达三四层，明器比较集中，放在椁室西南角偏东处。M2012葬具为一椁重棺，墓主人头向北。墓内随葬68件青铜容器，可分为实用器和明器两类，实用器28件，包括5鼎、1甗、8鬲、4簋、2簠、2铺、2罐、2壶、1盘和1盉，明器40件，包括6鼎、6簋、6盘、1匜、5盉、5方彝、4爵、1瓠和6觯。2件铜罐放置在内、外棺之间，其余青铜容器集中放置在棺外椁室内北侧及西侧，器物数量众多，不少都叠放在一起，东北角尤其集中，实用器和明器混放在一起。5件方彝都摆放在椁室内北端，与爵、觯相邻近。

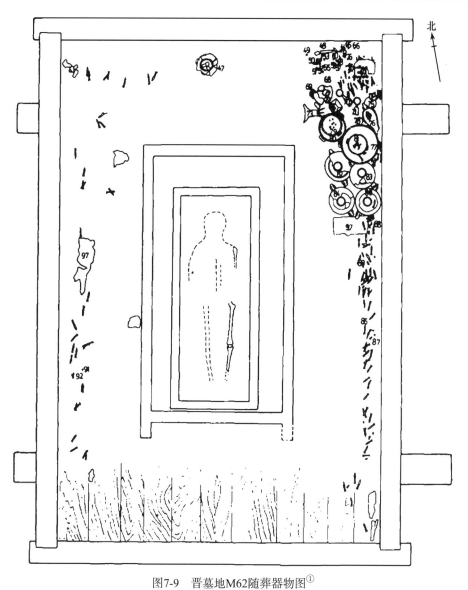

图7-9　晋墓地M62随葬器物图[①]

67.鼎形方盒　72.尊　73.爵　74.方彝　75.壶　76.匜　77.盘　79~81.鼎

82~85.簋

①　山西省考古研究所、北京大学考古学系：《天马—曲村遗址北赵晋侯墓地第四次发掘》，《文物》1994年第8期，图一〇。

图7-10　M93椁室器物摆放情况①

M2006葬具为一椁一棺，墓主人头向北。随葬青铜容器19件，包括实用器和明器两类，实用器14件，包括3鼎、1甗、4鬲、2盨、1簋、2壶和1盘，明器5件，包括1盉、1尊、1方彝、1爵和1觯。青铜容器摆放于棺外椁内西侧，实用器堆放于西南角椁底板上，1簋盖、1壶盖放于东南角椁底板上，1甗箅放在东北角椁底板上，铜盉、尊、爵、觯等明器位于西北角椁底板上，方彝位于西侧中部椁底板上。M2008葬具为一椁一棺，人骨不存。该墓两次被盗，劫余的青铜容器有11件，分为实用器和明器两类，实用器6件，包括1鬲、1簋、1簠、1壶、1壶盖和1匜；明器5件，包括1簋、1盘、2方彝和1爵。青铜容器摆放在棺外椁内西侧，实用器和明器在一起放置，西北角比较集中，2件方彝都放于此，周围是爵、鬲和壶盖（图7-12）。

　　垣曲县北白鹅墓地M2遭盗扰破坏，葬具为一椁一棺，墓主人头向不明。余存10件青铜容器，实用器7件，包括3鼎、2盨和2壶，明器3件，1盘、1盉和1方彝，上述器物摆放在棺外椁室南端底板上（图7-13）。M3葬具为一椁一棺，墓主人头向北。随葬青铜容器14件，实用器10件，包括4鼎、1甗、4簋和1盘，明器4件，包括1簋、1尊、1方彝和1觯。上述器物摆放在棺外椁内东侧和南侧底板上，实用器和明器混合摆放，西南角最为密集，集中了10件青铜容器，包括3鼎、1簋（明器）、2簋（缺1盖）、1盘、1尊（明器）、1觯（明器）和1方彝（明器），与方彝邻近的是铜鼎和簋。东南角为1鼎、1甗和1簋（缺盖），椁室东侧北端为2簋盖，中间为1簋和1簋盖（图7-14）。

---

　　①　北京大学考古学系、山西省考古研究所：《天马—曲村遗址北赵晋侯墓地第五次发掘》，《文物》1995年第7期，图版1。

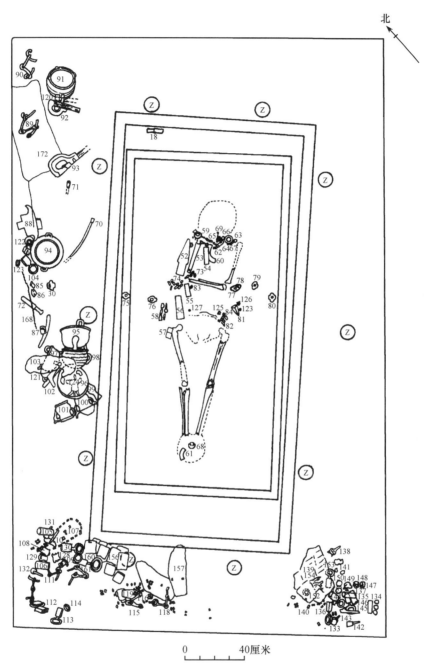

图7-11　梁带村墓地M502青铜礼器出土情况[1]

91.簋　94.盘　95～97.鼎　98.簠　99.觯　100、101.方彝　121.盉　124.爵

①　陕西省考古研究院、渭南市文物保护考古研究所、韩城市景区管理委员会：《梁带村芮国墓地——二〇〇七年度发掘报告》，文物出版社，2010年，第16页，图一四。

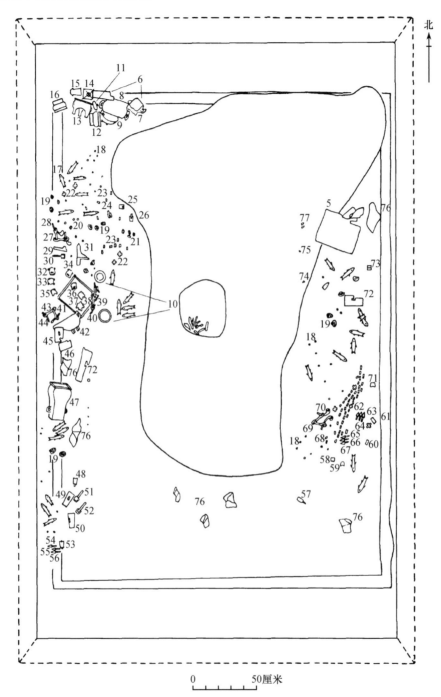

图7-12　虢国墓地M2008随葬青铜容器分布图[①]

7、8.簋　9.盘　11.爵　12、16.方壶盖　13.鬲　14、15.方彝　41.簠　42.匜　47.方壶壶身

①　河南省文物考古研究所、三门峡市文物考古研究所：《河南三门峡虢国墓地M2008发掘简报》，《文物》2009年第2期，第19页，图二。

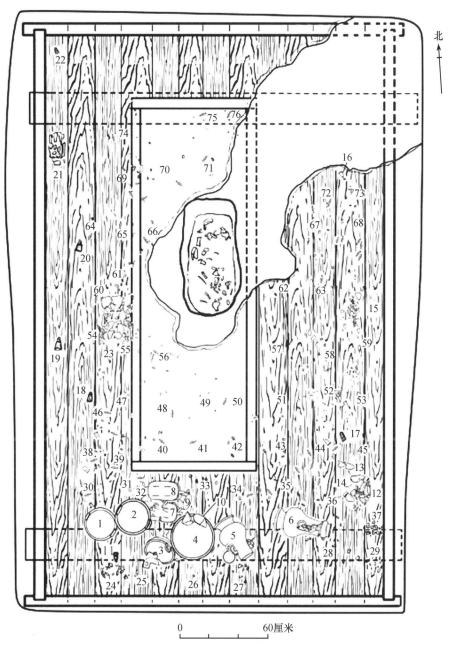

图7-13　北白鹅墓地M2随葬青铜容器平面图[①]
1~3.鼎　4.盘　5、6.壶　7、8.盨　9.盉　10.方彝

①　山西省考古研究院、运城市文物保护中心、垣曲县文化和旅游局：《山西垣曲县北白鹅墓地M2、M3发掘简报》，《文物季刊》2022年第1期，第6页，图五。

图7-14　北白鹅墓地M3随葬青铜容器平面图①

7、12、13、17.鼎　8、14、16、18、21.簋　10.甗　11.方彝　15.觯　22、31、35.簋盖　42.盘②　43.尊

①　山西省考古研究院、运城市文物保护中心、垣曲县文化和旅游局：《山西垣曲县北白鹅墓地M2、M3发掘简报》，《文物季刊》2022年第1期，第10页，图二五。

②　简报图二五M3平、剖面图中的器物出土号与正文中多有不一致，如图中42器为簋盖，正文中为盘，图中43器为铜环，正文中为尊，不知孰是。

　　平顶山市应国墓地M1葬具为一椁一棺，墓主人头向北。随葬青铜容器17件，实用器2件，包括1鼎、1盘，其余15件为明器，包括4鼎、1甗、6簋、2壶、1方彝、1盉，其中，鼎、簋和壶铸造比较精致，只是还残存范土，表明是专门为随葬而铸造的器物，而甗、盉和方彝铸造质量较差，就甗而言，甗无孔，鬲无底，盉和方彝器、盖浑铸，无底，腹内还有范土。随葬青铜容器都放置在棺外椁内底板上，1件方壶在西北角，其余14件器物集中在椁室的东部偏南和南部偏东处，同类器如鼎、簋相对集中摆放在一处，方彝在东南角，与盘、盉、方甗、簋相邻。M8葬具为一椁一棺，墓主人头向北。墓内随葬青铜容器22件，实用器14件，包括5鼎、1甗、4簋、2壶、1盘、1匜，明器8件，包括1簋、1盘、1盉、2尊、2方彝和1爵。青铜容器集中堆放在棺外椁内东南角的底板上，看不出有何放置规律，2件方彝分置两处。

　　闻喜县上郭村75M1早期被盗掘，发掘时仅存墓底，葬具为一椁一棺，墓内尸骨不存。随葬青铜容器余6件，包括2鼎、1簋、1盘、1盉和1方彝，除1鼎为实用器外，其余5器都是明器，各器都放于东侧棺外椁内底板上。

　　洛阳市润阳广场C1M9934葬具为重椁一棺，墓主人头向北，此墓被盗扰。墓内随葬青铜容器剩余21件，分为实用器和明器两类，实用器13件，包括2鼎、1甗、4簋、2鬲、2壶、1盘和1铺，明器8件，包括1鼎、1盘、1方彝、1盉、1舟、2觯和1缶。青铜容器都摆放在内、外椁之间的椁底板上，实用器和明器分开放置，实用器中的2件铜簋放置在外椁南侧，其余集中放在外椁东南角，明器中的1件盉放在外椁东南角，与实用器邻近，其余的均放置在东北角，与方彝邻近的是觯（图7-15）。

　　南阳市夏饷铺鄂国墓地M6被盗扰严重，仅存椁室，墓内人骨不存。随葬青铜容器仅剩6件，摆放在椁内底板上，1件簋盖应为实用器，在椁内东南角，其余5件为明器，1鼎、1簋摆放在南侧椁壁下，1觯摆放在西侧椁壁下，1方彝摆放在椁内东北角，1尊在东侧椁壁靠里的位置，各器的位置应受到过扰动（图7-16）。

　　这一时期，墓主人的头向多向北（东北），反映出高度一致性，葬具有一椁一棺和一椁重棺（重椁一棺）两种，墓葬中随葬的青铜容器包括实用器和明器两类，有4座墓葬将实用器和明器分开摆放，12座墓葬混合摆放，没有明显的规律。随葬的青铜容器都摆放在棺外椁内的椁底板上，具体位置并不固定，墓主人头顶、脚底或身体两侧，都可以摆放。有些墓内器物杂乱堆放，看不出规律；有些墓内性质和用途相同或相近的器物相对集中摆放在一起。方彝均为明器，铸造比较粗疏，体薄质差，有些器盖浑铸，有的没有器底，腹内残存范土，都摆放在棺外的椁底板上，墓内随葬2件及以上的，有的集中放置，有的分开放置。从相对位置分布来看，与方彝邻近的器物，各墓都不一样。

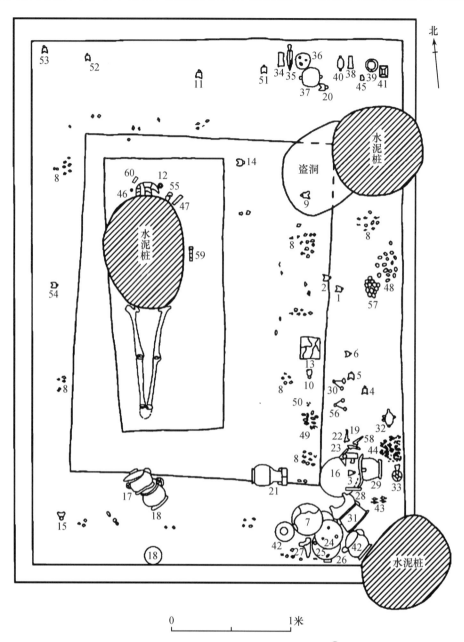

图7-15　洛阳C1M9934平面图及部分铜器①

16、37.盘　17、18、29、42.簋　21、28.方壶　24、26、36.鼎　25、59.鬲　31.甗　32.盉　34、38.觯

39.缶　40.方彝　41.舟

①　山西大学历史文化学院、洛阳市文物工作队：《河南洛阳市润阳广场东周墓C1M9934发掘简报》，《考古》2010年第12期，第25页，图三。

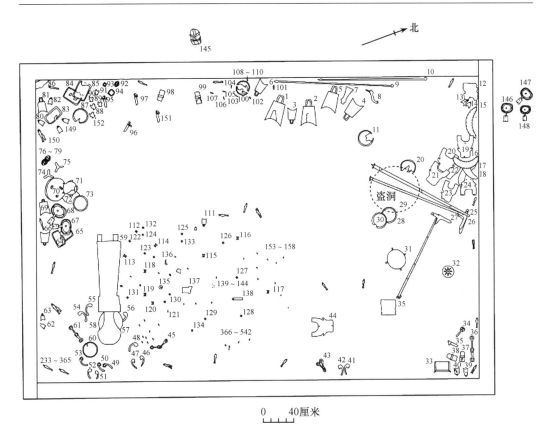

图7-16　鄂国墓地M6平面图及部分铜器[①]

7. 觯　31. 尊　33. 方彝　58. 簋盖　70. 鼎　71. 簋

# 第三节　从出土分布看方彝的使用地域及变迁

　　在我们收集到的177件方彝中，有54件经科学发掘出土于墓葬和窖藏，有明确的出土地点，有19件传世方彝的出土地点也是清楚的。

　　另外，我们还可以推断出一些方彝的出土地点。殷之彝（笔者按：张长寿）指出，传世"亚醜"铜器的大部分有可能是苏埠屯出土的，有的或许就出自第一号奴隶殉葬墓和附近别的被盗掘过的墓葬[②]，亚醜方彝与苏埠屯墓地所出器物上的亚醜字体一致，2件亚醜方彝应出土于山东省青州市苏埠屯墓地。1966年12月，群众在岐山县贺家村西的壕沟内发现一座西周墓，土坑竖穴，东西向，长4.1、宽2米，上距现在地表5.5

　　① 河南省文物局南水北调文物保护办公室、南阳市文物考古研究所：《河南南阳夏饷铺鄂国墓地M5、M6发掘简报》，《江汉考古》2020年第3期，第20页，图七。

　　② 殷之彝：《山东益都苏埠屯墓地和"亚醜"铜器》，《考古学报》1977年第2期，第23页。

米，四周有二层台，随葬铜器就摆放在南侧的二层台上，墓内出土青铜容器17件，其中，有一件尹夬鼎，与尹夬方彝铭文一致，此方彝可能也出土于贺家村一带[①]。1982年，安徽省颍上县王岗乡郑家湾村出土一批青铜器，包括鼎1、爵2、卣1（图7-17）、尊1，尊（图7-18）、卣上都有铭文马天豕父丁[②]，与马天豕父丁方彝（图7-19）铭文字形书体稍有不同，但应是同一家族之器。因此，我们推测，马天豕父丁方彝也可能出土于此地。这批铜器的年代，有学者认为是商代[③]。马天豕父丁卣是马军霞所划分的甲类Ca型Ⅵ式卣[④]，与扶风云塘M20出土的作旅彝卣[⑤]形制、纹饰风格一致，特别是盖面都有犄角状突起，时代为康昭时期。王祁认为，卣提梁兽首吻部下垂，是典型的西周早期后段与西周中期造型（类似西周的竞卣）[⑥]。我们也认为，郑家湾出土铜器的时代应在西周早期后段，马天豕父丁方彝也应是同一时期的器物。

综上，知道出土地点的方彝共计77件，占全部方彝的43.5%，其中，商代晚期29件，西周早期14件，西周中期6件，西周晚期至春秋早期28件。

图7-17　马天豕父丁卣[⑦]

① 长水：《岐山贺家村出土的西周铜器》，《文物》1972年第6期，第25页。

② 颍上县文化局文物工作组：《安徽颍上县出土一批商周青铜器》，《考古》1984年第12期，第1132页。

③ 宫希成：《安徽省出土青铜器概述》，《中国出土青铜器全集》（8），科学出版社、龙门书局，2018年，第 i 页。

④ 马军霞：《中国古代青铜器整理与研究·青铜卣卷》，科学出版社，2015年，第172页。

⑤ 陕西周原考古队：《扶风云塘西周墓》，《文物》1980年第4期，第42页。

⑥ 王祁：《商周铜尊卣配对组合研究》，《考古》2019年第3期，第83页。

⑦ 颍上县文化局文物工作组：《安徽颍上县出土一批商周青铜器》，《考古》1984年第12期，第1132页，图一之3、图二之六。

图7-18　马天豕父丁尊铭文[1]　　　　　　图7-19　马天豕父丁方彝铭文[2]

　　通过对方彝出土地点分布的考察，可以判断出某一历史时期方彝的使用区域，进而锁定相应的使用人群，通过观察不同历史时期方彝出土地点分布的变化，可以探索方彝使用区域和使用人群的演变。但是，由于已知出土地点的方彝数量仅占全部方彝的四成，对于结论的准确性将不可避免产生一定的影响。

　　商代晚期方彝有112件，有出土地点的共计29件，其中，21件出土于殷墟。殷墟以外，山东省出土稍多，有4件，分布在惠民县、青州市（2件）和胶州市，另外4件分别出土于山西省闻喜县和绛县、陕西省宝鸡市和河北省定州市。这一时期，72.4%的方彝集中出土于殷墟，殷墟以外地区发现较少。殷墟以外所出土的8件方彝，形制与殷墟所出方彝并无二致，但装饰风格略有差异，如山东出土的戎方彝和举女方彝装饰就比较简朴。闻喜县和绛县所处的晋南、惠民县所在的鲁西北和定州市所处的冀中地区是晚商文化的分布区，大致在商王朝王畿范围之内。青州市所处的鲁中地区，有学者认为是薄姑，与商关系密切。宝鸡市所在的关中西部地区属于周方国，殷墟二期以后，商文化就基本退出了关中西部地区，宝鸡市斗鸡台遗址出土的鼎方彝，是本书所划分的Aa型Ⅲa式方彝，流行于殷墟二期，因非科学发掘出土，故无法判断出土单位的具体年代，该方彝出土于殷墓，抑或是周贵族克商后带回的俘器，我们认为均有可能。胶州市所在鲁东地区属东夷，举女方彝虽出土于东夷文化区内，但举是殷人中的大族，该器本为殷器，不知何故，埋葬于东夷（表7-1）。

──────────

　　[1]　颍上县文化局文物工作组：《安徽颍上县出土一批商周青铜器》，《考古》1984年第12期，第1132页，图一之4。

　　[2]　吴镇烽：《商周青铜器铭文暨图像集成》（24），上海古籍出版社，2012年，第394页。

表7-1　各期方彝出土地点一览表

| 分期 | 年代 | 河南省 | 山西省 | 陕西省 | 山东省 | 安徽省 | 河北省 | 合计 |
|---|---|---|---|---|---|---|---|---|
| 一 | 商代晚期 | 21 | 2 | 1 | 4 | | 1 | 29 |
| 二 | 西周早期 | 4 | 1 | 7 | | 2 | | 14 |
| 三 | 西周中期 | 1 | 1 | 4 | | | | 6 |
| 四 | 西周晚期至春秋早期 | 18 | 7 | 2 | 1 | | | 28 |
| 合计 | | 44 | 11 | 14 | 5 | 2 | 1 | 77 |

由上文可知，在商代晚期，方彝的使用人群主要是殷商贵族，主要流行于当时的都城大邑商。

西周早期有18件方彝，知道出土地点的14件，6件出土于陕西省宝鸡市，1件出土于西安市，4件出土于河南省洛阳市，1件出土于山西省洪洞县，安徽省枞阳县、颍上县各出土1件，关中地区、洛阳所在的成周和洪洞县所在晋南地区是周文化分布的核心区，应在周王朝疆域范围以内。地处淮河以北的颍上县王岗乡在1971年、1972年、1980年多次发现商文物，这些铜器都与中原商式铜器无异，随葬品组合方式也完全同于中原商文化，看来，王岗乡一带曾经是淮河岸边的一个重要晚商文化据点[1]。西周时期，这里依然是周人在南土的重镇。枞阳县南临长江，所出兽面纹方彝形制和装饰与中原地区的方彝存在不小的差异，方彝一般为长方形，该器呈方形，子母口，腹壁斜直内收，高圈足，盖作四面坡庑殿式屋顶形，中置四阿式柱纽。器身两侧有兽首半环耳，盖、身四隅有勾牙状扉棱，圈足内悬挂一铜铃。盖饰鸟纹，纽饰三角蕉叶纹，腹上部饰直棱纹，下部饰兽面纹，圈足饰夔龙纹，以云雷纹衬底。明显具有地方特色，应是文化交流的产物。

周武王克商以后，Aa型方彝传入了关中地区，但数量很少，仅发现了2件，新出现了垂直壁的B型方彝，数量也很少，表明斜直壁、垂直壁的方彝并不为姬周贵族所喜爱，不再像商代晚期那样流行。依据目前的材料来看，曲壁的C型方彝最早出现于晋南地区，在西周早期后段流行开来，主要见于岐周、宗周和成周。

西周早期，大部分殷商贵族丧失了原来的政治地位，方彝的使用人群变成了姬周贵族和投降了周王朝的殷人，如微史家族的作册折，其烈祖投靠了周武王，后世子孙世代担任作册、史官，享有很高的政治地位。

西周中期共发现17件方彝，有出土地点的仅6件，其中，4件出土于陕西省，1件出土于扶风县，2件出土于眉县，1件出土于长安区。另2件，1件出土于河南省洛阳市，

① 中国社会科学院考古研究所：《中国考古学·夏商卷》，中国社会科学出版社，2003年，第323页。

1件出土于山西省绛县。方彝使用的中心区域依旧集中在周原、丰镐和洛邑地区，使用人群主要是高级贵族。

　　西周晚期至春秋早期共发现30件方彝，有出土地点的28件，其中，西周晚期有7件，春秋早期有21件。西周晚期，陕西省韩城市梁带村芮国墓地出土2件，山西省北赵晋侯墓地出土2件，河南省平顶山市应国墓地出土1件，南阳市鄂国墓地出土1件，山东省济宁市商业局西周墓出土1件，使用范围主要在一些诸侯国，包括晋、应、鄂国等，使用人群从王畿内的高级贵族变为诸侯国的国君及夫人、贵族。春秋早期，晋侯墓地出土2件，应国墓地出土2件，三门峡虢国墓地出土13件，洛阳出土1件，闻喜县上郭村墓地出土1件，垣曲县北白鹅墓地出土2件，从出土地点来看，方彝使用区域集中分布在晋南和豫西地区，主要是一些姬姓诸侯国和贵族还在使用，如晋国、虢国、应国和燕仲等。这一时期，方彝制作粗糙，器薄质差，要么盖器浑铸，要么无底，器内还存有范土，显然不能用于祭祀和宴飨的场合，已经沦落为明器。之所以还在墓葬中随葬方彝，应当是西周早、中期以来传统礼制的惯性延续，也有可能是姬周贵族为了维护传统礼制而刻意为之，方彝、爵、觯等传统酒器成为贵族标榜保守、守旧的标识物。

# 第八章 方彝组合关系研究

通过分析，我们发现，商代晚期与两周时期在方彝组合关系上存在明显区别，这是殷商贵族和姬周贵族使用方彝的场合不同造成的差异。

## 第一节 商代晚期方彝的组合关系

陈梦家曾经指出，商代的青铜器组合分为：①同墓共存的组合，②同墓的成套的组合，③同族名的组合①。王祁将成套且同铭的组合形式，称为"配对组合"②。

商代晚期，存在同一人或同家族制作多件方彝的现象，如妇好方彝、鄂宁方彝各有3件，亚疑方彝、史方彝各有2件，有的形制、纹饰皆不相同，应该不是同一时间制作的，有的形制、纹饰和铭文均相同，存在成对组合关系。通过对出土方彝墓葬随葬品的分析，与方彝共出次数最多的是鼎、簋、爵、觚，共存关系比较密切。方彝作为盛酒器，与挹酒器斗、饮酒器爵觚，在功能上存在配套组合关系，与其他盛酒器则是互补关系。

## 一、方彝自身存在成对组合关系

所谓的成对组合，是同一位器主在同一时间制作了2件方彝，它们形制相同，纹饰一致，铭文内容、字形书体均相同，体量相同或接近。这种方彝成对现象，目前发现6组，出现于殷墟二期，流行于殷墟三、四期。从科学发掘且随葬品完整的9座商代晚期墓来看，有8座墓都只随葬1件方彝，仅妇好墓随葬有4件方彝，其中有2件妇好方彝符合本书所说的成对现象，可见，成对方彝很可能是高级贵族才能享受的待遇。

### 1. 妇好组（M5：825、M5：828）

1976年，安阳市小屯M5出土，现藏于中国社会科学院考古研究所。2器为本书所

---

① 陈梦家：《殷代铜器》，《考古学报》（第七册），中国科学院，1954年，第16页。
② 王祁：《商周铜尊卣配对组合研究》，《考古》2019年第3期，第81页。

划分的Aa型Ⅲa式方彝，妇好方彝（M5：825）通高36.6厘米，口径长18.9、宽14.6厘米，妇好方彝（M5：828）通高36.5厘米，口径长19、宽14.5厘米。两器形制、纹饰相同，铭文也一样（图8-1）。

图8-1　妇好方彝及铭文[①]

### 2. 冉组

冉方彝是本书所划分的Ab型Ⅱ式方彝，2器通高均是19.7厘米，1器现藏中国国家博物馆，另1器分别于1984、2007年秋现身于纽约佳士得拍卖行。2器形制、装饰相同，盖纽稍有不同，铭文冉的写法略有差别（图8-2）。

### 3. 戈组

戈方彝为本书所划分的Aa型Ⅲb式方彝，1器通高26.2厘米，现藏于美国华盛顿赛克勒美术馆，另1器通高25厘米，现归某收藏家。2器形制、纹饰均相同，铭文字体稍有差别（图8-3）。

---

①　中国社会科学院考古研究所：《殷墟青铜器》，文物出版社，1985年，图版二二、图版一一五。

图8-2　冉方彝及铭文<sup>①</sup>

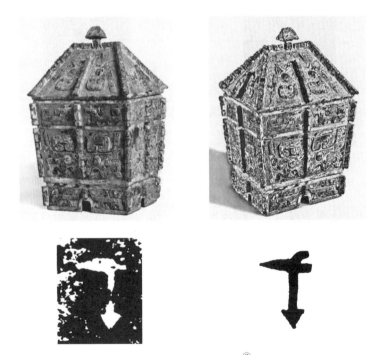

图8-3　戈方彝及铭文<sup>②</sup>

① 吴镇烽：《商周青铜器铭文暨图像集成》（24），上海古籍出版社，2012年，第344、345页。

② 吴镇烽：《商周青铜器铭文暨图像集成》（24），上海古籍出版社，2012年，第346、347页。

## 4. 亚醜组

亚醜方彝为本书所划分的Aa型Ⅳa式方彝，1器通高22.2厘米，现藏于美国弗利尔美术馆，另1器通高22.2厘米，现藏于台北故宫博物院（图8-4）。《西清古鉴》卷十四著录的2件周亚方彝，实即亚醜方彝，周亚方彝一有2字铭文，但铭文的具体位置，书中并未言明，周亚方彝二器盖同铭[①]。方彝均是2器成对，甚至贵为王后的妇好，也是2器成对，未见有3器的情形。综合考虑，我们认为，周亚方彝一就是现藏于台北故宫博物院的亚醜方彝，周亚方彝二就是现藏于弗利尔美术馆的亚醜方彝。《集成》《铭图》均收录3件亚醜方彝，《集成》09849、《铭图》13487系重收，与现藏台北故宫博物院的亚醜方彝是同一器。

图8-4 亚醜方彝及铭文[②]

① （清）梁诗正等：《西清古鉴》卷十四，迈宋书馆，光绪十四年（1888），第2、3页。
② 吴镇烽：《商周青铜器铭文暨图像集成》（24），上海古籍出版社，2012年，第361、362页。

### 5. 告永组

2件告永方彝均无盖，是本书所划分的Aa型Ⅳa式方彝，现收藏于上海博物馆，1器通高20.4厘米，另1器通高20.2厘米，形制、纹饰一样，器内底都有6字铭文（图8-5）。

1　　　　　　　　　　　　　　　　　2

图8-5　告永方彝及铭文①

1. 器形　2. 铭文

### 6. 亚若癸组

亚若癸方彝是本书所划分的Aa型Ⅳa式方彝，1器通高28.6厘米，先后藏于斯普勒、瑞士苏黎世瑞特堡博物馆、香港思源堂，2010年9月，现身于英国伦敦佳士得拍卖会。1器通高29.8厘米，原为潘祖荫旧藏，现收藏于美国旧金山亚洲艺术博物馆。形制相同，装饰一致，铭文相同（图8-6）。

除上述方彝外，还有3件鄉宁方彝、2件亚疑方彝、2件史方彝以及2件夲旅方彝，铭文相同，但形制、纹饰、体量差别较大，可能是同一人或同一家族在不同时期铸造的。

---

① 陈佩芬：《夏商周青铜器研究》（夏商篇·下），上海古籍出版社，2004年，第328、329页。

图8-6　亚若癸方彝及铭文[①]

# 二、方彝在墓中的共存组合关系

商代晚期，经科学发掘且随葬品完整的墓葬共有9座，其中，大型墓3座，中型墓6座。

## （一）大型墓

### 1. 小屯M5

墓内随葬青铜礼容器22种207件，鼎31、甗10、甑形器1、簋5、盂1、偶方尊1、尊10、方彝4、觥8、壶4、瓿3、卣2、方罍2、缶1、斝12、盉6、觯2、觚53、爵40、斗8、盘2、罐1。

妇好组：鼎26、甗6、甑形器1、簋1、盂1、偶方尊1、方尊1、鸮尊2、方彝3、方罍2、方斝3、圆斝1、瓿2、壶2、觥2、盉2、爵12、觚22、觯1、斗8、盘1、罐1。

亚启组：方彝1。

---

① 吴镇烽：《商周青铜器铭文暨图像集成》（24），上海古籍出版社，2012年，第406、407页。

### 2. 花园庄东地M54

墓内随葬青铜礼容器14种40件：鼎8、甗1、簋2、盂2、方罍1、方尊1、牛尊1、方彝1、觥1、爵9、斝9、斗1、勺2。

亚长组：方鼎1、圆鼎2、分裆鼎3、甗1、盂2、方罍1、方尊1、牛尊1、方彝1、爵3、斝3、勺1。

### 3. 刘家庄北地M1046

墓内随葬青铜礼容器15种33件：鼎6、甗1、簋2、尊3、罍1、方彝1、卣3、盂1、斝1、爵5、角2、斝3、觯2、斗1、盘1。

亚宫共组：方彝1、斝1、爵1。

## （二）中型墓

### 1. 大司空M663

墓内随葬青铜礼容器6种9件：鼎2、簋1、方彝1、瓿1、爵2、斝2。

### 2. 花园庄东地M42

墓内随葬青铜礼容器6种6件：鼎1、簋1、方彝1、瓿1、爵1、斝1。
马子组：方彝1。

### 3. 郭家庄东南M26

墓内随葬青铜礼容器8种11件：鼎2、甗1、镬形器1、簋1、方罍1、方彝1、爵2、斝2。
旅止冉组：方彝1、爵2、斝2。

### 4. 刘家庄北地M793

墓内随葬青铜礼容器7种10件：鼎2、簋1、罍1、方彝1、爵2、斝2、斗1。
亚弜组：鼎2、方彝1、爵1、斗1。

### 5. 刘家庄北地宜家苑M33

墓内随葬青铜礼容器8种10件：鼎1、甗1、簋1、罍1、方彝1、爵2、斝2、盘1。

**6. 戚家庄东M269**

墓内随葬青铜礼容器12种20件：鼎4、甗1、簋1、尊2、罍1、方彝1、卣1、卣盖1、斝1、爵2、觚3、觯1、斗1。

爱组：鼎2、簋1、罍1、方彝1、斝1、爵2、觚3。

随葬青铜器器类包括食器、酒器和水器，酒器最多，共13种，有尊、壶、卣、方彝、罍、斝、瓶、爵、觚、觯、觥、角、斗；食器次之，共4种，有鼎、甗、簋、豆；水器最少，共3种，有盘、盉、盂，盉、盂仅见于大型墓，在中型墓中则只随葬盘。这9座墓共同包含的器类为鼎、簋、方彝、爵、觚，在此基础上，再添加其他器类，形成了不同的共存组合关系。

# 三、方彝与爵、觚、斗、罍的配套组合关系

在科学发掘且随葬品完整的9座墓中，方彝与鼎、簋、爵、觚全部共出，在科学发掘但被盗掘的M9中，也有方彝与爵共出，另2座非科学发掘墓葬中，惠民县大郭墓中方彝与鼎、爵、觚共出，胶州西皇姑庵墓中方彝与簋、爵、觯共出。在7座墓中，方彝与罍共出。在5座墓葬中，方彝与斗共出。其余器类在墓中共出的频率均不过半。

根据铭文中的人名或族徽，可将同一墓中的青铜礼容器划分成不同的器组，包含方彝的器组共有8个，除去只有方彝而无其他器物的亚启组和马子组，方彝与爵共存的有6个器组，方彝与鼎、斝、觚共存的有4个器组，其他器类均不过半。

从在墓中摆放的相对位置来看，方彝与爵、觚、罍、斗的距离都较近，如在花园庄东地M54中，方彝与爵、觚、罍、斗堆放在椁室的东南角，在刘家庄北地M1046中，方彝与罍比邻摆放，1件爵置于方彝腹内，斗和2爵压在方彝之下。

从功能角度来看，爵、觚是饮酒器，斗是挹酒器，与方彝功能互补，需要搭配使用，斗从方彝中挹酒，倒入爵、觚饮用。方彝和罍都是盛酒器，但可能所盛装酒的品种不同，方彝大口，用于盛鬯酒，是一种没有滤除酒滓的酒，罍口比较小，可用于盛清酒，两种器共存，才能满足宴飨时对于不同酒的需求。因此，商代晚期，方彝与爵、觚、斗、罍存在配套组合关系。

# 四、方彝和卣之间的相互排斥关系

方彝和卣的关系也很值得关注，二者似乎存在排斥关系，但学术界目前似乎还未关注到这一现象。9座科学发掘且随葬品完整的墓中，在3座墓中方彝、卣共出，即小

屯M5、戚家庄东M269和刘家庄北地M1046，其余6座墓葬不同出，且科学发掘但随葬品不完整的1座墓、非科学发掘的2座墓中也不共出。小屯M5出土的2件卣没有铭文，与妇好方彝、亚启方彝不是同一个器组。戚家庄东M269出土的青铜礼容器上多数有铭文"爰"，但卣上没有铭文。刘家庄北地M1046出土3件卣，2件没有铭文，1件有铭文，但与方彝铭文不同。由此看来，即使方彝与卣在同一墓中共出，也往往不属于一个器组，可能并非同一时、同一批制器。方彝和卣都是盛鬯酒的高级酒器，功能上的重叠造成了二者之间的排斥关系。

# 第二节　两周时期方彝的组合关系

西周早、中期，方彝多被用作宗庙中的祭器，上面往往有较长的铭文，叙述后世子孙之功业，以追孝于先祖，因此，用于随葬的方彝较少。西周晚期至春秋早期，方彝失去了被用作祭器的地位，沦为明器，专门用于随葬，成为姬周贵族标榜传统与守旧的标识物，常与尊、爵、觯共出，而很少与卣、觚同出。

西周初期，仿效尊、卣组合，方彝与尊、觥之间形成了配对组合关系。

# 一、方彝在墓中的共存组合关系

## （一）西周早、中期

这一阶段，经科学发掘且随葬品完整的墓葬仅1座，另有1座科学发掘、但已被盗掘的墓葬，由于材料稀少，方彝在墓中的共存组合关系并不明晰。

宝鸡石鼓山M3

墓内随葬青铜礼容器14种31件：鼎6、甗1、簋6、壶1、尊1、罍1、方彝1、卣6、爵1、觯1、斗2、禁2、盘1、盉1。

户组：卣2、方彝1。

从随葬器物的摆设情况看，1号禁、2号禁、户方彝、户卣2、1号斗6件器物为一组（套），应为一个家族的器物[1]。户方彝和户卣虽然在同一墓中共存，装饰风格一致，且铭文相同，但商代晚期以来，方彝和卣之间相互排斥的关系已经发生变化，抑或石鼓山M3只是个案，由于材料太少，还不能遽下定论。

张家坡墓地M170墓主人是一代井叔，生活在西周中期后段，墓葬被盗，但头厢内还残留漆案、方彝、斗、象牙杯等物，这些器物勾勒出一幅贵族饮酒的场景。

---

① 石鼓山考古队：《陕西宝鸡石鼓山西周墓葬发掘简报》，《文物》2013年第2期，第53页。

（二）西周晚期到春秋早期

西周晚期到春秋早期，经科学发掘且随葬品完整的有11座墓，科学发掘但已被盗扰的墓葬有5座，非科学发掘但随葬品完整的有1座，共计17座墓，其中，西周晚期有5座墓葬，春秋早期有12座墓葬。

**1. 西周晚期**

（1）晋侯墓地M62

墓内随葬青铜礼容器9种14件：鼎3、簋4、壶1、尊1、方彝1、爵1、盘1、匜1、鼎形方盒1。

（2）晋侯墓地M63

墓内随葬青铜礼容器10种14件：鼎3、簋2、壶2、方彝1、爵1、觯1、盘1、盉1、鼎形方盒1、筒形器1。

晋侯墓地M62和M63各出土青铜器14件，简报指出有些器物小且单薄，应当为明器，但除方彝外，未具体说明哪些器物是明器。

（3）梁带村墓地M502

墓内随葬青铜礼容器7种11件：鼎3、簋2、方彝2、爵1、觯1、盘1、盉1。

实用器：鼎1。

明器：鼎2、簋2、方彝2、爵1、觯1、盘1、盉1。

（4）平顶山M1

墓内随葬青铜礼容器7种17件：鼎5、甗1、簋6、壶2、方彝1、盘1、盉1。

实用器：鼎5、甗1、盘1。

明器：簋6、壶2、盉1、方彝1。

（5）济宁市商业局墓

该墓在施工过程中发现，挖出青铜礼容器共6种9件：鼎2、簋1、方彝1、爵2、觯2、盘1。

实用器：鼎2。

明器：簋1、方彝1、爵2、觯2、盘1。

这一阶段，墓内随葬的青铜礼容器包括食器、酒器和水器三类，食器有3种，分别是鼎、甗、簋；酒器有5种，分别是壶、尊、方彝、爵、觯；水器有3种，分别是盘、盉、匜，个别墓葬中还偶见鼎形方盒、筒形器。墓内完整的礼容器组合至少要包括食器、酒器和水器中的各一种。同一座墓葬内，往往酒器的种类最多，而食器的数量最多。

5座墓中都随葬的器类为鼎、簋、方彝、盘，酒器基本上都是明器，以方彝、爵、觯组合最为常见，见于3座墓中，方彝、爵组合和方彝各见于1座墓中。

### 2. 春秋早期

（1）晋侯墓地M93

墓内随葬青铜礼容器11种24件：鼎6、甗1、簋7、壶2、尊1、卣1、方彝1、爵1、觯1、盘2、匜1。

实用器：鼎5、甗1、簋6、壶2、盘1、匜1。

明器：鼎1、簋1、尊1、卣1、方彝1、爵1、觯1、盘1。

（2）晋侯墓地M102

墓内随葬青铜礼容器9种16件：鼎4、簋5、壶1、盉1、方彝1、爵1、觯1、盘1、匜1。

实用器：鼎3、簋4、壶1、盘1、匜1。

明器：鼎1、簋1、盉1、方彝1、爵1、觯1。

（3）三门峡虢国墓地M2012

墓内随葬青铜礼容器15种68件：鼎11、鬲8、甗1、簋10、簠2、铺2、壶2、方彝5、爵4、觚1、觯6、盘7、匜1、盉6、罐2。

实用器：鼎5、鬲8、甗1、簋4、簠2、铺2、壶2、盘1、盉1、罐2。

明器：鼎6、簋6、方彝5、爵4、觚1、觯6、盘6、匜1、盉5。

（4）三门峡虢国墓地M2001

墓内随葬青铜礼容器14种58件：鼎10、鬲8、甗1、簋9、盨4、簠2、铺2、壶4、尊3、方彝3、爵3、觯2、盘4、盉3。

实用器：鼎7、鬲8、甗1、簋6、盨4、簠2、铺2、壶4、盘1、盉1。

明器：鼎3、簋3、尊3、方彝3、爵3、觯2、盘3、盉2。

（5）三门峡虢国墓地M2006

墓内随葬青铜礼容器12种19件：鼎3、鬲4、甗1、盨2、簠1、壶2、尊1、方彝1、爵1、觯1、盘1、盉1。

实用器：鼎2、甗1、盨2、簠1、壶2、盘1。

明器：鼎1、鬲4、尊1、方彝1、爵1、觯1、盉1。

（6）垣曲县北白鹅墓地M3

墓内随葬青铜礼容器7种14件：鼎4、甗1、簋5、尊1、方彝1、觯1、盘1。

实用器：鼎4、甗1、簋4。

明器：簋1、尊1、方彝1、觯1、盘1。

（7）平顶山墓地M8

墓内随葬青铜礼容器10种22件：鼎5、甗1、簋5、壶2、盉1、尊2、方彝2、爵1、盘2、匜1。

实用器：鼎5、甗1、簋4、壶2、盘1、匜1。

明器：簋1、盉1、尊2、方彝2、爵1、盘1。

（8）三门峡虢国墓地M2008

被盗扰，公安机关追缴回的虢宫父鬲和虢宫父盘应出于该墓，故一并统计，墓内随葬青铜礼容器9种13件：鬲2、簋2、簠1、方壶1、方壶盖1、方彝2、爵1、盘2、匜1。

实用器：鬲2、簋1、簠1、盘1、匜1。

明器：簋1、方壶1、方壶盖1、方彝2、爵1、盘1。

（9）南阳夏饷铺墓地M6

扰乱严重，墓内残留青铜礼容器5种6件：鼎1、簋1、簋盖1、尊1、方彝1、觯1。

实用器：簋盖1。

明器：鼎1、簋1、尊1、方彝1、觯1。

（10）闻喜县上郭村75M1

被盗扰，墓内随葬青铜礼容器剩余5种6件：鼎2、簋1、方彝1、盘1、盉1。

实用器：鼎1。

明器：鼎1、簋1、方彝1、盘1、盉1。

（11）垣曲县北白鹅墓地M2

遭盗扰破坏，墓内劫余6种10件青铜礼容器：鼎3、盨2、壶2、方彝1、盘1、盉1。

实用器：鼎3、盨2、壶2。

明器：方彝1、盘1、盉1。

（12）洛阳润阳广场M9934

被盗扰，但对墓室扰动不大，随葬青铜容器余12种21件：鼎3、鬲2、甗1、簋4、铺1、壶2、方彝1、觯2、盘2、盉1、缶1、舟1。

实用器：鼎1、鬲2、簋4、铺1、壶2、盘1。

明器：鼎2、甗1、方彝1、觯2、盘1、盉1、缶1、舟1。

这一阶段，墓内随葬青铜礼容器的种类和数量都较西周晚期有所增多，食器有7种，分别是鼎、鬲、甗、簋、盨、簠、铺；酒器有7种，分别是壶、尊、卣、方彝、爵、瓿、觯；水器有3种，分别是盘、盉、匜，个别墓葬中还随葬有罐、缶、舟。经科学发掘、随葬品完整的7座墓葬中，食器、酒器的种类均多于水器，2座墓中食器种类最多，3座墓中酒器种类最多，2座墓中食器、酒器种类持平。同一座墓中，食器的件数依旧是最多的。

随葬青铜器既有实用器，也有明器，实用器和明器共同构成完整的随葬礼器组合，核心组合与西周晚期相同，仍旧为鼎、簋、壶、盘、盉（匜），盉与匜仅在1座墓中共出。食器、水器中的明器数量不多，酒器除壶以外基本为明器，核心组合为尊、方彝、爵、觯，卣和瓿在本阶段非常少见，都仅见于1座墓葬。有些明器铸造比较精致，但无使用痕迹，还保留有范土，有些明器体小质薄，质量很差。

# 二、方彝与尊、觥的配套组合关系

所谓的尊、方彝或尊、方彝、觥配套组合，是指同一人在同时制作的一组成套器物，整体风格一致，纹饰相同或相近，铭文内容相同，多数行款、字形书体也一致。截至目前，我们已经发现15组器物存在这样的配套组合关系，包括10组尊、方彝组合和5组尊、方彝、觥组合，其中7组为科学发掘出土，4组出于墓葬，3组出于窖藏。

（一）尊、方彝组合

尊、方彝组合共发现10组，包括一尊一方彝和一尊二方彝两种组合形式。为行文方便，我们用器主之名来命名组合名称，如器主是义，这一组尊、方彝组合就称为义组，若器上没有铭文，就用墓主来命名。

**1. 一尊一方彝组合**

一尊一方彝组合共发现8组，一般情况下，每组只包括1套尊、方彝组合，只有应侯墓中随葬了2套尊、方彝组合。组合中的尊有圆尊和圆口方尊两种形式，方彝基本为Ca型曲壁方彝，明器组合中有B型直壁方彝和异型方彝，方彝要高于尊。

（1）义组

义尊、义方彝各1件，2014年，在山西省洪洞县南秦墓地被盗掘出土，后为公安机关追缴①，现藏于山西青铜博物馆。义尊为圆体瓢形尊，通高34.2厘米，口径25.3厘米，通体四条勾牙状出戟扉棱，颈部饰兽形蕉叶纹，下饰一周对首鸟夔合体纹，腹部和圈足饰兽面连身纹。义方彝是本书所划分的Ca型Ⅰ式方彝，通高49厘米，通宽29.5厘米，有提梁的仅此1件，圈足两面有缺口，盖面和腹部饰兽面纹，与义尊兽面纹相同，颈部和圈足饰夔纹。义尊器底有4行23字铭文，义方彝盖内有4行22字铭文，少族徽丙字，器底有4行23字铭文，两器器底铭文行款一致、内容相同（图8-7）。

（2）令组

令方尊、令方彝各1件，传为1929年洛阳市马坡出土，令方尊现藏于台北"故宫博物院"，令方彝现藏于美国弗利尔美术馆。令方尊为圆口方尊，通高28.6厘米，口径23.4厘米×23.1厘米，通体四隅饰勾牙状出戟扉棱，器腹和圈足中部饰勾牙状扉棱，颈部上端饰兽形蕉叶纹，下端饰两只对首鸟纹，腹部饰下卷角有廓兽面连身纹，圈足饰下卷角有廓兽面纹。令方彝是本书所划分的Ca型Ⅲ式方彝，通高34.1厘米，口径19.3

① 韩炳华：《新见义尊与义方彝》，《江汉考古》2019年第4期，第78页。

厘米×17.7厘米，通体四隅和器身中部饰勾牙状扉棱，与令方尊相同，盖面和腹部饰下卷角有廓兽面连身纹，兽面与令方尊相同，尾部一直一卷，稍有不同，颈部饰双身龙纹，圈足饰鸟纹。令方尊有186字铭文，令方彝器盖同铭，有187字铭文，又各重文2字，行款不同，但内容相同（图8-8）。

1

2

图8-7　义组[①]

1. 义尊及铭文　2. 义方彝及铭文

---

① 韩炳华：《新见义尊与义方彝》，《江汉考古》2019年第4期，图一、图三。

1

2

图8-8　令组

1. 令方尊及铭文①　2. 令方彝及铭文②

（3）叔牝组

　　叔牝方尊、叔牝方彝各1件，传为1947年秋盗掘自洛阳市郊小李村西南处一座古墓，墓内出土铜器多件，多流失海外，叔牝方尊现藏于美国弗利尔美术馆。1960年，洛阳市在进行文物普查时，发现了叔牝方彝，现藏于洛阳博物馆。叔牝方尊为圆口方尊，通高27厘米，颈部上饰四组兽形蕉叶纹，每组以器身四隅扉棱为对称，下饰两只对首鸟纹，腹部饰下卷角有廓兽面连身纹，圈足四面各饰两只对首鸟纹。叔牝方彝是本书所划分的Ca型Ⅲ式方彝，通高32.5厘米，口径23.5厘米×19厘米，盖面和器腹饰兽面连身纹，颈部和圈足饰鸟纹。两器通体都饰相同的勾牙状扉棱，所饰鸟纹形象相同，兽面连身纹的兽面形象一致，尾部稍有不同，一伸一卷。两器各有3行12字铭文，行款、内容相同，字形、书体比较接近（图8-9）。

---

　　①　编辑委员会：《商周青铜酒器》，台北"故宫博物院"，1989年，图版叁陆；中国社会科学院考古研究所：《殷周金文集成（修订增补本）》（第五册），中华书局，2007年，第3705页。

　　②　中国青铜器全集编辑委员会：《中国青铜器全集》（5），文物出版社，1996年，第124页；中国社会科学院考古研究所：《殷周金文集成》（第十六册），中华书局，1994年，第36页。

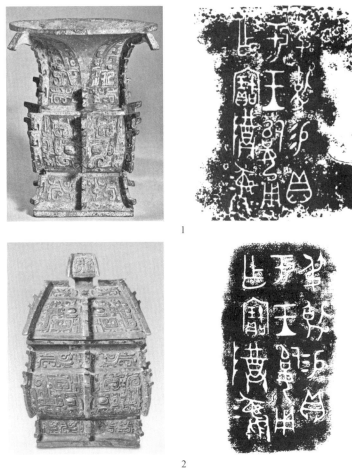

图8-9　叔牝组

1. 叔牝方尊及铭文[①]　　2. 叔牝方彝及铭文[②]

（4）弜组

弜方尊、弜方彝各1件，出土情况不详，弜方尊现藏于美国旧金山亚洲艺术博物馆，弜方彝现藏于美国纳尔逊艺术博物馆。弜方尊为圆口方尊，通高23.5厘米，口径24.8厘米，颈部上端饰四组兽形蕉叶纹，各组以四隅扉棱为对称，下端饰对首鸟纹，每面两只，腹部饰下卷角有廓兽面纹，圈足饰对首鸟纹，每面两只。弜方彝为本书划分的Ca型Ⅲ式方彝，盖面上端饰两只对首鸟纹，下端和腹部饰下卷角有廓兽面连身纹，颈部饰夔纹。两器的装饰风格一致，鸟纹形象相同，兽面的形象也一致，器身四隅和中部都装饰凸齿扉棱。两器都有3行14字铭文，行款、内容都相同，字形、书体也比较一致（图8-10）。

①　John Alexander Pope. The Freer Chinese Bronzes, Volume Ⅰ Catalogue. Freer Gallery of Art, 1967: 18；吴镇烽：《商周青铜器铭文暨图像集成》（21），上海古籍出版社，2012年，第210页。

②　中国青铜器全集编辑委员会：《中国青铜器全集》（5），文物出版社，1996年，图版一三二；中国社会科学院考古研究所：《殷周金文集成》（第十六册），中华书局，1994年，第22页。

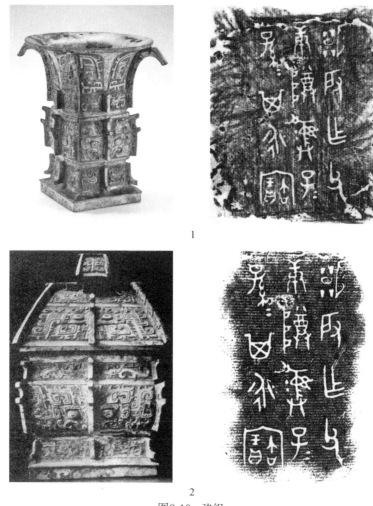

图8-10　彊组

1.彊方尊及铭文① 　 2.彊方彝及铭文②

（5）应盉组

应盉方尊、应盉方彝各1件，出土情况不详，最早出现于20世纪80年代，器物照片曾收录于2000年在台北举办的"清玩雅集千禧年展览会"展览图录③。2008年3月，现身于纽约苏富比春拍；2016年，再度现身于香港瀚海青铜时代Ⅱ拍卖会。应盉方尊为圆口方尊，通高21厘米，通体四隅饰凸齿出戟扉棱，颈部饰四组兽形蕉叶纹，每组以四隅扉棱为对称轴，腹部饰上卷角有廓兽面纹，圈足饰变形夔纹。应盉方彝是本书

①　方尊及铭文图片引自美国旧金山亚洲艺术博物馆网站https://asianart.org/。

②　吴镇烽：《商周青铜器铭文暨图像集成》（24），上海古籍出版社，2012年，第409页。

③　〔日〕崎川隆：《关于西周时期饰有"上卷角兽面纹"的青铜器》，《青铜器与金文》（第一辑），上海古籍出版社，2017年，第389页。

划分的Ca型Ⅴ式方彝，通高27.5厘米，盖面和器身只有一周纹饰带，饰上卷角有廓兽面纹，圈足饰变形夔纹。两器都是四隅装饰突齿扉棱，器身上装饰的上卷角有廓兽面纹形象相同，圈足上的变形夔纹也是同一种纹饰，形象稍有不同。两器都有2行7字铭文，行款、内容相同，字形、书体也基本一致（图8-11）。

1

2

图8-11 应禽组①

1.应禽方尊及铭文 2.应禽方彝及铭文

（6）晋文侯组

波曲纹尊（M93：52）、波曲纹方彝（M93：51）各1件，都是明器，1994年，出土于北赵晋侯墓地M93，简报推测墓主人为晋文侯。波曲纹尊为圆口方尊，通高16.2厘米，颈部极长，方腹很短。颈部中间有一道凸棱，将颈部分为上、下两部分，上颈装饰一周三角纹，有四道扉棱，下颈部为素面，腹部饰斜角云纹，圈足饰垂鳞纹。方彝是本书所划分的异型方彝，通高24.4厘米，提手两侧各附一蹲踞状小熊，盖面附顾首卧

① 吴镇烽：《商周青铜器铭文暨图像集成三编》（三），上海古籍出版社，2020年，第66、256页。

龙2、卧虎2，器身附4卧兽，盖及器身四隅饰扉棱，盖、口沿下饰波带状云纹，下腹部饰斜角云纹，圈足饰垂鳞纹。两器都有一段直腹，下有圈足，贴地处有厚台。器腹所饰的斜角云纹形象一致，圈足上的垂鳞纹也相近，器身中段为素面，装饰风格一致。都无铭文（图8-12）。

1　　　　　　　　　　　　　2

图8-12　晋文侯组[①]

1. 波曲纹尊　2. 波曲纹方彝

（7）应侯组

1989年，平顶山市应国墓地M8随葬2套一尊一方彝组合，目前只见此1例。报告认为其中的波曲纹尊和波曲纹方彝为实用器，素面尊和素面方彝为明器，我们认为，4器都是明器。

波曲纹尊（M8∶19）、窃曲纹方彝（M8∶6）各1件，现藏于平顶山博物馆。波曲纹尊是圆口方尊，通高22.5厘米，口径16.4厘米，四隅饰扉棱，颈部饰简省波曲纹，圈足饰C形平目窃曲纹。窃曲纹方彝是本书所划分的Ca型Ⅵ式方彝，通高19.6厘米，盖和器身上部四隅饰扉棱，盖面和圈足饰简省波曲纹，上腹饰C形平目窃曲纹。两器装饰部位一致，都在颈部、圈足装饰纹饰，鼓腹为素面，装饰的纹样内容相同，有简省波曲纹和窃曲纹，但装饰的具体部位不同。两器都没有铭文。

素面尊（M8∶12）是圆尊，通高13.6厘米，素面方彝（M8∶34）是本书所划分的B型Ⅴ式方彝，通高18厘米。两器都是素面，也都没有铭文（图8-13）。

（8）鄂侯组

波曲纹尊（M6∶31）、波曲纹方彝（M6∶33）各1件，都是明器，2012年，南阳市夏饷铺鄂国墓地M6出土。波曲纹尊是圆口方尊，通高19.5厘米，四隅饰扉棱，

① 北京大学考古系、山西省考古研究所：《天马—曲村遗址北赵晋侯墓地第五次发掘》，《文物》1995年第7期，第31页，图四五、图四六。

颈部饰波曲纹，圈足饰兽面状垂鳞纹。波曲纹方彝是本书所划分的Ca型Ⅵ式方彝，通高23.2厘米，盖面饰两周纹饰带，上为波曲纹，下为S形窃曲纹，颈部饰C形窃曲纹，圈足饰兽面状垂鳞纹。两器扉棱的装饰部位一致，鼓腹上都无扉棱，都饰相同的波曲纹和兽面纹，两器都无铭文。方彝圈足内还存有范土，应该也是1套明器组合（图8-14）。

这种组合形式出现于西周初期，西周早期发现最多，延续至春秋早期，具体来看，西周早期有4组，西周中期有1组，西周晚期有1组，春秋早期有2组。西周早、中期为实用器组合，是专门为父亲或宗庙制作的祭器，西周晚期至春秋早期为明器组合。使用这种组合的阶层，在西周早、中期，主要是高级贵族，在西周晚期至春秋早期，主要是诸侯国的国君，使用地域集中在晋南、豫西和豫南。

1　　　　　　　　　　　　2

3　　　　　　　　　　　　4

图8-13　应侯组[①]

1. 波曲纹尊　2. 窃曲纹方彝　3. 素面尊　4. 素面方彝

---

① 河南省文物考古研究所、平顶山市文物管理局：《河南平顶山应国墓地八号墓发掘简报》，《华夏考古》2007年第1期，彩版八。

1　　　　　　　　　　　　　　　　　　2

图8-14　鄂侯组①

1.波曲纹尊　2.波曲纹方彝

### 2. 一尊二方彝组合

一尊二方彝组合仅发现2组，数量远少于一尊一方彝组合。组合中的尊为圆口方尊，方彝为C型曲壁方彝，方彝要高于尊。2件方彝形制、纹饰、铭文均相同，但体量不同，存在一大一小的现象，这与西周时期的列鼎有相同之处，列鼎盛装不同食物，2件方彝亦可能是分别盛装秬鬯或郁鬯。这种组合形式见于昭穆时期，发现于关中和洛阳地区，主要用作祭器，使用阶层为高级贵族。

（1）荣子组

荣子方尊1件、荣子方彝2件，传出土于洛阳市，具体情况不详，荣子方尊现藏于日本白鹤美术馆，大荣子方彝原为柏景寒藏品，现收藏于美国芝加哥艺术博物馆，小荣子方彝现收藏于日本根津美术馆。荣子方尊为圆口方尊，通高27.8厘米，通体四隅和器身中部有凸齿扉棱，口沿下饰八组兽形蕉叶纹，再下饰对首鸟纹，腹部饰下卷角有廓兽面纹，圈足饰顾首折身夔纹。两件荣子方彝为本书所划分的Ca型Ⅲ式方彝，1件通高32.8厘米，另1件通高26.2厘米，形制、纹饰基本一致，通体四隅和器中饰凸齿扉棱，盖面饰两周纹饰带，上为对首鸟纹，下为下卷角有廓兽面纹，颈部饰对首鸟纹，腹部饰下卷角有廓兽面连身纹，圈足饰顾首夔纹。方尊和方彝的装饰风格一致，四隅和器中饰凸齿扉棱，都是通体满花，鸟纹和兽面的形象一致。3器各有6字铭文，行款、内容相同，字形、书体也比较一致（图8-15）。

（2）盉组

盉方尊1件、盉方彝2件，1955年3月，陕西省眉县李家村西周窖藏出土，盉方尊和盉方彝乙现藏陕西历史博物馆，盉方彝甲现藏中国国家博物馆。盉方尊是圆口方尊，

_____

① 河南省文物局南水北调文物保护办公室、南阳市文物考古研究所：《河南南阳夏饷铺鄂国墓地M5、M6发掘简报》，《江汉考古》2020年第3期，第22页，图版三，4、5。

通高17.2厘米，颈部饰四组龙形夔纹，以四隅扉棱为对称，腹部饰龙纹、涡纹，圈足饰变形夔纹。两件盉方彝是本书划分的Cb型Ⅰ式方彝，1件通高22.8厘米，另1件通高18厘米，小方彝内部有隔，将器腹分成两部分，器盖一侧有两个方形小孔，用于置斗。装饰一致，盖面有两周纹饰带，上为窃曲纹，下为龙纹和涡纹，颈部饰窃曲纹，器腹饰龙纹和涡纹，圈足饰变形夔纹。三器体侧都有两象鼻耳，装饰风格一致，都是满花，窃曲纹、龙纹和夔纹的形象相同。三器各有108字铭文，行款、内容相同，字形、书体也基本一致（图8-16）。

### （二）尊、方彝、觥组合

尊、方彝、觥组合由1件尊、1件方彝和1件觥组成，尊有圆尊和圆口方尊两种，方彝有Ca型曲壁方彝和B型垂直壁方彝两种，三器之中，方彝最为高大，其次为尊，最矮的是觥，但到了西周中期后段，觑爾觥的高度超过了觑爾方尊。这种组合形式共发现5组，见于西周早期后段至西周中期，主要用作祭器，发现于关中、豫西和晋南地区，使用阶层是高级贵族。

（1）折组

折尊、折方彝和折觥各1件，1976年12月，陕西省扶风县庄白一号西周青铜器窖藏出土，现藏于周原博物院。折尊为圆体觚形三段尊，通高32.5厘米，折方彝是本书所划分的Ca型Ⅲ式方彝，通高41.6厘米，折觥通高28.7厘米。整器大致都呈三段式，都是鼓腹，圈足贴地处有厚台。三器制作精美，装饰繁缛，遍体满花，以云雷纹为底纹，通体饰勾牙状扉棱。装饰题材都是兽面纹和龙纹，三器器腹都装饰下卷角有廓兽面连身纹，形象一致，圈足都饰垂冠顾首折身龙纹，尊上龙身稍短，但形象相同。三器各有6行42字铭文，尊内底有铭文，方彝和觥器盖同铭，铭文行款、内容均相同，字形、书体也基本一致（图8-17）。

（2）瓯组

瓯方尊、瓯方彝和瓯觥各1件，出土情况不详。瓯方尊最早为曹载奎《怀米山房吉金图》所著录，颈部以上缺失，长期被误认为是方彝。瓯方彝最早见于刘喜海《长安获古编》，现藏日本泉屋博古馆。瓯觥原为潘祖荫藏品，现藏美国弗利尔美术馆。瓯方尊是圆口方尊，残高14.65厘米，瓯方彝是本书划分的Ca型Ⅲ式方彝，通高29厘米，瓯觥通高22.9厘米，三器之中，瓯方彝最为高大。瓯方尊颈部缺失，但整器与方彝、觥一样，大致都呈三段式，鼓腹，贴地处有厚台。三器装饰风格一致，通体饰勾牙状扉棱，遍体满花，以云雷纹为地纹，纹样有下卷角有廓兽面纹和鸟纹，形象大同小异。三器各有2行8字铭文，内容完全相同，方彝、觥器盖同铭，方尊内底有铭文，方尊和方彝、觥盖铭行款一致，方彝、觥器铭行款一致，字形、书体也比较接近（图8-18）。

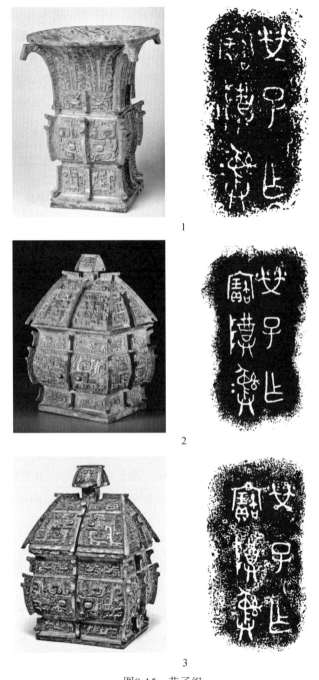

1

2

3

图8-15　荣子组

1.荣子方尊及铭文[1]　2.大荣子方彝及铭文[2]　3.小荣子方彝及铭文[3]

---

[1]　中国青铜器全集编辑委员会：《中国青铜器全集》（5），文物出版社，1996年，第150页；吴镇烽：《商周青铜器铭文暨图像集成》（21），上海古籍出版社，2012年，第99页。

[2]　大荣子方彝图片引自芝加哥艺术博物馆网站https://nationalmuseumofmexicanart. org/；吴镇锋《商周青铜器铭文暨图像集成》（24），上海古籍出版社，2012年，第401页。

[3]　吴镇烽：《商周青铜器铭文暨图像集成》（24），上海古籍出版社，2012年，第402页。

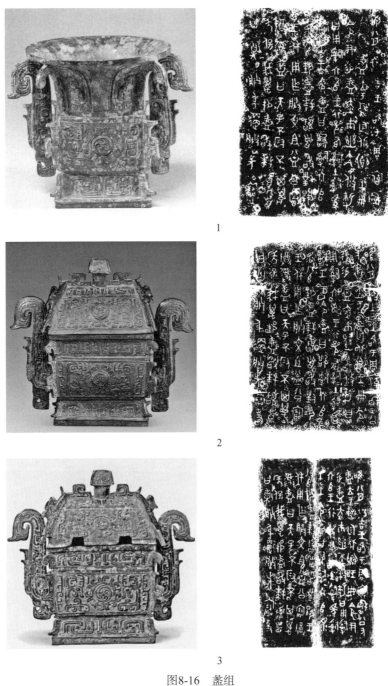

图8-16　盉组

1. 盉方尊及铭文[①]　2. 盉方彝甲及铭文[②]　3. 盉方彝乙及铭文[③]

①　中国青铜器全集编辑委员会：《中国青铜器全集》（5），文物出版社，1996年，第156页。

②　《盉方彝》，《中国国家博物馆馆刊》2019年第9期；吴镇烽：《商周青铜器铭文暨图像集成》（24），上海古籍出版社，2012年，第432页。

③　吴镇烽：《商周青铜器铭文暨图像集成》（24），上海古籍出版社，2012年，第435页。

1

2

3

图8-17　折组

1. 折尊及铭文①　　2. 折方彝及铭文②　　3. 折觥及铭文③

①　曹玮：《周原出土青铜器》（3），巴蜀书社，2005年，第546、551页。

②　曹玮：《周原出土青铜器》（3），巴蜀书社，2005年，第566、572页。

③　张天恩：《陕西金文集成》（2），三秦出版社，2016年，第112、113页。

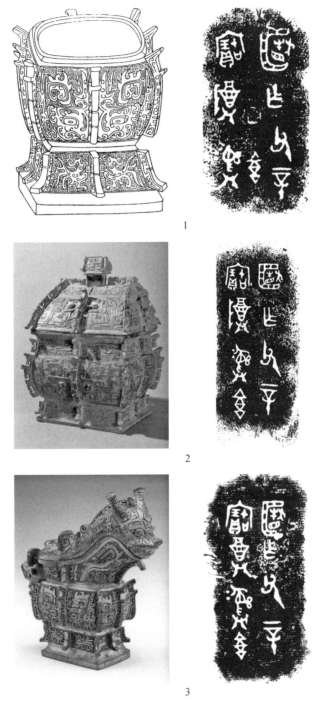

1

2

3

图8-18　甋组

1.甋方尊及铭文[1]　2.甋方彝及铭文[2]　3.甋觥及铭文[3]

---

① 曹载奎:《怀米山房吉金图》,《金文文献集成》(第七册),线装书局,2005年,第421页。

② 吴镇烽:《商周青铜器铭文暨图像集成》(24),上海古籍出版社,2012年,第404页。

③ 中国青铜器全集编辑委员会:《中国青铜器全集》(5),文物出版社,1996年,第100页。

（3）丂甫组

丂甫方尊、丂甫方彝和丂甫觥各1件，传1926年出土于河南省，具体情况不详。丂甫方尊现藏于美国明尼阿波利斯艺术博物馆，丂甫方彝原为纽约阿姆斯藏品，与丂甫觥现藏于美国纽约大都会艺术博物馆。丂甫方尊为圆口方尊，通高22.7厘米，口沿下饰兽形蕉叶纹，再下饰夔纹，腹部兽面纹，已经发生变形，圈足饰夔纹。丂甫方彝为本书划分的Ca型Ⅳ式方彝，通高27.6厘米，盖面和器腹饰变形兽面连身纹，颈部和圈足饰分身夔纹。丂甫觥通高21.8厘米，器腹饰变形兽面连身纹，圈足饰分身夔纹。三器装饰风格繁缛，都饰凸齿扉棱，通体满花，以云雷纹衬底，主体纹饰基本一致。三器各有2字铭文，方尊内底有铭文，方彝和觥器盖同铭，铭文内容相同，字形书体一致（图8-19）。

（4）觊爾组

觊爾方尊、觊爾方彝和觊爾觥各1件，2006年，出土于山西省绛县横水墓地M1006，现藏山西青铜博物馆。觊爾方尊是圆口方尊，通高27.5厘米，通体四隅饰突齿扉棱，口沿下饰龙形蕉叶纹，颈部下端饰变形夔纹，器腹饰上卷角有廓兽面纹，圈足饰变形夔纹。觊爾方彝是本书所划分的Ca型Ⅴ式方彝，通高37厘米，通体四隅饰凸齿扉棱，盖面和器腹饰上卷角有廓兽面连身纹，身躯极小，圈足饰变形夔纹。觊爾觥通高29厘米，器身饰凸齿扉棱，器腹饰上卷角有廓兽面连身纹，身躯极小，圈足饰变形夔纹。三器装饰繁缛，风格一致，四隅都饰凸齿扉棱，通体满花，无云雷纹衬底，作为主体纹饰的上卷角兽面纹形象基本一致。三器各有3行16字铭文，又重文2，方尊内底有铭文，方彝和觥器盖同铭，铭文内容相同，行款一致，字形、书体大同小异（图8-20）。

（5）日己组

日己方尊、日己方彝和日己觥各1件，1963年，出土于陕西省扶风县齐家村西周铜器窖藏，现藏于陕西历史博物馆。日己方尊是圆口方尊，通高29厘米，通体四隅饰扉棱，口沿下饰龙形蕉叶纹，再下饰一周对首鸟纹，器腹饰上卷角有廓兽面纹，圈足饰一周对首鸟纹。日己方彝是本书所划分的B型Ⅲ式方彝，通高38.5厘米，通体四隅饰扉棱，盖面饰变形兽面纹，盖缘饰鸟纹，器腹饰上卷角有廓兽面纹，圈足饰一周对首鸟纹。日己觥通高32厘米，器身四隅饰扉棱，器腹饰上卷角有廓兽面纹，圈足饰一周对首鸟纹。三器装饰风格一致，四隅都饰扉棱，都是通体满花，上卷角兽面纹和鸟纹的形象一致。三器各有3行20字铭文，又重文2，方尊内底有铭文，方彝、觥器盖同铭，铭文内容、行款相同，字形、书体大同小异（图8-21）。

图8-19　丐甫组

1. 丐甫方尊及铭文[1]　2. 丐甫方彝及铭文[2]　3. 丐甫觥及铭文[3]

---

① 丐甫方尊图片引自美国明尼阿波利斯美术馆网站https://new.artsmia.org/；吴镇烽：《商周青铜器铭文暨图像集成》（20），上海古籍出版社，2012年，第315页。

② 丐甫方彝图片引自美国大都会艺术博物馆网站https://www.metmuseum.org/。

③ 丐甫觥图片引自美国大都会艺术博物馆网站https://www.metmuseum.org/。

图8-20　觀爾组

1. 觀爾方尊及铭文① 　 2. 觀爾方彝及铭文② 　 3. 觀爾觥及铭文③

①　图片引自山西博物院（山西青铜博物馆）网站http: //www. shanximuseum. com/；吴镇烽：《商周青铜器铭文暨图像集成》（21），上海古籍出版社，2012年，第233页。

②　图片引自山西博物院（山西青铜博物馆）网站http: //www. shanximuseum. com/；吴镇烽：《商周青铜器铭文暨图像集成》（24），上海古籍出版社，2012年，第411页。

③　图片引自山西博物院（山西青铜博物馆）网站http: //www. shanximuseum. com/；吴镇烽：《商周青铜器铭文暨图像集成》（24），上海古籍出版社，2012年，第501页。

图8-21　日己组

1.日己方尊及铭文[1]　2.日己方彝及铭文[2]　3.日己觥及铭文[3]

---

① 曹玮：《周原出土青铜器》（2），巴蜀书社，2005年，第230、234页。
② 曹玮：《周原出土青铜器》（2），巴蜀书社，2005年，第235、239页。
③ 曹玮：《周原出土青铜器》（2），巴蜀书社，2005年，第240、251页。

尊、方彝组合出现于西周早期早段，有学者认为是仿效尊、卣的产物[①]，这是正确的。从形制上看，尊、方彝（觥）组合与尊、卣（觥）一方一圆，两者性质相同、地位相当、功能可相互代替。

晚商时期，尊、卣组合就已出现，有一尊一卣、一尊二卣两种形式，尊、卣铭文相同，但纹饰风格差异较大。西周初年，铭文、纹饰风格均一致的尊、卣组合出现[②]。同样是在西周初年，铭文、纹饰风格一致的一尊一方彝组合也出现了，最早的为义组，义尊为圆体觚形三段尊，而之后多是圆口方尊，义方彝还带有提梁，这些都是仿效尊、卣组合的明证。西周早期后段，组合得到了丰富，又出现了一尊二方彝的形式，尊、方彝和觥又形成新的组合，流行于西周中期。进入西周晚期，仅剩一尊一方彝的组合形式，且都是明器，春秋早期以后，彻底退出历史舞台。

西周早中期，尊、方彝（觥）主要是为父、祖而制作的祭器组合，西周晚期至春秋早期，尊、方彝成为专用于随葬的明器组合，使用阶层主要是诸侯国国君或高级贵族。

---

① 冯峰：《论西周青铜器中的尊、方彝（尊、方彝、觥）组合——兼谈其与尊、卣组合的关系》，《三代考古》（八），科学出版社，2019年，第281～306页。
② 王祁：《商周铜尊卣配对组合研究》，《考古》2019年第3期，第86页。

# 第九章　方彝的起源与消亡

武丁时期，商王朝步入鼎盛阶段，青铜铸造技术已臻炉火纯青之境，并不断追求创新。贵族阶层生活奢靡、嗜酒成风，对青铜酒器有不小的需求。这种需求遇上技术的加持，方彝由此诞生。

## 第一节　方彝的起源

关于方彝起源的时代，学界多认为在殷墟二期，但我们分析认为，在殷墟一期晚段即武丁早期，方彝就已经诞生。

### 一、方彝出现于武丁早期

商代，等级制度森严，从逻辑上考虑，方彝作为新出现的青铜酒器，理应首先由王室成员享用，然后再自上而下传至各级贵族。时代最早的Aa型Ⅰ式和Ab型Ⅰ式方彝共5件，有3件没有盖，方彝刚出现时，可能并没有盖，或无盖、有盖并存。时代越早，方彝圈足四面的缺口越大，又以大括号形缺口为最早。时代早，主纹与地纹基本平齐，区分不明显；时代晚，主纹采用浮雕技法，高于地纹，主纹、地纹区分明显，云雷纹为地纹，主纹浮于地纹上，主纹上又有阴线。

经过对搜集到方彝的比较和分析，我们认为，无盖妇好方彝（小屯M5：849）是时代最早的一件方彝，方彝出现的时代不会晚于该器的年代。

小屯M5出土了4件方彝，包括1件妇好无盖方彝、2件妇好有盖方彝和1件亚启方彝，2件妇好有盖方彝存在成对现象，是同时制作的器物。妇好无盖方彝圈足四面的缺口呈大括号形，形制最为原始，另外3件方彝圈足缺口为长方形。妇好无盖方彝的主纹和地纹基本与器表平齐，不易区分，另外3件方彝的主纹采用了浅浮雕技法，明显凸出于地纹，主纹、地纹易于区别。所以，妇好无盖方彝的时代要早于另外3件方彝。妇好墓内共计出土了109件带有妇好铭文的铜器，这些器物都铸造于妇好生前，且在她嫁于武丁之后，但在铸造的具体时间上存在早晚差异。据研究，妇好可能死在武丁晚叶的前期，这也是五号墓的下葬时间①。因此，妇好铭文铜器不会晚于武丁晚叶的前期，妇好早期铸造的铜器时代很可能在武丁早期，也就是殷墟一期晚段②。

从装饰风格来看，妇好无盖方彝器身四面自上而下共有三周纹饰带，宽窄不一，分别装饰于颈部、腹部和圈足，纹饰与器表基本平齐，不易区分主纹和地纹。颈部饰两只对首夔纹，空白处填以云雷纹、细线纹。腹部饰兽面连身纹，下卷角，斜直眉，尾端下折，臣形目，内有凸圆睛，阔口，角、眉、目、嘴轮廓较为清晰，目旁接躯体，平而上折，系云雷纹排列而成，轮廓不甚清晰。左下角和右下角饰倒立的夔纹。空白处以云雷纹、细线纹填充。圈足饰两只对尾夔纹，相邻两面的夔纹又组成兽面纹，以四隅的扉棱为对称轴，空白处填以云雷纹、细线纹。这种装饰风格还见于饕餮纹斝（59武官M1：4）③、兽面纹斝（小屯M232：R2038、M232：R2039）④，而59武官M1和小屯M232都是殷墟一期晚段的典型单位。

因此，妇好无盖方彝的时代应为殷墟一期晚段，绝对年代相当于武丁早期，这也是方彝出现的时期。

## 二、方彝出现的历史背景

武丁励精图治，重用甘盘、傅说等贤臣，政治比较稳定，社会经济持续发展，对外征伐不断取得胜利，商王朝进入极盛时期，为青铜铸造业的发展提供了有利条件。

武丁时期，贵族墓葬中随葬青铜酒器非常普遍，酒器的地位要远高于食器和水器，不但器类丰富，而且数量也多，以小屯M5为例，墓内随葬了十几种青铜酒器，仅爵、觚就分别随葬了40件、53件，反映出贵族阶层嗜酒的风尚，对于青铜酒器的现实需求，客观上促进了青铜酒器的大发展。新的器类不断涌现，如方彝、卣、瓿、罍、觥、觯等。还出现了不少创意十足的器形，如偶方尊、三联甗、鸮卣等，造型奇特，艺术价值非常高。

这一时期，王室成员及高、中级贵族对于方形器似乎有特殊的嗜好，墓室较大、出土青铜礼器较多、墓主身份较高的墓，出方形器皿就较多或较精⑤。二里岗上层时

① 王宇信：《试论殷墟五号墓的年代》，《郑州大学学报（哲社版）》1979年第2期，第94页。

② 本书认为，殷墟一期早段相当于盘庚、小辛、小乙时期，晚段相当于武丁早期。学术界也存在另外一种观点，殷墟一期相当于盘庚、小辛、小乙时期，二期早段相当于武丁早期，二期晚段相当于武丁晚期、祖庚、祖甲时期。

③ 中国社会科学院考古研究所：《殷墟青铜器》，文物出版社，1985年，图版二。

④ 李济：《殷墟出土青铜斝形器之研究》《殷墟青铜器研究》，上海人民出版社，2017年，第269页。

⑤ 刘一曼：《安阳殷墓青铜礼器组合的几个问题》，《考古学报》1995年第4期，第400页。

期出现的方鼎更加流行，数量增多。不少酒器在圆器基础上出现了方器，如方尊、方爵、方罍、方罍。有些器类则直接以方器的面貌出现，如方彝、方觥。

　　方彝正是在这样的历史背景下应运而生。

# 三、各型方彝的来源

　　根据形制区别，我们将方彝划分为A型直壁外侈、B型垂直壁、C型曲壁和D型直壁内倾等四型，A型直壁外侈方彝出现时代最早，学术界针对方彝来源的探讨，实际上说的就是A型直壁外侈方彝。

　　李济认为，方彝是抄袭木制的器物[1]。张长寿也认为，方形青铜器这种形制，很可能是从木器中摄取来的[2]。木器因为质地原因，不易保存下来，无法确认当时是否有形制相近的木器，该说仅仅是推测。马承源则认为，商代早期已有陶质的类似的方形器物出现[3]，言外之意，似乎认为青铜方彝就是仿制类似的陶方形器而来，但在考古发现中，似乎并未见到这种陶方形器。李娟利提出，方彝很有可能是模仿宫殿建筑而来[4]。方彝器盖多为四坡屋顶形，还有少量为庑殿顶形，与商周时期建筑的屋顶确实存在一致性，方彝器盖仿自商周建筑的屋顶，是有道理的，但方彝器身四壁外斜、内倾、曲壁都有，且四壁直立仅是少数，不同于房屋直立的四壁，因此，此说似乎也有问题。方彝究竟从何而来，还需要探讨。

　　商代晚期，流行的是A型方彝，四坡屋顶形盖，倒四棱台状长方体器身，圈足。我们认为，A型方彝的器形并非直接仿制已存在的器类，而是将数种已有的、成熟的造型元素重新排列组合后，创造出的全新器类。

　　二里岗文化时期，青铜器的造型与铸造技术都有明显的发展，方形器和圈足器在这一时期开始出现，相应的青铜铸造技术也逐渐成熟。方鼎是最早出现的青铜方形器，在郑州市张寨南街、向阳回民食品厂、南顺城街和北京市平谷刘家河都有发现，时代在二里岗上层文化时期，如张寨南街出土的兽面纹方鼎（图9-1）和向阳回民食品厂出土的兽面纹方鼎（图9-2），口、腹都呈横长方形，腹壁较直[5]。这一时期，圈足器瓿、壶、尊、簋、盘等纷纷出现，均为圆形圈足器。由此看来，方形器身和圈足的铸造技术在二里岗文化时期已经被工匠熟练掌握。

---

① 李济：《殷墟出土五十三件青铜容器之研究》，《殷墟青铜器研究》，上海人民出版社，2017年，第420页。

② 殷之彝：《山东益都苏埠屯墓地和"亚醜"铜器》，《考古学报》1977年第2期，第28页。

③ 马承源：《中国青铜器（修订本）》，上海古籍出版社，2003年，第226页。

④ 李娟利：《商周方彝的整理与研究》，陕西师范大学硕士学位论文，2011年，第59页。

⑤ 河南省博物馆：《郑州新出土的商代前期大铜鼎》，《文物》1975年第6期，第64页。

图 9-1　杜岭二号方鼎①　　　　　　图9-2　兽面纹方鼎②

　　到了武丁时期，殷商贵族阶层嗜酒成风，为青铜酒器的大发展提供了肥沃的土壤，再加之对方形器的偏爱，一种全新的方形圈足器由此诞生。作为盛酒器，为了防止酒液挥发，加盖密封也是题中之意，于是，又仿照当时建筑屋顶的形制，发明了四坡屋顶形器盖，为使器、盖扣合严密，不致滑落，采用了子母口的设计，A型方彝就此产生。

　　A型方彝有一个显著的特点，圈足四面有通地的缺口，早期缺口大，呈大括号形或长方形，与之相似的圈足缺口，还见于殷墟出土的一种方形器上③，有学者称之为卢形器④，在小屯M5和郭家庄M160中都有发现，也有学者认为这些所谓的方形器是商代晚期用于烧烤的"烤炉"⑤。后期缺口小，呈拱形。二里岗文化以来，不少青铜器的圈足上有镂孔，但不会通地。镂孔是泥芯撑的遗痕，铸型装配时，为了解决外范和圈足芯的距离保持问题，发明了泥芯撑技术，就是在泥芯上设置与器物壁厚相等的十字形或方形块状突起，浇注后，会在圈足上留下十字形或长方形镂孔。很多时候，泥芯撑设置的位置对应范线，这有助于解决范块之间定位和配合的问题。从技术角度来看，殷墟二期以后，圈足上的镂孔更多的是一种装饰作用，而非用来定位的泥芯撑的痕

　　① 　河南省文物考古研究所、郑州市文物考古研究所：《郑州商代铜器窖藏》，科学出版社，1999年，彩版一〇。

　　② 　中国青铜器全集编辑委员会：《中国青铜器全集》（1），文物出版社，1996年，第35器。

　　③ 　岳洪彬：《殷墟青铜礼器研究》，中国社会科学出版社，2006年，第121页。

　　④ 　中国社会科学院考古研究所：《安阳殷墟郭家庄商代墓葬——1982~1983年考古发掘报告》，中国大百科全书出版社，1998年，第104页。

　　⑤ 　胡洪琼：《殷墟出土铜质方形器功用考》，《中原文物》2012年第4期，第58页。

迹，这时的圈足芯的设置主要依靠芯头和外范的配合①。方彝器身中部自上而下均有扉棱，有的延伸到圈足上部，如果继续采用之前的做法，在圈足上部设置镂孔，会破坏扉棱的连续性，安排在一侧，又不美观，因此，方彝缺口采用了通地设计。方彝甫一面世，圈足上的缺口很大，这显然不是技术原因造成的，而是有意为之的创新之举。从装饰效果来看，圈足壁与缺口虚实结合，与无缺口相比，似乎更加灵动。从实用效果来看，在铸型装配时，还可起到定位的功能。方彝刚出现时，腹壁微外侈，近乎直立，又无錾无耳，不好取持，圈足上的缺口可以容手，双手伸进去以后，就能将方彝拿起。后来，方彝腹壁不断外侈，双手可以直接捧持器腹，圈足上的大缺口也就失去了取持的实用价值，缺口得以保留且越来越小，是为了满足芯范定位的实际需要，更是方彝器形和铸造传统的延续。到了西周早期，圈足上的缺口完全消失，贴地处出现厚台。

B型垂直壁方彝是在A型直壁外侈方彝的基础上发展而来的，此二型方彝在西周早期偏早阶段并存了一段时间后，A型方彝消失，但B型方彝数量很少，并未发展起来。西周晚期，在B型垂直壁方彝基础上又发展出D型直壁内倾方彝，两者一直并存发展至方彝消失。A型、B型和D型方彝都是直壁方彝，三者之间是一脉相承的发展关系，腹壁从斜直外侈到直立，再到内倾，从口大底小到口底相若，再到口小于底。

C型曲壁方彝可分二亚型，Ca型出现于西周初期。它是工匠为满足贵族新的需求，在A型方彝基础上融合了新的造型因素而产生的。西周时期，青铜器普遍存在鼓腹、垂腹的特征，反映出贵族似乎更喜欢曲线的线条美，而非略显僵硬的直线线条。从义方彝的造型来看，Ca型方彝明显受到卣的影响，两者都是盛秬鬯的高档酒器，从母康丁方彝来看，似乎又受到簋的影响。簋、卣都是鼓腹、曲壁的器形，方彝受到影响，器腹从直壁变成曲壁。束颈、鼓腹、曲壁的Ca型方彝在西周时期和春秋早期较为流行，提梁仅在个别方彝上出现，未成气候。Cb型方彝是Ca型方彝的变形，在体侧有两上扬象鼻形耳。

## 第二节　方彝的消亡

进入西周以后，A型方彝迅速衰落，从商代晚期的106件骤减至西周早期的3件（附表六），至西周中期彻底消亡。

A型方彝是殷商贵族所钟爱的酒器，使用地域高度集中，在大邑商尤其流行，而少见于其他地区。商代晚期，知道出土地点的方彝有29件，其中21件出土于安阳市殷

① 刘煜：《圈足上的镂孔：试论商代青铜器的泥芯撑技术》，《南方文物》2014年第3期，第110～113页。

墟遗址，殷墟以外只有8件，具体来看，山东省出土4件，晋南地区出土2件，河北、陕西各出土1件。

商代晚期，在周人发祥地关中地区，仅发现1件方彝，即传为1901年秋出土于宝鸡市斗鸡台的鼎方彝，因非科学发掘出土，出土于墓葬还是窖藏无从得知，地层单位的时代也不可考。鼎方彝是本书所划分的Aa型Ⅲa式方彝，出现于殷墟二期偏早，主要流行于殷墟二期偏晚至殷墟三期偏早，此时正是商人控制关中地区的时期，可能是鼎族某位贵族的随葬之器，也有可能是周贵族克商时俘获之器，后来带入关中。虽然鼎方彝的来源、流传以及器主人的身份不好判定，但我们基本上可以认定，商代晚期，周地不流行方彝，姬周贵族几乎不使用方彝。

武王克商以后，不少殷商贵族失去了原来的政治地位，自然也就随之丧失了制作、使用和随葬青铜器的权利。对于姬周贵族而言，一种全新的青铜酒器——方彝并未引起他们太大的兴趣，这可能与器类的功能重叠有关，周人可用于盛酒的器类不少，如壶、罍、卣、尊等。其次，还可能与周初的政治形势有关，周人认为贵族酗酒是殷商亡国的重要原因之一，周公还颁布了《酒诰》，在这种背景下，姬周贵族很难从商人那里原样继承一种自己所未有的酒器。A型直壁外侈方彝就此衰落了，与之形近的B型垂直壁方彝也未发展起来，实用器不过区区3件而已。

当然，周人也并未完全抛弃方彝，毕竟方形酒器很珍贵，迫于当时的政治形势，既然不能直接照搬引进方彝，干脆将方彝和卣的形制特征结合起来，创造出一种全新的形制，即Ca型曲壁方彝，既像方彝，整体呈长方体状，四坡屋顶形盖，子口，初期圈足上还有缺口，装饰风格也一致，盖面和器身都各有两周纹饰带，纹样内容也是商代晚期流行的兽面纹、夔纹；又像卣，极个别器物保留了提梁，曲腹，与尊存在配套组合关系，都用于盛秬鬯和郁鬯，实用器都消亡于西周中期后段。从出现背景、组合关系和功能来看，我们倾向于认为，Ca型方彝应称为方卣，但没有文献和铭文自铭的证据，长期以来，学术界又都将这种器形称为方彝，为避免造成新的混乱，本书也继续称其为方彝，将此问题的解决留待以后新材料的发现。西周早期后段至西周中期前段，是C型方彝发展的小高峰，但绝对数量并不多，说明方彝在西周时期始终比较小众，并未迎来大发展。

西周中期后段，B型和C型方彝中的实用器基本上就不见了。西周晚期至春秋早期，B型、C型和D型方彝绝大多数都是明器，仅见于诸侯国君及夫人、高级贵族及夫人墓中。春秋早期以后，明器方彝也全部消失了。

西周中期，除了壶的地位不降反升之外，其他商代创制的青铜酒器几乎都衰亡了，方彝的消亡也在这一潮流当中，但并没有产生其他具有相同功能的青铜酒器作为替代品。

西周晚期，铭文中有不少赏赐秬鬯的记录，如毛公鼎、逨鼎、晋侯苏钟等。据《左传·僖公二十八年》记载："王命尹氏及王子虎、内史叔兴父策命晋侯为侯伯，赐之大辂之服，戎辂之服,彤弓一，彤矢百，玈弓矢千，秬鬯一卣，虎贲三百人。"[1]
这是公元前632年，周襄王册命、赏赐晋文公之事，可见，迟至春秋中期，仍有赏赐秬
鬯的记载。同一时期，专门用于盛秬鬯的实用青铜卣和方彝都已经消失了，明器仅用
于随葬，中空无底，没有使用功能。"古代祭礼一直有酒器。铜酒器减少不等于酒器
减少。很多酒器是漆木器，出土发现越来越多。"[2]我们认为，很有可能从西周中期
后段开始，漆木器、原始青瓷或其他某种质地的器类在逐步替代青铜酒器。漆木器、
原始瓷器既轻便又卫生，与酒液接触也不会产生绿锈，更重要的是，制作的代价远小
于青铜器。方彝的功用被替代后，实用器逐步消亡，仅作为礼制的孑遗，被保留在墓
葬中。

　　进入东周以后，礼崩乐坏，贵族随葬礼制亦随之崩塌，青铜器作为标识墓主等级
和身份地位的功能属性大大降低。当墓主的身份不再必须以青铜器来标识，方彝彻底
退出历史舞台也就是必然了。

① 杨伯峻：《春秋左传注》（一），中华书局，1990年，第463页。
② 李零：《商周铜礼器分类的再认识》，《中国国家博物馆馆刊》2020年第11期，第24、25页。

# 参 考 书 目

## 一、历史类著作

［1］ 罗振玉.辽居杂著.民国十八年石印本.

［2］ 郭沫若.中国古代社会研究［M］.上海：现代书局.1929.

［3］ 杨升南.商代经济史［M］.贵阳：贵州人民出版社.1992.

［4］ （清）孙诒让.古籀拾遗 古籀余论［M］.北京：中华书局.1989.

［5］ 宋镇豪.商代社会生活与礼俗［M］.北京：中国社会科学出版社.2010.

［6］ 谢维扬，房鑫亮主编.王国维全集［M］.杭州：浙江教育出版社，广州：广东教育出版社.2010.

［7］ 容庚主编.燕京学报（全14册）［M］.上海：上海书店出版社.2017.

## 二、青铜器相关著作

［1］ （宋）吕大临.考古图［M］.清乾隆四十六年四库全书文渊阁书录钱曾影钞宋刻本.

［2］ （宋）王黼.博古图［M］.清乾隆十七年天都黄晟亦政堂修补明万历二十八年吴历化宝古堂刻本.

［3］ （清）阮元.积古斋钟鼎彝器款识［M］.嘉庆九年（1804）刻本.

［4］ （清）梁诗正.西清古鉴［M］.光绪十四年（1888）铜刻本.

［5］ （清）吴式芬.捃古录金文.光绪二十一年（1895）吴氏家刻本.

［6］ （清）端方.陶斋吉金续录［M］.清宣统元年石印本.

［7］ （清）梁诗正.宁寿鉴古［M］.涵芬楼石印宁寿宫写本.1913.

［8］ 罗振玉.殷文存.1917年石印本.

［9］ 〔日〕嘉纳治兵卫.白鹤吉金集［M］.神户：白鹤美术馆.1934.

［10］ 王辰.续殷文存.考古学社［M］.石印本.1935.

［11］ 黄濬.邺中片羽初集［M］.北平尊古斋.1935.

［12］ 黄濬.邺中片羽二集［M］.北平尊古斋.1937.

［13］ 旅顺博物馆.旅顺博物馆陈列品图录［M］.1937.

［14］ 〔美〕福开森. 历代著录吉金目［M］. 北京：商务印书馆. 1939.

［15］ 〔德〕古斯塔夫·艾克. Frühe chinesische Bronzen aus der Sammlung Oskar ［M］. 辅仁大学. 1939.

［16］ 〔德〕古斯塔夫·艾克. 使华访古录［M］. 北京：辅仁大学出版社. 1939.

［17］ 黄濬. 邺中片羽三集［M］. 北平尊古斋. 1942.

［18］ 〔日〕嘉纳治兵卫. 白鹤吉金撰集［M］. 神户：白鹤美术馆. 1951.

［19］ 于省吾. 商周金文录遗［M］. 北京：科学出版社. 1957.

［20］ 台北故宫博物院联合管理处. 故宫铜器图录［M］. 台北：中华丛书委员会. 1958.

［21］ 郭沫若. 殷周青铜器铭文研究［M］. 北京：科学出版社. 1961.

［22］ 郭沫若. 文史论集［M］. 北京：人民出版社. 1961.

［23］ 上海博物馆. 上海博物馆藏青铜器［M］. 上海：上海人民美术出版社. 1964.

［24］ 中国科学院考古研究所. 美帝国主义劫掠的我国殷周铜器集录［M］. 北京：科学出版社. 1962.

［25］ POPE, etc. The Freer Chinese Bronzes Vol. I: Catalogue［M］. Washington, DC: Smithsonian Institution. 1967.

［26］ R J Gettsns. The Freer Chinese Bronzes Vol. II: Technical Studies［M］. Washington, DC: Smithsonian Institution. 1969.

［27］ 林巳奈夫. 三代吉金文存器影参照目录 附小校经阁金文拓本目录［M］. 台北：学生书局. 1971.

［28］ 黄濬. 邺中片羽［M］. 台北：艺文印书馆. 1972.

［29］ 张光裕. 伪作先秦彝器铭文疏要［M］. 香港：香港书店. 1974.

［30］ 黄濬. 尊古斋所见吉金图［M］. 台北：台联国风出版社. 1976.

［31］ 文物出版社. 中国古青铜器选［M］. 北京：文物出版社. 1976.

［32］ 周法高. 三代吉金文存著录表［M］. 台北："中研院"历史语言研究所. 1977.

［33］ 陈梦家著, 松丸道雄改编. 殷周青铜器分类图录［M］. 吉川市：吉川弘文馆. 1977.

［34］ 邹安. 周金文存［M］. 台北：台联国风出版社. 1978.

［35］ 孙海波. 河南吉金图志賸稿. 台北：台联国风出版社. 1978.

［36］ 陕西省考古研究所, 陕西省文物管理委员会, 陕西省博物馆. 陕西出土商周青铜器［M］. 北京：文物出版社. 1979~1984.

［37］ 周法高. 三代吉金文存补［M］. 台北：台联国风出版社. 1980.

［38］ 孙稚雏. 金文著录简目［M］. 北京：中华书局. 1981.

［39］ 《河南出土商周青铜器》编辑组. 河南出土商周青铜器（一）［M］. 北京：文物出版社. 1981.

［40］　严一萍.金文总集［M］.台北：艺文印书馆.1983.

［41］　罗振玉.三代吉金文存［M］.北京：中华书局.1983.

［42］　容庚.殷周青铜器通论［M］.北京：文物出版社.1984.

［43］　徐中舒.殷周金文集录［M］.成都：四川人民出版社.1984.

［44］　中国社会科学院考古研究所.殷周金文集成［M］.北京：中华书局.1984～
　　　　1994.

［45］　中国社会科学院考古研究所.殷墟青铜器［M］.北京：文物出版社.1985.

［46］　（宋）王俅.啸堂集古录［M］.北京：中华书局.1985.

［47］　（宋）张抡.绍兴内府古器评［M］.北京：中华书局.1986.

［48］　（宋）薛尚功.历代钟鼎彝器款识法帖［M］.北京：中华书局.1986.

［49］　中国美术全集编辑委员会.中国美术全集·工艺美术编·青铜器［M］.北
　　　　京：文物出版社.1990.

［50］　马承源.商周青铜器铭文选［M］.北京：文物出版社.1986～1990.

［51］　马承源.中国青铜器［M］.上海：上海古籍出版社.1988.

［52］　刘雨.乾隆四鉴综理表［M］.北京：中华书局.1989.

［53］　季旭昇.金文总集与殷周金文集成铭文器号对照表［M］.台北：艺文印书馆.
　　　　1989.

［54］　吴镇烽.陕西金文汇编［M］.西安：三秦出版社.1989.

［55］　陈芳妹.商周青铜酒器［M］.台北：台北故宫博物院.1989.

［56］　（清）陈介祺.秦前文字之语［M］.济南：齐鲁书社.1991.

［57］　（清）王杰.西清续鉴甲编［M］.扬州：江苏广陵古籍刻印社.1992.

［58］　（清）王杰.西清续鉴乙编［M］.扬州：江苏广陵古籍刻印社.1992.

［59］　安阳市文物工作队，安阳市博物馆.安阳殷墟青铜器［M］.郑州：中州古籍
　　　　出版社.1993.

［60］　故宫博物院编，唐兰著.唐兰先生金文论集［M］.北京：紫禁城出版社.1995.

［61］　朱凤瀚.古代中国青铜器［M］.天津：南开大学出版社.1995.

［62］　李学勤.中国青铜器概说［M］.北京：外文出版社.1995.

［63］　李学勤，艾兰.欧洲所藏中国青铜器遗珠［M］.北京：文物出版社.1995.

［64］　国家文物局.中国文物精华大辞典（青铜卷）［M］.上海：上海辞书出版
　　　　社、香港：商务印书馆.1995.

［65］　中国青铜器全集编辑委员会.中国青铜器全集［M］.北京：文物出版社.
　　　　1993～1998.

［66］　于省吾.双剑誃吉金文选［M］.北京：中华书局.1998.

［67］　台北故宫博物院编辑委员会.故宫商代青铜礼器图录［M］.台北：台北故宫
　　　　博物院.1998.

［68］ 故宫博物院.故宫青铜器［M］.北京：紫禁城出版社.1999.

［69］ 王世民，陈公柔，张长寿.西周青铜器分期断代研究［M］.北京：文物出版社.1999.

［70］ 刘昭瑞.宋代著录商周青铜器铭文笺证［M］.广州：中山大学出版社.2000.

［71］ 季旭昇.《金文总集》与《殷周金文集成》铭文器号对照表［M］.台北：艺文印书馆.

［72］ 马承源.中国青铜器（修订本）［M］.上海：上海古籍出版社.2001.

［73］ 刘雨，卢岩.近出殷周金文集录［M］.北京：中华书局.2002.

［74］ 王国维编撰，罗福颐校补.三代秦汉两宋金文著录表［M］.北京：北京图书馆出版社.2003.

［75］ 罗振玉.贞松堂集古遗文［M］.北京：北京图书馆出版社.2003.

［76］ 王国维编撰，罗福颐校补.三代秦汉两宋（隋唐元附）金文著录表［M］.北京：北京图书馆出版社.2003.

［77］ 中国社会科学院考古研究所.金文文献集成［M］.香港：香港明石文化国际出版有限公司、线装书局.2004.

［78］ 陈梦家.西周铜器断代［M］.北京：中华书局.2004.

［79］ 上海博物馆.中国青铜器展览图录［M］.北京：五洲传播出版社.2004.

［80］ 王献唐.国史金石志稿［M］.青岛：青岛出版社.2004.

［81］ 陈佩芬.夏商周青铜器研究［M］.上海：上海古籍出版社.2004.

［82］ 徐蜀.国家图书馆藏金文资料研究丛刊［M］.北京：北京图书馆出版社.2004.

［83］ 曹玮.周原出土青铜器［M］.成都：巴蜀书社.2005.

［84］ （清）陈介祺.簠斋金文题识［M］.北京：文物出版社.2005.

［85］ 岳洪彬.殷墟青铜礼器研究［M］.北京：中国社会科学出版社.2006.

［86］ 钟柏生，陈昭容，黄铭崇，等.新收殷周青铜器铭文暨器影汇编［M］.台北：艺文印书馆.2006.

［87］ 洛阳师范学院，洛阳市文物局.洛阳出土青铜器［M］.北京：紫禁城出版社.2006.

［88］ 王辉.商周金文［M］.北京：文物出版社.2006.

［89］ 杜廼松.故宫博物院藏文物珍品大系·青铜礼乐器［M］.上海：上海科学技术出版社.2007.

［90］ 刘雨，汪涛.流散欧美殷周有铭青铜器集录［M］.上海：上海辞书出版社.2007.

［91］ 山东省博物馆.山东金文集成［M］.济南：齐鲁书社.2007.

［92］ 容庚.商周彝器通考［M］.上海：上海人民出版社.2008.

［93］ 严志斌，洪梅.殷墟青铜器——青铜时代的中国文明［M］.上海：上海大学

出版社.2008.

［94］ 中国社会科学院考古研究所、安阳市文物考古研究所.殷墟新出土青铜器［M］.昆明：云南人民出版社.2008.

［95］ 刘雨，沈丁，卢岩，等.商周金文总著录表［M］.北京：中华书局.2008.

［96］ 朱凤瀚.中国青铜器综论［M］.上海：上海古籍出版社.2009.

［97］ 汪涛.玫茵堂藏中国铜器［M］.伦敦：Paradou Writing.2009.

［98］ 陈英杰.西周金文作器用途铭辞研究（上、下）［M］.北京：线装书局.2009.

［99］ 吴闿生.吉金文录［M］.北京：中国书店.2010.

［100］ 故宫博物院.故宫青铜器图典［M］.北京：紫禁城出版社.2010.

［101］ 张桂光，秦晓华.商周金文摹释总集［M］.北京：中华书局.2010.

［102］ 刘雨，卢岩.近出殷周金文集录二编［M］.北京：中华书局.2010.

［103］ （宋）王黼编纂，牧东整理.重修宣和博古图［M］.扬州：广陵书社.2010.

［104］ 马衡.马衡讲金石学［M］.南京：凤凰出版社.2010.

［105］ 叶正渤.金文标准器铭文综合研究［M］.北京：线装书局.2010.

［106］ （清）梁诗正.西清古鉴［M］.上海：上海书店出版社.2011.

［107］ 孟繁放.西清古鉴疏［M］.北京：中国工艺美术出版社.2011.

［108］ 周亚.《愙斋集古图》笺注［M］.上海：上海古籍出版社.2012.

［109］ 吴镇烽.商周青铜器铭文暨图像集成［M］.上海：上海世纪出版股份有限公司、上海古籍出版社.2012.

［110］ 谭步云.商代青铜器铭文集目［M］.台北：花木兰文化出版社.2013.

［111］ Christian Deydier. Chinese Bronzes from the meiyintang Collection. 2013.

［112］ 吕章申.中国国家博物馆百年收藏集粹［M］.合肥：安徽美术出版社.2014.

［113］ 陕西省考古研究院，宝鸡市文物旅游局，上海博物馆.周原鹿鸣——宝鸡石鼓山西周贵族墓出土青铜器［M］.上海：古籍出版社.2014.

［114］ 西泠印社.吉金留影——青铜器全形摹拓捃存［M］.上海：上海书画出版社.2014.

［115］ 〔美〕查尔斯·法本斯·凯莱、陈梦家著，田率译.白金汉所藏中国铜器图录［M］.北京：金城出版社.2015.

［116］ （清）钱坫.十六长乐堂古器款识考［M］.杭州：浙江人民美术出版社.2015.

［117］ 唐兰.西周青铜器铭文分代史征［M］.上海：上海古籍出版社.2016.

［118］ 刘体智.小校经阁金文拓本［M］.北京：中华书局.2016.

［119］ 陈梦家.美国所藏中国铜器集录［M］.北京：金城出版社.2016.

［120］ （宋）吕大临著，廖莲婷整理校点.考古图（外五种）［M］.上海：上海书店出版社.2016.

［121］ 吴镇烽.商周青铜器铭文暨图像集成（续编）［M］.上海：上海世纪出版股

份有限公司、上海古籍出版社.2016.

[122]〔日〕林巳奈夫.神与兽的纹样学〔M〕.生活·读书·新知三联书店.2016.

[123]宝鸡市周原博物馆.周原：庄白西周青铜器窖藏考古发掘报告〔M〕.北京：科学出版社.2016.

[124]张天恩.陕西金文集成〔M〕.西安：三秦出版社.2016.

[125]陈梦家.陈梦家学术论文集〔C〕.北京：中华书局.2016.

[126]李济.殷墟青铜器研究〔M〕.上海：上海人民出版社.2017.

[127]（宋）王黼著，诸莉君整理校点.宣和博古图〔M〕.上海：上海书店出版社.2017.

[128]陈梦家.海外中国铜器图录〔M〕.北京：中华书局.2017.

[129]〔日〕林巳奈夫著，广濑熏雄、近藤晴香译，郭永秉润文.殷周青铜器综览（第一卷）〔M〕.上海：上海古籍出版社.2017.

[130]王世民.考古学史与商周铜器研究〔M〕.北京：社会科学文献出版社.2017.

[131]严志斌.商代青铜器铭文研究〔M〕.上海：上海古籍出版社.2017.

[132]（宋）薛尚功.历代钟鼎彝器款识法帖〔M〕.杭州：浙江古籍出版社.2017.

[133]安徽大学历史系，枞阳县文物管理所.枞阳商周青铜器〔M〕.合肥：安徽大学出版社.2018.

[134]天津博物馆.天津博物馆藏青铜器〔M〕.北京：文物出版社.2018.

[135]程仲霖.晚清金石文化研究——以潘祖荫为纽带的群体分析〔M〕.北京：社会科学文献出版社.2018.

[136]李伯谦.中国出土青铜器全集〔M〕.北京：科学出版社、龙门书局.2018.

[137]（清）梁诗正.宁寿鉴古〔M〕.北京：燕山出版社.2018.

[138]（清）刘心源.奇觚室吉金文述〔M〕.北京：朝华出版社.2018.

[139]（清）阮元.积古斋钟鼎彝器款识〔M〕.杭州：浙江人民美术出版社.2019.

[140]陈梦家.美国所藏中国铜器集录（订补本）〔M〕.北京：中华书局.2019.

[141]〔澳〕巴纳，张光裕.中日欧美澳纽所见所拓所摹金文汇编〔M〕.北京：中国画报出版社.2019.

[142]中国国家博物馆.中国国家博物馆馆藏文物研究丛书·青铜器卷·商〔M〕.上海：上海古籍出版社.2020.

[143]中国国家博物馆.中国国家博物馆馆藏文物研究丛书·青铜器卷·西周〔M〕.上海：上海古籍出版社.2020.

[144]范季融、胡盈莹基金会.西清古鉴今访.2020.

[145]吴镇烽.商周青铜器铭文暨图像集成（三编）〔M〕.上海：上海古籍出版社.2020.

[146]山西省考古研究院等.山右吉金——闻喜酒务头商代墓地出土青铜器精粹

〔M〕.太原：山西人民出版社.2020.

［147］　孔令伟.悦古：中国艺术史中的古器物及其图像表达〔M〕.上海：上海书画
出版社.2020.

［148］　（宋）薛尚功.宋刻宋拓《历代钟鼎彝器款识法帖》辑存〔M〕.北京：中华
书局.2021.

［149］　张昌平.吉金类系——海外及港台地区收藏的中国青铜器研究〔M〕.北京：
科学出版社.2021.

［150］　〔清〕吴大澂编，吴湖帆重编.愙斋集古录〔M〕.北京：中华书局.2022.

［151］　王沛姬.真假铭文——商周青铜器铭文辨伪〔M〕.北京：中国社会科学出版
社.2022.

# 三、考 古 报 告

［1］　中国社会科学院考古研究所.殷墟妇好墓〔M〕.北京：文物出版社.1980.

［2］　中国社会科学院考古研究所.张家坡西周墓地〔M〕.北京：中国大百科全书
出版社.1999.

［3］　河南省文物考古研究所，三门峡市文物工作队.三门峡虢国墓（第一卷）
〔M〕.北京：文物出版社.1999.

［4］　石璋如.侯家庄（第十本·小墓分述之一）〔M〕.台北："中研院"历史语
言研究所.2001.

［5］　中国社会科学院考古研究所.安阳殷墟花园庄东地商代墓葬〔M〕.北京：科
学出版社.2007.

［6］　陕西省考古研究院，渭南市文物保护考古研究所，韩城市景区管理委员会.梁
带村芮国墓地——二〇〇七年度发掘报告〔M〕.北京：文物出版社.2010.

［7］　安阳市文物考古研究所.安阳殷墟徐家桥郭家庄商代墓葬——2004～2008年殷
墟考古报告〔M〕.北京：科学出版社.2011.

［8］　河南省文物考古研究所，平顶山市文物管理局.平顶山应国墓地（Ⅰ）〔M〕.
郑州：大象出版社.2012.

# 四、发 掘 简 报

［1］　李济.记小屯出土之青铜器〔J〕.中国考古学报.1948，（3）.

［2］　李长庆，田野.祖国历史文物的又一次重要发现——陕西郿县发掘出四件周代
铜器〔J〕.文物.1957，（4）.

[3] 侯鸿钧.洛阳市在文物普查中收集到西周珍贵铜器[J].文物.1962,（1）.

[4] 梁星彭，冯孝堂.陕西长安、扶风出土西周铜器[J].考古.1963,（8）.

[5] 山东惠民县文化馆.山东惠民县发现商代青铜器[J].考古.1974,（3）.

[6] 河南省博物馆.郑州新出土的商代前期大铜鼎[J].文物.1975,（6）.

[7] 山东省昌潍地区文物管理组.胶县西菴遗址调查试掘简报[J].文物.1977,
（4）.

[8] 陕西周原考古队.陕西扶风庄白一号西周青铜器窖藏发掘简报[J].文物.
1978,（3）.

[9] 河南省文物研究所、郑州市博物馆.郑州新发现商代窖藏青铜器[J].文物.
1983,（3）.

[10] 祁建业.岐山县博物馆近几年来征集的商周青铜器[J].考古与文物.1984,
（5）.

[11] 颍上县文化局文物工作组.安徽颍上县出土一批商周青铜器[J].考古.
1984,（12）.

[12] 河南省文物研究所，平顶山市文管会.平顶山市北滍村两周墓地一号墓发掘简
报[J].华夏考古.1988,（1）.

[13] 中国社会科学院考古研究所安阳工作队.安阳大司空村东南的一座殷墓[J].
考古.1988,（10）.

[14] 中国社会科学院考古研究所沣西发掘队.陕西长安张家坡M170号井叔墓发掘
简报[J].考古.1990,（6）.

[15] 安阳市文物工作队.殷墟戚家庄东269号墓[J].考古学报.1991,（3）.

[16] 方国祥.安徽枞阳出土一件青铜方彝[J].文物.1991,（6）.

[17] 河南省文物研究所，三门峡市文物工作队.三门峡上村岭虢国墓地M2001发掘
简报[J].华夏考古.1992,（3）.

[18] 河北省文物研究所，保定地区文物管理所.定州北庄子商墓发掘简报[J].文
物春秋.1992,增刊.

[19] 中国社会科学院考古研究所安阳工作队.1991年安阳后冈殷墓的发掘[J].考
古.1993,（10）.

[20] 田立振.山东省济宁市出土一批西周青铜器[J].文物.1994,（3）.

[21] 山西省考古研究所，北京大学考古学系.天马—曲村遗址北赵晋侯墓地第四次
发掘[J].文物.1994,（8）.

[22] 山西省考古研究所.1976年闻喜上郭村周代墓葬清理记[M]//杨富斗.三晋考
古（第一辑）.太原：山西人民出版社.1994.

[23] 北京大学考古学系，山西省考古研究所.天马—曲村遗址北赵晋侯墓地第五次
发掘[J].文物.1995,（7）.

［24］　河南省文物考古研究所，三门峡市文物工作队.上村岭虢国墓地M2006的清理
　　　　［J］.文物.1995，（1）.

［25］　中国社会科学院考古研究所安阳工作队.河南安阳市郭家庄东南26号墓［J］.
　　　　考古.1998，（4）.

［26］　山东大学考古学，淄博市文物局，沂源县文管所.山东沂源县姑子坪周代墓葬
　　　　［J］.考古.2003，（1）.

［27］　中国社会科学院考古研究所安阳工作队.河南安阳市花园庄54号商代墓葬
　　　　［J］.考古.2004，（1）.

［28］　中国社会科学院考古研究所安阳工作队.安阳殷墟刘家庄北1046号墓［M］//
　　　　刘庆柱.考古学集刊（15）.北京：文物出版社.2004.

［29］　河南省文物考古研究所，平顶山市文物管理局.河南平顶山应国墓地八号墓发
　　　　掘简报［J］.华夏考古.2007，（1）.

［30］　袁莹.叔牝方彝［J］.收藏界.2007，（7）.

［31］　河南省文物考古研究所，三门峡市文物考古研究所.河南三门峡虢国墓地
　　　　M2008发掘简报［J］.文物.2009，（2）.

［32］　陕西省考古研究所，渭南市文物保护考古研究所，韩城市文物旅游局.陕西韩
　　　　城梁带村墓地北区2007年发掘简报［J］.文物.2010，（6）.

［33］　山西大学历史文化学院，洛阳市文物工作队.河南洛阳市润阳广场东周墓
　　　　C1M9934发掘简报［J］.考古.2010，（12）.

［34］　石鼓山考古队.陕西省宝鸡市石鼓山西周墓［J］.考古与文物.2013，（4）.

［35］　石鼓山考古队.陕西宝鸡石鼓山西周墓葬发掘简报［J］.文物.2013，（2）.

［36］　河南省文物局南水北调文物保护办公室，南阳市文物考古研究所.河南南阳夏
　　　　饷铺鄂国墓地M5、M6发掘简报［J］.江汉考古.2020，（3）.

［37］　山西省考古研究院，运城市文物保护中心，垣曲县文化和旅游局.山西垣曲北
　　　　白鹅墓地M2、M3发掘简报［J］.文物季刊.2022，（1）.

# 五、研 究 论 文

［1］　王国维，容庚.宋代金文著录表［J］.北平北海图书馆月刊.1928，1（5）.

［2］　容庚.殷周礼乐器考略［J］.燕京学报.1927，（1）.

［3］　容庚.西清金文真伪存佚表［J］.燕京学报.1929，（5）.

［4］　吴其昌.矢彝考释［J］.燕京学报.1931，（9）.

［5］　谭戒甫.周初矢器铭文综合研究［J］.武汉大学学报.1956，（1）.

［6］　李学勤.郿县李家村铜器考［J］.文物参考资料.1957，（7）.

［7］ 周同.令彝考释中的几个问题［J］.历史研究.1959，（4）.

［8］ 郭沫若.盉器考释［M］//郭沫若.文史论集.北京：人民出版社.1961.

［9］ 唐兰.西周铜器断代中的"康宫"问题［J］.考古学报.1962，1.

［10］ 王宇信，张永山，杨升南.试论殷墟五号墓的"妇好"［J］.考古学报.
1977，（2）.

［11］ 殷之彝.山东益都苏埠屯墓地和"亚醜"铜器［J］.考古学报.1977，（2）.

［12］ 王宇信.试论殷墟五号墓的年代［J］.郑州大学学报（哲社版）.1979，（2）.

［13］ 崔富章."秬秠"辨［J］.杭州大学学报（哲学社会科学版）.1980，（4）.

［14］ 何杰.介绍《中日欧美澳纽所见所拓所摹金文汇编》［J］.考古.1980，（5）.

［15］ 唐兰.论周昭王时代的青铜器铭刻［M］//中国古文字研究会，中华书局编辑
部.古文字研究（第二辑）.北京：中华书局.1981.

［16］ 陈公柔，张长寿.殷周青铜容器上鸟纹的断代研究［J］.考古学报.1984，
（3）.

［17］ 李学勤.鲁方彝与西周商贾［J］.史学月刊.1985，（1）.

［18］ 张亚初.宋代所见金文著录表［M］//中国古文字研究会，中华书局编辑部.古
文字研究（第十二辑）.北京：中华书局.1985.

［19］ 骆宾基.释"邕".辞书研究［J］.1987，（1）.

［20］ 梁晓景.明公封邑考——兼谈周公后裔封国的若干问题［J］.中原文物.
1987，（3）.

［21］ 杜廼松.金文中的鼎名简释——兼释尊彝、宗彝、宝彝［J］.考古与文物.
1988，（4）.

［22］ 王文昶.故宫博物院藏部分青铜器辨伪.故宫博物院院刊［J］.1989，（1）.

［23］ 李学勤.论卿事寮、太史寮［J］.松辽学刊.1989，（3）.

［24］ 李学勤.令方尊、方彝新释［M］//中国古文字研究会，中华书局编辑部.古文
字研究（第十六辑）.北京：中华书局.1989.

［25］ 陈公柔，张长寿.殷周青铜容器上兽面纹的断代研究［J］.考古学报.1990，
（2）.

［26］ 刘昭瑞.宋代著录金文校释［J］.文物季刊.1993，（3）.

［27］ 刘一曼.安阳殷墓青铜礼器组合的几个问题［J］.考古学报.1995，（4）.

［28］ 周书灿.叔牝方彝断代新论［J］.中原文物.1996，（4）.

［29］ 王人聪.令彝铭文释读与王城问题［J］.文物.1997，（6）.

［30］ 段书安.中国古代青铜文化的全面展示——介绍《中国青铜器全集》［J］.中
国出版.1999，（6）.

［31］ 王永波.西周早期铜器王年及相关历史问题［J］.文史哲.2000，（2）.

［32］ 杜勇.关于令方彝的年代问题［J］.中国史研究.2001，（2）.

［33］　梁彦民.浅析商周青铜器上的直棱纹［J］.文博.2002，（2）.

［34］　沈长云，杜勇.关于弧壁方彝的分期断代问题［J］.文物.2002，（8）.

［35］　曹定云.古文"夏"字再考——兼论夏夨、宜侯夨、乍册夨为一人［M］// 北京大学考古文博学院.考古学研究（五）下册.北京：科学出版社.2003.

［36］　贾洪波.论令彝铭文的年代与人物纠葛——兼略申唐兰先生西周金文"康宫说"［J］.中国史研究.2003，（1）.

［37］　张懋镕.西周青铜器断代两系说刍议［J］.考古学报.2005，（1）.

［38］　张懋镕.一部令人惊异的好书——读《新收殷周青铜器铭文暨器影汇编》［J］.文博.2006，（6）.

［39］　刘桓.釋《令方尊》《令方彝》的"用牲于王""明公歸自王"［M］//《文史》编辑部.文史（第二辑）.北京：中华书局.2007.

［40］　韩军.西周金文研究中的"康宫问题"论争述评［J］.殷都学刊.2007，（4）.

［41］　韩巍.册命铭文的变化与西周厉、宣铜器分界［J］.文物.2009，（1）.

［42］　蒋玉斌.令方尊、令方彝所谓"金小牛"再考［M］// 华东师范大学中国文字研究与应用中心.中国文字研究（第十二辑）.郑州：大象出版社.2009.

［43］　孙合肥.商代金文搜集整理的历史与现状［J］.唐山师范学院学报.2011，（1）.

［44］　叶正渤.頂方彝铭文献疑［J］.考古与文物.2011，（4）.

［45］　王恩田."二王并立"与虢国墓地年代上限［J］.华夏考古.2012，（4）.

［46］　胡洪琼.殷墟出土铜质方形器功用考［J］.中原文物.2012，（4）.

［47］　王颢等.石鼓山西周墓葬的初步研究［J］.文物.2013，（2）.

［48］　钱怀瑜，权美平.商代秬鬯与西周齐醍探幽［J］.农业考古，2013，（6）.

［49］　王斐.青铜器纹饰之美——以安徽枞阳出土青铜方彝为例［J］.阜阳师范学院学报（社会科学版）.2014，（5）.

［50］　李学勤.西周早期颂方彝考释［M］// 中国文字学会《中国文字学报》编辑部.中国文字学报（第5辑）.上海：商务印书馆，2014.

［51］　贾洪波.关于虢国墓地的年代和M2001、M2009的墓主问题［J］.中原文物.2014，（6）.

［52］　朱艳玲.亚离辛方彝［J］.收藏.2014，（17）.

［53］　王保成.頮方彝新解［J］.励耘语言学刊.2015，（1）.

［54］　郝建文.定州北庄子发掘记事［J］.当代人.2015，（2）.

［55］　刘义峰.令方彝断代论［J］.南方文物.2015，（4）.

［56］　程平山.两周之际"二王并立"历史再解读［J］.历史研究.2015，（6）.

［57］　徐中舒.说尊彝［M］// 徐中舒.古器物中的古代文化制度.北京：商务印书馆.2015.

［58］ 曹斌.觯、饮壶、瓿、尊、卣等青铜酒器关系刍议［J］.农业考古.2016，（3）.

［59］ 何毓灵.殷商王陵发掘记.群言［J］.2018，（4）.

［60］ 付强.谈谈西周中期一件与"戎伐东国"有关的青铜方彝［EB/OL］.2018-5-19.http://www.xianqin.org/blog/archives/10699.html.

［61］ 戴文涛.《缀遗斋彝器考释》略述［J］.艺术品鉴.2018，（27）.

［62］ 王晖.西周金文"京宫""周庙""康宫"考辨［J］.中华文化论坛.2019，（2）.

［63］ 王祁.商周铜尊卣配对组合研究［J］.考古.2019，（3）.

［64］ 韩炳华.新见义尊与义方彝［J］.江汉考古.2019，（4）.

［65］ 张昌平.谈新见义尊、义方彝的年代及装饰风格［J］.江汉考古.2019，（4）.

［66］ 冯峰.论西周青铜器中的尊、方彝（尊、方彝、觥）组合——兼谈其与尊、卣组合的关系［M］.社科院考古所夏商周考古研究室.三代考古（八）.北京：科学出版社.2019.

［67］ 吴镇烽.儿方尊、儿方彝铭文小考［M］//北京大学出土文献研究所.青铜器与金文（第三辑）.上海：上海古籍出版社.2019.

［68］ 查飞能.商周青铜器自名疏证［D］.西南大学博士学位论文.2019.

［69］ 尹夏清，尹盛平.西周的京宫与康宫问题［J］.中国史研究.2020，（1）.

［70］ 刘薇，潘路，陶宁.中国国家博物馆藏"妇好"青铜偶方彝的科学研究与保护［J］.中国国家博物馆馆刊.2020，（1）.

［71］ 杜勇.曾公畎编钟破解康宫难题［N］.中国社会科学报，2020-6-8（008）.

［72］ 丁岩.石鼓山商周墓地四号墓级别试探［J］.宝鸡文理学院学报（社会科学版）.2020，（4）.

［73］ 朱凤瀚.商周铜礼器分类的再认识［J］.中国国家博物馆馆刊.2020，（11）.

［74］ 〔日〕黄川田修.令方彝新考——从社会构造出发对长铭铜器制作、使用的考察［M］//王捷.出土文献与法律史研究.北京：法律出版社.2020.

［75］ 董莲池.释麦器铭文中的"勸、嚣"［M］//中国古文字研究会，河南大学甲骨学与汉字文明研究所.古文字研究（第三十三辑）.北京：中华书局.2020.

［76］ 李唐.西周时期"卣"之称名及变化［J］.文博.2021，（6）.

［77］ 徐少华.关于南阳夏饷铺鄂国墓地的几个问题［J］.江汉考古.2022，（2）.

［78］ 韩巍.今天的铜器断代研究本质上是考古学研究［J］.中国史研究动态.2022，（3）.

［79］ 刘树满.再论令方彝为西周昭王铜器［N］.中国社会科学报，2022-3-10（004）.

［80］ 张懋镕.新出义方彝和义尊的年代学意义［N］.中国社会科学报，2022-4-7（006）.

［81］ 刘树满. 也谈曾公编钟与令方彝暨"康宫"原则问题［J］. 江汉考古. 2022，
（4）.

［82］ 沈长云. 也谈义方彝和令方彝的年代问题［N］. 中国社会科学报，2022-6-23
（004）.

［83］ 张懋镕. 再谈义方彝和令方彝的年代问题［N］. 中国社会科学报，2022-11-17
（004）.

［84］ 沈长云. 再论有关令方彝年代等问题［N］. 中国社会科学报，2023-1-19
（004）.

# 附　　录

附图　各型方彝演变图谱

## A 型 方 彝

| | | A型 | | |
|---|---|---|---|---|
| | | Aa型 | Ab型 | Ac型 |
| 第一期 | 殷墟一期 |  I式 妇好方彝 | | |
| | 殷墟二期 |  II式 秫冉方彝 |  I式 兽面纹方彝<br>（小屯M238） <br>II式 冉方彝 |  I式 车方彝 |
| | |  IIIa式 旅止冉方彝　IIIb式 子蝠方彝 |  III式 目方彝 |  II式 牟旅方彝 |
| | 殷墟三期<br><br>殷墟四期 |  IVa式 爰方彝<br><br>IVb式 王生女叙方彝 | IV式 叔方彝 |   IIIa式 子𡇡吊方彝　IIIb式 㫃父乙方彝 |
| 第二期 | 武成时期 |  V式 四出戟方彝 | | |
| | 康昭时期 |  VI式 尹卣方彝 | | |

## B型、C型和D型方彝

| | | B型 | C型 | | D型 |
|---|---|---|---|---|---|
| | | | Ca型 | Cb型 | |
| 第二期 | 武成时期 |  <br>I式 户方彝 |  <br>I式 母康丁方彝 <br><br>II式 頨方彝 | | |
| | 康昭时期 | 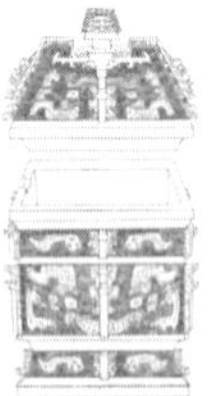 <br>II式 麦方彝 | <br>III式 折方彝 | | |
| 第三期 | 穆共时期 |  <br>III式 日己方彝 |  <br>IV式 丏甫方彝 <br><br>V式 应甗方彝 |  <br>I式 盠方彝甲 <br><br>II式 井叔方彝 | |
| | 懿孝时期 | | | | |
| 第四期 | 西周晚期 |  <br>IV式 云纹方彝（虢国M2012：8） |  <br>VI式 波曲纹方彝<br>（南阳M6：33） |  <br>III式 素面方彝<br>（梁带村M502：100） |  <br>I式 鳞纹方彝（应国M1：55） <br><br>II式 素面方彝（虢国M2008：15） <br><br>III式 素面方彝（垣曲M3：11） |
| | 春秋早期 |  <br>V式 素面方彝（应国M8：34） | | | |

## 附表一　科学发掘出土方彝统计表

| 序号 | 器名 | 型式 | 分期 | 体量 | | | 纹饰 | | | 字数 | 铭文 | | 器影 | 出土地点 | 现藏地点 | 著录 | 备注 |
|---|---|---|---|---|---|---|---|---|---|---|---|---|---|---|---|---|---|
| | | | | 通高/厘米 | 口径/厘米 | 重量/斤克 | 器盖 | 器身 | 圈足 | | 摹拓 | 释读 | | | | | |
| 1 | 妇好方彝（小屯M5：849） | Aa型 I式 | 殷墟第一期晚段 | 14.6 | 13.1×12 | 1.9 | | 夔纹 兽面连身纹 云雷纹 | 夔纹 云雷纹 | 内底 2 |  | 妇好 |  | 1976年，安阳市殷墟妇好墓（小屯M5）出土 | 中国社会科学院考古研究所 | 考古学报1977.2，图34.3，图47.1，20，河青1.146，简目4510，集成9861，总集4950，综览，铭图13495 | |
| 2 | 亚启方彝（M5：823） | Aa型 II式 | 殷墟第一期早段 | 26 | 15×12.2 | 5.25 | 下卷角有啄兽面纹 云雷纹 | 鸟纹 下卷角有啄兽面连身纹 云雷纹 | 夔纹 云雷纹 | 器盖同铭各2 |  | 亚启 |  | 1976年，安阳市殷墟妇好墓出土 | 中国国家博物馆 | 考古学报1977（2）图5.15，妇好墓图37.1-2，河青1.145，简目4511，集成9847，总集4951，综览，辞典143，彝9，麦克勒（1987）77.12，铭图13482 | |

续表

| 序号 | 器名 | 型式 | 年代 | 分期 | 体量 | | | 纹饰 | | | 铭文 | | | 器影 | 出土地点 | 现藏地点 | 著录 | 备注 |
|---|---|---|---|---|---|---|---|---|---|---|---|---|---|---|---|---|---|---|
| | | | | | 通高/厘米 | 口径/厘米 | 重量/斤克 | 器盖 | 器身 | 圈足 | 字数 | 摹拓 | 释读 | | | | | |
| 3 | 兽面纹方彝（83ASM663∶52） | Aa型II式 | 殷墟第二期早段 | 第一期 | 27 | 14.9×11 | 3.7 | 下卷角有喙兽面纹 云雷纹 | 鸟纹 下卷角有喙兽面纹 云雷纹 | 夔纹 云雷纹 | | | | | 1983年，安阳市大司空东南M663出土 | 中国社会科学院考古研究所安阳工作站 | 考古1988.10，铜全3.65，新33 | |
| 4 | 兽面纹方彝（M61∶21） | Aa型II式 | 殷墟第二期早段 | 第一期 | 24.5 | 12.5×9.7 | | 下卷角有喙兽面纹 云雷纹 | 鸟纹 下卷角有喙兽面纹 夔纹 云雷纹 | 夔纹 云雷纹 | | | | | 1991年，定州市北庄子墓地M61出土 | 河北博物院 | 文物春秋1992.S1，出土全2.38 | |

续表

| 序号 | 器名 | 型式 | 分期 | 年代 | 通高/厘米 | 口径/厘米 | 重量/千克 | 纹饰 器盖 | 纹饰 器身 | 纹饰 圈足 | 铭文 字数 | 铭文 摹拓 | 铭文 释读 | 器影 | 出土地点 | 现藏地点 | 著录 | 备注 |
|---|---|---|---|---|---|---|---|---|---|---|---|---|---|---|---|---|---|---|
| 5 | 亚长方彝（01花东M54:183） | Aa型 II式 | 第一期 | 殷墟第二期早段 | 27.8 | 16.5×12.3 | 4.25 | 下卷角有廓兽面纹 云雷纹 | 鸟纹 下卷角有廓兽面纹 云雷纹 | 象纹 云雷纹 | 器盖同铭各2 |  | 亚长 |  | 2001年,安阳市花园庄东地M54出土 | 中国社会科学院考古研究所 | 考古2004.1,花东120页,殷墟新70,899,铭图13484近出二 | |
| 6 | 兽面纹方彝（刘家庄北地宜家苑M33:3、M33:4） | Aa型 II式 | 第一期 | 殷墟第二期早段 | | | | 下卷角有廓兽面纹 云雷纹 | 夔纹 下卷角有廓兽面纹 云雷纹 | 夔纹 云雷纹 | | | |  | 2009年,安阳市刘家庄北地宜家苑M33出土,器、盖分置 | 安阳市文物考古研究所 | 安阳殷墟徐家桥郭家庄商代墓葬 | |

续表

| 序号 | 器名 | 型式 | 分期 | 年代 | 通高/厘米 | 口径/厘米 | 重量/斤克 | 器盖 | 器身 | 圈足 | 字数 | 摹拓 | 释读 | 器影 | 出土地点 | 现藏地点 | 著录 | 备注 |
|---|---|---|---|---|---|---|---|---|---|---|---|---|---|---|---|---|---|---|
| | | | | | 体量 | | | 纹饰 | | | 铭文 | | | | | | | |
| 7 | 妇好方彝（小屯M5：825） | Aa型 Ⅲa式 | 第一期 | 殷墟第二期早段 | 36.6 | 18.9 × 14.6 | 10.1 | 下卷角有廓兽面连身纹 云雷纹 | 鸟纹 下卷角有廓兽面连身纹 云雷纹 | 夔纹 云雷纹 | 盖内 2 |  | 妇好 |  | 1976年，安阳市殷墟妇好墓（小屯M5）出土 | 中国社会科学院考古研究所 | 妇好墓图34.2，图版22，殷铜46.1，铜全3.63，集成9863，总集4949，综览·方彝10，赛克勒（1987）433页79.1，铭图13493 | |
| 8 | 妇好方彝（小屯M5：828） | Aa型 Ⅲa式 | 第一期 | 殷墟第二期早段 | 36.5 | 19 × 14.5 | 10 | 下卷角有廓兽面连身纹 云雷纹 夔纹 | 鸟纹 下卷角有廓兽面连身纹 夔纹 云雷纹 | 夔纹 云雷纹 | 器盖同铭各2 | | 妇好 | | 1976年，安阳市殷墟妇好墓（小屯M5）出土 | 中国社会科学院考古研究所 | 殷铜46.2，图版115，图集9864，新收131，铭图13494 | |

续表

| 序号 | 器名 | 型式 | 分期 年代 | 体量 | | | 纹饰 | | | 铭文 | | | 器影 | 出土地点 | 现藏地点 | 著录 | 备注 |
|---|---|---|---|---|---|---|---|---|---|---|---|---|---|---|---|---|---|
| | | | | 通高/厘米 | 口径/厘米 | 重量/斤克 | 器盖 | 器身 | 圈足 | 字数 | 摹拓 | 释读 | | | | | |
| 9 | 兽面纹方彝（R2067） | Aa型 Ⅲa式 | 殷墟第一期 第一期早段 | 25.5 | 16.3×12.3 | 3.95 | 夔纹角 有廓兽面纹 云雷纹 | 夔纹 夔纹角 有廓兽面纹 云雷纹 | 夔纹 云雷纹 | | | |  | 河南省安阳市小屯M238出土 | 台北"中研院"历史语言研究所 | 中国考古学报1948.3,小屯·丙一、综览·方彝25,伍十三件 | |
| 10 | 旅止冉方彝（95郭M26：35） | Aa型 Ⅲa式 | 殷墟第一期 第一期晚段 | 25.4 | 14.6×10.5 | 2.9 | 下卷角 有廓兽面纹 云雷纹 | 鸟纹 下卷角 有廓兽面纹 云雷纹 | 象纹 云雷纹 | 内壁 3 |  | 旅止冉 |  | 1995年,安阳市郭家庄东南M26出土 | 殷墟博物馆 | 考古1998.10,近出993,新收180,殷墟新20,铭图13511 | |

续表

| 序号 | 器名 | 型式 | 分期年代 | 体量 | | | 纹饰 | | | 铭文 | | | 器影 | 出土地点 | 现藏地点 | 著录 | 备注 |
|---|---|---|---|---|---|---|---|---|---|---|---|---|---|---|---|---|---|
| | | | | 通高/厘米 | 口径/厘米 | 重量/千克 | 器盖 | 器身 | 圈足 | 字数 | 摹拓 | 释读 | | | | | |
| 11 | 右方彝（R1077） | Aa型 IIIa式 | 殷墟第二期一期晚段 | 27.2 | 15.8×12.6 | 5.06 | 夔纹角 分解兽面纹 云雷纹 | 夔纹 夔纹角 分解兽面纹 倒立夔 云雷纹 | 夔纹 云雷纹 | 内壁 1 |  | 右 |  | 1934~1935年，侯家庄西北冈M1022出土 | 台北"中研院"历史语言研究所 | 古器物5图版15，铜全3.64，综览·方彝32，总集成9831，集补15，铭图13451 | |
| 12 | 亚弓方彝（刘家北地M793:44） | Aa型 IIIb式 | 殷墟第二期一期晚段 | 21 | 12.5×9.8 | 2.12 | 下卷角 有廓兽面纹 云雷纹 | 夔纹 下卷角 有廓兽面纹 云雷纹 | 夔纹 云雷纹 | 盖内 2 |  | 亚弓 | |  1994年，安阳市刘家庄北地M793出土 | 中国社会科学院考古研究所 | 殷墟新100，铭图13483，全9,185 | |

续表

| 序号 | 器名 | 型式 | 分期 | 年代 | 体量 | | | 纹饰 | | | 铭文 | | | 器影 | 出土地点 | 现藏地点 | 著录 | 备注 |
|---|---|---|---|---|---|---|---|---|---|---|---|---|---|---|---|---|---|---|
| | | | | | 通高/厘米 | 口径/厘米 | 重量/斤克 | 器盖 | 器身 | 圈足 | 字数 | 拓折 | 释读 | | | | | |
| 13 | 兽面纹方彝 | Aa型 Ⅲb式 | 第一期 | 殷墟二期晚段 | 37 | 22× 15.8 | | 下卷角 分解兽 面纹 云雷纹 | 夔纹 曲折角 分解兽 面纹 云雷纹 | 夔纹 | | | |  | 山西省 绛县横 水墓地 出土 | 山西 青铜 博物 馆 | | |
| 14 | 爰方彝 （M269：22） | Aa型 Ⅳa式 | 第一期 | 殷墟三期早段 | 24 | 13.5× 12 | 2.9 | 下卷角 兽面连 身纹 云雷纹 | 夔纹 下卷角 兽面连 身纹 云雷纹 | 夔纹 云雷纹 | 器盖 同铭 各1 |  | 爰 |  | 1984 年，安 阳市戚 家庄东 M269出 土 | 河南 省博 物院 | 考古学报 1991.3，铜全 3.66，殷墟6， 新收145，铭图 13463 | |

续表

| 序号 | 器名 | 型式 | 分期年代 | 体量 | | | 纹饰 | | | 铭文 | | | 器影 | 出土地点 | 现藏地点 | 著录 | 备注 |
|---|---|---|---|---|---|---|---|---|---|---|---|---|---|---|---|---|---|
| | | | | 通高/厘米 | 口径/厘米 | 重量/千克 | 器盖 | 器身 | 圈足 | 字数 | 摹拓 | 释读 | | | | | |
| 15 | 亚盉用方彝（99ALNM1046：1） | Aa型 Ⅳa式 | 殷墟第一期晚段 | 33.9 | 18.1×15.1 | 5 | 分解兽面纹 云雷纹 | 夔纹 分解兽面纹 云雷纹 | 夔纹 云雷纹 | 器盖同铭各3 |  | 亚盉用 | |  1999年，安阳市刘家庄北地M1046出土 | 中国社会科学院考古研究所安阳工作站 | 考古学集刊15，考古学262，新收219，近出二900，铭图13509 | |
| 16 | 兽面纹方彝（R2068） | Ab型 Ⅰ式 | 殷墟第一期早段 | 16.1-16.3 | 13.5×11.5 | 1.84 | | 夔纹 下卷角 有棱兽面纹 云雷纹 | 夔纹 云雷纹 | | | |  | 河南省安阳市小屯M238出土 | 台北"中研院"历史语言研究所 | 中国考古学报1948.3，小屯·丙一，综览·方彝4，伍十三件 | |

续表

| 序号 | 器名 | 型式 分期 | 年代 | 通高 /厘米 | 口径 /厘米 | 重量 /千克 | 器盖 | 器身 | 圈足 | 字数 | 摹拓 | 释读 | 器影 | 出土地点 | 现藏地点 | 著录 | 备注 |
|---|---|---|---|---|---|---|---|---|---|---|---|---|---|---|---|---|
| | | | | 体量 | | | 纹饰 | | | 铭文 | | | | | | | |
| 17 | 马子方彝（花园庄M42：2） | Ab型 II式 | 殷墟第一期晚段 | 14 | 11.9× 9.6 | 1.36 | | 夔纹上卷角有嘞兽面纹云雷纹 | 夔纹云雷纹 | 内底 2 |  | 马子 |  | 1995年，安阳市花园庄M42出土 | 中国社会科学院考古研究所 | 花东52页拓片2，彩版三·4，近出二·898，铭图13497 | |
| 18 | 戎方彝 | Ac型 II式 | 殷墟第一期晚段 | 22.8 | 12.3× 10.3 | | | | | 器盖同铭各1 |  | 戎 |  | 1973年，山东省惠民县大郭村民郭村民在挖土积肥时发现，后考古工作者证实出土于墓葬 | 山东惠民县博物馆 | 考古1974.3，山东成730，综览·方彝20，铭图13471，全5.93 | |

续表

| 序号 | 器名 | 型式 | 分期 | 年代 | 通高/厘米 | 口径/厘米 | 重量/千克 | 器盖 | 器身 | 圈足 | 字数 | 摹拓 | 释读 | 器影 | 出土地点 | 现藏地点 | 著录 | 备注 |
|---|---|---|---|---|---|---|---|---|---|---|---|---|---|---|---|---|---|---|
| | | | | | 体量 | | | 纹饰 | | | 铭文 | | | | | | | |
| 19 | 举女方彝 | Ac型 Ⅲb式 | 第一期 | 殷墟三期 | 24 | 14.7 × 12.1 | 2.64 | 弦纹 | 弦纹 | | 内底 2 |  | 举女 |  | 1975年，在胶州市张家屯乡（今铺集镇）西皇姑庵村，胶河侵蚀一墓，征集簋、方彝、爵、觶各1件 | 胶州市博物馆 | 文物1977.4，综览·方彝40，出土全5.94 | |

续表

| 序号 | 器名 | 型式 | 分期 | 年代 | 体量 | | | 纹饰 | | | 铭文 | | | 器影 | 出土地点 | 现藏地点 | 著录 | 备注 |
|---|---|---|---|---|---|---|---|---|---|---|---|---|---|---|---|---|---|---|
| | | | | | 通高/厘米 | 口径/厘米 | 重量/千克 | 器盖 | 器身 | 圈足 | 字数 | 摹拓 | 释读 | | | | | |
| 20 | 云雷纹方彝（后冈M9：6） | Ac型Ⅲ式 | 第一期 | 殷墟四期 | 14.2 | 13.5×12.2 | | | 云雷纹 | 云雷纹 | | | | 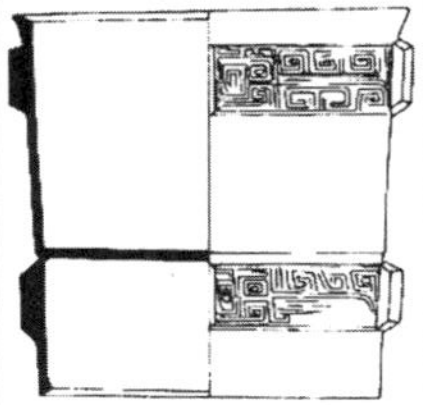 | 1991年，安阳后冈M9出土 | 中国社会科学院考古研究所 | 考古1993.10 | |
| 21 | 户方彝（石鼓山M3：24） | B型Ⅰ式 | 第二期 | 武成时期 | 63.7 | 35.4×23.5 | 35.55 | 夔纹下卷角分解兽面纹云雷纹 | 夔纹下卷角分解兽面纹云雷纹 | 夔纹云雷纹 | 器盖同铭各1 |  | 户 |  | 2012年6月，陕西省宝鸡市渭滨区石鼓山M3出土 | 宝鸡青铜器博物院 | 考古与文物2013.1，铭续0884，出土全16.331 | |

续表

| 序号 | 器名 | 型式 | 年代分期 | 体量 | | | 纹饰 | | | 铭文 | | | 器影 | 出土地点 | 现藏地点 | 著录 | 备注 |
|---|---|---|---|---|---|---|---|---|---|---|---|---|---|---|---|---|---|
| | | | | 通高/厘米 | 口径/厘米 | 重量/千克 | 器盖 | 器身 | 圈足 | 字数 | 摹拓 | 释读 | | | | | |
| 22 | 日己方彝 | B型III式 | 第三期 穆王 | 38.5 | 20×17 | 12.77 | 变形兽面纹 鸟纹 | 上卷角兽面纹 | 鸟纹 | 器盖同铭各20，重文2 |  | 作文考日己宝尊彝，其子子孙孙万年永宝用，天 |  | 1963年，出土于陕西省扶风县法门镇齐家村西周铜器窖藏 | 陕西历史博物馆 | 考古1963.8，陕金1.620，陕铜2.120，简目4530，综览·方彝44，铜全5.135，集成9891，总集4973，辞典514，周原铜2.239，陕铭图0315，铭集13537，出土全17.477 | |
| 23 | 云纹方彝（晋侯墓地 M63∶76） | B型IV式 | 第四期 宣王 | 16.6 | 12.4×10.4 | | 云纹 | 云纹 | 三角云纹 | | | |  | 1993年，晋侯墓地 M63出土 | 晋国博物馆 | 文物1994.8 | 明器 |

续表

| 序号 | 器名 | 型式 | 分期 | 年代 | 通高/厘米 | 口径/厘米 | 重量/千克 | 器盖 | 器身 | 圈足 | 字数 | 摹拓 | 释读 | 器影 | 出土地点 | 现藏地点 | 著录 | 备注 |
|---|---|---|---|---|---|---|---|---|---|---|---|---|---|---|---|---|---|---|
| | | | | | 体量 | | | 纹饰 | | | 铭文 | | | | | | | |
| 24 | 龙纹方彝（虢国墓地 M2012：8） | B型 IV式 | 第四期 | 春秋早期 | 12.5 | 9.2×8.8 | 1.05 | 云纹 | 龙纹 | 卷云纹 | | | |  | 1991年，三门峡虢国墓地 M2012 出土 | 虢国博物馆 | 三门峡虢国墓（第一卷） | 明器 |
| 25 | 窃曲纹方彝（M2009：681） | B型 IV式 | 第四期 | 春秋早期 | | | | 窃曲纹 | 窃曲纹 龙纹 | 窃曲纹 | | | |  | 1990年，三门峡虢国墓地 M2009 出土 | 三门峡虢国博物馆 | | 明器 |

续表

| 序号 | 器名 | 型式 | 分期 | 年代 | 体量 | | | 纹饰 | | | 铭文 | | | 器影 | 出土地点 | 现藏地点 | 著录 | 备注 |
|---|---|---|---|---|---|---|---|---|---|---|---|---|---|---|---|---|---|---|
| | | | | | 通高/厘米 | 口径/厘米 | 重量/千克 | 器盖 | 器身 | 圈足 | 字数 | 摹拓 | 释读 | | | | | |
| 26 | 素面方彝（闻喜上郭村75M1：32） | B型Ⅴ式 | 第四期 | 春秋早期 | 9.3 | 6.2×4.5 | | 素面 | 素面 | 素面 | | | | 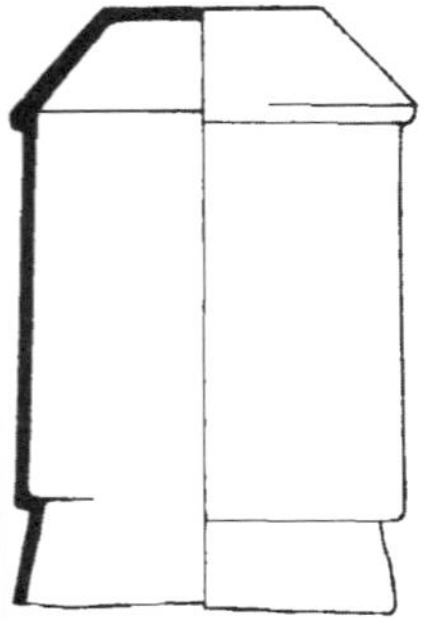 | 1975年，闻喜县上郭村M1出土 | | 三晋考古1 | 明器 |
| 27 | 素面方彝（应国墓地M8：34） | B型Ⅴ式 | 第四期 | 春秋早期 | 18 | 11.6×9 | | 素面 | 素面 | 素面 | | | |  | 1989年，平顶山应国墓地M8出土 | 平顶山博物馆 | 华夏考古2007.1 | 明器 |

续表

| 序号 | 器名 | 型式 | 分期 | 年代 | 体量 | | | 纹饰 | | | 铭文 | | | 器影 | 出土地点 | 现藏地点 | 著录 | 备注 |
|---|---|---|---|---|---|---|---|---|---|---|---|---|---|---|---|---|---|---|
| | | | | | 通高/厘米 | 口径/厘米 | 重量/斤克 | 器盖 | 器身 | 圈足 | 字数 | 摹拓 | 释读 | | | | | |
| 28 | 素面方彝（虢国墓地 M2012：56） | B型 V式 | 第四期 | 春秋早期 | 12.4 | 8.2×4.5 | 0.35 | 素面 | 素面 | 素面 | | | |  | 1991年，三门峡虢国墓地 M2012 出土 | 虢国博物馆 | 三门峡虢国墓（第一卷） | 明器 |
| 29 | 素面方彝（虢国墓地 M2008：14） | B型 V式 | 第四期 | 春秋早期 | 15.2 | 9.5×9.3 | | 素面 | 素面 | 素面 | | | |  | 1990年，三门峡虢国墓地 M2008 出土 | 虢国博物馆 | 文物2009.2 | 明器 |
| 30 | 素面方彝（C1M9934：40） | B型 V式 | 第四期 | 春秋早期 | 10.1 | 8.8×5.1 | | 素面 | 素面 | 素面 | | | |  | 2008年，洛阳市润阳广场 C1M9934 出土 | | 考古2010.12 | 明器 |

续表

| 序号 | 器名 | 型式 | 分期 | 年代 | 体量 通高/厘米 | 体量 口径/厘米 | 体量 重量/千克 | 纹饰 器盖 | 纹饰 器身 | 纹饰 圈足 | 铭文 字数 | 铭文 摹拓 | 铭文 释读 | 器影 | 出土地点 | 现藏地点 | 著录 | 备注 |
|---|---|---|---|---|---|---|---|---|---|---|---|---|---|---|---|---|---|---|
| 31 | 作册折方彝（H1:24） | Ca型 III式 | 第二期 | 昭王十九年 | 41.6 | 24.2×19.3 | 12.8 | 夔龙纹 下卷角 兽面连身纹 云雷纹 | 夔龙纹 下卷角 兽面连身纹 云雷纹 | 夔龙纹 云雷纹 | 器盖同铭各42 |  | 隹五月，王才斤，戊子，命作册折兄望土于相侯，易金易臣，易扬王休。隹王十又九祀，用作父乙隣，其永宝。木羊册。 |  | 1976年12月，陕西扶风县法门镇庄白一号窖藏出土 | 周原博物馆 | 陕铜2.16，陕金1.621，简集目4533，铜全9895，集成5.130，总集4976，辞典511，综览·方彝43，麦克勒（1990）19页6，铭文选91，周原铜3.572，铭图13542，铭图集0155，出土全16.330 | |

续表

| 序号 | 器名 | 型式 | 分期 | 年代 | 体量 通高/厘米 | 体量 口径/厘米 | 体量 重量/千克 | 纹饰 器盖 | 纹饰 器身 | 纹饰 圈足 | 铭文 字数 | 铭文 摹拓 | 铭文 释读 | 器影 | 出土地点 | 现藏地点 | 著录 | 备注 |
|---|---|---|---|---|---|---|---|---|---|---|---|---|---|---|---|---|---|---|
| 32 | 覷爾方彝 | Ca型 V式 | 第三期 | 西周中期后段 | 37 | 22×15.8 | | 有脊上卷角兽面连身纹 | 有脊上卷角兽面连身纹 | 夔纹 | 器盖同铭各16，重文2 |  | 覷爾作父丁宝隋彝，孙孙子子其永宝，钺 |  | 2006年，山西绛县横水西周墓M1006出土 | 山西青铜博物馆 | 晋国雄风60页，铭图13535 | |
| 33 | 波曲纹方彝（夏饷铺墓地M6:33） | Ca型 VI式 | 第四期 | 宣幽时期 | 23.2 | 底 14.6×11.3 | 3.56 | 波曲纹 S形窃曲纹 | 窃曲纹 | 鳞纹 | | | |  | 2012年，南阳市下饷铺墓地M6出土 | | 华夏考古2007.1 | 明器 |
| 34 | 素面方彝（晋侯墓地M62） | Ca型 VI式 | 第四期 | 宣王 | 14 | 10.6×8.8 | | 素面 | 素面 | 素面 | | | |  | 1993年，晋侯墓地M62出土 | 晋国博物馆 | | 明器 |

续表

| 序号 | 器名 | 型式 | 分期 | 年代 | 体量 | | | 纹饰 | | | 铭文 | | | 器影 | 出土地点 | 现藏地点 | 著录 | 备注 |
|---|---|---|---|---|---|---|---|---|---|---|---|---|---|---|---|---|---|---|
| | | | | | 通高/厘米 | 口径/厘米 | 重量/斤克 | 器盖 | 器身 | 圈足 | 字数 | 摹拓 | 释读 | | | | | |
| 35 | 素面方彝 | Ca型VI式 | 第四期 | 西周晚期 | 10 | 8.5×7.5 | | | | | | | |  | 1991年7月，济宁市商业局工地施工过程中发现，济宁市博物馆清理 | | 考古1994.3 | 明器 |
| 36 | 窃曲纹方彝（应国墓地M8：6） | Ca型VI式 | 第四期 | 春秋早期 | 19.6 | 12.5×8.7 | | 波曲纹C形窃曲纹 | 窃曲纹波曲纹 | 波曲纹 | | | |  | 1989年，平顶山应国墓地M8出土 | 平顶山博物馆 | 华夏考古2007.1 | |

续表

| 序号 | 器名 | 型式 | 分期年代 | 体量 | | | 纹饰 | | | 铭文 | | | 器影 | 出土地点 | 现藏地点 | 著录 | 备注 |
|---|---|---|---|---|---|---|---|---|---|---|---|---|---|---|---|---|---|
| | | | | 通高/厘米 | 口径/厘米 | 重量/斤克 | 器盖 | 器身 | 圈足 | 字数 | 摹拓 | 释读 | | | | | |
| 37 | 盠方彝甲 | Cb型 I式 | 第三期 穆王 | 22.8 | 14.4×11，底径13.3 | 3.6 | 窃曲纹 夔纹 涡纹 云雷纹 | 窃曲纹 涡纹 夔纹 云雷纹 | 窃曲纹 云雷纹 | 器盖同铭 各108，重文2 | | 惟八月初吉，王各于周庙。穆公又盠立中廷北乡。王册命。尹易命：盠司六师王行、参有司，司土、司马、司工。王令盠曰：更摄司六师、八师艺。盠拜稽首，敢对扬王休，用作朕文祖益公宝尊彝。盠曰：天子不叚不其万年，保我万邦。盠敢拜稽首曰：剌剌朕身，更先宝事 |  1955年3月，陕西眉县李家村西周窖藏出土，原藏陕西博物馆 | 中国国家博物馆 | 文物1957.4，考古学报1957.2，陕金1.623，陕图铜3.196，中历博54，简目4536，集成9899，总集4979，断代716页122.1，铭文选313甲，辞典513，美全4.161，单氏250页，陕图0672，铭集13546 | |

续表

| 序号 | 器名 | 型式 | 分期年代 | 体量 | | | 纹饰 | | | 铭文 | | | 器影 | 出土地点 | 现藏地点 | 著录 | 备注 |
|---|---|---|---|---|---|---|---|---|---|---|---|---|---|---|---|---|---|
| | | | | 通高/厘米 | 口径/厘米 | 重量/千克 | 器盖 | 器身 | 圈足 | 字数 | 摹拓 | 释读 | | | | | |
| 38 | 盉方彝乙 | Cb型 I式 | 第三期 穆王 | 18 | 11.6×8.4，足径10.8 | 2.05 | 窃曲纹 夔纹 涡纹 云雷纹 | 窃曲纹 涡纹 夔纹 云雷纹 | 窃曲纹 云雷纹 | 器盖同铭各108，重文2 |  | 唯八月初吉，王各于周庙。穆公入右盉立中廷北乡。王册命，尹易盉赤市、幽黄、攸勒，曰：用司六师王行、三有司：司土、司马、司工。王令盉曰：摄司六师暨八师艺。盉拜稽首，敢对扬王休，用乍朕文祖公宝尊彝。曰：天子不叚不其，保我万邦。盉稽首，刺朕身，先宝事 | |  1955年3月，陕西眉县李家村西周窖藏出土 | 陕西历史博物馆 | 文物1957.4，考古学报1957.2，陕金1.624，陕铜3.197，简目4537，55，铜全5.134，集成9900，总集4980，综览·方彝47，铭文选313乙，单氏260、261，陕集0671，铭图13547，出土17.478 | |

续表

| 序号 | 器名 | 型式 | 分期 | 年代 | 体量 | | | 纹饰 | | | 铭文 | | | 器影 | 出土地点 | 现藏地点 | 著录 | 备注 |
|---|---|---|---|---|---|---|---|---|---|---|---|---|---|---|---|---|---|---|
| | | | | | 通高/厘米 | 口径/厘米 | 重量/斤克 | 器盖 | 器身 | 圈足 | 字数 | 摹拓 | 释读 | | | | | |
| 39 | 井叔方彝（M170：54） | Cb型 II式 | 第三期 | 懿孝时期 | 19.8 | 12.4×10.3 | | 涡纹 鸟纹 云雷纹 | 涡纹 鸟纹 云雷纹 | 长尾鸟纹 云雷纹 | 器盖同铭 各5 |  | 井叔作旅彝 |  | 1985年，西安市长安区斗门镇马王村张家坡M170出土 | 中国社会科学院考古研究所 | 张家坡墓155页 图115.2、3，考古1990.6，集成9875，铭集13521，陕集1232 | |
| 40 | 素面方彝（梁带村墓地 M502：100） | Cb型 III式 | 第四期 | 宣王 | 残高 14.4 | 10×7 | | 素面 | 素面 | 素面 | | | |  | 2007年，韩城市梁带村墓地M502出土 | 陕西省考古研究院 | 梁带村芮国墓地 | 明器 |
| 41 | 素面方彝（梁带村墓地 M502：101） | Cb型 III式 | 第四期 | 宣王 | 13 | 10×7 | | 素面 | 素面 | 素面 | | | |  | 2007年，韩城市梁带村墓地M502出土 | 陕西省考古研究院 | 梁带村芮国墓地 | 明器 |

续表

| 序号 | 器名 | 型式 | 分期年代 | 体量 | | | 纹饰 | | | 铭文 | | | 器影 | 出土地点 | 现藏地点 | 著录 | 备注 |
|---|---|---|---|---|---|---|---|---|---|---|---|---|---|---|---|---|---|
| | | | | 通高/厘米 | 口径/厘米 | 重量/千克 | 器盖 | 器身 | 圈足 | 字数 | 摹拓 | 释读 | | | | | |
| 42 | 双耳方彝（虢国墓地 M2012：28） | Cb型 Ⅲ式 | 春秋早期 第四期 | 17.1 | | 1.55 | 素面 | 素面 | 素面 | | | |  | 1991年，三门峡虢国墓地 M2012出土 | 虢国博物馆 | 三门峡虢国墓地（第一卷） | 明器 |
| 43 | 鳞纹方彝（应国墓地 M1：55） | D型 I式 | 西周晚期 第四期 | 27 | 底径 15.6×11.1 | 6 | 鳞纹 | 素面 | 素面 | | | |  | 1986年，平顶山应国墓地 M1出土 | 平顶山博物馆 | 华夏考古1988.1 | 明器 |

续表

| 序号 | 器名 | 型式 | 年代 | 分期 | 体量 | | | 纹饰 | | | 铭文 | | | 器影 | 出土地点 | 现藏地点 | 著录 | 备注 |
|---|---|---|---|---|---|---|---|---|---|---|---|---|---|---|---|---|---|---|
| | | | | | 通高/厘米 | 口径/厘米 | 重量/千克 | 器盖 | 器身 | 圈足 | 字数 | 摹拓 | 释读 | | | | | |
| 44 | 素面方彝（虢国墓地 M2012：72） | D型 II式 | 春秋早期 | 第四期 | 13.2 | 足径 4.2×2.7 | 0.55 | 素面 | 素面 | 素面 | | | | | 1991年，三门峡虢国墓地 M2012 出土 | 虢国博物馆 | 三门峡虢国墓（第一卷） | 明器 |
| 45 | 素面方彝（M2008：15） | D型 II式 | 春秋早期 | 第四期 | 13.4 | | | 素面 | 素面 | 素面 | | | | | 1990年3月，三门峡虢国墓地 M2008 出土 | 虢国博物馆 | 文物 2009.2 | 明器 |

续表

| 序号 | 器名 | 型式 | 分期年代 | 体量 | | | 纹饰 | | | 铭文 | | | 器影 | 出土地点 | 现藏地点 | 著录 | 备注 |
|---|---|---|---|---|---|---|---|---|---|---|---|---|---|---|---|---|---|
| | | | | 通高/厘米 | 口径/厘米 | 重量/斤克 | 器盖 | 器身 | 圈足 | 字数 | 摹拓 | 释读 | | | | | |
| 46 | 窃曲纹方彝（虢国墓地 M2001：111） | D型 III式 | 春秋早期 | 15.5 | 底 8.5×7 | | 简易龙纹 | 斜角S形无目窃曲纹 | 素面 | | | |  | 1990年，三门峡虢国墓地 M2001 出土 | 三门峡虢国博物馆 | 三门峡虢国墓（第一卷） | 明器 |
| 47 | 窃曲纹方彝（虢国墓地 M2001：133） | D型 III式 | 春秋早期 | 15.7 | 底 9.4×7 | | | | | | | |  | 1990年，三门峡虢国墓地 M2001 出土 | 三门峡虢国博物馆 | 三门峡虢国墓（第一卷） | 明器 |
| 48 | 窃曲纹方彝（虢国墓地 M2001：387） | D型 III式 | 春秋早期 | 17 | 底 8.2×6.3 | | 双线卷云纹 | C形无目窃曲纹 | 素面 | | | |  | 1990年，三门峡虢国墓地 M2001 出土 | 三门峡虢国博物馆 | 三门峡虢国墓（第一卷） | 明器 |

续表

| 序号 | 器名 | 型式 | 分期 | 年代 | 体量 | | | 纹饰 | | | 铭文 | | | 器影 | 出土地点 | 现藏地点 | 著录 | 备注 |
|---|---|---|---|---|---|---|---|---|---|---|---|---|---|---|---|---|---|---|
| | | | | | 通高/厘米 | 口径/厘米 | 重量/斤克 | 器盖 | 器身 | 圈足 | 字数 | 摹拓 | 释读 | | | | | |
| 49 | 素面方彝（北白鹅M3：11） | D型III式 | 第四期 | 春秋早期 | 17.1 | | | 素面 | 素面 | 素面 | | | |  | 2020年，山西省垣曲县北白鹅墓地M3出土 | 山西省考古研究院 | 文物季刊2022.1 | 明器 |
| 50 | 素面方彝（虢国墓地M2006：50） | D型III式 | 第四期 | 春秋早期 | 15 | | | 素面 | C形无目窃曲纹 | 素面 | | | |  | 1990年，三门峡虢国墓地M2006出土 | 虢国博物馆 | 文物1995.1 | 明器 |
| 51 | 双耳方彝（晋侯墓地M93：51） | 异型 | 第四期 | 春秋早期 | 24.4 | | | 带状云纹 | 斜角云纹 | 重鳞纹 | | | |  | 1994年，北赵晋侯墓地M93出土 | | 文物1995.7 | 明器 |

续表

| 序号 | 器名 | 型式 | 分期年代 | 体量 | | | 纹饰 | | | 铭文 | | | 器影 | 出土地点 | 现藏地点 | 著录 | 备注 |
|---|---|---|---|---|---|---|---|---|---|---|---|---|---|---|---|---|---|
| | | | | 通高/厘米 | 口径/厘米 | 重量/千克 | 器盖 | 器身 | 圈足 | 字数 | 摹拓 | 释读 | | | | | |
| 52 | 素面方彝（M2012：4） | 不详 | 春秋早期第四期 | | | | | | | | | | | 1991年，三门峡虢国墓地M2012出土 | | 三门峡虢国墓地（第一卷） | 无法修复 |
| 53 | 窃曲纹方彝（北白鹅M2：10） | 不详 | 春秋早期第四期 | | | | 窃曲纹 | 窃曲纹 | 窃曲纹 | | | | | 2020年，垣曲县北白鹅墓地M2出土 | 山西省考古研究院 | 文物季刊2022.1 | 待修复 |
| 54 | 方彝（晋侯墓地M102） | 不详 | 春秋早期第四期 | | | | | | | | | | | 1992年，晋侯墓地M102出土 | | 文物1995.7 | 资料未公布 |

注：①第46器窃曲纹方彝（虢国墓地M2001：111），器物的文字描述说该器器壁垂直，但从图版的器物照片来看，该器口小底大，腹壁斜直。②第47器窃曲纹方彝（虢国墓地M2001：133），该器的文字表述说该器腹壁斜直，上小下大，图版未公布本器照片，器物线图显示腹壁近垂直，线图可能有误。

## 附表二　传世方彝统计表

| 序号 | 器名 | 型式 | 分期 | 年代 | 体量 通高/厘米 | 口径/厘米 | 重量/千克 | 纹饰 器盖 | 器身 | 圈足 | 字数 | 铭文 摹拓 | 释读 | 器影 | 原藏/传出/出现地点 | 现藏地点 | 著录 | 备注 |
|---|---|---|---|---|---|---|---|---|---|---|---|---|---|---|---|---|---|---|
| 1 | 申冬方彝 | Aa型 I式 | 第一期 | 殷墟第一期晚段 | | | | 上卷角兽面连身纹 云雷纹 | 上卷角兽面连身纹 云雷纹 | 夔纹 | 器盖各2 | | 盖：申冬 器：乙申 | | | 美国芝加哥阿多斯夫氏 | 郫三上22，综览·方彝2，集成9874，赛克勒（1987）434页77.13，铭图13507 | |
| 2 | 鄉宁方彝 | Aa型 I式 | 第一期 | 殷墟第一期晚段 | 22.8 | | | 曲折角有廓兽面纹 云雷纹 | 夔纹曲折角有廓兽面纹 云雷纹 | 夔纹 云雷纹 | 器盖同铭各2 |  | 鄉宁 |  | 传河南省安阳市出土，原藏日本神户白鹤美术馆 | 美国旧金山亚洲艺术博物馆（布伦戴奇旧藏品） | 综览·方彝1，赛克勒（1987）435页77.14，集成9856（盖），集4940集成（盖），铜全3.67，汇编1290，三代补669，铭图13490 | |

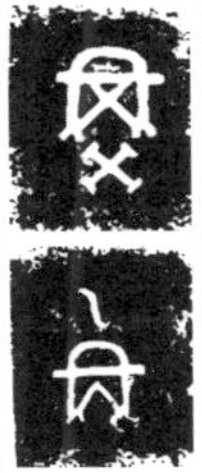

续表

| 序号 | 器名 | 型式 | 年代分期 | 通高/厘米 | 口径/厘米 | 重量/千克 | 纹饰器盖 | 器身 | 圈足 | 字数 | 摹拓 | 释读 | 器影 | 原藏(传出)/出现地点 | 现藏地点 | 著录 | 备注 |
|---|---|---|---|---|---|---|---|---|---|---|---|---|---|---|---|---|---|
| 3 | 宰旅方彝 | Aa型 II式 | 殷墟二期第一期早段 | | | | 上卷角有廓兽面连身纹 云雷纹 | 鸟纹 上卷角有廓兽面连身纹 云雷纹 | 夔纹 云雷纹 | 内壁 2 |  | 宰旅 | | |  美国纽约大都会艺术博物馆 | 汇编1315(误为鼎),集成1371(误为鼎),图13465 | |
| 4 | 亚㠱方彝 | Aa型 II式 | 殷墟二期第一期早段 | 25.4 | 15.2×11.4 | 3.17 | 下卷角分解兽面连身纹 云雷纹 | 夔纹 下卷角分解兽面连身纹 云雷纹 | 夔纹 云雷纹 | 器盖同铭 各2 | 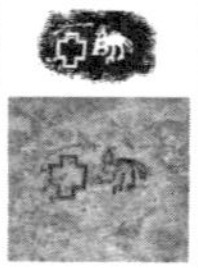 | 亚㠱 | |  1974年,阿瑟·赛克勒购买 | 美国纽约大都会艺术博物馆 | 综览·方彝17,铜全4.75,集成9851,赛克勒(1987)78,铭图13488 | |

续表

| 序号 | 器名 | 型式 | 年代分期 | 体量 通高/厘米 | 体量 口径/厘米 | 体量 重量/千克 | 纹饰 器盖 | 纹饰 器身 | 纹饰 圈足 | 铭文 字数 | 铭文 摹拓 | 铭文 释读 | 器影 | 原藏/传出/出现地点 | 现藏地点 | 著录 | 备注 |
|---|---|---|---|---|---|---|---|---|---|---|---|---|---|---|---|---|---|
| 5 | 辛方彝 | Aa型 II式 | 殷墟第一期早段 | 23.7 | | | 下卷角有廓兽面纹 云雷纹 | 下卷角有廓兽面纹 倒夔纹 云雷纹 | 夔纹 云雷纹 | 内底 2 |  | 辛 |  | 罗宾森旧藏，1989年12月，出现在伦敦富士比拍卖行 | | 欧遗43，近出990，新收1822，流散欧321，铭图13500 | |
| 6 | 亚離辛方彝 | Aa型 II式 | 殷墟第一期早段 | 20 | 11.1×7.5 | 1.39 | 下卷角有廓兽面连身纹 云雷纹 | 下卷角有廓兽面连身纹 云雷纹 | 夔纹 云雷纹 | 盖内 3 |  | 亚離辛 |  | 2012年9月，见于西安；2014年4月，见于台湾世家潜龙腾渊精品夜场会 | 香港某藏家 | 收藏2014.17，铭续0887 | |

续表

| 序号 | 器名 | 型式 | 分期 | 年代 | 体量 | | | 纹饰 | | | 铭文 | | | 器影 | 原藏/传出/出现地点 | 现藏地点 | 著录 | 备注 |
|---|---|---|---|---|---|---|---|---|---|---|---|---|---|---|---|---|---|---|
| | | | | | 通高/厘米 | 口径/厘米 | 重量/斤克 | 器盖 | 器身 | 圈足 | 字数 | 摹拓 | 释读 | | | | | |
| 7 | 兽面纹方彝 | Aa型 II式 | 第一期 | 殷墟二期早段 | 21.6 | 11.4×8.2 | | 下卷角有廓兽面纹云雷纹 | 下卷角有廓兽面连身云雷纹 | 夔纹云雷纹 | | | |  | 美国柯克氏 | | 美集录A638，综览·方彝14 | |
| 8 | 𪔂方彝 | Aa型 II式 | 第一期 | 殷墟二期早段 | 22.2 | | | 曲折角有廓兽面纹云雷纹 | 鸟纹曲折角有廓兽面纹云雷纹 | 夔纹云雷纹 | 器盖同铭各1 |  | 𪔂 |  | 原藏拉菲·莫塔德，其后由法国东坡高斋，丹尼尔·夏皮罗收藏，1978年11月，见于纽约苏富比拍卖会；2021年3月18日，出现在纽约佳士得拍卖会之丹尼尔·夏皮罗珍藏高古青铜礼器拍卖专场 | | 铭三1144 | |

续表

| 序号 | 器名 | 型式 | 分期 | 年代 | 体量 | | | 纹饰 | | | 铭文 | | | 器影 | 原藏(传出)/出现地点 | 现藏地点 | 著录 | 备注 |
|---|---|---|---|---|---|---|---|---|---|---|---|---|---|---|---|---|---|---|
| | | | | | 通高/厘米 | 口径/厘米 | 重量/千克 | 器盖 | 器身 | 圈足 | 字数 | 摹拓 | 释读 | | | | | |
| 9 | 髻方彝 | Aa型 II式 | 第一期 | 殷墟第二期早段 | 20.5 | | | 下卷角有廓兽面纹云雷纹 | 鸟纹下卷角有廓兽面纹云雷纹 | 夔纹云雷纹 | 内底 1 |  | 髻 |  | | 大英博物馆 | 录遗504，简目4498，综览·方彝18，集成9828，总集4936，沃森70页13，铭图13474 | |
| 10 | 亚疑方彝 | Aa型 II式 | 第一期 | 殷墟第二期早段 | 22 | | | 夔纹角有廓兽面纹云雷纹 | 虎耳兽面纹夔纹角有廓兽面纹云雷纹 | 虎耳兽面纹夔纹角有廓兽面纹云雷纹 | 器盖同铭各2 |  | 亚疑 |  | 1971年3月，出现在英国伦敦苏富比拍卖行 | 某收藏家 | 苏富比1971.3.2：50，综览·方彝16，近出991，流散欧322，铭图13480 | |

续表

| 序号 | 器名 | 型式 | 分期年代 | 体量 通高/厘米 | 体量 口径/厘米 | 体量 重量/斤克 | 纹饰 器盖 | 纹饰 器身 | 纹饰 圈足 | 铭文 字数 | 铭文 摹拓 | 铭文 释读 | 器影 | 原藏(传出)/出现地点 | 现藏地点 | 著录 | 备注 |
|---|---|---|---|---|---|---|---|---|---|---|---|---|---|---|---|---|---|
| 11 | 鄉宁方彝 | Aa型 II式 | 殷墟第一期早段 | 29.8 | 16.1×12.2 | 5.3 | 下卷角有廓兽面纹云雷纹 | 兽纹下卷角有廓兽面纹云雷纹 | 象纹云雷纹 | 内壁 2 |  | 鄉宁 |  | 1930年左右,安阳出土(三代),卢芹斋旧藏 | 美国明尼阿波利斯美术馆(皮斯柏氏藏品) | 尊古1.43,图598,考·图598,集录A636,综览·方彝11,皮斯柏45,集成4501,总集9857,汇编1294,三代补33,铭图13491 | |
| 12 | 秝冉方彝 | Aa型 II式 | 殷墟第一期早段 | | | | 夔纹夔纹云雷纹 | 夔纹角有廓兽面连身纹云雷纹 | 夔纹云雷纹 | 内底 2 |  | 秝冉 |  | 1970年11月,出现在英国伦敦富土比拍卖行 | 某藏家 | 欧遗42,近出992,新收1815,流散欧323,铭图13499 | |

续表

| 序号 | 器名 | 型式 | 分期 | 年代 | 体量 | | | 纹饰 | | | 铭文 | | | 器影 | 原藏/传出/出现地点 | 现藏地点 | 著录 | 备注 |
|---|---|---|---|---|---|---|---|---|---|---|---|---|---|---|---|---|---|---|
| | | | | | 通高/厘米 | 口径/厘米 | 重量/斤克 | 器盖 | 器身 | 圈足 | 字数 | 摹拓 | 释读 | | | | | |
| 13 | 珊日父乙方彝 | Aa型 II式 | 第一期 | 殷墟二期早段 | | | | 下卷角有廓兽面纹云雷纹 | 鸟纹 下卷角有廓兽面纹云雷纹 | 鸟纹 云雷纹 | 内底 4 |  | 珊日父乙 | 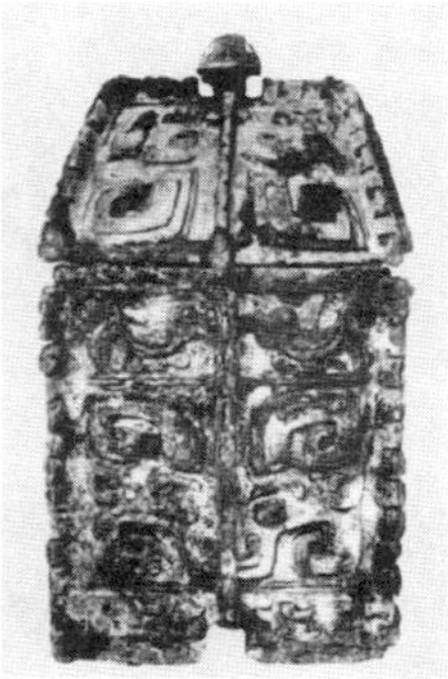 | | | 邺二上11，通考·图594，集成9871，铭图13515 | |
| 14 | 兽面纹方彝 | Aa型 II式 | 第一期 | 殷墟二期早段 | 16.4 | | | 上卷角有廓兽面连身纹云雷纹 夔纹 | 夔纹 上卷角有廓兽面连身纹云雷纹 | 夔纹 云雷纹 | | | |  | | 旅顺博物馆 | 旅顺69 综览·方彝5 | |

续表

| 序号 | 器名 | 型式 | 分期 | 年代 | 体量 通高/厘米 | 口径/厘米 | 重量/斤克 | 纹饰 器盖 | 器身 | 圈足 | 铭文 字数 | 摹拓 | 释读 | 器影 | 原藏/传出/出现地点 | 现藏地点 | 著录 | 备注 |
|---|---|---|---|---|---|---|---|---|---|---|---|---|---|---|---|---|---|---|
| 15 | 兽面纹方彝 | Aa型 II式 | 第一期 | 殷墟二期早段 | 22.8 | | | 上卷角有廓兽面连身纹云雷纹 | 上卷角有廓兽面连身纹云雷纹 | 夔纹云雷纹 | | | |  | 美国伊利诺伊州Raymond A. Bidwell（1876~1954）旧藏；2013年3月，在纽约佳士得春季拍卖会；2019年3月，在纽约见于佳士得中国瓷器及工艺精品拍卖会 | | 未著录 | |
| 16 | 兽面纹方彝 | Aa型 II式 | 第一期 | 殷墟二期早段 | 24.2 | | | 下卷角有廓兽面纹云雷纹 | 下卷角有廓兽面纹云雷纹 | 夔纹云雷纹 | | | |  | 2012年9月，在纽约见于苏富比拍卖会 | | 未著录 | |

续表

| 序号 | 器名 | 型式 | 分期年代 | 体量 通高/厘米 | 体量 口径/厘米 | 体量 重量/斤克 | 纹饰 器盖 | 纹饰 器身 | 纹饰 圈足 | 铭文 字数 | 铭文 摹拓 | 铭文 释读 | 器影 | 原藏/传出/出现地点 | 现藏地点 | 著录 | 备注 |
|---|---|---|---|---|---|---|---|---|---|---|---|---|---|---|---|---|---|
| 17 | 需方彝 | Aa型 Ⅱ式 | 殷墟第一期早段 | 35.5 | 22.5×17 | | 夔纹下卷角有廓兽面纹 | 歧尾夔纹下卷角有廓兽面纹倒立夔纹 | 夔纹 | 器盖同铭各1 | 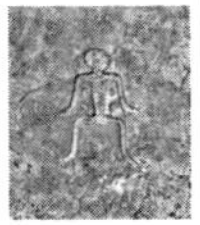 | 需 |  | 2017年9月，见于香港大唐国际秋季拍卖会 | 某收藏家 | 铭三1141 | |
| 18 | 竝方彝 | Aa型 Ⅱ式 | 殷墟第一期早段 | 21.7 | | | 下卷角有廓兽面纹云雷纹 | 夔纹下卷角有廓兽面纹云雷纹 | 夔纹云雷纹 | 内底1 |  | 竝 |  | | 日本神户白鹤美术馆 | 三代6.1.1，白鹤吉20，白鹤·图撰595，简目4494，通考·图综览·方彝8，铜全3.68，总集9830，集成4931，汇编1105，国史金1437.1，铭图13456 | |

续表

| 序号 | 器名 | 型式 | 分期 | 年代 | 通高/厘米 | 口径/厘米 | 重量/千克 | 器盖 | 器身 | 圈足 | 字数 | 摹拓 | 释读 | 器影 | 原藏传出/出现地点 | 现藏地点 | 著录 | 备注 |
|---|---|---|---|---|---|---|---|---|---|---|---|---|---|---|---|---|---|---|
| 19 | 公方彝 | Aa型 Ⅱ式 | 第一期 | 殷墟第二期早段 | 19.7 | | | 下卷角兽廓面纹云雷纹 | 夔纹下卷角兽面连身纹云雷纹 | 夔纹云雷纹 | 1 |  | 公 |  | 原藏佐野美术馆; Ryuichi Sano (1889～1977) 20世纪50年代购自日本东京; 1984年11月21日～2008年10月21日, 在东京国立博物馆展出; 2013年10月, 见于中国嘉德大观——香港之夜拍卖会 | | Sano Art Museum (萨诺美术馆), 1986, p.72, no.92 汇编1775, 总集4930 | |

续表

| 序号 | 器名 | 型式 | 分期 | 年代 | 通高/厘米 | 口径/厘米 | 重量/斤克 | 器盖 | 器身 | 圈足 | 字数 | 摹拓 | 释读 | 器影 | 原藏/传出/出现地点 | 现藏地点 | 著录 | 备注 |
|---|---|---|---|---|---|---|---|---|---|---|---|---|---|---|---|---|---|---|
| 20 | 兽面纹方彝 | Aa型 II式 | | 殷墟第二期早段 | 19.7 | | | 下卷角有廓兽面纹云雷纹 | 下卷角有廓兽面连身云雷纹 | 夔纹 云雷纹 | | | |  | 2013年3月，在纽约洛克菲勒中心见于佳士得拍卖会 | | 未著录 | |
| 21 | 羊方彝 | Aa型 II式 | | 殷墟第一期早段 | 20.3 | | | 鸟面下卷兽面角纹 | 下卷角兽面纹 | 夔纹 | 器盖同铭各1 |  | 羊 |  | 1942年以前为美国马萨诸塞州麦克尔·亚瑟旧藏，此后为纽约水牛城阿尔布莱特·诺克斯艺术馆藏；2007年3月，在纽约见于苏富比拍卖会，为法国某收藏家拍得；2016年12月，见于北京保利秋拍 | | 纽约北部的远东艺术52，铭三1143 | |

续表

| 序号 | 器名 | 型式 | 分期 | 年代 | 体量 | | | 纹饰 | | | 铭文 | | | 器影 | 原藏(传出)/出现地点 | 现藏地点 | 著录 | 备注 |
|---|---|---|---|---|---|---|---|---|---|---|---|---|---|---|---|---|---|---|
| | | | | | 通高/厘米 | 口径/厘米 | 重量/千克 | 器盖 | 器身 | 圈足 | 字数 | 摹拓 | 释读 | | | | | |
| 22 | 得方彝 | Aa型 Ⅱ式 | 第一期早段 殷墟二期早段 | | 20 | | | 下卷角有廓兽面纹 云雷纹 | 下卷角有廓兽面纹 云雷纹 鸟纹 | 夔纹 云雷纹 | 1 | 未公布 | 得 |  | 传为Armand Trampitsch(1890～1975)旧藏;1956年6月6～7日,在巴黎德鲁奥拍卖中心拍卖;后为吴权博士收购;1968年后,藏于吴莲伯博物院;2022年3月22日,在纽约见于苏富比春季亚洲艺术周艺术流芳——吴权博士藏珍拍卖会 | | 未著录 | |

续表

| 序号 | 器名 | 型式 | 分期 | 年代 | 体量 | | | 纹饰 | | | 铭文 | | | 器影 | 原藏/传出/出现地点 | 现藏地点 | 著录 | 备注 |
|---|---|---|---|---|---|---|---|---|---|---|---|---|---|---|---|---|---|---|
| | | | | | 通高/厘米 | 口径/厘米 | 重量/千克 | 器盖 | 器身 | 圈足 | 字数 | 摹拓 | 释读 | | | | | |
| 23 | 𠆩辰方彝 | Aa型Ⅱ式 | 第一期 | 殷墟二期早段 | 7.3寸，约合25.9厘米 | 4×3寸，约合14.2×10.7厘米 | 2.09 | 上卷角有廓兽面连身纹云雷纹 | 夔纹上卷角有廓兽面连身纹云雷纹 | 夔纹云雷纹 | 器盖同铭各2 | 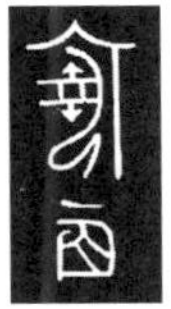 | 𠆩辰 | 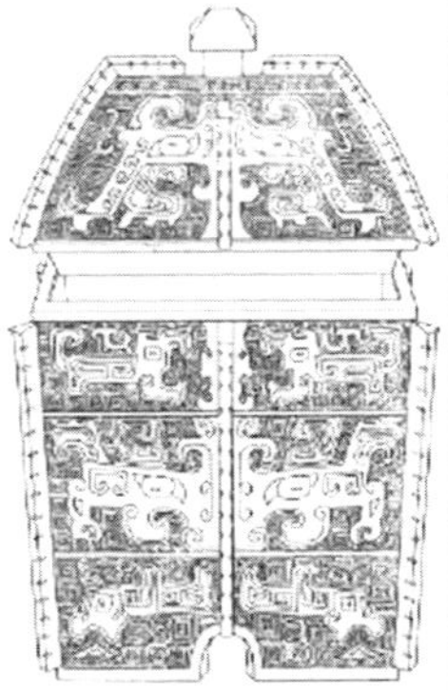 | 原藏清宫 | | 西清14.19，集成9859，铭图13506 | |
| 24 | 兽面纹方彝 | Aa型Ⅲa式 | 第一期 | 殷墟二期晚段 | 27.5 | 16.5×14 | | 下卷角兽面连体纹云雷纹 | 夔纹下卷角兽面连体纹夔纹云雷纹 | 夔纹云雷纹 | | | | 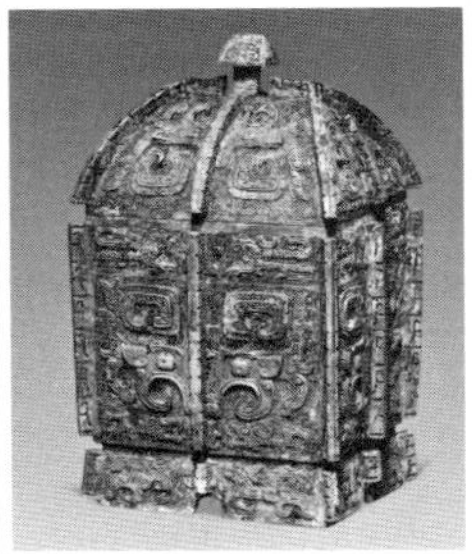 | 2013年9月，在东京见于日本美协中国古董集粹日场拍卖会 | | 未著录 | |

续表

| 序号 | 器名 | 型式 | 年代/分期 | 体量 | | | 纹饰 | | | 铭文 | | | 器影 | 原藏(传出)/出现地点 | 现藏地点 | 著录 | 备注 |
|---|---|---|---|---|---|---|---|---|---|---|---|---|---|---|---|---|---|
| | | | | 通高/厘米 | 口径/厘米 | 重量/千克 | 器盖 | 器身 | 圈足 | 字数 | 摹拓 | 释读 | | | | | |
| 25 | 史方彝 | Aa型 IIIa式 | 殷墟第二期 第一期晚段 | 26.8 | 15×12.4 | | 下卷角有角兽廓面纹云雷纹 | 夔纹下卷角有角兽廓面纹云雷纹 | 夔纹云雷纹 | 器盖同铭各1 |  | 史 |  | | 日本神户白鹤美术馆 | 白鹤撰10，白鹤选6，综览12，铜全4.73，汇编1328，集成9833，总集778，三代补4929，铭图13452 | 方彝 |
| 26 | 兽面纹方彝 | Aa型 IIIa式 | 殷墟第二期 第一期晚段 | 27 | 16.3×13.7 | 3.52 | 夔纹夔纹角分解兽面纹倒立夔纹云雷纹 | 夔纹角分解兽面纹倒立夔纹云雷纹 | 夔纹云雷纹 | | | |  | | 上海博物馆 | 铜全4.74，夏商周161 | |

续表

| 序号 | 器名 | 型式 | 分期 | 年代 | 通高/厘米 | 口径/厘米 | 重量/千克 | 纹饰 器盖 | 纹饰 器身 | 纹饰 圈足 | 字数 | 铭文 摹拓 | 铭文 释读 | 器影 | 原藏/传出/出现地点 | 现藏地点 | 著录 | 备注 |
|---|---|---|---|---|---|---|---|---|---|---|---|---|---|---|---|---|---|---|
| 27 | 卫册方彝 | Aa型 Ⅲa式 | 第一期 | 殷墟二期晚段 | 27 | 15.7 | | 夔纹角分解兽面纹云雷纹 | 夔纹角分解兽面纹云雷纹 | 夔纹 | 内壁 2 |  | 卫册 |  | | 上海博物馆 | 中铜展38页，新收1434，近出二897，铭图13498 | |
| 28 | 鼎方彝 | Aa型 Ⅲa式 | 第一期 | 殷墟二期晚段 | 21.7 | 12.1×9 | 1.08 | 下卷有角有廓兽面纹云雷纹 | 鸟纹下卷角有廓兽面纹云雷纹 | 夔纹 | 内底 1 |  | 鼎 |  | 1901年秋，宝鸡市斗鸡台出土 | 上海博物馆 | 上藏14，铜器选18，简目4495，铜全4.72，集成9837，总集4932，综览·方彝26，夏商周144，汇编1611，辞典160，三代朴864，铭图13458 | |

续表

| 序号 | 器名 | 型式 | 分期 | 年代 | 体量 | | | 纹饰 | | | 铭文 | | | 器影 | 原藏/传出/出现地点 | 现藏地点 | 著录 | 备注 |
|---|---|---|---|---|---|---|---|---|---|---|---|---|---|---|---|---|---|---|
| | | | | | 通高/厘米 | 口径/厘米 | 重量/千克 | 器盖 | 器身 | 圈足 | 字数 | 摹拓 | 释读 | | | | | |
| 29 | 戕方彝 | Aa型Ⅲa式 | 第一期 | 殷墟二期晚段 | 27.5 | 17.6×15 | 4.65 | 夔纹角分解兽面纹云雷纹 | 夔纹夔纹角分解兽面纹倒立夔纹云雷纹 | 夔纹云雷纹 | 内壁1 | 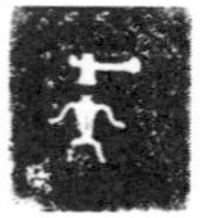 | 戕 | 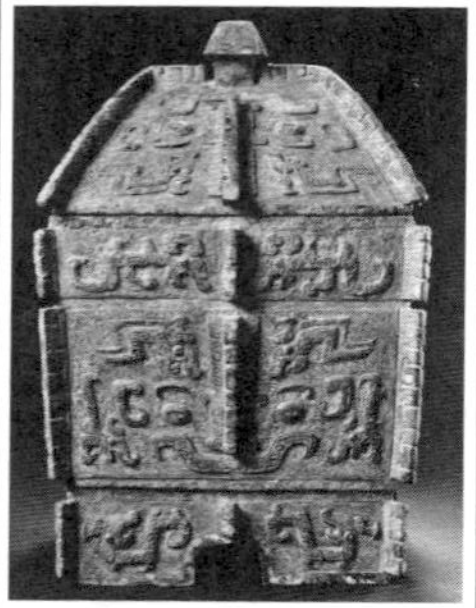 | 原藏日本田中澄江女士；2012年9月出现在北京；2016年4月，出现在香港保利春拍中国古董珍玩专场；2022年10月，出现于香港保利秋季拍卖会 | 某藏家 | 铭续0885，铭三1142 | |
| 30 | 鸢方彝 | Aa型Ⅲa式 | 第一期 | 殷墟二期晚段 | 30 | | | 夔纹角分解兽面纹云雷纹 | 夔纹夔纹角分解兽面纹倒立夔纹云雷纹 | 夔纹云雷纹 | 器盖同铭各1 | 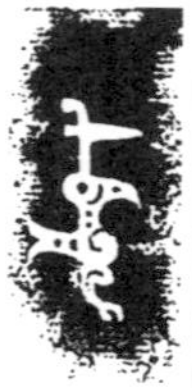 | 鸢 | 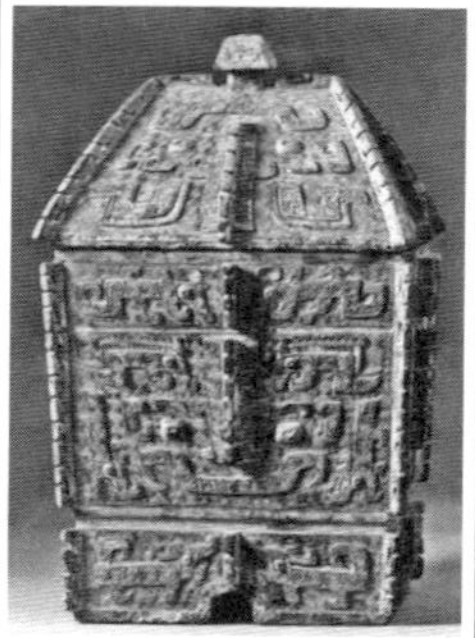 | | 瑞典斯德哥尔摩远东古物馆（韦森氏藏品） | 汇编1681，综览·方彝24，欧遗41，集成9836，赛克勒（1987）297页49.4，韦森PL14、15，铭图13460 | |

续表

| 序号 | 器名 型式 | 分期 年代 | 体量 | | 纹饰 | | | 铭文 | | | 器影 | 原藏/传出/出现地点 | 现藏地点 | 著录 | 备注 |
|---|---|---|---|---|---|---|---|---|---|---|---|---|---|---|---|
| | | | 通高/厘米 | 口径/厘米 重量/千克 | 器盖 | 器身 | 圈足 | 字数 | 摹拓 | 释读 | | | | | |
| 31 | 兽面纹方彝 Aa型 IIIa式 | 殷墟第二期一晚段 | 26 | 18×12 | 有廓兽面连身夔纹云雷纹 | 夔纹有廓兽面连身纹倒立夔纹云雷纹 | 夔纹云雷纹 | | | |  | 2020年12月，见于JADE日本美协告金至尊——高古铜器专场拍卖会 | | 未著录 | |
| 32 | 丰方彝 Aa型 IIIb式 | 殷墟第二期一晚段 | 22.5 | 13×11.7 | 夔纹角分解兽面纹云雷纹 | 夔纹夔纹角分解兽面连身纹云雷纹 | 夔纹云雷纹 | 器盖同铭各1 | 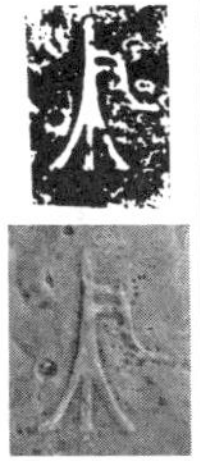 | 丰 |  | 传1942年河南省安阳市出土，原藏美国纽约康恩氏 | 美国大都会艺术博物馆 | 美集录A640，集简目4500，总成9832，集集4933，汇编1339，三代补222，铭图13457 | |

续表

| 序号 | 器名 | 型式 | 分期 | 年代 | 体量 通高/厘米 | 体量 口径/厘米 | 体量 重量/千克 | 纹饰 器盖 | 纹饰 器身 | 纹饰 圈足 | 铭文 字数 | 铭文 摹拓 | 铭文 释读 | 器影 | 原藏/传出/出现地点 | 现藏地点 | 著录 | 备注 |
|---|---|---|---|---|---|---|---|---|---|---|---|---|---|---|---|---|---|---|
| 33 | 耳方彝 | Aa型 IIIb式 | 第一期 | 殷墟二期晚段 | 28.5 | | | 夔纹角分解兽面纹云雷纹 | 夔纹夔纹角分解兽面纹倒立夔纹云雷纹 | 夔纹云雷纹 | 1 |  | 耳 |  | | | 综览·方彝33,集成9835,集图13455 | |
| 34 | 戈方彝 | Aa型 IIIb式 | 第一期 | 殷墟三期早段 | 26.2 | | 3.69 | 下卷角有廓兽面连身纹云雷纹 | 夔纹下卷角有廓兽面连身纹云雷纹 | 夔纹云雷纹 | 器盖同铭各1 |  | 戈 |  | | 美国华盛顿赛克勒美术馆 | | 赛克勒(1987)441页79,集成9841,铭图13468 | |

续表

| 序号 | 器名 | 型式 | 年代分期 | 体量 | | | 纹饰 | | | 铭文 | | | 器影 | 原藏(传出)/出现地点 | 现藏地点 | 著录 | 备注 |
|---|---|---|---|---|---|---|---|---|---|---|---|---|---|---|---|---|---|
| | | | | 通高/厘米 | 口径/厘米 | 重量/千克 | 器盖 | 器身 | 圈足 | 字数 | 摹拓 | 释读 | | | | | |
| 35 | 戈方彝 | Aa型 IIIb式 | 殷墟三期早段 第一期 | 25 | | | 下卷角有廓兽面连身纹云雷纹 | 下卷角有廓兽面连身纹云雷纹 | 夔纹云雷纹 | 盖内 1 |  | 戈 |  | 1968年，出现在英国伦敦富士比拍卖行 | 某收藏家 | 流散欧319，铭图13469 | |
| 36 | 宁方彝 | Aa型 IIIb式 | 殷墟三期早段 第一期 | 26.5 | | | 上卷角有廓兽面连身纹云雷纹 | 上卷角有廓兽面连身纹云雷纹 | 夔纹云雷纹 | 内底 1 |  | 宁 |  | 传河南安阳出土，原藏德国戈克氏 | 德国科隆东亚艺术博物馆 | 录遗503，简目4497，综览·方彝34，铜全3.69，集成9843，总集4935，赛克勒（1987）108页137，铭图13475 | |

续表

| 序号 | 器名 | 型式 | 分期 | 年代 | 通高/厘米 | 口径/厘米 | 重量/千克 | 纹饰 器盖 | 纹饰 器身 | 纹饰 圈足 | 字数 | 摹拓 | 释读 | 器影 | 原藏(传出)/出现地点 | 现藏地点 | 著录 | 备注 |
|---|---|---|---|---|---|---|---|---|---|---|---|---|---|---|---|---|---|---|
| 37 | 亚疑方彝 | Aa型 Ⅲb式 | 第一期 | 殷墟三期早段 | 29.5 | 17×14.5 | | 下卷角有啄兽面连身纹 云雷纹 | 夔纹 下卷角有啄兽面连身纹 云雷纹 乳钉纹 | 夔纹 乳钉纹 云雷纹 | 器盖同铭各2 |  | 亚疑 |  | 原藏潘祖荫 | 加拿大多伦多皇家安大略博物馆 | 三代11.3.5-6, 殷存上21.1-2, 小校5.4.1, 集录A642, 集成9845, 集简目4504, 怀履52, 总集4943, 郁华阁178.4、179.1, 三代补766、140, 铭图13479 | |
| 38 | 冉𣄰方彝 | Aa型 Ⅲb式 | 第一期 | 殷墟三期早段 | | | | 夔纹 角分解兽面纹 云雷纹 倒立夔纹 云雷纹 | 夔纹 角分解兽面纹 云雷纹 倒立夔纹 云雷纹 | 夔纹 云雷纹 | 内底2 |  | 冉𣄰 |  | 原藏英国献氏 | | 献氏21, 通考·图597, 简目4508, 方彝31, 综览·成9855, 总集4947, 三代补694, 铭图13502 | |

续表

| 序号 | 器名 | 型式 | 年代分期 | 体量 | | | 纹饰 | | | 铭文 | | | 器影 | 原藏/传出/出现地点 | 现藏地点 | 著录 |
|---|---|---|---|---|---|---|---|---|---|---|---|---|---|---|---|---|
| | | | | 通高/厘米 | 口径/厘米 | 重量/斤克 | 器盖 | 器身 | 圈足 | 字数 | 摹拓 | 释读 | | | | |
| 39 | 子蝠方彝 | Aa型 Ⅲb式 | 殷墟三期 第一期早段 | 29.7 | 17.1× 14.6 | | 有廓下卷角兽面纹云雷纹 | 有廓下卷角兽面纹云雷纹 | 夔纹云雷纹 | 器盖同铭各2 |  | 子蝠 |  | 原藏潘祖荫 | 美国哈佛大学福格美术馆 | 三代11.5.1-2，悫斋13.19.4，殷存上21.4-5，小校5.5.5，美集录A639，简目4503，综览·方彝35，夔克勒（1987）105页131，铜全4.71，集成9865，总集4942，郁华阁178.2-3，汇编1209，三代补1209，三代补122，铭图13504 |

续表

| 序号 | 器名 | 型式 | 分期 | 年代 | 体量 | | | 纹饰 | | | 铭文 | | | 器影 | 原藏/传出/出现地点 | 现藏地点 | 著录 | 备注 |
|---|---|---|---|---|---|---|---|---|---|---|---|---|---|---|---|---|---|---|
| | | | | | 通高/厘米 | 口径/厘米 | 重量/斤克 | 器盖 | 器身 | 圈足 | 字数 | 摹拓 | 释读 | | | | | |
| 40 | 兽面纹方彝 | Aa型 Ⅲb式 | 第一期 | 殷墟三期早段 | 27 | | | 下卷角兽面纹云雷纹 | 夔纹下卷角兽面纹云雷纹 | 夔纹云雷纹 | | | |  | 2018年9月，在北京嘉德艺术中心见于嘉德四季第52期金秋拍卖会 | | 未著录 | |
| 41 | 夬方彝 | Aa型 Ⅲb式 | 第一期 | 殷墟三期早段 | 24.5 | 14×11.8 | | 曲折角分解兽面纹云雷纹夔纹 | 夔纹曲折角分解兽面纹云雷纹 | 夔纹云雷纹 | 器盖同铭各1 |  | 夬 |  | 山西省闻喜县酒务头关头墓地盗掘出土，2018年，公安机关打击文物犯罪缴获 | 山西青铜博物馆 | 铭三1145 | |

续表

| 序号 | 器名 | 型式 | 分期 | 年代 | 通高/厘米 | 口径/厘米 | 重量/斤克 | 纹饰 器盖 | 器身 | 圈足 | 字数 | 铭文 摹拓 | 释读 | 器影 | 原藏/传出/出现地点/出土 | 现藏地点 | 著录 | 备注 |
|---|---|---|---|---|---|---|---|---|---|---|---|---|---|---|---|---|---|---|
| 42 | 翌方彝 | Aa型 IIIb式 | 第一期 | 殷墟三期早段 | 23.5 | 15.5×14.5 | | 曲折角分解兽面连身云雷纹 | 夔纹 曲折角分解兽面连身纹 云雷纹 | 夔纹 云雷纹 | 器盖同铭各1 | | 翌 |  | 东京某藏家旧藏，2017年10月，见于香港瀚海青铜时代III秋拍 | | 未著录 | |
| 43 | 亚醜方彝 | Aa型 IVa式 | 第一期 | 殷墟三期晚段 | 22.2 | | | 曲折角分解兽面纹 云雷纹 倒立夔纹 云雷纹 | 夔纹 曲折角分解兽面纹 云雷纹 | 夔纹 云雷纹 | 器盖同铭各2 |  | 亚醜 |  | 山东省青州市苏埠屯墓地出土 | 美国华盛顿弗利尔美术馆 | 西清14.3，三代6.6.8，汇编1004，考古学报1977.2图版叁；简目4505，综览·方彝39，弗利尔37，集成4944，总集9848，续殷上51.5（误为尊），铭图13485 | |

续表

| 序号 | 器名 | 型式 | 分期 | 年代 | 通高/厘米 | 口径/厘米 | 重量/千克 | 器盖 | 器身 | 圈足 | 字数 | 摹拓 | 释读 | 器影 | 原藏/传出/出现地点 | 现藏地点 | 著录 | 备注 |
|---|---|---|---|---|---|---|---|---|---|---|---|---|---|---|---|---|---|---|
| 44 | 亚醜方彝 | Aa型 IVa式 | 第一期 | 殷墟三期晚段 | 22.2 | 13.7×10.6 | 2.45 | 曲折角分解兽面纹 云雷纹 | 夔纹 曲折角分解兽面纹 倒立夔纹 云雷纹 | 夔纹 云雷纹 | 盖内 2 |  | 亚醜 |  | 山东省青州市苏埠屯墓地出土，原藏清宫 | 台北故宫博物院 | 西清14.2，三代6.6.9，贞松4.26.4，故宫31期，故宫周刊419期，通考596，故图下上596，简目4506，简目118，集成9850，总集4945，续殷上51.4，商礼94，铭图13486 | |
| 45 | 亚義方彝 | Aa型 IVa式 | 第一期 | 殷墟三期晚段 | 17.9 | 18.9 | 3.34 | 夔纹 夔纹 角分解兽面纹 云雷纹 | 夔纹 角分解兽面纹 云雷纹 | 夔纹 云雷纹 | 内底 2 | | 亚義 | | | 故宫博物院 | 故铜69，集成9852，铭图13489 | |

续表

| 序号 | 器名 | 型式 | 分期 | 年代 | 体量 | | | 纹饰 | | | 铭文 | | | 器影 | 原藏/传出/出现地点 | 现藏地点 | 著录 | 备注 |
|---|---|---|---|---|---|---|---|---|---|---|---|---|---|---|---|---|---|---|
| | | | | | 通高/厘米 | 口径/厘米 | 重量/千克 | 器盖 | 器身 | 圈足 | 字数 | 摹拓 | 释读 | | | | | |
| 46 | 史方彝 | Aa型Ⅳa式 | 第一期 | 殷墟四期 | | | | 下卷角有廓兽面纹云雷纹 | 夔纹下卷角有廓兽面纹云雷纹 | 夔纹云雷纹 | 内底1 | 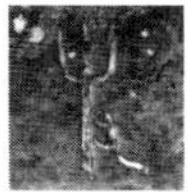 | 史 | 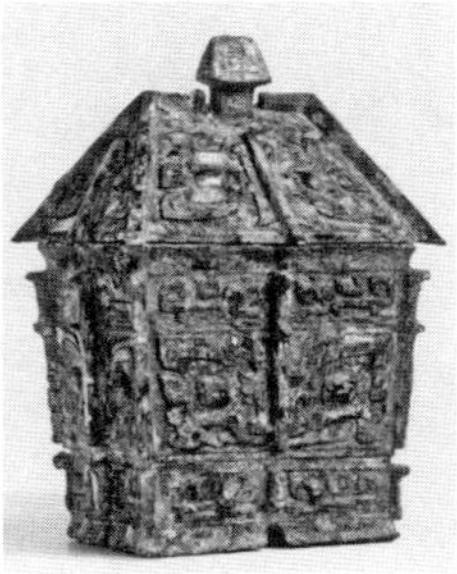 | | 瑞士玫茵堂 | 玫茵堂67，铭图13453 | |
| 47 | 子廝图方彝 | Aa型Ⅳa式 | 第一期 | 殷墟四期 | 26.4 | 16.3×13.7 | 3.5 | 夔纹角分解兽面连身纹云雷纹 | 夔纹夔纹角分解兽面连身纹云雷纹 | 夔纹云雷纹 | 器盖同铭各3 | 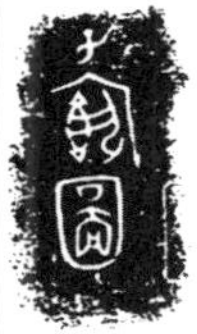 | 子廝图 | 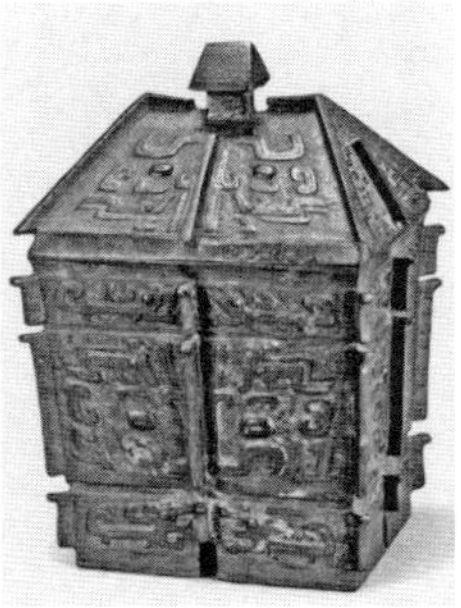 | | 台北故宫博物院 | 故图下下241，综览·方彝30，集成9870，商酒24，铭图13508 | |

续表

| 序号 | 器名 | 型式 | 年代分期 | 通高/厘米 | 口径/厘米 | 重量/千克 | 纹饰器盖 | 纹饰器身 | 纹饰圈足 | 字数 | 摹拓 | 释读 | 器影 | 原藏/传出/出现地点 | 现藏地点 | 著录 | 备注 |
|---|---|---|---|---|---|---|---|---|---|---|---|---|---|---|---|---|---|
| 48 | 告水方彝一 | Aa型 IVa式 | 殷墟第一期 四期 | 20.4 | 19.5×15.5 | 5.3 | | 夔纹 夔纹 角分解兽面连身纹 云雷纹 | 夔纹 云雷纹 | 内底 6 |  | 竹宫父戊，告水 | | |  上海博物馆 | 录遗507，简目4521，集成9878，总集4962，夏商周159.1，铭图13523 | |
| 49 | 告水方彝二 | Aa型 IVa式 | 殷墟第一期 四期 | 20.2 | 19×15.5 | 5.33 | | 夔纹 夔纹 角分解兽面连身纹 云雷纹 | 夔纹 云雷纹 | 内底 6 |  | 竹宫父戊，告水 | | |  上海博物馆 | 录遗508，简目4522，集成9879，总集4963，夏商周159.2，铭图13524 | |

续表

| 序号 | 器名 | 型式 | 分期 | 年代 | 体量 | | | 纹饰 | | | 铭文 | | | 器影 | 原藏/传出/出现地点 | 现藏地点 | 著录 | 备注 |
|---|---|---|---|---|---|---|---|---|---|---|---|---|---|---|---|---|---|---|
| | | | | | 通高/厘米 | 口径/厘米 | 重量/千克 | 器盖 | 器身 | 圈足 | 字数 | 摹拓 | 释读 | | | | | |
| 50 | 亚若癸方彝 | Aa型Ⅳa式 | 第一期 | 殷墟四期 | 28.6 | | | 曲折角分解兽面纹云雷纹 | 夔纹曲折角分解兽面连身纹云雷纹 | 夔纹云雷纹 | 器盖同铭各9 | 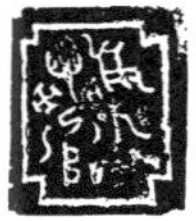 | 亚若癸乙師受丁旅沚 | 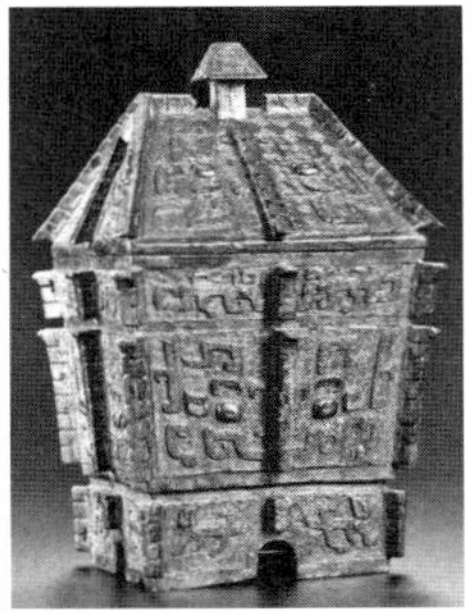 | 先后藏于斯普勒、瑞士苏黎世瑞特堡博物馆、香港思源堂；2010年9月，见于英国伦敦佳士得拍卖会 | | 汇编1028，综览·方彝29，苏黎世24，集成9886，萃赏18，流散欧324，铭图13531 | |
| 51 | 亚若癸方彝 | Aa型Ⅳa式 | 第一期 | 殷墟四期 | 29.8 | 17.8×15.6 | | 曲折角分解兽面纹云雷纹 | 夔纹曲折分解角兽面连身纹云雷纹 | 夔纹云雷纹 | 器盖同铭各9 | 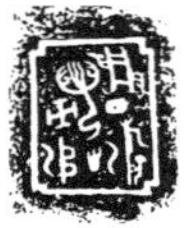 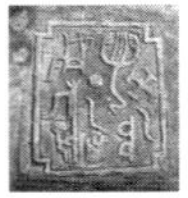 | 亚若癸乙師受丁旅沚 | 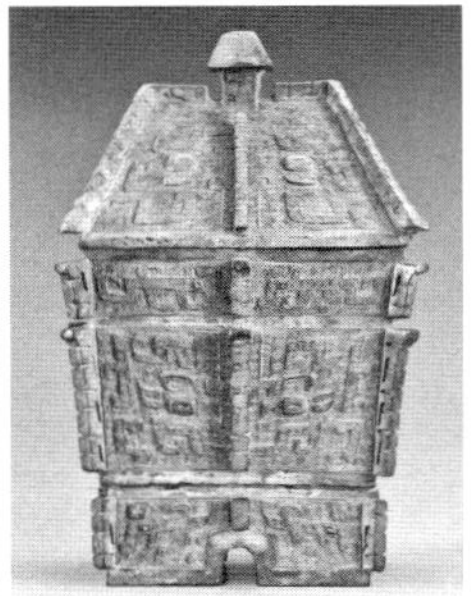 | 原藏潘祖荫 | 美国旧金山亚洲艺术博物馆（布伦戴奇藏品） | 三代11.26.4-5，西清13.4，窓斋13.3.1，缀遗16.8，续殷上59.4、59.6，小校5.29.4，美集录A641，简目4525，集成9887，汇编1026，总集4964，郁华阁179.4、180.1，三代补137，铭图13532 | |

续表

| 序号 | 器名 | 型式 | 分期年代 | 体量 通高/厘米 | 体量 口径/厘米 | 体量 重量/千克 | 纹饰 器盖 | 纹饰 器身 | 纹饰 圈足 | 铭文 字数 | 铭文 摹拓 | 铭文 释读 | 器影 | 原藏（传出）/出现地点 | 现藏地点 | 著录 | 备注 |
|---|---|---|---|---|---|---|---|---|---|---|---|---|---|---|---|---|---|
| 52 | 周召夫方彝一 | Aa型 IVa式 | 殷墟第一期四期 | 9.9寸，35.1厘米 | 5.5×4.5寸，19.5×16厘米 | 8.36 | 夔纹 角分解兽面纹 云雷纹 | 鸟纹 夔纹 角分解兽面纹 云雷纹 | 夔纹 云雷纹 | 器盖器内同铭各12 | （摹拓） | 亞夒宝作州己　　菊=奪　獄作彝 | （器影） | 清宫 | | 西清13.6 | 器真铭伪 |
| 53 | 周召夫方彝二 | Aa型 IVa式 | 殷墟第一期四期 | 6.1寸，21.7厘米 | 5.5×4.6寸，19.5×16.3厘米 | 4.98 | 夔纹 角分解兽面纹 云雷纹 | 夔纹 角分解兽面纹 云雷纹 | 夔纹 云雷纹 | 器内12 | （摹拓） | 亞夒宝作州己　　菊=奪　獄作彝 | （器影） | 清宫 | | 西清13.7，陶续上30，文选下2.18，文选下2.8，简目4527，总集4970 | 器真铭伪 |

续表

| 序号 | 器名 | 型式 | 分期 | 年代 | 体量 | | | 纹饰 | | | 铭文 | | | 器影 | 原藏/传出/出现地点 | 现藏地点 | 著录/备注 |
|---|---|---|---|---|---|---|---|---|---|---|---|---|---|---|---|---|---|
| | | | | | 通高/厘米 | 口径/厘米 | 重量/斤克 | 器盖 | 器身 | 圈足 | 字数 | 摹拓 | 释读 | | | | |
| 54 | 母斂日辛方彝 | Aa型 IVa式 | 第一期 | 殷墟四期 | 20 | 10.8×8.6 | | 上卷角有廓兽面连身纹 云雷纹 | 上卷角有廓兽面连身纹 云雷纹 | 夔纹 云雷纹 | 内底 4  | | 母斂日辛 |  | | 日本东京出光美术馆 | 出光藏76，新收1791，近出二901，铭图13516 |
| 55 | 田 父庚方彝 | Aa型 IVa式 | 第一期 | 殷墟四期 | 15.5 | 14.7×12.7 | 2.29 | 夔纹 下卷角有廓兽面纹 云雷纹 | 夔纹 下卷角有廓兽面纹 云雷纹 | 夔纹 云雷纹 | 内底 3 |  | 田 父庚 |  | | 上海博物馆 | 集成9867，夏商周162，铭图13512 |

续表

| 序号 | 器名 | 型式 | 分期 | 年代 | 体量 通高/厘米 | 体量 口径/厘米 | 体量 重量/千克 | 纹饰 器盖 | 纹饰 器身 | 纹饰 圈足 | 铭文 字数 | 铭文 摹拓 | 铭文 释读 | 器影 | 原藏/传出/出现地点 | 现藏地点 | 著录 | 备注 |
|---|---|---|---|---|---|---|---|---|---|---|---|---|---|---|---|---|---|---|
| 56 | 母宰𠦝帚方彝 | Aa型Ⅳb式 | 第一期 | 殷墟四期 | 21.5 | | | 曲折角分解兽面连身纹 | 夔纹曲折角分解兽面连身纹 | 夔纹 | 器盖同铭各4 | 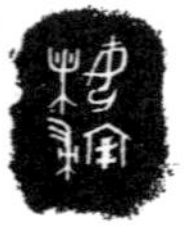 | 母宰𠦝帚 | 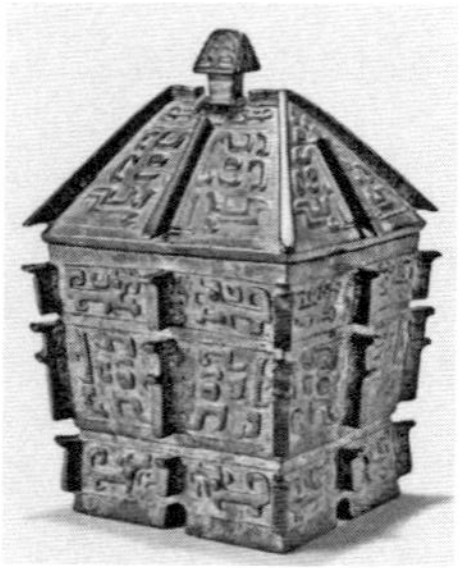 | 原藏香港赵不波（1988年） | 不明 | 三代11.16.2-3，筠清2.23.1-2，捃古1之2.77.1，窸斋13.15.1-2，缀遗17.20.2-3，殷存上35.5-6，续殷上57.3-4，小校5.15.5，敬吾下38，周金3补，简目4517，综览·方彝28，集成9873，总集4958，郁华阁179.2-3，汇编1193，赵氏9，铭图13517 | |
| 57 | 王虫女叙方彝 | Aa型Ⅳb式 | 第一期 | 殷墟四期 | 29.5 | 18.6 | 4.65 | 有廓兽面纹 | 夔纹夔纹角分解兽面纹倒立夔纹 | 夔纹 | 器盖同铭各4 | 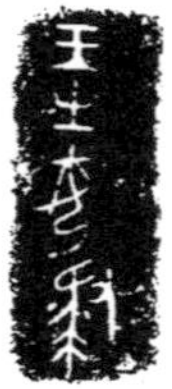 | 王虫女叙 | 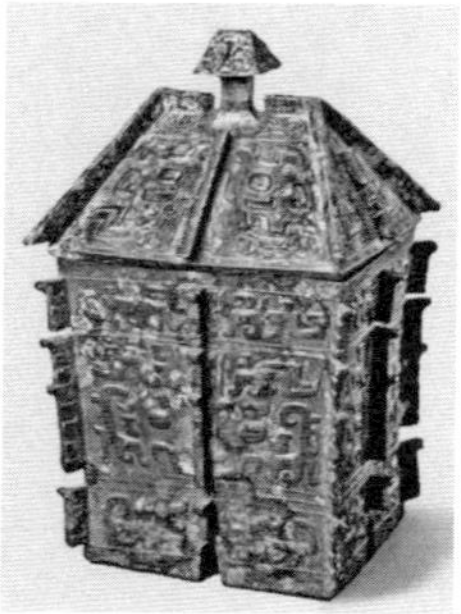 | 原藏吴大澂，后归吴秀源 | 故宫博物院 | 窸斋图，故铜70，近出994，续殷附7.4，新收1636，国史金4012.2，铭图13518 | |

续表

| 序号 | 器名 | 型式 | 分期 | 年代 | 体量 | | | 纹饰 | | | 铭文 | | | 器影 | 原藏/传出/出现地点 | 现藏地点 | 著录 | 备注 |
|---|---|---|---|---|---|---|---|---|---|---|---|---|---|---|---|---|---|---|
| | | | | | 通高/厘米 | 口径/厘米 | 重量/千克 | 器盖 | 器身 | 圈足 | 字数 | 摹拓 | 释读 | | | | | |
| 58 | 戍铃方彝 | Aa型Ⅳb式 | 第一期 | 帝辛十祀 | 7.9寸28厘米 | 6.1×5.1 21.7×18.1 | 6.19 | | 夔纹 夔纹 角分解兽面纹 云雷纹 | 夔纹云雷纹 | 内壁38，合文1 | 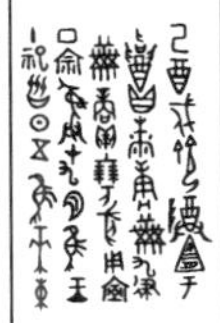 | 己酉，戍铃尊宜于召康庱，㱿九律，㱿商贝十朋、丏豚，用铸丁宗彝。才九月，隹王十祀劦日五，隹来束 | 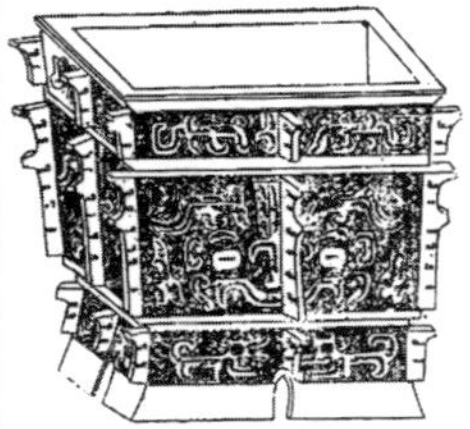 | | | 博古8.15，薛氏2.22，啸堂28，集成9894，铭图13540 | |
| 59 | 四出戟方彝 | Aa型Ⅴ式 | 第二期 | 武成时期 | 49.1 | 25.5×21.6 | | 龙纹直棱纹 | 龙纹直棱纹 | 夔纹 | | | | 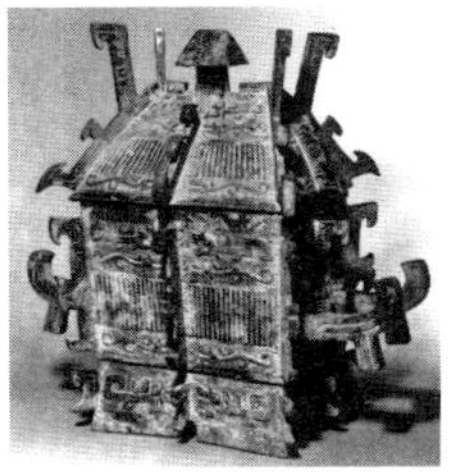 | 1928年，宝鸡祀鸡台出土，福格藏品 | 美国赛克勒美术馆 | 賸稿33，山中目（1938）21，通考·图601，美集录A643，综览·方彝37，西断方彝1，戴家湾98 | |

续表

| 序号 | 器名 | 型式 | 分期 | 年代 | 体量 | | 纹饰 | | | 铭文 | | | 器影 | 原藏/传出出现地点 | 现藏地点 | 著录 | 备注 |
|---|---|---|---|---|---|---|---|---|---|---|---|---|---|---|---|---|---|
| | | | | | 通高/厘米 | 口径/厘米 | 器盖 | 器身 | 圈足 | 字数 | 摹拓 | 释读 | | | | | |
| | | | | | | 重量/斤兑 | | | | | | | | | | | |
| 60 | 四出戟方彝 | Aa型 V式 | 第二期 | 武成时期 | 28.9 | 22.2 | 龙纹 直棱纹 | 龙纹 直棱纹 | 夔纹 | | | |  | 1928年，宝鸡祀鸡台出土 | | 长编图五六，戴家湾99，西断家 | |
| 61 | 尹夨方彝（尹夨亦方彝） | Aa型 VI式 | 第二期 | 康昭时期 | 31.5 | 15.7 | 夔鸟纹 云雷纹 | 小鸟纹 夔纹 云雷纹 | 小鸟纹 云雷纹 | 器盖同铭各2 |  | 尹夨 | |  岐山县贺家村出土 | 香港某藏家 | 铭续0886 | |

续表

| 序号 | 器名 | 型式 | 分期 | 年代 | 通高/厘米 | 口径/厘米 | 重量/千克 | 纹饰器盖 | 器身 | 圈足 | 字数 | 铭文摹拓 | 释读 | 器影 | 原藏/传出/出现地点 | 现藏地点 | 著录 | 备注 |
|---|---|---|---|---|---|---|---|---|---|---|---|---|---|---|---|---|---|---|
| 62 | 兽面纹方彝 | Ab型 I式 | 第一期 | 殷墟一期晚段 | 10.1 | 10.8×7.6 | | | 上卷角兽面兽面连身云雷纹 | 夔纹云雷纹 | | | |  | 纽约杜克氏 | | 美集录A633、综览·方彝3 | |
| 63 | 鄉宁方彝 | Ab型 II式 | 第一期 | 殷墟二期 | 18.2 | 10.4×7.6 | | 夔纹角有兽面廓面纹云雷纹 | 夔纹夔纹角有兽面廓面纹云雷纹 | 夔纹云雷纹 | 器盖同铭各2 |  | 鄉宁 |  | 卢芹斋旧藏 | 美国旧金山亚洲艺术博物馆（布伦戴奇藏品） | 邺三上21，美集录A637，13.19，简目4502、综览·方彝6，集成9858，铭图13492 | |

续表

| 序号 | 器名 | 型式 | 分期 | 年代 | 体量 | | | 纹饰 | | | 铭文 | | | 器影 | 原藏/传出/出现地点 | 现藏地点 | 著录 | 备注 |
|---|---|---|---|---|---|---|---|---|---|---|---|---|---|---|---|---|---|---|
| | | | | | 通高/厘米 | 口径/厘米 | 重量/千克 | 器盖 | 器身 | 圈足 | 字数 | 摹拓 | 释读 | | | | | |
| 64 | 冉方彝 | Ab型Ⅱ式 | 第一期 | 殷墟二期 | 19.7 | 10.8×7.5 | | 夔纹角有廓兽面纹云雷纹 | 夔纹夔纹角有廓兽面纹云雷纹 | 夔纹云雷纹 | 器盖同铭各1 | 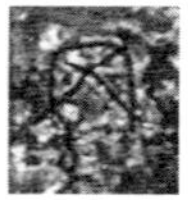 | 冉 | 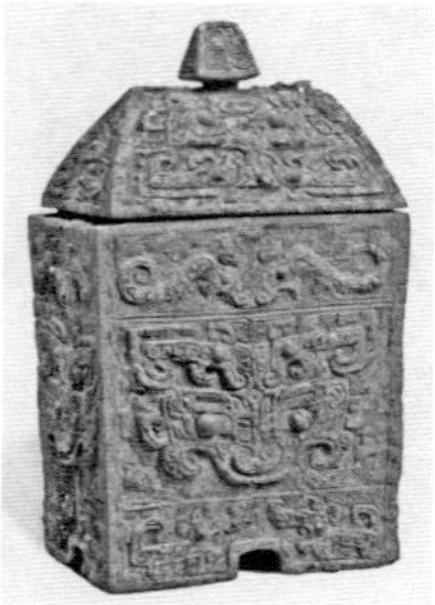 | 中国文物信息咨询中心 | 2014年，国家文物局拨交中国国家博物馆 | 百年30页9，国博藏（商）150页66，铭图13466 | |
| 65 | 冉方彝 | Ab型Ⅱ式 | 第一期 | 殷墟二期 | 19.7 | | | 有廓夔纹角兽面纹云雷纹 | 夔纹有廓夔纹角兽面纹云雷纹 | 夔纹云雷纹 | 内底1 | 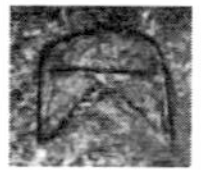 | 冉 | 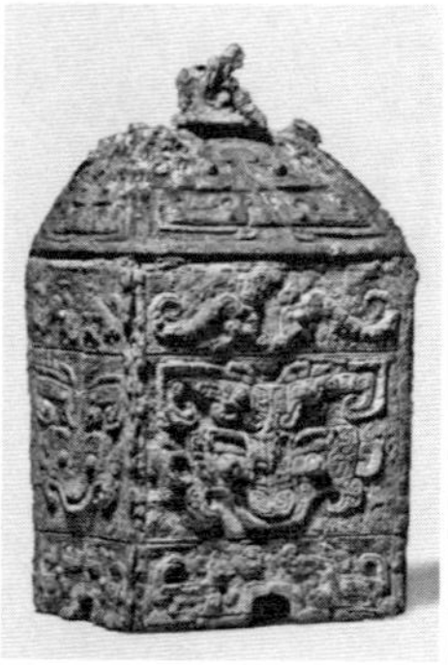 | | 1984、2007年秋出现在纽约佳士得拍卖行 | 佳士得图录（纽约）201，近出二895，铭图13467 | |

续表

| 序号 | 器名 | 型式 | 年代分期 | 体量 | | | 纹饰 | | | 铭文 | | | 器影 | 原藏/传出/出现地点 | 现藏地点 | 著录 | 备注 |
|---|---|---|---|---|---|---|---|---|---|---|---|---|---|---|---|---|---|
| | | | | 通高/厘米 | 口径/厘米 | 重量/千克 | 器盖 | 器身 | 圈足 | 字数 | 摹拓 | 释读 | | | | | |
| 66 | 兽面纹方罍 | Ab型II式 | 殷墟第二期 | 26.5 | 14.2×10.5 | | 下卷角有廓兽面纹云雷纹 | 鸟纹下卷角有廓兽面纹云雷纹 | 顾龙纹云雷纹 | | | | | 见于香港大唐西市2017年春拍及保利2017秋拍、2018年春拍年拍卖会;于东京京中央创立八周年拍卖会;2018年9月,见 | | 未著录 | |
| 67 | 兽面纹方罍 | Ab型II式 | 殷墟第二期 | | | | 上卷角兽面连身纹云雷纹 | 上卷角有廓兽面纹云雷纹 | 夔纹云雷纹 | | | | | 2021年4月21日,见于中国嘉德香港2021春季拍卖会之观古II—金石文房艺术专场 | 荷兰阿姆斯特丹皇家博物馆 | 海外铜1.24 | |

续表

| 序号 | 器名 | 型式 | 分期 | 年代 | 体量 | | | 纹饰 | | | 铭文 | | | 器影 | 原藏/传出/出现地点 | 现藏地点 | 著录 | 备注 |
|---|---|---|---|---|---|---|---|---|---|---|---|---|---|---|---|---|---|---|
| | | | | | 通高/厘米 | 口径/厘米 | 重量/千克 | 器盖 | 器身 | 圈足 | 字数 | 摹拓 | 释读 | | | | | |
| 68 | 亚又方彝 | Ab型Ⅱ式 | 第一期 | 殷墟二期 | 18.4 | | | 上卷角有廓兽面连身纹云雷纹 | 夔纹上卷角有廓兽面纹云雷纹 | 夔纹云雷纹 | 内底2 | 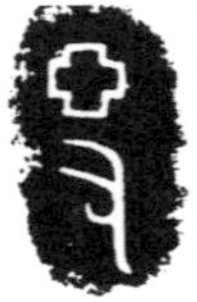 | 亚又 | 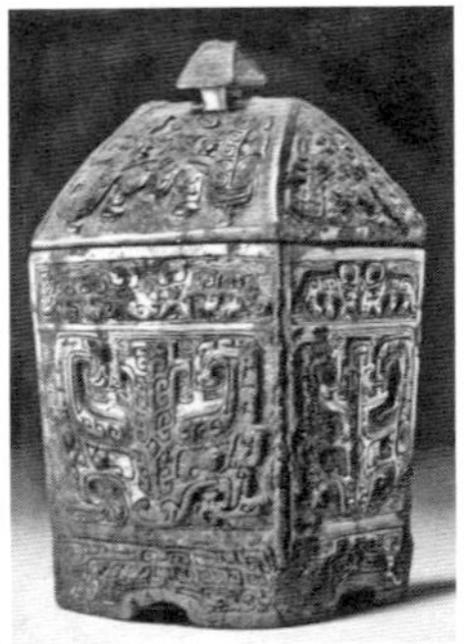 | 原藏英国柯尔氏 | | 邺初上15，续殷上36.4，三代6.9.6，海外铜1.25，通考·图593，通论·图161，简目4507，综览·方彝27，集成9853，总集4946，柯尔42页，汇编1100，国史金1829，铭图13477 | |
| 69 | 鼎方彝 | Ab型Ⅱ式 | 第一期 | 殷墟二期 | 24 | | | 上卷角有廓兽面纹云雷纹 | 夔纹上卷角有廓兽面纹云雷纹 | 夔纹云雷纹 | 器盖同铭各1 | 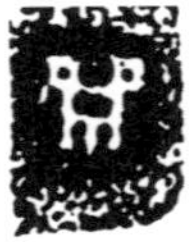 | 鼎 | 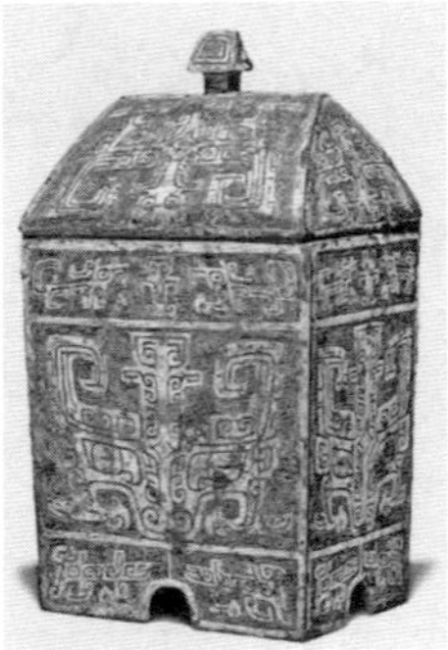 | 1990年6月，出现在英国伦敦富士比拍卖行；2018年9月，见于纽约佳士得拍卖会 | | 近出988，流散欧320，铭图13459 | |

续表

| 序号 | 器名 | 型式 | 分期 | 年代 | 体量 | | | 纹饰 | | | 铭文 | | | 器影 | 原藏/传出/出现地点 | 现藏地点 | 著录 | 备注 |
|---|---|---|---|---|---|---|---|---|---|---|---|---|---|---|---|---|---|---|
| | | | | | 通高/厘米 | 口径/厘米 | 重量/千克 | 器盖 | 器身 | 圈足 | 字数 | 摹拓 | 释读 | | | | | |
| 70 | 祈方彝 | Ab型 II式 | 第一期 | 殷墟 | 20.9 | 11.9×8.1 | | 龙纹上卷角兽面连身纹 | 夔纹上卷角兽面连身纹 | 夔纹 | 盖内 1 |  | 祈 |  | | 瑞士苏黎世利华特堡博物馆 | 欧遗44，近出989，新收1827，铭图13462 | |
| 71 | 先方彝 | Ab型 II式 | 第一期 | 殷墟 | | | | 下卷角有廓兽面纹鱼子纹 | 夔纹下卷角有廓兽面纹鱼子纹 | 顾首龙纹鱼子纹 | 内壁 1 |  | 先 |  | | 保利艺术博物馆 | 铭图13464 | |

续表

| 序号 | 器名 | 型式 | 分期 | 年代 | 体量 | | | 纹饰 | | | 铭文 | | | 器影 | 原藏/传出/出现地点 | 现藏地点 | 著录 | 备注 |
|---|---|---|---|---|---|---|---|---|---|---|---|---|---|---|---|---|---|---|
| | | | | | 通高/厘米 | 口径/厘米 | 重量/斤克 | 器盖 | 器身 | 圈足 | 字数 | 摹拓 | 释读 | | | | | |
| 72 | 兽面纹方彝 | Ab型 II式 | 第一期 | 殷墟二期 | 六寸、22.5厘米 | 三寸二分×二寸六分、12厘米×9.8厘米 | 1斤11两 | 有廓下卷角兽面纹云雷纹鱼子纹 | 有廓鸟纹兽面纹云雷纹鱼子纹 | 夔纹云雷纹 | | | |  | | | 博古27.16 | |
| 73 | 兽面纹方彝 | Ab型 II式 | 第一期 | 殷墟二期 | 六寸、22.5厘米 | 三寸四分×二寸四分、12.8厘米×9厘米 | 2斤1两 | 下卷角有廓兽面纹云雷纹鱼子纹 | 夔纹夔纹角有廓兽面纹云雷纹鱼子纹 | 夔纹云雷纹 | | | |  | | | 博古27.17 | |

续表

| 序号 | 器名 | 型式 | 分期年代 | 体量 | | | 纹饰 | | | 字数 | 铭文 | | 器影 | 原藏/传出/出现地点 | 现藏地点 | 著录 | 备注 |
|---|---|---|---|---|---|---|---|---|---|---|---|---|---|---|---|---|---|
| | | | | 通高/厘米 | 口径/厘米 | 重量/斤克 | 器盖 | 器身 | 圈足 | | 摹拓 | 释读 | | | | | |
| 74 | 兽面纹方彝（lot 164） | Ab型 II式 | 殷墟第一期 | 18 | 10.5× 7.5 | | 下卷角有廓兽面纹云雷纹 | 夔纹夔纹角有廓兽面纹云雷纹 | 夔纹云雷纹 | | | |  | 香港某藏家旧藏，见于2006年崇源国际秋拍，见于2016年香港翰海青铜时代II拍卖会，见于2017年保利香港春季拍卖会 | | 未著录 | |
| 75 | 亚舟方彝 | Ab型 II式 | 殷墟第一期 | | | | 夔纹角有廓兽面纹云雷纹 | 夔纹角有廓兽面纹云雷纹 | 夔纹云雷纹 | 内底 2 |  | 亚舟 |  | | 下落不明 | 集成9846，沃森70页15，铭图13481 | |

续表

| 序号 | 器名 | 型式 | 分期 | 年代 | 体量 | | | 纹饰 | | | 铭文 | | | 器影 | 原藏/传出/出现地点 | 现藏地点 | 著录 | 备注 |
|---|---|---|---|---|---|---|---|---|---|---|---|---|---|---|---|---|---|---|
| | | | | | 通高/厘米 | 口径/厘米 | 重量/千克 | 器盖 | 器身 | 圈足 | 字数 | 摹拓 | 释读 | | | | | |
| 76 | 北单戈方彝 | Ab型Ⅱ式 | 第一期 | 殷墟二期 | 19.7 | | 1.469 | 下卷角有廓兽面纹云雷纹 | 鸟纹下卷角有廓兽面纹云雷纹 | 夔纹云雷纹 | 内壁3 | 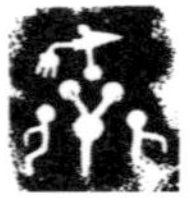 | 北单戈 | 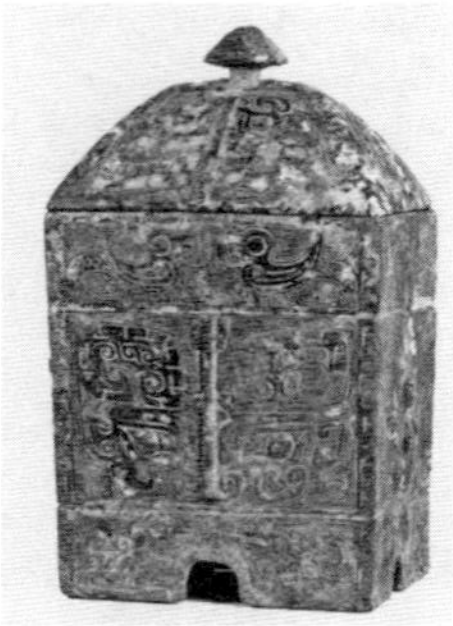 | | 美国华盛顿赛克勒美术馆 | 赛克勒（1987）429页77，集成9868，铭图13510 | |
| 77 | 亚屰方彝 | Ab型Ⅲ式 | 第一期 | 殷墟三期 | 22.2 | | | 下卷角有廓兽面纹 | 夔纹夔纹角有廓兽面纹 | 夔纹 | 内底2 | 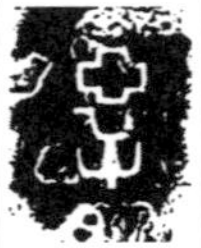 | 亚屰 | 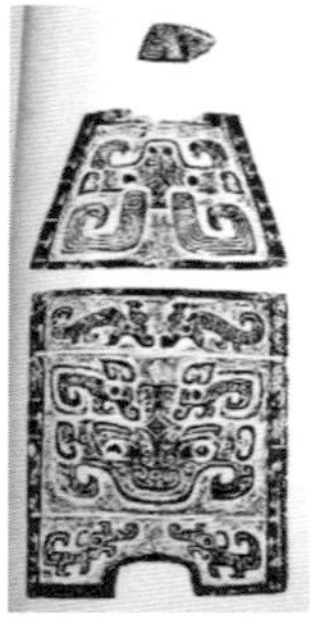 | 传出河南安阳，原藏德国陶德曼氏 | | 邺二上12，使华8，通考·图592，综览·方彝13，集成9854，三代补755，汇编1094，总集4941，铭图13478 | |

续表

| 序号 | 器名 | 型式 | 分期 | 年代 | 体量 通高/厘米 | 体量 口径/厘米 | 体量 重量/千克 | 纹饰 器盖 | 纹饰 器身 | 纹饰 圈足 | 铭文 字数 | 铭文 摹拓 | 铭文 释读 | 器影 | 原藏/传出/出现地点 | 现藏地点 | 著录 | 备注 |
|---|---|---|---|---|---|---|---|---|---|---|---|---|---|---|---|---|---|---|
| 78 | 目方彝 | Ab型Ⅲ式 | 第一期 | 殷墟三期 | 19.3 | | | 下卷角有廓兽面纹云雷纹 | 夔纹下卷角有廓兽面纹云雷纹 | 夔纹云雷纹 | 内底1 | 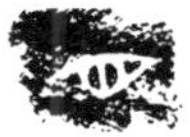 | 目 | 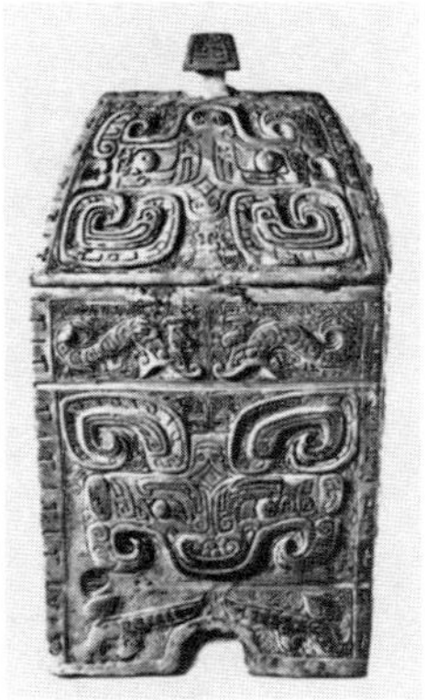 | | 美国华盛顿弗利尔美术博物馆 | 汇编1414，综览·方彝7，弗利尔36，集成9834，总集4938，三代补534，铭图13454 | |
| 79 | 兽面纹方彝 | Ab型Ⅲ式 | 第一期 | 殷墟三期 | 约17.5 | | | 下卷角有廓兽面纹云雷纹 | 夔纹下卷角有廓兽面纹云雷纹 | 夔纹云雷纹 | | | | 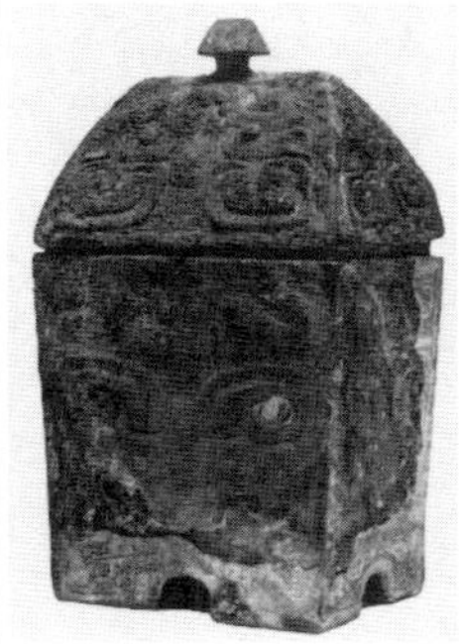 | 纽约姚叔来通运公司 | | 美集录A635，综览·方彝19 | |

续表

| 序号 | 器名 | 型式 | 分期 | 年代 | 通高/厘米 | 口径/厘米 | 重量/千克 | 纹饰 器盖 | 纹饰 器身 | 纹饰 圈足 | 铭文 字数 | 铭文 摹拓 | 铭文 释读 | 器影 | 原藏(传出)/出现地点 | 现藏地点 | 著录 | 备注 |
|---|---|---|---|---|---|---|---|---|---|---|---|---|---|---|---|---|---|---|
| 80 | 叔方彝 | Ab型IV式 | 第一期 | 殷墟四期 | 18.5 | 10.5×8.1 | 1.415 | 弦纹连珠纹 | 弦纹连珠纹 | 弦纹连珠纹 | 器盖同铭各1 |   | 叔 |   | 原藏清宫 | 台北"故宫博物院" | 西甲6.31，故图下上119，集成9842，商礼70，铭图13476 |  |
| 81 | 戈何方彝 | Ac型I式 | 第一期 | 殷墟二期早段 | 29.5 |  |  | 弦纹 | 弦纹 |  | 内底2 |   | 戈何 |   |  | 德国斯图加特国立民间艺术博物馆；林登博物院 | 新收1860，近出二896，铭图13503 |  |

续表

| 序号 | 器名 | 型式 | 分期 | 年代 | 体量 通高/厘米 | 口径/厘米 | 重量/千克 | 纹饰 器盖 | 器身 | 圈足 | 铭文 字数 | 摹拓 | 释读 | 器影 | 原藏/传出/出现地点 | 现藏地点 | 著录 | 备注 |
|---|---|---|---|---|---|---|---|---|---|---|---|---|---|---|---|---|---|---|
| 82 | 车方彝 | Ac型 I式 | 第一期 | 殷墟二期早段 | | | | 弦纹 | 弦纹 | 素面 | 器盖同铭各1 |  | 车 |  | | 故宫博物院 | 严窟上20，录遗505.1-2，简目4499，640集成9838，总集4937，铭图13461 | |
| 83 | 兽首方彝 | Ac型 I式 | 第一期 | 殷墟二期早段 | 28.6 | | | | | | | | |  | | | 综览·方彝21 | |

续表

| 序号 | 器名 | 型式 | 分期 | 年代 | 体量 | | | 纹饰 | | | | 铭文 | | | 器影 | 原藏(传出)/出现地点 | 现藏地点 | 著录 | 备注 |
|---|---|---|---|---|---|---|---|---|---|---|---|---|---|---|---|---|---|---|---|
| | | | | | 通高/厘米 | 口径/厘米 | 重量/斤克 | 器盖盖 | 器身 | 圈足 | 字数 | 摹拓 | 释读 | | | | | | |
| 84 | 商言方彝 | Ac型 I式 | 第一期 | 殷墟二期早段 | 23.3 | 12.5× 10 | 1.88 | 弦纹 | 弦纹 | | 2 |  | 口米 | 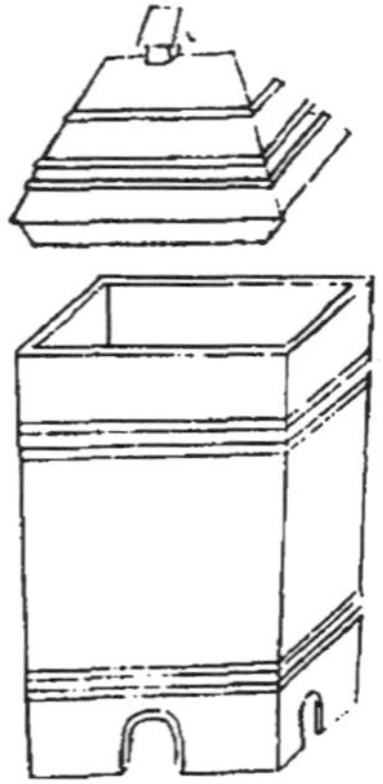 | 清宫旧藏 | | 西甲6.20 | |
| 85 | 刀子禾方彝 | Ac型 II式 | 第一期 | 殷墟二期晚段 | | | | 鸟纹 云雷 纹 | 鸟纹 云雷纹 夔纹 浮雕 兽首 | | 盖内 3 |  | 刀子禾 |  | | 某收藏家 | 铭续0888 | |

续表

| 序号 | 器名 | 型式 | 分期年代 | 体量 | | | 纹饰 | | | 铭文 | | | 器影 | 原藏/传出/出现地点 | 现藏地点 | 著录 | 备注 |
|---|---|---|---|---|---|---|---|---|---|---|---|---|---|---|---|---|---|
| | | | | 通高/厘米 | 口径/厘米 | 重量/千克 | 器盖 | 器身 | 圈足 | 字数 | 摹拓 | 释读 | | | | | |
| 86 | 孛旅方彝 | Ac型 II式 | 殷墟二期第一期晚段 | 19.2 | | | 云雷纹带连珠纹 | 连珠纹兽面纹带 | 夔纹云雷纹带 | 内底2 |  | 孛旅 | |  原为德国国欧德夫人所藏,1984年6月19日,见于伦敦苏富比拍卖会 | 瑞士玫茵堂 | 海外铜2.181,苏富比拍实图录1984.6.19,铭三1146 | |
| 87 | 鸟纹方彝(Lot0276) | Ac型 II式 | 殷墟二期第一期晚段 | 21.5 | | | 鸟纹带 | 鸟纹 | 鸟纹 | | | |  | 2017年10月24日,见于日本美协秋季拍卖会 | | | 未著录 |

续表

| 序号 | 器名 | 型式 | 分期年代 | 体量 通高/厘米 | 体量 口径/厘米 | 体量 重量/千克 | 纹饰 器盖 | 纹饰 器身 | 纹饰 圈足 | 铭文 字数 | 铭文 摹拓 | 铭文 释读 | 器影 | 原藏(传出)/出现地点 | 现藏地点 | 著录 | 备注 |
|---|---|---|---|---|---|---|---|---|---|---|---|---|---|---|---|---|---|
| 88 | 子𠭯方彝 | Ac型 Ⅲa式 | 殷墟三期 第一期 | 21.5 | 11.2×9.9 | | 素面 | 素面 | 素面 | 内壁3 |  | 子𠭯 | |  原藏明义士 | 加拿大多伦多市皇家安大略博物馆 | 铭续0889 | |
| 89 | 戈父乙方彝 | Ac型 Ⅲb式 | 殷墟四期 第一期 | 21.3 | | | 云雷夔纹 | 云雷菱纹 | 云雷菱纹 | 器盖同铭各3 |  | 戈父乙 | | |  美国圣路易市美术博物馆 | 汇编1128,综览·方彝36,总集4953,三代补540,铭图13514 | |

续表

| 序号 | 器名 | 型式 | 年代分期 | 通高/厘米 | 口径/厘米 | 重量/千克 | 纹饰 器盖 | 纹饰 器身 | 纹饰 圈足 | 铭文 字数 | 铭文 摹拓 | 铭文 释读 | 器影 | 原藏/传出/出现地点 | 现藏地点 | 著录 | 备注 |
|---|---|---|---|---|---|---|---|---|---|---|---|---|---|---|---|---|---|
| 90 | 麦方彝 | B型 Ⅱ式 | 昭王 第二期 | 7.7寸 23.7 厘米 | 4.7× 3.7 寸，16.7× 13.1 | 2.47 | 夔纹 角分 解兽 面连 身云 雷纹 | 蛇纹 夔纹 解兽 面 身 云雷 纹 | 蛇纹 云雷 纹 | 器盖 同铭 各 37 重文 2 |  | 才八月乙亥，辟井侯光厥正事，酺于麦宫，锡金，用作障彝，用酺井侯出入扬令，孙孙子子其永宝 | 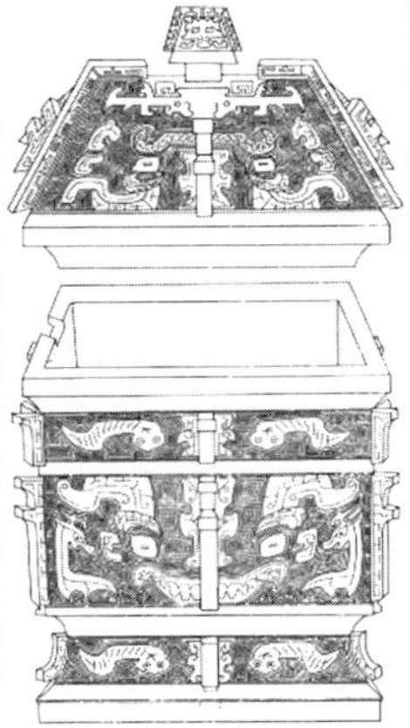 | 清宫旧藏 |  | 西清13.10，大系录20，简目4532，总集4975，集成9893，铭文选69，铭图13541 |  |
| 91 | 龙纹方彝 | B型 Ⅳ式 | 春秋早期 第四期 | 16.7 | 7.9 |  |  | 夔纹 |  |  |  |  |  |  | 大唐西市博物馆 | 未著录 |  |

续表

| 序号 | 器名 | 型式 | 分期 | 年代 | 通高/厘米 | 口径/厘米 | 重量/千克 | 器盖 | 器身 | 圈足 | 字数 | 摹拓 | 释读 | 器影 | 原藏/传出/出现地点 | 现藏地点 | 著录 | 备注 |
|---|---|---|---|---|---|---|---|---|---|---|---|---|---|---|---|---|---|---|
| 92 | 素面方彝 | B型V式 | 第四期 | 春秋早期 | 15.2 | | | 素面 | 素面 | 素面 | | | |  | 2007年，见于崇源国际四季拍卖会 | | 未著录 | 明器 |
| 93 | 母康丁方彝 | Ca型I式 | 第二期 | 武成时期 | 13.14 | 14×12 | | 夔纹 有嘴下卷角兽面纹 云雷纹 | 夔纹 云雷纹 | 云雷纹 | 4 内底 | | 母康丁，皿 | | 叶志铣、潘祖荫旧藏，2015年12月，在北京见于保利十周年秋季拍卖会，2020年10月，见于保利十五周年拍卖会——五之禹贡叁——福五代清宫秘匦专场 | | 三代6.22.4，攈古1之57.1，愙斋8.8.3，缀遗17.23.2，敬吾下38.4，殷存上16.8，小校7.20.8，集成10537，总集2008，铭图04005 | 明器 |

续表

| 序号 | 器名 | 型式 | 分期 | 年代 | 通高/厘米 | 口径/厘米 | 重量/千克 | 器盖 | 器身 | 圈足 | 字数 | 摹拓 | 释读 | 器影 | 原藏/传出/出现地点 | 现藏地点 | 著录 | 备注 |
|---|---|---|---|---|---|---|---|---|---|---|---|---|---|---|---|---|---|---|
| 94 | 义方彝 | Ca型 Ⅰ式 | 第二期 | 成王早期 | 49 | 26.5×21.3，容积8000毫升 | 17.35 | 下卷角有角兽廓面纹倒立夔纹 | 夔纹下卷角有角兽廓面纹倒立夔纹 | 夔纹 | 盖内21 器内22 |  | 唯十又三月丁亥，斌赐义贝卅朋，用作父乙宝尊彝。丙 |  | 山西省洪洞县南秦墓地盗掘出土，打击文物犯罪缴获 | 山西青铜博物馆 | 江汉考古2019.4，铭三1149 | |
| 95 | 颍方彝 | Ca型 Ⅱ式 | 第二期 | 成康时期 | 22.9 | 26.5×23.2 | | 夔纹有廓下卷角面纹云雷纹 | 夔纹下卷角云雷纹面纹云雷纹 | | 31 |  | 颍肇合贾百姓，扬，用作宝尊彝，用父癸宝尊烈，用申文考烈，万年将孙子宝。文 |  | | 美国波士顿美术馆 | 录遗510.1-2，美集录A645，综览·方彝8（误为壶），赛克勒（1990）53页60，简目4531，集成9892，总集4974，铭文选144，三代补285（器），铭图13539 | |

续表

| 序号 | 器名 | 型式 | 分期 | 年代 | 体量 通高/厘米 | 体量 口径/厘米 | 体量 重量/千克 | 纹饰 器盖 | 纹饰 器身 | 纹饰 圈足 | 铭文 字数 | 铭文 摹拓 | 铭文 释读 | 器影 | 原藏/传出/出现地点 | 现藏地点 | 著录 | 备注 |
|---|---|---|---|---|---|---|---|---|---|---|---|---|---|---|---|---|---|---|
| 96 | 荣子方彝 | Ca型 III式 | 第二期 | 昭王 | 32.8 | 18.4 × 14.4 | | 鸟纹 下卷角兽面连身夔龙纹 云雷纹 | 鸟纹 下卷角兽面连身夔龙纹 云雷纹 | 垂冠顾首夔龙纹 云雷纹 | 器盖同铭 各6 |  | 荣子作宝障彝 |  | 传洛阳出土，原藏美国柏景寒氏 | 美国芝加哥艺术博物馆 | 三代6.36.4，柏景寒151.2，海外铜1.26，美集录A648，集成4520，总集9880，三代吉金4961，国史金1605，铭图13526 | |
| 97 | 荣子方彝 | Ca型 III式 | 第二期 | 昭王 | 26.2 | | | 鸟纹 夔纹 下卷角兽面连身夔纹 云雷纹 | 鸟纹 夔纹 下卷角兽面连身夔纹 云雷纹 | 垂冠顾首夔龙纹 云雷纹 | 器盖同铭 各6 |  | 荣子作宝障彝 |  | 传洛阳出土 | 日本东京根津美术馆 | 青山庄18，综览·方彝42，集成9881，铜玉图编695，铜玉图105页71A，铭图13527 | |

续表

| 序号 | 器名 | 型式 | 分期 | 年代 | 体量 | | | 纹饰 | | | 铭文 | | | 器影 | 原藏/传出/出现地点 | 现藏地点 | 著录 | 备注 |
|---|---|---|---|---|---|---|---|---|---|---|---|---|---|---|---|---|---|---|
| | | | | | 通高/厘米 | 口径/厘米 | 重量/千克 | 器盖 | 器身 | 圈足 | 字数 | 摹拓 | 释读 | | | | | |
| 98 | 匽方彝 | Ca型Ⅲ式 | 第二期 | 昭王 | 29 | 18×14.3 | 5.57 | 鸟纹下卷角兽面连身纹云雷纹 | 鸟纹下卷角兽面连身纹云雷纹 | 鸟纹云雷纹 | 器盖同铭各8 | 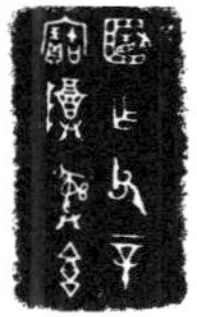 | 匽作父辛宝䜌彝，夲 | 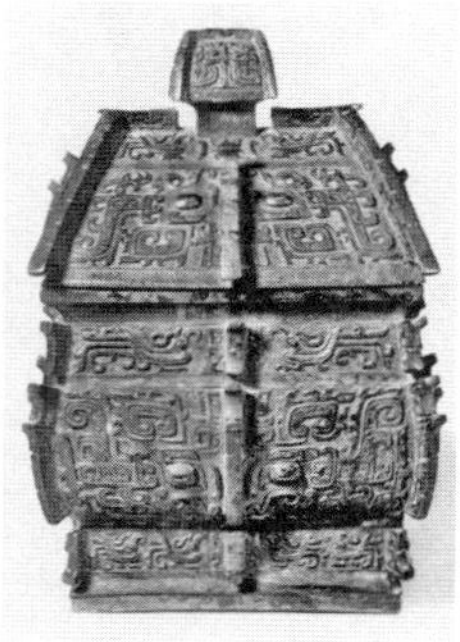 | 长安出土，原藏东武刘喜海，后藏归安丁彦臣 | 日本京都泉屋博古馆 | 长安1.13，三代6.41.3-4，捃古2之1.25.4-26.1，窸斋19.16.2-3，缀遗17.24.2-3，殷存上25.6-7，小校5.25.7，海外吉96，泉屋1.27，泉博105，通考·图602，简目4523，陕金2.283，集成9885，总集4965，汇编568，铭图13529，陕集1399 | |

续表

| 序号 | 器名 | 型式 | 年代分期 | 通高/厘米 | 口径/厘米 | 重量/斤克 | 纹饰器盖 | 器身 | 圈足 | 字数 | 摹拓 | 释读 | 器影 | 原藏(传出)/出现地点 | 现藏地点 | 著录 | 备注 |
|---|---|---|---|---|---|---|---|---|---|---|---|---|---|---|---|---|---|
| 99 | 令方彝 | Ca型 III式 | 第二期 昭王 | 34.1 | 19.3×17.7 | | 鸟纹下卷角兽面连身云雷纹 | 双身龙纹下卷角兽面连身云雷纹 | 鸟纹云雷纹 | 器盖同铭187，重文2 | | 隹八月，辰在甲申，王命周公子明保尹三事四方，受卿事寮。丁亥，命夨告于周公宫，公令告同卿事寮。隹十月月吉癸未，明公朝至于成周，出命，舍三事命，眔卿事寮，眔诸尹，眔里君，眔百工，眔诸侯：侯甸男，舍四方命。既咸命，甲申，明公用牲于京宫，乙酉，用牲于康宫，咸既，用牲于王。明公归自王。明公赐亢师鬯金小牛，曰用。赐令鬯金小牛，曰用。乃令曰：今我唯令女二人大眔矢，奭左右于乃寮以乃友事。作册令敢扬明公尹人宣，用作父丁宝彝。敢追明公赏于父丁，用光父丁。隹册。 |  | 传1929年洛阳马坡出土 | 美国华盛顿弗利尔美术馆 | 三代6.56.2-57，大系录2-3，小校7.53.1，贞松4.49，膸稿36甲乙，海外铜2.180，美集录A646，通考图·603，简目图4538，综览·方彝41，铜全5.131，弗利尔38，集成9901，总集4981，汇编12，铭文选592页19，铭文选95，三代补315，铜王49页51，赛克勒4.161，(1990)63页，国史金1831，铭图13548，出土全10.315 | |

续表

| 序号 | 器名 | 型式 | 分期 | 年代 | 体量 | | | 纹饰 | | | 铭文 | | | 器影 | 原藏/传出/出现地点 | 现藏地点 | 著录 | 备注 |
|---|---|---|---|---|---|---|---|---|---|---|---|---|---|---|---|---|---|---|
| | | | | | 通高/厘米 | 口径/厘米 | 重量/千克 | 器盖 | 器身 | 圈足 | 字数 | 摹拓 | 释读 | | | | | |
| 100 | 叔牝方彝 | Ca型Ⅲ式 | 第二期 | 昭王 | 32.5 | 23.5×19 | 7.75 | 鸟纹下卷角兽面连身纹云雷纹 | 鸟纹下卷角兽面连身纹云雷纹 | 鸟纹云雷纹 | 器盖同铭各12 | 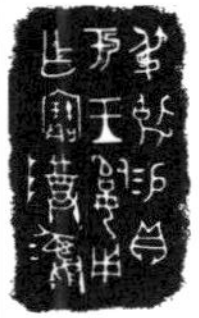 | 叔牝赐贝于王姒，用作宝𢍜彝 | 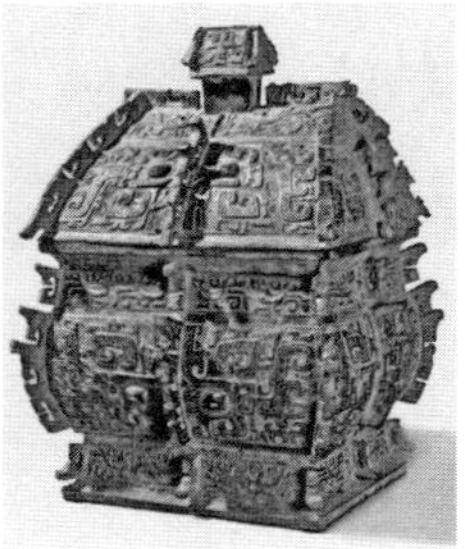 | 1947年，河南洛阳马坡村南出土 | 洛阳博物馆 | 铜全5.132，文物1962.1，丛刊3辑45页图18，简目4526，集成9888，总集4967，辞典510，断代891页21，铭图13533，出土全10.314 | |
| 101 | 𩏂方彝 | Ca型Ⅲ式 | 第二期 | 昭王 | | | | 鸟纹下卷角有廓兽面连身纹云雷纹 | 夔纹下卷角有廓兽面连身纹云雷纹 | | 器盖同铭各14，重文2 | 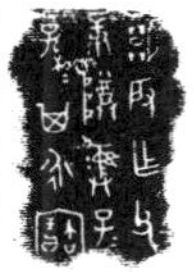 | 𩏂肇作父庚𢍜彝，子子孙孙其永宝 | 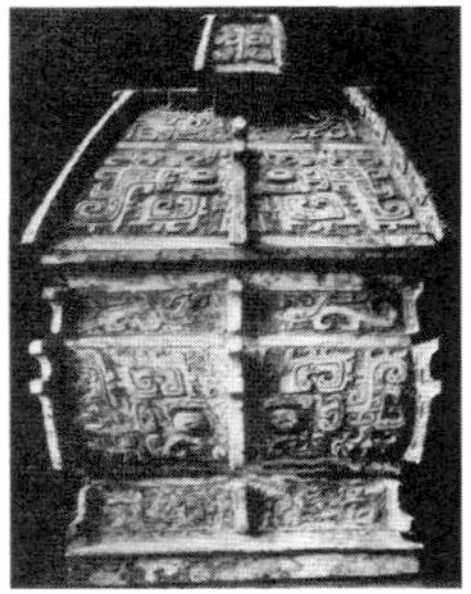 | | 美国堪萨斯城纳尔逊艺术博物馆 | 录遗509，集成9889，布伦戴奇图46，简目4528，汇编403，总集4969，铭图13534 | |

续表

| 序号 | 器名 | 型式 | 分期年代 | 通高/厘米 | 口径/厘米 | 重量/斤克 | 纹饰器盖 | 纹饰器身 | 纹饰圈足 | 字数 | 摹拓 | 释读 | 器影 | 原藏/传出/出现地点 | 现藏地点 | 著录 | 备注 |
|---|---|---|---|---|---|---|---|---|---|---|---|---|---|---|---|---|---|
| 102 | 齐生鲁方彝盖 | Ca型 III式 | 昭王第二期 八年 | 29 | 31.5×16 | 8.5 | 鸟纹分解兽面连身纹 | | | 内壁50，重文2 |  | 隹八年十又二月初吉丁亥，齐生鲁肇贾，休多嬴，隹朕文考乙公永啟余，鲁用作朕文考乙公宝障彝，鲁其万年子子孙孙永宝用 |  | 1981年陕西岐山县流嘴村出土，原藏岐山县博物馆 | 陕西历史博物馆 | 陕金1.622，考古与文物1984.5，集成9896，铭图13543，陕集0116 | |
| 103 | 兽面纹方彝（lot 707） | Ca型 IV式 | 穆王前期 第三期 | 30 | 24 | | 曲折角分解兽面连身纹云雷纹 | 夔纹曲折角分解兽面连身纹云雷纹 | 夔纹云雷纹 | | | |  | 2018年4月25日，见于日本美卖会，吉金至尊——关东实业家旧藏青铜器专辑 | | 未著录 | |

续表

| 序号 | 器名 | 型式 | 分期 | 年代 | 体量 通高/厘米 | 口径/厘米 | 重量/千克 | 纹饰 器盖 | 器身 | 圈足 | 铭文 字数 | 摹拓 | 释读 | 器影 | 原藏(传出)/出现地点 | 现藏地点 | 著录 | 备注 |
|---|---|---|---|---|---|---|---|---|---|---|---|---|---|---|---|---|---|---|
| 104 | 丏甫方彝 | Ca型 IV式 | 第三期 | 穆王前期 | 27.6 | 15.6 | | 夔纹 下卷角有廓兽面连身云雷纹 | 夔纹 下卷角有廓兽面连身云雷纹 | 夔纹 云雷纹 | 器盖同铭各2 |  | 丏甫 |  | 传1926年出土于河南，原藏美国纽约何姆斯氏 | 美国纽约大都会艺术博物馆 | 滕稿34，通考·图599，美集录A647，简目4496，综览·方彝48，总集4934，集成9844，綦克勒（1990）69页89，三代补277，汇编1734，分类A647，铭图13505 | |
| 105 | 作宗宝方彝 | Ca型 IV式 | 第三期 | 穆王前期 | 13.9 | | 2.11 | 上卷角有廓兽面纹 | 鸟纹 | | 内底12 | | 作宗宝隣彝其孙孙子子永用 | | 原藏清宫 | | 宁寿6.11 | |

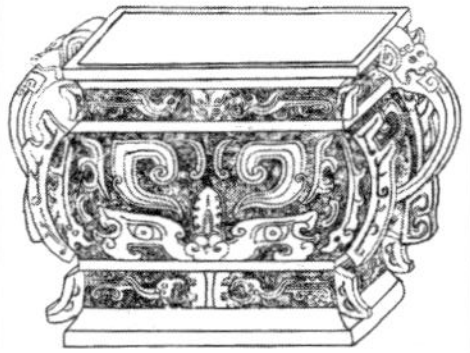

续表

| 序号 | 器名 | 型式 | 分期 | 年代 | 体量 | | | 纹饰 | | | 铭文 | | | 器影 | 原藏/传出/出现地点 | 现藏地点 | 著录 | 备注 |
|---|---|---|---|---|---|---|---|---|---|---|---|---|---|---|---|---|---|---|
| | | | | | 通高/厘米 | 口径/厘米 | 重量/千克 | 器盖 | 器身 | 圈足 | 字数 | 摹拓 | 释读 | | | | | |
| 106 | 作册吴方彝盖 | Ca型Ⅳ式 | 第三期 | 穆王二年 | 8.2 | 16.3×13.5 | 1.15 | 夔纹分解下卷角兽面纹云雷纹 | | | 盖内102，合文1 | 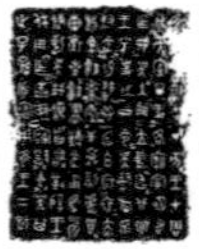 | 隹二月初吉丁亥，王才周成大室，旦，王各庙，宰朏右作册吴入门，立中庭，北嚮，王乎史戊册命吴：司旃眔叔金，易秬鬯一卣、玄衮衣、赤舄、金车、賁鬲朱虢靳、虎冟，熏里、賁較、画䡅、金甬、马四匹、攸勒，吴拜稽首，敢对扬王休，用作青尹宝䵼彝，吴其世子孙永宝用，唯王二祀 | 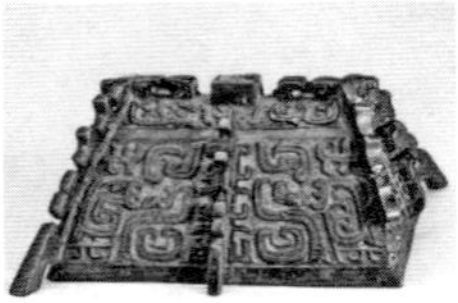 | 赵秉冲旧藏，李荫轩、邱辉捐赠给上海博物馆 | 上海博物馆 | 积古5.34，三代6.56.1，捃古3之2.20，窸斋13.8，缀遗18.29，奇觚5.19.1、又17.16.1，通考·图605，周金3.101.1，大系录58，小校7.51.2，简目4535，集成9898，断代707页114，铭文选246，辞典515，夏商周352，郁华阁194，铭图13545 | |

续表

| 序号 | 器名 | 型式 | 年代 分期 | 体量 通高/厘米 | 口径/厘米 | 重量/千克 | 纹饰 器盖 | 器身 | 圈足 | 铭文 字数 | 摹拓 | 释读 | 器影 | 原藏(传出)/出现地点 | 现藏地点 | 著录 | 备注 |
|---|---|---|---|---|---|---|---|---|---|---|---|---|---|---|---|---|---|
| 107 | 马方彝（冯方彝） | Ca型 V式 | 西周中期 第三期后段 | 28.7 | 16.2×13.4 | | 上卷角有角兽廓兽面纹面纹 | 上卷角有角兽廓兽面纹 | 夔纹 | 内壁24，重文3 |  | 马作朕祖日辛朕考日丁障彝，其万年年子子孙孙永宝用，∞∞ |  | | 德国柏林东亚艺术博物馆 | 新收1845，近出二902，铭图13538 | |
| 108 | 应鬲方彝 | Ca型 V式 | 西周中期 第三期后段 | 27.5 | 19×16 | | 上卷角有角兽廓兽面纹云雷纹 | 上卷角有角兽廓兽面纹云雷纹 | 夔纹云雷纹 | 器盖同铭各7 |  | 应鬲乍（作）宗宝障彝 |  | 2008年3月18日，见于纽约苏富比春拍；2016年，现身于香港瀚海青铜时代Ⅱ拍卖会 | 某收藏家 | 收藏·拍卖2016.11，铭三1148 | |

续表

| 序号 | 器名 | 型式 | 年代 | 体量 通高/厘米 | 口径/厘米 | 重量/千克 | 纹饰 器盖 | 器身 | 圈足 | 铭文 字数 | 摹拓 | 释读 | 器影 | 原藏/传出/出现地点 | 现藏地点 | 著录 | 备注 |
|---|---|---|---|---|---|---|---|---|---|---|---|---|---|---|---|---|---|
| 109 | 兒方彝甲 | Ca型 V式 | 西周中期第三期后段 | 22 | 15.5×13 | | 上卷角有啄兽面纹 | 上卷角有啄兽面纹 | 夔纹 | 器盖同铭各27，重文1 |  | 隹八月，戎伐模、卹殳、蜀追、工（功）干眚（郑），兒用俘器铸旅彝，子=（子子）孙永用 | |  2017年4月，见于香港大唐春拍 | 某收藏家 | 铭三1150 | |
| 110 | 兒方彝乙 | Ca型 V式 | 西周中期第三期后段 | | | | 上卷角有啄兽面纹 | 上卷角有啄兽面纹 | 夔纹 | 器盖同铭各27，重文1 |  | 隹八月，戎伐模、卹殳、蜀追、工（功）干眚（郑），兒用俘器铸旅彝，子=（子子）孙永用 | | |  某收藏家 | 铭三1151 | |
| 111 | 仲追父方彝 | Ca型 V式 | 西周中期第三期后段 | 13 | | | 上卷角有啄兽面纹 | | 夔纹 | 内底6 |  | 仲追父作宗彝 |  | 张广建 | 1974年，入藏美国克利夫兰美术馆 | 三代6.35.8，贞松4.42.4，集成9882，总集4960，铭图13528，铭图续4519，集简目 | 双耳系后加 |

续表

| 序号 | 器名 | 型式 | 分期 | 年代 | 体量 | | | 纹饰 | | | 铭文 | | | 器影 | 原藏/传出/出现地点 | 现藏地点 | 著录 | 备注 |
|---|---|---|---|---|---|---|---|---|---|---|---|---|---|---|---|---|---|---|
| | | | | | 通高/厘米 | 口径/厘米 | 重量/千克 | 器盖 | 器身 | 圈足 | 字数 | 摹拓 | 释读 | | | | | |
| 112 | 师遽方彝 | Cb型Ⅰ式 | 第三期 | 穆王后期 | 16.4 | 9.8×7.6 | 1.62 | 窃曲纹云雷纹 | 窃曲纹云雷纹 | 窃曲纹云雷纹 | 盖内67，器内68，重文1 | 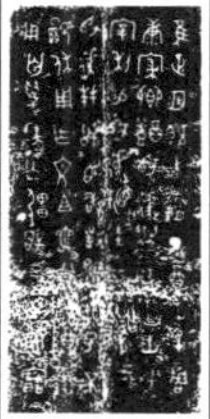 | 隹正月既生霸丁酉，王才周康寝，鄉醴，师遽蔑曆，侑王，王乎宰利易师遽琿圭一、環章四，师遽拜稽首，敢对扬天子丕显休，用作文祖它公宝隮彝，用匄万年无疆，百世孙子永宝 | 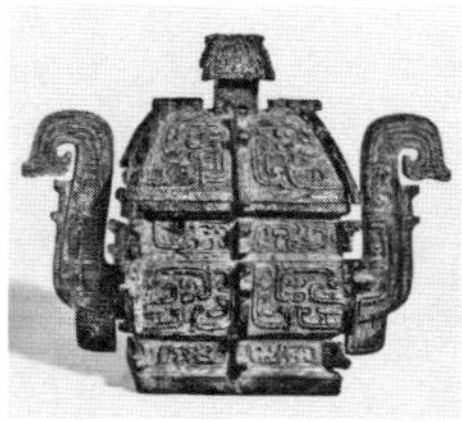 | 袁保恒、潘祖荫旧藏，丁燮柔捐赠给上海博物馆 | 上海博物馆 | 三代11.3，窓斋13.9，缀遗18.24，周金3.103，大系录70，小校5.39.3、5.40.1，通考·图604，上藏58，简目4534，铜全5.133，集成9897，总集4977，综览·方彝46，赛克勒（1990）71页92，断代708页115，铭文选197，辞典512，夏商周351，郁华阁192.2-3，汇编97，铭图13544 | |

续表

| 序号 | 器名 | 型式 | 分期 | 年代 | 体量 | | | 纹饰 | | | 铭文 | | | 器影 | 原藏/传出/出现地点 | 现藏地点 | 著录 | 备注 |
|---|---|---|---|---|---|---|---|---|---|---|---|---|---|---|---|---|---|---|
| | | | | | 通高/厘米 | 口径/厘米 | 重量/千克 | 器盖 | 器身 | 圈足 | 字数 | 摹拓 | 释读 | | | | | |
| 113 | 素面方彝（SG:067） | D型 III式 | 第四期 | 春秋早期 | 14 | 3.3×2.8 | | 素面 | 素面 | 素面 | | | |  | 三门峡虢国墓地出土 | 虢国博物馆 | 三门峡虢国墓（第一卷） | 明器 |
| 114 | 腾册方彝 | 异型 | 第一期 | 殷墟四期 | 30 | | | 夔纹 云雷纹 | 夔纹 云雷纹 | | 器盖同铭 各2 | 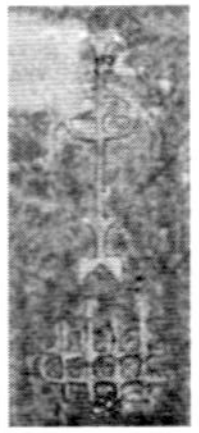 | 腾册 |  | 2019年3月，见于纽约佳士得拍卖会之中国瓷器及工艺精品 | 麦克·亚当斯 | 铭三1147 | |

附　录　　　　　　　　　　·307·

续表

| 序号 | 器名 | 型式 | 分期年代 | 体量 通高/厘米 | 口径/厘米 | 重量/斤克 | 纹饰 器盖 | 器身 | 圈足 | 铭文 字数 | 摹拓 | 释读 | 器影 | 原藏/传出/出现地点 | 现藏地点 | 著录 | 备注 |
|---|---|---|---|---|---|---|---|---|---|---|---|---|---|---|---|---|---|
| 115 | 兽面纹方彝 | 异型 | 西周早期第二期 | 44 | 19 | 11.5 | 鸟纹 云雷纹 | 直棱纹 兽面纹 云雷纹 | 夔纹 云雷纹 | | | | | 1987年，安徽省枞阳县汤家墩遗址出土 | 枞阳县文物管理所 | 文物1991.6，枞阳〇一，出土全8.31 | |
| 116 | 伯丰方彝 | 异型 | 西周中期第三期 | 16.8 | 14.5×14 | | 变形兽面纹 | 变形兽面纹 | | 器盖同铭各5 | | 伯丰作旅彝 | | Pauline (1910~2000) 及 Myron S. Falk（福格），Jr. (1906~1992) 伉俪收藏；1937年于北京购自德国古董商 Plaut，2001年10月，出现在纽约佳士得拍卖会；2019年3月，在纽约季见于春季亚洲艺术周中国艺术珍品拍卖会 | | 美集录A634，简目4515，Art: Genuine or Counterfeit 30b，Arts of the Chou Dynasty22，综览·方彝45，简目4515，集成9876，总集4956，三代补322，铭图13520 | |

续表

| 序号 | 器名 | 型式 | 分期 | 年代 | 体量 | | | 纹饰 | | | 铭文 | | | 器影 | 原藏/传出/出现地点 | 现藏地点 | 著录 | 备注 |
|---|---|---|---|---|---|---|---|---|---|---|---|---|---|---|---|---|---|---|
| | | | | | 通高/厘米 | 口径/厘米 | 重量/千克 | 器盖 | 器身 | 圈足 | 字数 | 摹拓 | 释读 | | | | | |
| 117 | 伯豐方彝 | 异型 | 第三期 | 西周中期 | 16.1 | 13×13 | | | 变形兽面纹 | | 器盖同铭各5 | 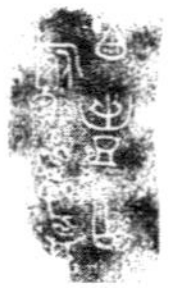 | 伯豐作旅彝 | 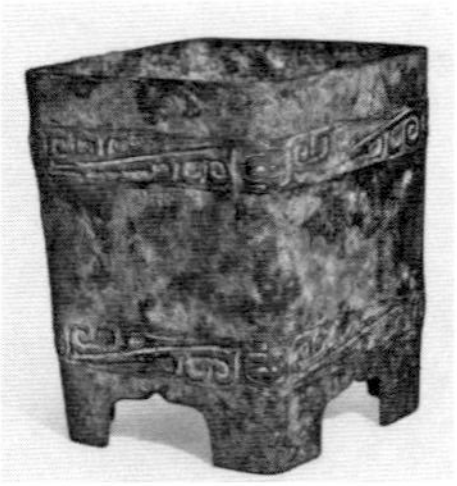 | Pauline（1910～2000）及 Myron S. Falk（福格）, Jr.（1906～1992）伉俪收藏；1937年于北京购自德国古董商 Plaut；2001年10月，出现在纽约佳士得拍卖会；2019年3月，在纽约见于春季亚洲艺术周中国艺术珍品拍卖会 | | 美集录A634，Art: Genuine or Counterfeit 30b，Arts of the Chou Dynasty22，简目4516，总集4957，三代补323 | |
| 118 | 戈方彝 | | 第一期 | 商代晚期 | | | | | | | 内底1 | 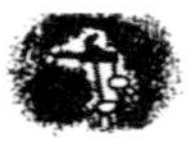 | 戈 | | | 旅顺博物馆 | 三代6.2.10，集成9840，铭图13470 | |

续表

| 序号 | 器名 | 型式 | 分期 | 年代 | 体量 | | | 纹饰 | | | 铭文 | | | 器影 | 原藏/传出/出现地点 | 现藏地点 | 著录 | 备注 |
|---|---|---|---|---|---|---|---|---|---|---|---|---|---|---|---|---|---|---|
| | | | | | 通高/厘米 | 口径/厘米 | 重量/斤克 | 器盖 | 器身 | 圈足 | 字数 | 摹拓 | 释读 | | | | | |
| 119 | 羌方彝 | | 第一期 | 商代晚期 | | | | | | | 内底 1 |  | 羌 | | | 中国国家博物馆 | 集成9829，铭图13472 | |
| 120 | 栩方彝 | | 第一期 | 商代晚期 | | | | | | | 内底 1 |  | 栩 | | | 故宫博物院 | 集成9839，铭图13473 | |
| 121 | 旅祖辛方彝 | | 第一期 | 商代晚期 | | | | | | | 5 |  | 旅祖辛父庚 | | | 美国哈佛大学福格美术博物馆 | 三代补825、书道（平凡）15d、铭图13522 | |
| 122 | 册要方彝 | | 第一期 | 商代晚期 | | | | | | | 内底 6 |  | 册要作祖癸彝 | | | 上海博物馆 | 集成9877，铭图13525 | |

续表

| 序号 | 器名 | 型式 | 分期年代 | 体量 | | | 纹饰 | | 圈足 | 铭文 | | | 器影 | 原藏/传出/出现地点 | 现藏地点 | 著录 | 备注 |
|---|---|---|---|---|---|---|---|---|---|---|---|---|---|---|---|---|---|
| | | | | 通高/厘米 | 口径/厘米 | 重量/千克 | 器盖 | 器身 | | 字数 | 摹拓 | 释读 | | | | | |
| 123 | 马天冬父丁方彝 | 第二期 | 西周早期 | | | | | | | 5 | | 马天冬父丁 | | 安徽省颍上县 | 美国纽约戴润齐 | 录遗506、简目4512、集成9872、总集4952、三代补820、铭图13519 | |

注：①本表第19器公方彝，2013年10月，现身于中国嘉德大观——香港之夜拍卖会上。《汇编》《总集》也曾著录第11件公方彝。《汇编》《总集》所著录的公方彝就是出现在嘉德拍卖会上的公方彝。②第20器普首面纹方彝，与第19器公方彝大小、形制、纹饰均同，但圈足缺口不同，是否为同一器，待考。③第34、35器均为父方彝，是否为同一器铭，书内未言明，待考。④《集成》《铭图》均收录3件亚醜方彝，而《西清》最早著录的是2件，1件为盖铭器铭，1件为盖器同铭，《三代》著录的亦是2件。商代晚期，方彝存在成对现象、形制、纹饰相同，但都是两器成对。包括王后妇好亦是如此。《集成》09849《铭图》13487系同一器。⑤第51器亚若癸方彝同一器。数据来自旧金山亚洲艺术博物馆网站。另一种说法为通高28.5厘米，口横15、纵13厘米。⑥第60器四出载方彝，通高28.5厘米，通高或口径部的比例来看《雍宝铜器小群图说长编》说明之图五。此方彝通高28.9厘米、口径22.2厘米，后被陈梦家《美集录》著录，但未收铭文（A645，P1521），但从照片上通高与口部的比例来看。⑦第63器邹宁方彝，20世纪40年代初，经卢芹斋之手流失到美国，后藏陈梦家。《铭图》称为冯方彝，《铭续》《美集录》著录。实见于《海外铜》第二集图一八一。⑧第86器旅方彝，尺寸与其他著录有差异。⑨第95器流失到美国，但未见著录《美集录》（A645，P1521），但未收铭文。⑧第86器旅方彝，通高或口径数据明显有误。⑩第107器《新收》《近出》899；13477亚又方彝，著录中《海外铜》二玉；13478亚亏方彝。⑪本表参考《铭图》《铭续》《铭图》尤多，书内关于方彝的信息有些需要订正。13462折方彝，通高或口径数据需要订正。13478亚亏方彝，著录中《近出》989应为899；13477亚又方彝，著录中《海外铜》二玉；13478亚亏方彝，著录中可补《美集录》A637；13512亚旲方彝，著录中《流散欧》323应方322；13481亚醜方彝，与13486亚醜方彝重出；13492邹宁方彝，《汇编》1094，《总集》4941；13480亚疑方彝，明显有误；13540康方彝，著录中可补《美集录》A637；13548矢今方彝，尺度重量中口纵2.7厘米、用"父庚方彝"。13512亚旲方彝，著录中可补《补通》603，《文录》2.13，《简目》4538，《综览·方彝4》。13548矢今方彝，著录中可补《补通》考图603，可补海外铜2.181。13532亚若癸方彝，《汇编》1026；13548矢今方彝，著录中可补《铭三》1142重出。⑩《弗利尔》38、《铭三》1146辛旅方彝，称未著录。13486亚醜方彝重出2.22；22.2应为2.22；《汇编》12。《铭三》12。0885尧方彝，著录中《铭三》1142重出。

# 著录简称对照表

B

《柏景寒》　Chinese Bronzes from the Buckingham Collection, Charles Fabens Kelley and Ch'en Meng. chia, The Art Institute of Chicago, 1946.

《百年》　《中国国家博物馆百年收藏集粹》，吕章申主编，安徽美术出版社，2014年。

《白鹤吉》　《白鹤吉金集》，嘉纳治兵卫，白鹤美术馆，1934年。

《白鹤选》　《白鹤美术馆名品选》，白鹤美术馆编，便利堂，1989年。

《白鹤撰》　《白鹤吉金撰集》，嘉纳治兵卫，白鹤美术馆，1951年。

《博古》　《宣和博古图》，王黼著，诸莉君整理校点，上海书店出版社，2017年。

《布伦戴奇》　Bronze Vessels of Ancient China in the Avery Brundage Collection, René-Yvon Lefebvre d'Argencé, San Francisco: Asian Art Museum of San Francisco, 1977.

C

《长安》　《长安获古编》，刘喜海著，清光绪三十一年刘鹗补刻标题本。

《长编》　《雍宝铜器小群图说长编》，刘安国编，油印本，1954年。

《出光藏》　《出光美术馆藏品图录——中国的工艺》，出光美术馆编，平凡社，1989年。

《出土全》　《中国出土青铜器全集》，李伯谦主编，科学出版社、龙门书局，2018年。

《辞典》　《中国文物精华大辞典·青铜卷》，国家文物局主编，上海辞书出版社、香港商务印书馆，1995年。

《丛刊》　《文物资料丛刊》（1～10），文物出版社，1977～1987年。

《萃赏》　The Glorious Traditions of Chinese Bronzes，Li Xueqin, Singapore: National Heritage Board, 2000.

D

《大系》　《两周金文辞大系图录考释》，郭沫若著，科学出版社，1957年。

《戴家湾》　《中国古代青铜器整理与研究·戴家湾卷》，任雪莉著，科学出版社，2015年。

《断代》　《西周铜器断代》，陈梦家著，中华书局，2004年。

F

《弗利尔》　The Freer Chinese Bronzes Vol.I: Catalogue, POPE, etc, Smithsonian Institution, 1967.

G

《国博藏》　《中国国家博物馆馆藏文物研究丛书·青铜器卷》（商），中国国家博物馆编，上海古籍出版社，2020年。

《国史金》　　《国史金石志稿》，王献唐著，青岛出版社，2004年。

《故铜》　　《故宫青铜器》，故宫博物院编，紫禁城出版社，1999年。

H

《海外吉》　　《颂斋吉金图录　颂斋吉金续录　海外吉金图录》，容庚编著，中华书局，2011年。

《海外铜》　　《海外中国铜器图录》，陈梦家著，中华书局，2017年。

《河青》　　《河南出土商周青铜器》（一），《河南出土商周青铜器》编写组编，文物出版社，1981年。

《怀履》　　Bronze Culture of Ancient China: An Archaeological Study of Bronze Objects from Northern Honan, Dating from about 1400B. C. -771B. C. , William Charles White, University of Toronto Press, 1956.

《汇编》　　《中日欧美澳纽所见所拓所摹金文汇编》，巴纳、张光裕编，中国画报出版社，2019年。

J

《集成》　　《殷周金文集成》（修订增补本），中国社会科学院考古研究所编，中华书局，2007。

《积古》　　《积古斋钟鼎彝器款识》，阮元著，浙江人民美术出版社，2019年。

《简目》　　《金文著录简目》，孙稚雏编，中华书局，1981年。

《近出》　　《近出殷周金文集录》，刘雨、卢岩编著，中华书局，2002年。

《近出二》　　《近出殷周金文集录二编》，刘雨、卢岩编著，中华书局，2010年。

《晋国雄风》　　《晋国雄风——山西出土两周文物精华》，大连现代博物馆、山西博物院、山西省考古研究所编，万卷出版社，2009年。

《敬吾》　　《敬吾心室彝器款识》，朱善旂辑，《金文文献集成（第十三册）》，线装书局，2005年。

《酒务头》　　《山右吉金——闻喜酒务头商代墓地出土青铜器精粹》，山西省考古研究院等编，山西人民出版社，2020年。

《捃古》　　《捃古录金文》，吴式芬著，光绪二十一年（1895）吴氏家刻本。

K

《柯尔》　　The Cull Chinese Bronzes, W. Perceval Yetts, University of London Courtaluld Instit ute of Art, 1939年印本。

《愙斋》　　《愙斋集古录》，吴大澂编、吴湖帆重编，中华书局，2022年。

L

《流散欧》　　《流散欧美殷周有铭青铜器集录》，刘雨、汪涛撰，上海辞书出版社，2007年。

《旅顺》　《旅顺博物馆列品图录》，旅顺博物馆编，1945年。

《录遗》　《商周金文录遗》，于省吾著，科学出版社，1957年。

M

《美集录》　《美帝国主义劫掠的我国殷周铜器集录》，科学出版社，1962年。

《美全》　《中国美术全集·工艺美术·青铜器》，中国美术全集编辑委员会编，文物出版社，1990年。

《玫茵堂》　《玫茵堂藏中国铜器》，汪涛编，伦敦：Paradou Writing，2009年。

《铭图》　《商周青铜器铭文暨图像集成》，吴镇烽编，上海世纪出版股份有限公司、上海古籍出版社，2012年。

《铭续》　《商周青铜器铭文暨图像集成（续编）》，吴镇烽编，上海世纪出版股份有限公司、上海古籍出版社，2016年。

《铭三》　《商周青铜器铭文暨图像集成（三编）》，吴镇烽编，上海世纪出版股份有限公司、上海古籍出版社，2020年。

《铭文选》　《商周青铜器铭文选（一～四）》，马承源编，文物出版社，1986～1990年。

N

《宁寿》　《宁寿鉴古》，梁诗正等编，涵芬楼石印本，1913年。

O

《欧遗》　《欧洲所藏中国青铜器遗珠》，李学勤、艾兰编著，文物出版社，1995年。

P

《皮思柏》　A Catalogue of the Chinese Bronzes in the Alfred F. Pillsbury Collection, Bernhard Karlgren, Published for the Minneapolis Institute of Art by the University of Minnesota Press. 1952.

Q

《奇觚》　《奇觚室吉金文述》，刘心源著，朝华出版社，2018年。

《青山庄》　《青山庄清赏·古铜器篇》，梅原末治编，1942年。

《泉屋》　《泉屋清赏》，住友春翠，1911～1915年。

《泉博》　《泉屋博古——中国古铜器编》，泉屋博古馆，便利堂，2002年。

S

《赛克勒（1987）》　Shang Ritual Bronzes in the Arthur M. Sackler Collections, Robert W. Bagley, Distributed by Harvard University Press, 1987.

《赛克勒（1990）》　Western Zhou Ritual Bronzes in the Arthur M. Sackler Collections, Jessica Rawson, Distributed by Harvard University Press, 1990.

《三代》　《三代吉金文存》，罗振玉编，中华书局，1983年。

《三代补》　《三代吉金文存补》，周法高编，台联国风出版社，1980年。

《賸稿》　　《河南吉金图志賸稿》，孙海波著，台联国风出版社，1978年。

《陕集》　　《陕西金文集成》，张天恩主编，三秦出版社，2016年。

《陕金》　　《陕西金文汇编》，吴镇烽编著，三秦出版社，1989年。

《山中目》　　《Oriental Art》, Alien Property Custodian of the USA, New York, 1944.

《山东成》　　《山东金文集成》，山东省博物馆编，齐鲁书社，2007年。

《商礼》　　《故宫商代青铜礼器图录》，台北"故宫博物院"编辑委员会，台北"故宫博物院"，1998年。

《商酒》　　《商周青铜酒器》，陈芳妹，台北"故宫博物院"，1989年。

《上藏》　　《上海博物馆藏青铜器》，上海博物馆编，文物出版社，1964年。

《使华》　　《使华访古录》，古斯塔夫著，1939年。

《书道》（平凡）　　《书道全集1·中国1》，下中邦彦，平凡社，1954年。

《苏黎世》　　Bronzen Aus Dem Alten China Museum Rietberg Zurich, Hemlut. Brinker, 1975.

T

《陶续》　　《陶斋吉金续录》，端方编，清宣统元年石印本。

《通考》　　《商周彝器通考》，容庚著，上海人民出版社，2008年。

《通论》　　《殷周青铜器通论》，容庚著，文物出版社，1984年。

《铜器选》　　《中国古青铜器选》，文物出版社，1976年。

《铜全》　　《中国青铜器全集》，编辑委员会，文物出版社，1993-1998年。

《铜玉》　　《殷周青铜器と玉》，水野清一著，1959年。

W

《韦森》　　Chinese Bronzes: The Natanael Wessen Collection, Bertnhard Karlgren, Jan Wirgin, Museum of Far Easterm Autiquities, 1969.

《文录》　　《吉金文录》，吴闿生集释，中国书店，2010年。

《文选》　　《双剑誃吉金文选》，于省吾编，中华书局，1998年。

《沃森》　　Ancient Chinese Bronzes, William Waston, London: Faber and Faber, Li mited 1962.

《伍十三件》　　《中国考古报告集新编·古器物研究专刊（第五本）·殷墟出土伍十三件青铜容器之研究》，李济、万家保著，"中研院"历史语言研究所，1972年。

X

《西断》　　《西周青铜器分期断代研究》，王世民、陈公柔、张长寿著，文物出版社，1999年。

《西清》　　《西清古鉴》，梁诗正等编，迈宋书馆，光绪十四年。

《西甲》　　《西清续鉴甲编》，王杰编，商务印书馆影印本，1910年。

《西乙》　　《西清续鉴乙编》，王杰编，北京古物陈列所影印本，1931年。

《夏商周》　《夏商周青铜器研究》，陈佩芬著，上海古籍出版社，2004年。

《小校》　《小校经阁金文拓本》，刘体智辑，中华书局，2016年。

《啸堂》　《啸堂集古录》，王俅著，中华书局，1985年。

《续殷》　《续殷文存》，王辰，考古学社，1935年石印本。

《薛氏》　《历代钟鼎彝器款识法帖》，薛尚功，中华书局，1986年。

Y

《严窟》　《严窟吉金图录》，梁上椿编，北京彩华印刷局影印出版，1944年。

《邺初》　《邺中片羽》，黄濬，艺文印书馆，1972年。

《邺二》　《邺中片羽二集》，黄濬，北平尊古斋珂罗版，1937年。

《邺三》　《邺中片羽三集》，黄濬，1942年。

《殷存》　《殷文存》，罗振玉，1917年石印本。

《猷氏》　The George Eumorfopoulos Collection. Catalogue of the Chinese and Corean Bronzes, Sculpture, Jades, Jewellery and Miscellaneous Objects, W. Perceval Yetts, London: Ernest Benn, 1929.

《郁华阁》　《郁华阁金文》，盛昱，《金文文献集成（第十五册）》，线装书局，2005年。

《筠清》　《筠清馆金石录》，吴荣光辑，宜都杨氏重刻本。

Z

《赵氏》　The Bella and P. P. Chiu collection of ancient Chinese bronzes, Jessica Rawson, Hong Kong: published privately by P. P. Chiu, 1988.

《贞松》　《贞松堂集古遗文》，罗振玉编纂，北京图书馆出版社，2003年。

《中铜展》　《中国青铜器展览图录》，上海博物馆编，五洲传播出版社，2004年。

《周金》　《周金文存》，邹安编，台联国风出版社，1978年。

《周原铜》　《周原出土青铜器》（十卷），曹玮主编，巴蜀书社，2005年。

《缀遗》　《缀遗斋彝器款识考释》，方濬益著，商务印书馆石印本，1935年。

《总表》　《商周金文总著录表》，刘雨等编著，中华书局，2008年。

《总集》　《金文总集》，严一萍编，艺文印书馆，1983年。

《综览》　《殷周青铜器综览（第一卷）》，林巳奈夫著，广濑熏雄、近藤晴香译，郭永秉润文，上海古籍出版社，2017年。

《枞阳》　《枞阳商周青铜器》，安徽大学历史系、枞阳县文物管理所，安徽大学出版社，2018年。

《尊古》　《尊古斋所见吉金图》，黄濬，台联国风出版社，1976年。

## 附表三　出土方彝墓葬统计表

### 1. 第一类：科学发掘，随葬品完整

| 序号 | 出土单位 | 形制 | 时代 | 墓葬情况 | | | 随葬器物 | | | | | | | | | | | | | | | | | | | | | | | | | 著录 | 备注 |
|---|---|---|---|---|---|---|---|---|---|---|---|---|---|---|---|---|---|---|---|---|---|---|---|---|---|---|---|---|---|---|---|---|---|
| | | | | 墓向/（°） | 体量/米 | 棺椁 | 铜容器 | | | | | | | | | | | | | | | | | | | | | | | | 其他 | | |
| | | | | | | | 鼎 | 甗 | 簋 | 鬲 | 簠 | 盨 | 豆 | 盂 | 尊 | 壶 | 卣 | 方彝 | 罍 | 斝 | 瓿 | 爵 | 觚 | 觯 | 觥 | 角 | 盘 | 盉 | 匜 | 斗 | | | |
| 1 | 小屯M5 | 长方形竖穴 | 殷墟二期早段 | 10 | 口5.6×4—7.5，底略小 | 一椁一棺 | 32 | 5 | 5 | | | | | 2 | 10 | 4 | 2 | 4 | 2 | 12 | 3 | 40 | 53 | 2 | 8 | | 2 | 6 | | 8 | 铜缶1、罐1、箕形器1、钺4、戈91、弓形器6、镞37件又2束，玉器755，陶罐3、爵1 | 殷墟妇好墓 | |
| 2 | 大司空M663 | 长方形竖穴 | 殷墟二期晚段 | 95 | 口3.3×2，底略小 | 一椁一棺 | 2 | | 1 | | | | | | | | | 1 | | | 1 | 2 | 2 | | | | | | | | 陶罍1、簋1、壶1、豆1、盂6，铜铙3、钺1、戈11矛7、镞7、刀1弓形器1、铃3，玉器10 | 考古1988年第10期 | |
| 3 | 花园庄东地M42 | 长方形竖穴 | 殷墟二期晚段 | 3 | 口3.2×1.2～1.3—3.7 | 一棺 | 1 | | 1 | | | | | | | | | 1 | | | 1 | 1 | 1 | | | | | | | | 陶爵1、觚1，铜锛1、戈7、刀1 | 安阳殷墟花园庄东地商代墓葬 | |

续表

| 序号 | 出土单位 | 墓葬情况 | | | | | 随葬器物 | | | | | | | | | | | | | | | | | | | | | | | | 著录 | 备注 |
| --- | --- | --- | --- | --- | --- | --- | --- | --- | --- | --- | --- | --- | --- | --- | --- | --- | --- | --- | --- | --- | --- | --- | --- | --- | --- | --- | --- | --- | --- | --- | --- | --- |
| | | 形制 | 时代 | 墓向/(°) | 体量/米 | 椁棺 | 铜容器 | | | | | | | | | | | | | | | | | | | | | | | | 其他 | | |
| | | | | | | | 鼎 | 甗 | 簋 | 盨 | 簠 | 豆 | 盂 | 尊 | 壶 | 卣 | 方彝 | 罍 | 瓿 | 爵 | 觚 | 觯 | 觥 | 角 | 盘 | 盉 | 匜 | 斗 | | | |
| 4 | 郭家庄东南M26 | 长方形竖穴 | 殷墟二期晚段 | 105 | 口3.55×2.2~2.25,底略小 | 一椁一棺 | 2 | | 1 | | | | | | | | 1 | 1 | 1 | 2 | 2 | | | | | | | | 陶鬲1、簋1、罐2、罍3、瓿3、小壶1、器盖1、铜觯1、爵形器1、笄形器1、钺3、戈10、镞11、矛3、锛3、刀1、凿1、弓形器1、铃1 | 考古1998年第10期 |
| 5 | 花园庄M54 | 长方形竖穴 | 殷墟二期晚段 | 0 | 口5.04×3.23~3.3,底6.03×4.15~4.4 | 一椁一棺 | 8 | | 2 | | | 2 | | 2 | | | 1 | 1 | | 9 | 9 | | | 1 | | | | 1 | 铜盂1、勺2、陶鬲1、簋1、豆2、罍15、将军盔1、爵1、瓿1、铜勺2、钺7、矛78、戈73、卷首刀3、饶3、铲1、锛5、凿3、刀5、玉器222、象牙器2 | 考古2004年第1期　安阳殷墟花园庄东地商代墓葬 |

续表

| 序号 | 出土单位 | 形制 | 时代 | 墓向/(°) | 体量/米 | 棺椁 | 随葬器物 | | | | | | | | | | | | | | | | | | | | | | | | | 其他 | 著录 | 备注 |
|---|---|---|---|---|---|---|---|---|---|---|---|---|---|---|---|---|---|---|---|---|---|---|---|---|---|---|---|---|---|---|---|---|---|---|---|
| | | | | | | | 铜容器 | | | | | | | | | | | | | | | | | | | | | | | | | | | | |
| | | | | | | | 鼎 | 甗 | 簋 | 鬲 | 簠 | 盨 | 豆 | 盂 | 尊 | 壶 | 卣 | 方彝 | 罍 | 斝 | 觚 | 爵 | 瓿 | 觥 | 觯 | 角 | 盘 | 盉 | 匜 | 斗 | | | |
| 6 | 刘家庄北地M793 | 长方形竖穴 | 殷墟二期晚段 | 不详 | 墓室8.4平方米 | 不详 | 2 | | 1 | | | | | | | | | 1 | | 1 | | 2 | 2 | | | | | | | 1 | 铜箕形器1 | 殷墟新出土青铜器 | |
| 7 | 刘家庄北地宜家苑M33 | 长方形竖穴 | 殷墟二期 | 15 | 口4×1.84—4.05 | 一椁两棺 | 1 | 1 | 1 | | | | | | | | | 1 | | 1 | | 2 | 2 | | | | 1 | | | | 铜钺、器盖、弓形器各1、铜戈、戟、削、铃、玉环、石戈 | 安阳殷墟徐家桥郭家庄商代墓葬 | |
| 8 | 戚家庄东M269 | 长方形竖穴 | 殷墟三期早段 | 196 | 口3.03×1.53，底3.4×1.9—5.5 | 一椁一棺 | 4 | 1 | 1 | | | | | | 2 | 1 | | 1 | | 1 | | 2 | 3 | | 1 | | | | | 1 | 铜铙3、戈13、矛12、钺2、刀2、弓形器1、斧锛凿削各1、盖1、陶簋、豆、罐、爵、瓿各1、玉戈、柄形饰、虎、螳螂、璜、玦各1 | 考古学报1991年第3期 | |

续表

| 序号 | 出土单位 | 形制 | 时代 | 墓向/(°) | 体量/米 | 棺椁 | 鼎 | 甗 | 簋 | 盨 | 豆 | 盂 | 尊 | 壶 | 卣 | 方彝 | 罍 | 斝 | 爵 | 觚 | 觯 | 觥 | 角 | 盘 | 盉 | 匜 | 斗 | 其他 | 著录 | 备注 |
|---|---|---|---|---|---|---|---|---|---|---|---|---|---|---|---|---|---|---|---|---|---|---|---|---|---|---|---|---|---|---|
| 9 | 刘家庄北地M1046 | 长方形竖穴 | 殷墟四期晚段 | 100 | 口4.25×2.16，底4.05×2.05—8.6 | 一椁一棺 | 6 | 1 | 2 | | | | 3 | | 3 | 1 | 1 | | 5 | 3 | 2 | | 2 | 2 | 1 | 1 | | 铜戈28、矛27、镞183、铜刀1、铲4、凿2、铃19 | 考古学集刊第15集 | |
| 10 | 石鼓山M3 | 长方形竖穴 | 西周早期 | 190 | 底4.3×3.6—2.4（残） | 一椁一棺 | 6 | | 6 | | | | 1 | 1 | 6 | 1 | 1 | | 1 | 1 | 1 | | | 1 | 1 | 1 | | 铜禁2、戈6、戟23、矛1、弓形器2、斧2、凿1、陶鬲1 | 考古与文物2013年第1期 | |
| 11 | 晋侯墓地M62 | 甲字形 | 西周晚期 | 195 | 口5.8×4.75，底6.55×5.5—7.45 | 一椁重棺 | 3 | | 4 | | | | 1 | 1 | 1 | | 1 | | 1 | | | | | 1 | | 1 | 1 | 铜鼎形方盒1、鉴1、铃4、玉覆面1、串饰2 | 文物1994年第8期 | |
| 12 | 晋侯墓地M63 | 中字形 | 西周晚期 | 193 | 口6.4×4.95～5.03，底6.8×5.4—7.37 | 一椁重棺 | 3 | | 2 | | | | | 2 | | | | | 1 | | 1 | | 1 | 1 | 1 | 1 | | 铜鼎形方盒1、簋形器1、陶鬲1、原始瓷器3 | 文物1994年第8期 | |
| 13 | 梁带村M502 | 甲字形 | 西周晚期 | 223 | 4.9～5.04×3.54—8.8 | 一椁重棺 | 3 | | 2 | | | | | | | 2 | | | | 1 | 1 | | | 1 | 1 | 1 | | 铜戈2、钺2、陶鬲、罐、木俑4 | 梁带村芮国墓地 | |

续表

随葬器物 — 铜容器栏目

| 序号 | 出土单位 | 形制 | 时代 | 墓向/(°) | 体量米 | 棺椁 | 鼎 | 甗 | 簋 | 簠 | 盨 | 豆 | 盂 | 尊 | 壶 | 卣 | 方彝 | 罍 | 甑 | 爵 | 觚 | 斝觥 | 角 | 盘 | 盉 | 匜 | 斗 | 其他 | 著录 |
|---|---|---|---|---|---|---|---|---|---|---|---|---|---|---|---|---|---|---|---|---|---|---|---|---|---|---|---|---|---|
| 14 | 平顶山应国M1 | 长方形竖穴 | 西周晚期 | 4 | 口4.65×3.1，底4.55×3—3.1 | 一椁一棺 | 5 | 1 | 6 |  |  |  |  |  | 2 |  | 1 |  |  |  |  |  |  | 1 | 1 |  |  | 铜戈1、车马器2套，玉器18，陶鬲1 | 华夏考古1988年第1期 |
| 15 | 晋侯墓地M93 | 中字形 | 春秋早期 | 15 | 口6.3×5.1，底6.4×5.4—7.8 | 一椁重棺 | 6 | 1 | 7 |  |  |  |  | 1 | 2 |  | 1 |  |  | 1 | 1 |  |  | 2 |  |  | 1 | 铜甬钟16、戈2，镞，玉石器11 | 文物1995年第7期 |
| 16 | 晋侯墓地M102 | 长方形竖穴 | 春秋早期 | 15 | 4.25×3.45—7，底>15平方米 | 一椁重棺 | 4 |  | 5 |  |  |  |  |  | 1 |  | 1 |  |  | 1 | 1 |  |  | 1 | 1 |  | 1 | 玉器4，陶鬲1 | 文物1995年第7期 |
| 17 | 三门峡虢国墓M2012 | 长方形竖穴 | 春秋早期 | 15 | 口5.3×3.74，底5.3×3.92—10.93 | 一椁重棺 | 11 | 1 | 10 | 8 | 2 | 铺2 |  |  | 2 |  | 5 |  |  | 4 | 6 |  |  | 7 | 6 |  | 1 | 铜罐2、盒1，车器4，马器321，玉器806 | 三门峡虢国墓第一卷 |
| 18 | 三门峡虢国墓M2001 | 长方形竖穴 | 春秋早期 | 10 | 口5.3×3.55，底5.4×3.7—11.1 | 一椁重棺 | 10 | 1 | 9 | 8 | 4 | 铺2 |  | 3 | 4 |  | 3 |  |  | 3 | 2 |  |  | 4 | 3 |  |  | 铜甬钟8、钲1，戈15、矛5、盾鍚21，镞255，玉967 | 三门峡虢国墓第一卷 |

续表

| 序号 | 出土单位 | 形制 | 时代 | 墓葬情况 | | 随葬器物 | | | | | | | | | | | | | | | | | | | | | | | | | 著录 | 备注 |
|---|---|---|---|---|---|---|---|---|---|---|---|---|---|---|---|---|---|---|---|---|---|---|---|---|---|---|---|---|---|---|---|---|
| | | | | 墓向/(°) | 体量/米 | 椁棺 | 铜容器 | | | | | | | | | | | | | | | | | | | | | | | | 其他 | |
| | | | | | | | 鼎 | 瓿 | 簋 | 簠 | 盨 | 豆 | 盂 | 尊 | 壶 | 方彝 | 罍 | 罐 | 盉 | 爵 | 瓿 | 觯 | 觥 | 角 | 盘 | 盍 | 匜 | 斗 | | |
| 19 | 三门峡虢国M2006 | 长方形竖穴 | 春秋早期 | 4 | 口4.65×3.06,底5×3.3-9.3 | 一椁一棺 | 3 | 1 | 4 | 1 | | 1 | 2 | 1 | 2 | 1 | | | | 1 | | 1 | | | 1 | | 1 | | 铜车马器、玉石器129 | 文物1995年第1期 |
| 20 | 北白鹅墓地M3 | 长方形竖穴 | 春秋早期 | 16 | 口4.4×3.4,底4.27×3.3-6.6 | 一椁一棺 | 4 | 1 | 4 | | | | | 1 | | 1 | | | | 1 | | 1 | | | 1 | | | | | 文物季刊2022年第1期 |
| 21 | 平顶山应国M8 | 凸字形 | 春秋早期 | 10 | 口7.8×4.9,底4.5×2.9-4 | 一椁一棺 | 5 | 1 | 5 | | | | | 2 | 2 | 2 | | | | 1 | | 1 | | | 2 | | 1 | 1 | 铜铃1、戈6、盾镂6、矢镞23、车器82、马器30、玉、玛瑙105、陶鬲1 | 华夏考古2007年第1期 |

**2. 第二类：科学发掘，被盗扰，随葬品不完整**

| 序号 | 出土单位 | 形制 | 时代 | 墓葬情况 | | 随葬器物 | | | | | | | | | | | | | | | | | | | | | | | | | | | | | 著录 | 备注 |
|---|---|---|---|---|---|---|---|---|---|---|---|---|---|---|---|---|---|---|---|---|---|---|---|---|---|---|---|---|---|---|---|---|---|---|---|
| | | | | 墓向/(°) | 体量/米 | 棺椁 | 铜容器 | | | | | | | | | | | | | | | | | | | | | | | | | | | 其他 | | |
| | | | | | | | 鼎 | 甗 | 簋 | 簠 | 盨 | 豆 | 盖 | 尊 | 壶 | 卣 | 方彝 | 罍 | 罐 | 爵 | 斝 | 觚 | 觯 | 觥 | 角 | 盘 | 盉 | 匜 | 斗 | | | | | |
| 1 | 后岗M9 | 中字形 | 殷墟四期晚段 | 10 | 口8.8×8，底5.1×4.4—10.7 | 一椁 | 1 | | | | | | | | | | 1 | | | 3 | | | | 盖1 | | | | | | 陶盘1、瓿1、铜钺1、戈3、矛3、镞20、弓形器1、锛1 | 考古1993年第10期 | 盗扰 |
| 2 | 张家坡M170 | 甲字形 | 西周中期 | 172 | 口7.68×4.5，底8.76×5.6—7.8 | 一椁重棺 | 1 | | | | | | | | | | 1 | | | | | | | | | | | | 2 | 铜戈5、车马器，玉石器、象牙器 | 张家坡西周墓地 | 盗扰 |
| 3 | 夏饷铺墓地M6 | 长方形竖穴 | 西周晚期 | 18 | 6.1×4.7—8.5 | 一椁 | 1 | | 2 | | | | | | | | 1 | | | | | | 1 | | | | | | | | 江汉考古2020年第3期 | 盗扰 |
| 4 | 三门峡虢国M2008 | 长方形竖穴 | 春秋早期 | 0 | 口4.8×3.1，底5.2×3.4—7.8 | 一椁 | | | 2 | 1 | | | | | 2 | | 2 | | | 1 | | | | | | 1 | | | 1 | 铜戈3、镞9、盾、锡2、车器6、马器198 | 文物2009年第2期 | 盗扰 |

续表

| 序号 | 出土单位 | 形制 | 时代 | 墓向(°) | 体量/米 | 椁棺 | 鼎 | 甗 | 簠 | 簋 | 盨 | 豆 | 盂 | 尊 | 壶 | 方彝 | 罍 | 罐 | 爵 | 斝 | 瓿 | 觚 | 觯 | 觥 | 角 | 盘 | 盉 | 匜 | 斗 | 其他 | 著录 | 备注 |
|---|---|---|---|---|---|---|---|---|---|---|---|---|---|---|---|---|---|---|---|---|---|---|---|---|---|---|---|---|---|---|---|---|
| 5 | 上郭75M1 | 长方形竖穴 | 春秋早期 | 33 | 5×3.95—6 | 一椁一棺 | 2 | 1 | | | | | | | | 1 | | | | | | | | | | | 1 | 1 | | 铜铃7、玉石器15 | 三晋考古第1辑 | 盗扰 |
| 6 | 北白鹅墓地M2 | 长方形竖穴 | 春秋早期 | 30 | 口5.5×4，底4.7×3.7—10 | 一椁一棺 | 3 | | | 2 | | | | | 2 | 1 | | | | | | | | | | | 1 | 1 | | 陶鬲1、石戈1 | 文物季刊2022年第1期 | 盗扰 |
| 7 | 洛阳CIM9934 | 长方形竖穴 | 春秋早期 | 5 | 墓室4.5×3.34—7.3 | 重椁一棺 | 3 | 1 | 4 | 2 | | 铺1 | | | 2 | 1 | | | | | | | 2 | | | 2 | | 1 | | 铜缶1、舟1、矛1、戈1、镞5、车马器34、马、玉石、蚌器233、陶器29 | 考古2010年第12期 | 盗扰 |

**3.第三类：非科学发掘**

| 序号 | 出土单位 | 形制 | 时代 | 墓向/(°) | 体量/米 | 椁棺 | 鼎 | 甗 | 簋 | 簠 | 盂 | 豆 | 盨 | 尊 | 壶 | 方彝 | 罍 | 斝 | 甑 | 爵 | 觯 | 觥 | 角 | 盘 | 盉 | 匜 | 斗 | 其他 | 著录 | 备注 |
|---|---|---|---|---|---|---|---|---|---|---|---|---|---|---|---|---|---|---|---|---|---|---|---|---|---|---|---|---|---|---|
| 1 | 惠民县大郭墓 | 长方形竖穴 | 商代晚期 | | | | 1 | | 1 | | | | | | | 1 | | 1 | | 1 | | | | | | | | | 殉狗1、铜戈2、矛2、刀1、铙1、石斧1 | 考古1974年第3期 | |
| 2 | 胶州西皇姑庵墓 | 长方形竖穴 | 商代晚期 | | | | | | 1 | | | | | 1 | | 1 | | 2 | | | 1 | | | | | | | | | 文物1977年第4期 | |
| 3 | 济宁市商业局墓 | 长方形竖穴 | 西周晚期 | | | | 2 | | 1 | | | | | | | 1 | | 2 | | | 2 | | | 1 | | | | | | 文物1994年第3期 | 明器 |

## 附表四　各地层单位出土方彝一览表

| 序号 | 地层单位 | 地点 | 性质 | 分期 | 时代 | 数量 | 名称 |
|---|---|---|---|---|---|---|---|
| 1 | 殷墟小屯M5 | 河南省安阳市殷都区小屯村 | 墓葬 | 一 | 商代晚期 | 4 | 亚启方彝（823①）、妇好方彝（825）、妇好方彝（828）、妇好方彝（849） |
| 2 | 大司空M663 | 河南省安阳市殷都区大司空村 | 墓葬 | 一 | 商代晚期 | 1 | 兽面纹方彝（52） |
| 3 | 殷墟小屯M238 | 河南省安阳市殷都区小屯村 | 祭祀坑 | 一 | 商代晚期 | 2 | 兽面纹方彝、无盖兽面纹方彝 |
| 4 | 花园庄东地M42 | 河南省安阳市殷都区花园村 | 墓葬 | 一 | 商代晚期 | 1 | 马子方彝（2） |
| 5 | 郭家庄东南M26 | 河南省安阳市殷都区郭家庄 | 墓葬 | 一 | 商代晚期 | 1 | 旅止冉方彝（35） |
| 6 | 花园庄M54 | 河南省安阳市殷都区花园村 | 墓葬 | 一 | 商代晚期 | 1 | 亚长方彝（183） |
| 7 | 北庄子M61 | 河北省定州市北庄子 | 墓葬 | 一 | 商代晚期 | 1 | 兽面纹方彝（21） |
| 8 | 刘家庄北地M793 | 河南省安阳市殷都区刘家庄北地 | 墓葬 | 一 | 商代晚期 | 1 | 亚弜方彝（44） |
| 9 | 刘家庄北地宜家苑M33 | 河南省安阳市殷都区刘家庄北地 | 墓葬 | 一 | 商代晚期 | 1 | 兽面纹方彝（3、4）② |
| 10 | 戚家庄M269 | 河南省安阳市殷都区戚家庄 | 墓葬 | 一 | 商代晚期 | 1 | 爰方彝（22） |
| 11 | 刘家庄北地M1046 | 河南省安阳市殷都区刘家庄北地 | 墓葬 | 一 | 商代晚期 | 1 | 亚宫甶方彝（1） |
| 12 | 后岗M9 | 河南省安阳市殷都区后岗 | 墓葬 | 一 | 商代晚期 | 1 | 云雷纹方彝（6） |
| 13 | 殷墟西北冈M1022 | 河南省安阳市殷都区 | 祭祀坑 | 一 | 商代晚期 | 1 | 右方彝 |
| 14 | 惠民大郭墓 | 山东省惠民县大郭村 | 墓葬 | 一 | 商代晚期 | 1 | 戎方彝 |

① 括号内数字为发掘出土时的器物编号。

② 兽面纹方彝出土时，器、盖分置，故有两个编号。

续表

| 序号 | 地层单位 | 地点 | 性质 | 分期 | 时代 | 数量 | 名称 |
|---|---|---|---|---|---|---|---|
| 15 | 胶州西皇姑庵墓 | 山东省胶州市铺集镇西皇姑庵村 | 墓葬 | 一 | 西周早期 | 1 | 举女方彝 |
| 16 | 石鼓山M3 | 陕西省宝鸡市石鼓山镇石咀头村 | 墓葬 | 二 | 西周早期 | 1 | 户方彝（24） |
| 17 | 张家坡墓地M170 | 陕西省长安区张家坡村 | 墓葬 | 三 | 西周中期 | 1 | 井叔方彝（54） |
| 18 | 李家村窖藏 | 陕西省眉县李家村 | 窖藏 | 三 | 西周中期 | 2 | 盠方彝甲、乙 |
| 19 | 齐家村窖藏 | 陕西省扶风县法门镇齐家村 | 窖藏 | 三 | 西周中期 | 1 | 日己方彝 |
| 20 | 横水M1066 | 山西省绛县横水 | 墓葬 | 三 | 西周中期 | 1 | 觊爾方彝 |
| 21 | 庄白一号窖藏 | 陕西省扶风县庄白村 | 窖藏 | 三 | 西周晚期 | 1 | 作册折方彝（24） |
| 22 | 济宁市商业局墓 | 山东省济宁市商业局工地 | 墓葬 | 四 | 西周晚期 | 1 | 素面方彝 |
| 23 | 晋侯墓地M62 | 山西省翼城县北赵村 | 墓葬 | 四 | 西周晚期 | 1 | 不详 |
| 24 | 晋侯墓地M63 | 山西省翼城县北赵村 | 墓葬 | 四 | 西周晚期 | 1 | 云纹方彝（76） |
| 25 | 梁带村墓地M502 | 陕西省韩城市梁带村 | 墓葬 | 四 | 西周晚期 | 2 | 双耳方彝（100、101） |
| 26 | 平顶山应国墓地M1 | 河南省平顶山市新华区北滍村西滍阳岭 | 墓葬 | 四 | 西周晚期 | 1 | 鳞纹方彝（55） |
| 27 | 晋侯墓地M93 | 山西省翼城县北赵村 | 墓葬 | 四 | 春秋早期 | 1 | 云纹方彝（51） |
| 28 | 晋侯墓地M102 | 山西省翼城县北赵村 | 墓葬 | 四 | 春秋早期 | 1 | 不详 |
| 29 | 三门峡虢国墓地M2012 | 河南省三门峡市上村岭 | 墓葬 | 四 | 春秋早期 | 5 | 素面方彝（4）、龙纹方彝（8）、双耳方彝（28）、素面方彝（56、72） |

| 序号 | 地层单位 | 地点 | 性质 | 分期 | 时代 | 数量 | 名称 |
|---|---|---|---|---|---|---|---|
| 30 | 三门峡虢国墓地 M2001 | 河南省三门峡市上村岭 | 墓葬 | 四 | 春秋早期 | 3 | S形窃曲纹方彝（111）、C形窃曲纹方彝（133、387） |
| 31 | 三门峡虢国墓地 M2006 | 河南省三门峡市上村岭 | 墓葬 | 四 | 春秋早期 | 1 | 素面方彝（50） |
| 32 | 垣曲县北白鹅墓地 M3 | 山西省垣曲县北白鹅村东 | 墓葬 | 四 | 春秋早期 | 1 | 素面方彝（11） |
| 33 | 平顶山应国墓地M8 | 河南省平顶山市新华区北滍村西滍阳岭 | 墓葬 | 四 | 春秋早期 | 2 | 窃曲纹方彝（6）、素面方彝（34） |
| 34 | 三门峡虢国墓地 M2008 | 河南省三门峡市上村岭 | 墓葬 | 四 | 春秋早期 | 2 | 素面方彝（14、15） |
| 35 | 三门峡虢国墓地 M2009 | 河南省三门峡市上村岭 | 墓葬 | 四 | 春秋早期 | 1 | 窃曲纹方彝（681） |
| 36 | 南阳夏饷铺鄂国墓地 M6 | 河南省南阳市新店乡夏饷铺 | 墓葬 | 四 | 春秋早期 | 1 | 窃曲纹方彝（33） |
| 37 | 75上郭M1 | 山西省闻喜县上郭村 | 墓葬 | 四 | 春秋早期 | 1 | 素面方彝（32） |
| 38 | 垣曲县北白鹅墓地 M2 | 山西省垣曲县北白鹅村东 | 墓葬 | 四 | 春秋早期 | 1 | 窃曲纹方彝（10） |
| 39 | 洛阳润阳广场 C1M9934 | 河南省洛阳市润阳广场 | 墓葬 | 四 | 春秋早期 | 1 | 素面方彝（40） |

## 附表五　各型式方彝数量一览表

| 型式 | | | 数量 | 出土 | 传世 | 有铭文 | 无铭文 | 明器 |
|---|---|---|---|---|---|---|---|---|
| A型 | Aa型 76件 | I | 3 | 1 | 2 | 3 | | |
| | | II | 26 | 5 | 21 | 18 | 8 | |
| | | III | 26 | 7 | 19 | 20 | 6 | |
| | | IV | 18 | 2 | 16 | 16 | 2 | |
| | | V | 2 | | 2 | | 2 | |
| | | VI | 1 | | 1 | 1 | | |
| | Ab型 21件 | I | 2 | 1 | 1 | | 2 | |
| | | II | 15 | 1 | 14 | 10 | 5 | |
| | | III | 3 | | 3 | 2 | 1 | |
| | | IV | 1 | | 1 | 1 | | |
| | Ac型 12件 | I | 4 | | 4 | 3 | 1 | |
| | | II | 4 | 1 | 3 | 3 | 1 | |
| | | III | 4 | 2 | 2 | 3 | 1 | |
| | A型合计 | | 109 | 20 | 89 | 80 | 29 | |
| B型 | | I | 1 | 1 | | 1 | | |
| | | II | 1 | | 1 | 1 | | |
| | | III | 1 | 1 | | 1 | | |
| | | IV | 4 | 3 | 1 | | 4 | 4 |
| | | V | 6 | 5 | 1 | | 6 | 6 |
| | 合计 | | 13 | 10 | 3 | 3 | 10 | 10 |
| C型 | Ca型 | I | 2 | | 2 | 2 | | |
| | | II | 1 | | 1 | 1 | | |
| | | III | 8 | 1 | 7 | 8 | | |
| | | IV | 4 | | 4 | 3 | 1 | |
| | | V | 6 | 1 | 5 | 6 | | |
| | | VI | 4 | 4 | | | 4 | 4 |
| | Cb型 | I | 3 | 2 | 1 | 3 | | |
| | | II | 1 | 1 | | 1 | | |
| | | III | 3 | 3 | | | 3 | 3 |
| | C型合计 | | 32 | 12 | 20 | 24 | 8 | 7 |

| 型式 | | 数量 | 出土 | 传世 | 有铭文 | 无铭文 | 明器 |
|---|---|---|---|---|---|---|---|
| D型 | Ⅰ | 1 | 1 | | | 1 | 1 |
| | Ⅱ | 2 | 2 | | | 2 | 2 |
| | Ⅲ | 6 | 5 | 1 | | 6 | 6 |
| | 合计 | 9 | 8 | 1 | | 9 | 9 |
| 异型 | | 5 | 1 | 4 | 3 | 2 | 1 |

注：本书共搜集到177件方彝。有6件传世方彝仅有铭文拓本，无器物图像；有3件出土方彝未公布相应资料；能够进行类型学分析的有图像的方彝为168件。

## 附表六　各期方彝数量一览表

| 型式 | | | 第一期 | 第二期 | 第三期 | 第四期 |
|---|---|---|---|---|---|---|
| A型 | Aa型 76件 | I | 3 | | | |
| | | II | 26 | | | |
| | | III | 26 | | | |
| | | IV | 18 | | | |
| | | V | | 2 | | |
| | | VI | | 1 | | |
| | Ab型 21件 | I | 2 | | | |
| | | II | 15 | | | |
| | | III | 3 | | | |
| | | IV | 1 | | | |
| | Ac型 12件 | I | 4 | | | |
| | | II | 4 | | | |
| | | III | 4 | | | |
| B型 | | I | | 1 | | |
| | | II | | 1 | | |
| | | III | | | 1 | |
| | | IV | | | | 4 |
| | | V | | | | 6 |
| C型 | Ca型 25件 | I | | 2 | | |
| | | II | | 1 | | |
| | | III | | 8 | | |
| | | IV | | | 4 | |
| | | V | | | 6 | |
| | | VI | | | | 4 |
| | Cb型 7件 | I | | | 3 | |
| | | II | | | 1 | |
| | | III | | | | 3 |
| D型 | | I | | | | 1 |
| | | II | | | | 2 |
| | | III | | | | 6 |
| 异型 | | | 1 | 1 | 2 | 1 |
| 型式不详 | | | 5 | 1 | | 3 |
| 合　计 | | | 112 | 18 | 17 | 30 |

注：本书共搜集到177件方彝，有6件传世方彝无器物图像，但有铭文拓本，可依据字形书体进行断代。另有3件出土方彝虽未公布详细资料，但出土单位的时代是明确的。因此，177件方彝的年代都可以确定。

# 附表七　国内外文博单位收藏方彝一览

## 一、国　　内

### 北京市

1. 保利艺术博物馆

先方彝

2. 故宫博物院

亚義方彝、王　女叔方彝、车方彝、栅方彝

3. 中国国家博物馆

亚启方彝（小屯M5∶823）、盏方彝甲、冉方彝、羌方彝

4. 中国社会科学院考古研究所

妇好方彝（小屯M5∶825）、妇好方彝（小屯M5∶828）、妇好方彝（小屯M5∶849）、兽面纹方彝（83ASM663∶52）、亚弜方彝、亚长方彝（01花东M54∶183）、亚宫冉方彝、马子方彝（花园庄M42∶2）、云雷纹方彝（后岗M9∶6）、井叔方彝

### 河北省

河北博物院
兽面纹方彝（定州北庄子M61∶21）

### 辽宁省

旅顺博物馆
兽面纹方彝、戈方彝

### 山西省

1. 晋国博物馆

云纹方彝（晋侯墓地M63∶76）、素面方彝（晋侯墓地M62）

2. 山西博物院（山西青铜博物馆）

觊爾方彝、义方彝、兽面纹方彝

3. 山西省考古研究院

素面方彝（北白鹅M3∶11）、窃曲纹方彝（北白鹅M2∶10）、方彝

### 安徽省

枞阳县文物管理所
兽面纹方彝

## 山东省

1. 胶州市博物馆

举女方彝（西皇姑庵墓出土）

2. 惠民县博物馆

戎方彝

## 河南省

1. 安阳市文物考古研究所

兽面纹方彝（刘家庄北地宜家苑M33：3、M33：4）

2. 虢国博物馆

龙纹方彝（虢国墓地M2012：8）、双耳方彝（虢国墓地M2012：28）、素面方彝（虢国墓地M2012：56）、素面方彝（虢国墓地M2012：72）、素面方彝（虢国墓地M2008：14）、素面方彝（M2008：15）、素面方彝（虢国墓地M2006：50）、窃曲纹方彝（虢国墓地M2001：111）、窃曲纹方彝（虢国墓地M2001：133）、窃曲纹方彝（虢国墓地M2001：387）、素面方彝（SG：067）、窃曲纹方彝（M2009：681）

3. 河南博物院

爰方彝

4. 洛阳博物馆

叔牝方彝

5. 平顶山博物馆

素面方彝（应国墓地M8：34）、窃曲纹方彝（应国墓地M8：6）、鳞纹方彝（应国墓地M1：55）

6. 殷墟博物馆

旅止冉方彝（95郭M26：35）

## 上海市

上海博物馆

兽面纹方彝、卫册方彝、鼎方彝、告永方彝一、告永方彝二、𩁹父庚方彝、师遽方彝、吴方彝盖、册𡗦方彝

## 陕西省

1. 宝鸡青铜器博物院

户方彝

2. 大唐西市博物馆

龙纹方彝

3. 陕西历史博物馆

日己方彝、盠方彝乙、齐生鲁方彝盖

4.陕西省考古研究院

素面方彝（梁带村墓地M502∶100）、素面方彝（梁带村墓地M502∶101）

5.周原博物院

折方彝

## 台湾省

1.台北故宫博物院

亚醜方彝、子蒝图方彝、叔方彝、

2.台北"中研院"历史语言研究所

兽面纹方彝（R2067）、兽面纹方彝（R2068）、右方彝（R1077）

# 二、国　　外

## 日本

1.东京出光美术馆

母寏日辛方彝

2.东京根津美术馆

荣子方彝

3.京都泉屋博古馆

瓯方彝

4.神户白鹤美术馆

竝方彝、史方彝

## 德国

1.柏林东亚艺术博物馆

马方彝

2.科隆东亚艺术博物馆

宁方彝

3.斯图加特国立民间艺术博物馆

凡何方彝

## 荷兰

阿姆斯特丹皇家博物馆

兽面纹方彝

## 瑞典

斯德哥尔摩远东古物馆

鸢方彝

## 瑞士

1. 玫茵堂

史方彝、夆旅方彝

2. 苏黎世利特堡博物馆

祈方彝

## 英国

大英博物馆

髟方彝

## 加拿大

多伦多皇家安大略博物馆

亚疑方彝、子𪾸𦨻方彝

## 美国

1. 波士顿美术馆

頮方彝

2. 哈佛大学福格美术馆

子蝠方彝、旅祖辛方彝

3. 华盛顿弗利尔美术馆

亚醜方彝、目方彝、令方彝

4. 华盛顿赛克勒美术馆

戈方彝、四出戟方彝、北单戈方彝

5. 旧金山亚洲艺术博物馆

鄉宁方彝、亚若癸方彝、鄉宁方彝

6. 堪萨斯城纳尔逊艺术博物馆

彊方彝

7. 克利夫兰美术馆

仲追父方彝

8. 明尼阿波利斯美术馆

鄉宁方彝

9. 纽约大都会艺术博物馆

夆旅方彝、亚龟方彝、丏甫方彝、聿方彝

10. 圣路易斯美术博物馆

晸父乙方彝

11. 芝加哥艺术博物馆

荣子方彝

# 致　　谢

按照张懋镕师的规划，《中国古代青铜器整理与研究》（多卷本）要出齐30卷，蒙先生信任，指定我承担《青铜方彝卷》的写作任务。这是继《青铜罍卷》之后，我第二次承担撰写任务，照理说，应该是驾轻就熟，但要兼顾工作、家庭和写作，对于生性弩钝的我来说，个中艰辛，实在不胜唏嘘。

写作过程中，张懋镕先生时时关注写作进度，不断进行悉心指导，给予了我充分的理解，宽容地允许我将提交书稿的时间一推再推，我唯有尽心尽力写好本书，舍此，无以为报。

感谢我的师妹李娟利女史，她的硕士论文《商周方彝的整理与研究》常备于案头，给了我很多有益的启示。

有些疑惑百思不得其解，乃求教于中国社会科学院古代史研究所张翀博士，在师兄的指点下，问题迎刃而解，他的热情鼓励亦坚定了我的信心。

有些资料、信息非常重要，但公开发表的论著中未曾涉及，为此，我数次求助于秦始皇帝陵博物院的付建副研究员，请其代为询问相关单位，因其为人古道热肠，圈内朋友多、人脉广，我的问题都获得了满意的答复。

感谢西北民族大学历史文化学院的刘英教授、尹伟先教授、段小强教授和才让教授，不论是在工作还是生活中，都给予了我很多指导、关心与提携。他们在各自的学术领域中，成绩斐然，是我学习和追赶的榜样。

感谢责任编辑郝莎莎女士为本书出版所付出的辛勤劳动。

本书是西北民族大学中央高校基本科研业务费项目"商周时期方彝的整理与研究"（项目编号：31920210116）的研究成果。

吴　伟
壬寅年暮冬于金城